『共産党宣言』普及史序説

橋本直樹

八朔社

凡　例

　本書では，もっぱら章ごとに参考文献を示したが，表記の簡略化のために略号・略称，記号等が用いられている場合もある。それらの示すところは，割注・脚註等で特別の断り書きがない限り，以下の通りである。

1. 文献：Marx/Engels Gesamtausgabe (MEGA), Berlin 1975-.
   略号：$MEGA^2$
   　続くローマ数字および算用数字は，それぞれ部門および巻を示す。
   略称：新『メガ』
2. 文献：$MEGA^1$, Frankfurt am Main/Berlin/Moskau 1927-1935.
   略号：$MEGA^1$
   略称：旧『メガ』
3. 文献：Karl Marx/Friedrich Engels Werke, Berlin 1956-1990.
   略号：MEW
   略称：『著作集』
4. 文献：Der Bund der Kommunisten. Dokumente und Materialien. 3Bde, Berlin 1970/1982/1984.
   略号：BdK
   略称：『史料集』
5. 文献：マルクス・エンゲルス研究者の会『マルクス・エンゲルス・マルクス主義研究』（八朔社・東京 1985 年～）
   略号・略称：『研究』
6. 下線：引用において，筆者［＝橋本］による強調
7. ……：引用において，原著者の省略
8. ［……］：引用に際しての筆者［＝橋本］による省略
9. ／：引用原文においては段落切れである箇所

目　次

まえがき ………………………………………………………………… 13

第1部　『共産党宣言』初版研究の新段階

第1章　『共産党宣言』初版の確定 …………………………………… 22

　Ⅰ　ヒルシュフェルト版の排除 ……………………………………… 23
　　1　ヒルシュフェルトの印刷所の動静　23
　　2　ヒルシュフェルト版に直接言及した諸資料　24
　　3　小括　ヒルシュフェルト版は『共産党宣言』の初版ではない　26

　Ⅱ　『ドイツ語ロンドン新聞』再録印刷底本の確定 ……………… 27
　　1　『ドイツ語ロンドン新聞』について　28
　　2　『共産党宣言』の『ドイツ語ロンドン新聞』連載　32
　　3　23ページ本・30ページ本との校合　33
　　4　小括『ドイツ語ロンドン新聞』再録印刷底本は23ページ本　36

　Ⅲ　30ページ本の排除 ……………………………………………… 36
　　1　T.クチンスキーによる30ページ本初版仮説　37
　　2　30ページ本初版仮説は維持し難いこと　41

第2章　『共産党宣言』初刷の確定──23ページ本の種々の刷── … 45

　はじめに ……………………………………………………………… 45

　Ⅰ　23ページ本各印刷異本の相違を識別する指標 ……………… 47
　　1　表紙の相違──飾り枠の意匠が異なる三様の表紙　47
　　2　扉の相違──4行目と6行目の罫線の有無　48
　　3　本文の相違──際立つ三つの誤植　50

　Ⅱ　印刷順序の想定──識別指標を手がかりに ………………… 52
　　1　表紙と二つの折りで構成される23ページ本　53
　　2　同一の組版である証拠　55
　　3　第二折り17ページのノンブルの誤植23はなぜ生じたのか　56
　　4　第一折り6ページ最終行の誤植 heraus beschwor が

　　　　生じたのはなぜか　60
　　　5　印刷順の想定——本文の二つの誤植・表紙意匠・扉の罫線の
　　　　有無を手がかりに　62

　　Ⅲ　表紙および扉の意匠の相違は何を意味するのか …………… 63
　　　1　表紙1は二つの罫線の位置と長さを基準に
　　　　少なくとも二種にさらに細分できる　63
　　　2　異本6の表紙も少なくとも二種ある？　66
　　　3　異本2と異本3との関係——18ページ33行目行頭のクワタ痕　66
　　　4　表紙および扉における意匠の相違はなぜ生じたのか
　　　　——刷の相違を示す目印　67

　おわりに …………………………………………………………………… 68

第3章　『共産党宣言』23ページ本の表紙・各ページの
　　　　複製について ………………………………………………… 72

　はじめに …………………………………………………………………… 72

　Ⅰ　アンドレアスの1D，クチンスキーの刷Ⅹをめぐって ………… 73
　　　1　アンドレアスの1D　73
　　　2　クチンスキーの刷Ⅹ　80
　　　3　小　括　89

　Ⅱ　印刷異本6の表紙をめぐって——その意匠は少なくとも二種ある？
　　 ……………………………………………………………………… 92
　　　1　アンドレアスの書誌巻末の復刻表紙　92
　　　2　『マルクス＝エンゲルスの共著』所載の表紙との対比　92
　　　3　小　括　93

第4章　『共産党宣言』23ページ本所見 ………………………………… 97

　Ⅰ　アムステルダム大学図書館蔵本 ……………………………………… 97
　　　1　本体概観　97　　2　寸法・目方　98　　3　表紙の色合い　98
　　　4　表紙の紙質　98　　5　仮綴じの仕方　98　　6　本文用紙の
　　　紙質　100　　7　ボーゲン　100　　8　本文の誤植等　100

　Ⅱ　慶應義塾大学三田メディアセンター蔵本 …………………………… 100
　　　1　表紙　101　　2　第一折り　102　　3　第二折り　103
　　　4　本文用紙の紙質　104　　5　扉に双注ケイが見出されない理由の

推定　104　　6　印刷異本の確定　105　　7　装丁——伝承・来歴の
　　探求の参考に　105

第5章　『共産党宣言』はいつどこで印刷されたのか……………107

はじめに ……………………………………………………………………107

Ⅰ　従来の研究成果 ……………………………………………………108
　1　初版の刊行時期に関連して　108
　2　初版の印刷場所に関連して　110

Ⅱ　マイザー説（2月18・19日頃，ウォレン・ストリートで）…………112
　1　初版はウォレン・ストリートの『ドイツ語ロンドン新聞』
　　印刷所で印刷された　112
　2　初刷は2月18・19日頃刊行された　114
　3　マイザー説の難点　115

Ⅲ　クチンスキー説
　　（3月1日，リヴァプール・ストリートの協会印刷所で）…………116
　1　初版は刊記通りリヴァプール・ストリートの協会印刷所で
　　印刷された　116
　2　初刷は3月1日に刊行された　118
　3　クチンスキー説の難点　121

Ⅳ　マイザーによる詳論 ………………………………………………124
　1　印刷所について　124
　2　刊行時期について　127

おわりに ……………………………………………………………………131

第6章　『共産党宣言』の『ドイツ語ロンドン新聞』再録の背景…132

はじめに ……………………………………………………………………132

Ⅰ　社主ブラウンシュヴァイク大公カールⅡ世 ……………………134
　1　D. カーンによる創刊と売却　134
　2　「ブラウンシュヴァイク1830年の革命」とカールⅡ世の
　　ロンドン着まで　134
　3　独特の共和主義　136
　4　『ドイツ語ロンドン新聞』購入の事情と実質上の主筆で
　　あったこと　138

Ⅱ　編集者ヤーコプ・ルーカス・シャーベリッツ …………… 139
　　　1　ロンドンに至るまで　140
　　　2　ロンドン在住の友人ルーイ・バムベルガー　142
　　　3　編集活動　144

　　Ⅲ　労働者教育協会におけるシャーベリッツの活動………… 145
　　　1　入会のきっかけとその動機および政治的立場　145
　　　2　有能な協会員　147
　　　3　カールⅡ世への仲介者　147

　　おわりに ……………………………………………………………… 150

第7章　M. フント著『『共産党宣言』はいかに成立したか』に
　　　　寄せて ………………………………………………………… 150

　　Ⅰ　『『共産党宣言』はいかに成立したか』の独自性 ………… 150
　　Ⅱ　特徴的な諸論点とその後の研究による補正 ……………… 153
　　　1　マルクス／エンゲルス加盟前の同盟内綱領討議　154
　　　2　マルクス／エンゲルス加盟前の同盟とマルクス主義の形成　158
　　　3　同盟とマルクス主義の融合過程（1）
　　　　　――1845年からマルクス／エンゲルスの加盟まで　161
　　　4　同盟とマルクス主義の融合過程（2）
　　　　　――マルクス／エンゲルスの加盟から第一回大会まで　168
　　　5　同盟とマルクス主義の融合過程（3）
　　　　　――綱領討議・第二回大会・『宣言』の起草　175

　　Ⅲ　初版と改定増補再版との異同 ……………………………… 187
　　　1　初期の同盟内綱領討議の増補　188
　　　2　初期社会主義・共産主義の評価の改訂　192
　　　3　各所での叙述の正確化　196

　　　　　　第2部　『共産党宣言』出版史・影響史の研究から

第8章　共産主義者同盟再組織の試み
　　　　――マルクスのロンドン亡命（1849年8月）から
　　　　「三月のよびかけ」（1850年3月）直前まで―― ………… 206

　　はじめに ……………………………………………………………… 206

Ⅰ　1849 年 …………………………………………………………………… 207
　　　　1　中央指導部の再建　207
　　　　2　同盟各基礎組織の状況　208
　　　　3　特使の派遣　213
　　Ⅱ　1850 年初頭 ………………………………………………………………… 216
　　　　1　フランクフルト・アム・マイン　217
　　　　2　パリ　218
　　　　3　ラ・ショー＝ド＝フォン　220
　　　　4　ビーレフェルト　223
　　Ⅲ　ケルン班の活動について ………………………………………………… 223
　　　　1　問題の所在　224
　　　　2　ロキチャンスキーの見解とカンデリによるその批判　225
　　　　3　フェルダーの見解　227

第 9 章　共産主義者同盟活動期の普及史から ……………………………… 229
　　Ⅰ　1848 年革命前後の二つの外国語訳 …………………………………… 229
　　　　1　スウェーデン語版についての研究の進展　230
　　　　2　『レッド・リパブリカン』に連載された最初の英訳への
　　　　　　エンゲルスの関与　232
　　Ⅱ　23 ページ本の異版と 30 ページ本 …………………………………… 240
　　　　1　1850 年夏のロンドンでの再刷の可能性　241
　　　　2　1850 年末～51 年始頃のケルンにおける新版　242
　　Ⅲ　『共産党宣言』からの引用を含む諸資料 ……………………………… 244
　　　　1　『新ドイツ新聞』掲載のマルクス「声明」における
　　　　　　オットー・リューニング批判　244
　　　　2　J. ワイデマイアーの『体操新聞』論説　247
　　Ⅳ　『共産党宣言』の二つの表題について ………………………………… 250

第 10 章　『共産党宣言』最初の英訳 ………………………………………… 255
　　はじめに ……………………………………………………………………… 255
　　Ⅰ　英訳者ヘレン・マクファーレンについて …………………………… 256

1　マクファーレンに関する一次資料　256
　　　2　マクファーレンの伝記的事実についての従来の研究と
　　　　　調査結果　259
　　　3　ブラック，ヨウマンおよびスペンサーによる最新の
　　　　　調査結果（2012 年）　262
　　　4　小　括　265
　　II　いずれも存在しないハーニーの手紙とアンドレアス論文　……　266
　　　1　ハーニーの手紙についてのデ・ヨングの情報　266
　　　2　アンドレアス著「ヘレン・マクファーレン」論文　267
　　　3　いずれも存在しないハーニーの手紙とアンドレアス論文　268
　　III　『共産党宣言』起草者名の公表の先後関係について　…………　269
　　　1　問題の意味――黒滝正昭氏の問題提起　269
　　　2　『レッド・リパブリカン』第 20 号の予告記事　270
　　　3　『レッド・リパブリカン』と『評論』との先後関係　271
　　IV　マクファーレン訳の特徴　……………………………………　275
　　　1　ハーニーによる〈まえがき〉および本文の段落数の減少について　275
　　　2　本文の特徴　276
　　　3　追加・省略・削除された部分について　290
　　V　マクファーレン／モートン問題の検討　………………………　293
　　　1　「ほんものの『ハワード・モートン』」問題について　293
　　　2　マクファーレン／モートン問題について　297
　　　3　マルクスによるマクファーレン評価の観点からの吟味　299
　　VI　マクファーレン訳へのエンゲルスの関与　……………………　301
　　VII　マクファーレン訳の影響　………………………………………　306
　　おわりに　……………………………………………………………　309

第 11 章　『共産党宣言』1872 年ドイツ語版の刊行経緯　………　311
　　I　本章の課題と考察の糸口　………………………………………　311
　　　1　本章の課題　311
　　　2　考察の糸口　312
　　II　リープクネヒトによる『共産党宣言』再刊の企てと

「序論」執筆の構想 …………………………………………………… 314
　1　リープクネヒトの二つの要請　314
　2　「序論」の必要性　316

Ⅲ　ライプツィヒ大逆罪裁判 ……………………………………………… 320
　1　ブラウンシュヴァイク裁判　321
　2　ライプツィヒ大逆罪裁判　322

Ⅳ　裁判報告『ライプツィヒ大逆罪裁判』と『共産党宣言』部分の
　　別刷 ……………………………………………………………………… 327
　1　『ライプツィヒ大逆罪裁判』第3分冊　327
　2　『共産党宣言』1872年ドイツ語版は，裁判報告第3分冊
　　　『宣言』部分の別刷　329
　3　『宣言』の校正と「序論」の執筆　331
　4　寄贈本についての応接　334

Ⅴ　『共産党宣言』1872年ドイツ語版に伴う諸問題 ………………… 335
　1　「序言」の起草分担はエンゲルス　335
　2　タイトルページと「序言」の著者校正　336
　3　作成時期と作成部数　336
　4　刊行可能となった事情をマルクス，エンゲルスは承知して
　　　いたか否か　337
　5　表題の変更について　339

第12章　カウフマン著『ユートピア』へのマルクスの助言 …… 342

はじめに …………………………………………………………………… 342

Ⅰ　マルクスが助言することになった経緯 …………………………… 344
　1　アンドレアスの書誌における言及　344
　2　二通のカウフマン宛マルクス書簡　345

Ⅱ　マルクスの助言はどのように生かされたのか …………………… 349
　1　マルクスの直接の訂正指示　349
　2　論説「ジョージ・ハウエル君の国際労働者協会の歴史」の
　　　送付による訂正　352

Ⅲ　「ジョージ・ハウエル君の国際労働者協会の歴史」の異文 … 355

Ⅳ　『共産党宣言』からの引用 …………………………………………… 358

おわりに …………………………………………………………… 362

第13章 『共産党宣言』1900年ロシア語版「序論」
　　　　——階級闘争史観の起源についてのプレハーノフの所説——
　　　　　　　　　　　　　　　　　　　　　　　　　　　　…… 365

　はじめに ……………………………………………………………… 365
　Ⅰ　王政復古期とは ………………………………………………… 366
　Ⅱ　フランス王政復古期の歴史家たち …………………………… 368
　Ⅲ　階級闘争史観を可能にした要因 ……………………………… 370
　　1　市民階級の歴史描写に対する社会的ニーズ　371
　　2　フランス革命の過程を法則的に説明しようとする
　　　　若手歴史家たちの意欲　371
　　3　客観的背景としての産業革命の進展と機械制大工業　374
　Ⅳ　階級闘争史観はその後どのように伝承されたのか ………… 375
　　1　ブルジョアジーによる放棄，そして隠蔽へ　375
　　2　プロレタリアートのイデオローグによる継承と発展　376

第14章　日本における『共産党宣言』の翻訳＝影響史について
　　　　　　　　　　　　　　　　　　　　　　　　　　　　…… 381

　Ⅰ　戦前の翻訳について …………………………………………… 381
　　1　『共産党宣言』最初の日本語訳と普及のための
　　　　堺利彦による尽力　381
　　2　河上肇の『社会問題研究』における『共産党宣言』の抄訳・紹介と
　　　　櫛田民蔵による『共産党宣言』の翻訳・研究　384
　　3　商業的左翼出版社の簇生と『リャザーノフ評註版』の
　　　　翻訳・普及　388
　Ⅱ　戦後の翻訳概観 ………………………………………………… 394

　あとがき …………………………………………………………… 401

図版一覧

第1章
23ページ本,『ドイツ語ロンドン新聞』連載再録, 30ページ本 各版 本文の対照表 …… 35

第2章
(図版1) 表紙1　Nachdruck, Karl-Marx-Haus Trier 1998. ……………………………… 49
(図版2) 表紙2　Meiser, 1991, S.120 (SAPMO). ………………………………………… 49
(図版3) 表紙3　Reprint, Verlag Neue Gesellschaft, Bonn-Bad Godesberg 1970.…… 49
(図版4) 表題と刊年月とを区切る双柱ケイ(二重線), 刊年月と刊地とを区切る表ケイ
　　　　(一本線)のある扉(タイトルページ) Nachdruck, Dietz Verlag, Berlin 1965. …… 49
(図版5) いずれのケイもない扉(タイトルページ) Reprint, Bonn-Bad Godesberg 1970.… 51
(図版6) 第6ページ最終行 herauf beschwor が heraus と誤植されている版本
　　　　Nachdruck, Berlin 1965. …………………………………………………………… 51
(図版7) 第6ページ最終行の herauf beschwor が悪活字となっている版本 Nachdruck,
　　　　Verlag J. H. W. Dietz Nachf. GmbH, Hannover 1966. ………………………… 51
(図版8) 17ページのノンブルが17と正しく打たれている版本 Nachdruck, Hannover
　　　　1966. ……………………………………………………………………………………… 51
(図版9) 17ページのノンブルが23と誤植されている版本『マルクス・エンゲルス・マルクス
　　　　主義研究』第37号, 八朔社, 2002年2月, 口絵写真2。……………………………… 51
〔版掛け(組み付け) 説明図〕
　　(図1) 第2折りの組版(クロス折り)　59
　　(図2) 印刷された第2折り(表裏同一)　59
　　(図3) 印刷された第2折り(表裏の関係)　59
　　(図4) 第2折りの組版(平行折り)　59
　　(図5) 印刷された第2折り(表裏同一)　59
　　(図6) 印刷された第2折り(表裏の関係)　59
(図版10) 異本4の表紙　Nachdruck, Hannover 1966.　64
　　　　表紙4行目の双柱ケイと6行目の表ケイの位置および長さの比較 ……………… 65
　　　　23ページ本印刷異本対照表(その1) ……………………………………………… 70
　　　　23ページ本印刷異本対照表(その2) ……………………………………………… 70

第3章
(図版1) 23ページ本 扉複製 ……………………………………………………………… 76
(図版2) 23ページ本 [3]ページ複製 …………………………………………………… 77
(図版3) 23ページ本 11ページ複製 …………………………………………………… 78
(図版4) 23ページ本 23ページ複製 …………………………………………………… 79
(図版5) 23ページ本扉複製 ……………………………………………………………… 82
(図版6) 23ページ本扉複製 ……………………………………………………………… 83
(図版7) 23ページ本 23ページ複製 …………………………………………………… 84
(図版8) 23ページ本表紙複製 …………………………………………………………… 85
(図版9) 23ページ本表紙複製 …………………………………………………………… 87
(図版10) 23ページ本表紙複製 …………………………………………………………… 94
(図版11) 23ページ本表紙複製 …………………………………………………………… 95

第 4 章
(図版 1) アムステルダム大学図書館蔵 23 ページ本 表紙 ……………… 98
(図版 2) 同前 23 ページ本 6 ページ ………………………………… 99
(図版 3) 同前 23 ページ本 16・17 ページ …………………………… 99

第 6 章
(写真 1) ブラウンシュヴァイク大公モニュメント ……………………… 136
(写真 2) ブラウンシュヴァイク大公騎馬像 …………………………… 136

第 7 章
[資料] M.フント著『『共産党宣言』はいかに成立したか』初版と改訂増補再版との対照表 …………………………………………………… 200

第 10 章
表 1　23 ページ本と『レッド・リパブリカン』英訳の段落対応表 ……… 274
表 2『共産党宣言』各版における「党」の意味の諸 [訳] 語 ………… 284
表 3『共産党宣言』各版における「搾取」等の意味の諸 [訳] 語 …… 286
表 4『共産党宣言』各版における「交易」と邦訳できる諸 [訳] 語 …… 288
Bibliography of Helen Macfarlane (Howard Morton) …………………… 300

第 11 章
(写真 1)『ライプツィヒ大逆罪裁判』第 2 分冊表紙 (服部文男旧蔵，現尚絅学院大学「服部文庫」蔵) ……………………………………… 330
(写真 2) 表紙を取り去り合本された『ライプツィヒ大逆罪裁判』第 2 分冊最終ページと第 3 分冊冒頭ページ (服部文男旧蔵，現尚絅学院大学「服部文庫」蔵) …… 330
(写真 3) 1872 年ドイツ語版タイトルページ (『研究』第 43 号, 2004 年 12 月, 31 ページ) … 330

第 14 章
(写真 1) 週刊『平民新聞』第 53 号, 1904 (明治 37) 年 11 月 13 日付, 第 2 面 (428 ページ) …………………………………………………………… 383
(写真 2)『社会主義研究』第 1 号 ………………………………… 383
(写真 3) 河上肇『社会問題研究』第 16 冊 1 ページ ………………… 385
(写真 4) 河上肇『社会問題研究』第 16 冊表紙 …………………… 385
(写真 5) 櫛田民蔵「『社会主義及び共産主義文書』(社会主義者の社会主義評)」東京帝国大学経済学部経済学研究会編『経済学研究』第 1 巻第 1 号, 1920 年 1 月, 214 ページ … 386
(写真 6)『共産党宣言』表紙, 労農書房, 1930 (昭和 5) 年 ………… 387
(写真 7) Д.B. リヤザーノフ編『共産党宣言』学術版初版扉, モスクワ国立出版所, 1923 年 …………………………………………………… 390
(写真 8) 大田黒年男・早川二郎訳『共産党宣言／リヤザノフ編評註』『マルクス主義の旗の下に』, 第 2 巻第 1 号 [1930 (昭和 5) 年 1 月号] 付録表紙 …… 390
(写真 9) 大田黒社会科学研究所訳『リヤザノフ編著 MANIFESTO DE KOMUNIST-PARTIO マルクス, エンゲルス研究所』表紙, 大田黒研究所, 1930 (昭和 5) 年 …… 391
(写真 10) 大浦清光訳『共産党宣言／リヤザノフ評註版』表紙, プロレタリア書房, 1931 (昭和 6) 年 ………………………………………………… 391
(写真 11)『共産党宣言／リヤザノフ編評註』表紙, 河西書店, 1932 (昭和 7) 年 …… 393
(写真 12)『マルクス主義の旗の下に』第 1 版付録, 94/95 ページ …… 393
(写真 13) 第 4 版, 河西書店版, 100/101 ページ ………………… 393
『共産党宣言』邦訳史一覧 ………………………………………… 398

まえがき

　「1848年2月公刊。／ロンドン。／J. E. ブルクハルトにより／『労働者教育協会（Bildungs=Gesellschaft für Arbeiter）』の印刷所（Office）において印刷。／ビショップスゲイト，リヴァプール・ストリート，46。」という刊記をもつ本文23ページからなる『共産党宣言』の初版が刊行されてすでに一世紀半を越えた。『宣言』を収録する『新メガ』（新『マルクス／エンゲルス全集』）第I部門第6巻はなお未刊である。とはいえ，収録に際しては初版ならびに本文の確定を初め，後続諸版の系統図をも含む学術解説付録（Apparat）の作成等，立ち入った編集準備作業を要し，その内容のいくつかはここ四半世紀ほどの間に種々の形で公表され，現在，初版をも含め『宣言』についての知見は著しく増大した。

　本書は，この『共産党宣言』の普及史についての研究を意図したものであり，二つの部分から構成されている。前半では『共産党宣言』の初版の普及史をたどっている。後半では，初版に続く諸翻訳および改版を扱い，普及の歴史と伴に，『宣言』の影響史を扱っている。『宣言』の出版回数は翻訳も併せ非常に膨大であるから，無論きわめて部分的な検討である。

　以下，まず，第1部で検討される初版の普及史をめぐる研究状況を確認しておこう。この四半世紀にわたる諸研究で新たに明らかとなり，確定した諸事実は，『宣言』刊行150周年の折の故服部文男の記念論文[1]の中でいち早く紹介された。だが，この間の研究においてまだ意見の一致を見ずにおり，一定の結論が得られていないため，服部論文では紹介が見合わせられていた諸論点があった。その中でもきわめて興味深いのは『宣言』の刊行時期と印刷所の特定をめぐるヴォルフガング・マイザーとトーマス・クチンスキーとの間の論争である。

　論争の発端となったのは1991年に発表されたW. マイザーの論文[2]であった。

---

(1) 服部文男「『共産党宣言』の誕生」『経済』第29号，1998年2月（後，『マルクス探索』新日本出版社，1999年に収録）。
(2) Meiser, Wolfgang: Das „Manifest der Kommunistischen Partei" vom Februar 1848. Neue Forschungsergebnisse zur Druckgeschichte und Überlieferung. In: Marx-Engels-Jahrbuch, 13, Berlin 1991, S. 117-129（ヴォルフガング・マイザー［拙訳］「1848年2月の『共産党宣言』──印刷の経緯と伝承についての新たな研究成果──」『マルクス・エンゲルス・マルクス主義研究』第37号，八朔社，2002年2月，3〜15ペ

この論文は, ベルト・アンドレアス〔ベール・アンドレーア〕(Bert Andréas) が見出していた 23 ページ本の刷の相違を初めて明解に分類してみせた。その分類の基準は諸種の新たな知見に基づいていた。その分類ならびに新知見は『宣言』初版研究史においてB. アンドレアスの書誌に続く画期的な貢献であった。

それらを摘記してみれば, ほぼ次の7点になる。

第一に, 1848 年に刊行された初版は 23 ページ本であるとほぼ確定したこと。

第二に, それに続くのは 30 ページ本ではなくて, やはりアンドレアスによって見出されていた『ドイツ語ロンドン新聞。政治, 文学および芸術のための新聞 (Deutsche Londoner Zeitung. Blätter für Politik, Literatur und Kunst.)』における再録連載であったことを明らかにしたこと。

第三に, 23 ページ本の印刷所もその再録を連載した『ドイツ語ロンドン新聞 (DLZ)』の印刷所と同じだったのではないかとの仮説を提示したこと。

第四に, この論文の執筆時までに彼に知られていた 23 ページ本の刊本 25 点を, 七つの異本 (Druckvariante) に分類, さらにそれらを初刷, 三つの二重印刷 (Dopperdruck), 三つの部分増刷 (Teilauflage, Teillieferung) と分け, それらの印刷順序を推定したこと。

第五は, それらの各刷の印刷・刊行時期を, 1848 年 2 月半ばから 6 月初めになると推定したこと。

第六は, そこから 23 ページ本のおそらくは組み置き版を利用した 23 ページ本の増刷が 1850 年 7 月になされた可能性を示したこと。

第七として, 30 ページ本は, これまで想定されていたように 23 ページ本に続いて 1848 年中にロンドンで刊行された改訂再版といったものではなく, 1851 年初めにケルンで刊行された版本であると推定したこと── 以上である。

───────

ージ。本論文を, 以下ではマイザー『年報』論文と略称する)。
(3) Andréas, Bert: *Le Manifeste Communiste de Marx et Engels. Histoire et Bibliographie 1848-1918*, Milano 1963.
(4) 第一の点については, すでに前掲, 服部論文で詳しく扱われている。第四点と関連して, 初版の分類基準等については, 本書第2章を, また, マイザーの本論文以降, 初刷とみなされている三つの刊本のうちの一つ, アムステルダム大学蔵本についての調査報告である第4章第I節を, それぞれ参照のこと。なお, マイザーには初版の刷の区別についてすでに次の準備的報告がある (Meiser, Wolfgang: Vorbereitungsarbeiten am Textkomplex „Manifest der Kommunistischen Partei" für die MEGA. In: *Beiträge*

まえがき　15

　これら刊行に関連する基本的諸事項の確定は，一見したところでは書誌的些事とみなされがちである。とはいえ，ゆるがせにできない作業である。というのも，『共産党宣言』は二月革命の勃発直前という社会運動においてきわめて重要な時期に刊行されたからである。例えば，『宣言』初版の確定およびその部数や増刷のいかんである。それらの事実認識は，『宣言』の実質上の発行母体である共産主義者同盟ならびに『宣言』が当時の運動に及ぼした影響を尺度する客観的指標となる。

　それだけに，その後，トーマス・クチンスキーによる批判がなされ，W. マイザーがこれに反論するなど，両者の見解の相違は至る所に見出され，第三者による各々の論拠の追試と判定とが求められていた。また，両者の一致点についてもわが国の研究者には新たな別の知見があり，それらについては日本人研究者が自らの目で諸史料を実検し，追試する必要が生じていた。

　このような『共産党宣言』の出版史および影響史の，特に初版研究の新段階と称してもよい研究状況のなかで，一致を見ぬままであった『共産党宣言』初版の，とりわけ出版史に関わる以下の3点の解明が課題として設定されなければならなかった。[(5)]

　(1)『共産党宣言』の刊行直後，『ドイツ語ロンドン新聞』はその全文を連載再録したが，その編集者であったシャーベリッツの遺文庫（バーゼル大学蔵），ならびに同じ時期に同紙の社主であったブラウンシュヴァイク大公カールⅡ世の残した「ブランズウィック文書」（ジュネーヴ大学蔵），『ドイツ語ロンドン新聞』オリジナル（ブリティシュ・ライブラリー蔵）を調査し，『宣言』連載再録時の同紙編集作業の詳細を解明し，併せて『宣言』初版刊行の経緯を探る。

---

　zur Marx-Engels-Forschung, H. 22, Berlin 1987, S. 117-128）。マイザー『年報』論文以前のこの問題についての概観として黒滝正昭「服部文男氏による新訳『共産党宣言』について」『季刊　科学と思想』第74号，新日本出版社，1989年10月，257～259ページ，注(4)（後，『私の社会思想史』成文社，2009年，354～370ページに収録）を参照。第六点と第七点については，本書第9章の第Ⅱ節「23ページ本の異版と30ページ本」の第1項「1850年夏のロンドンでの再刷の可能性」および第2項「1850年末～51年始頃のケルンにおける新版」を参照されたい。

(5)　とりわけ2003年度から2006年度までの4年間にわたって行った科学研究費補助金（基盤研究(C)(2)）研究課題名「『共産党宣言』初版の出版史・影響史についての研究」（研究代表者：橋本直樹，課題番号：15530131）においてである。

(2)『共産党宣言』初版および初版とされたことのある諸版(23ページ本,30ページ本,ヒルシュフェルト版)の各刊本を調査し,前項の調査と併せて,『共産党宣言』初版の確定ならびに初版のなかでも初刷の確定を行う。

(3) 初版から排除されることになると予想される30ページ本,ヒルシュフェルト版それぞれの出版事情を探る。とりわけ,30ページ本刊行の背景となっている三月革命後の共産主義者同盟の動向を精査する。

これらの課題の解明と併せて,『共産党宣言』の普及史に関わる諸論点が,本書第1部の各章で次のように検討されている。

第1章では,かつて初版とされたことのある3つの版(23ページ本,30ページ本,ヒルシュフェルト版)についての内外の従来の研究を概観し,『ドイツ語ロンドン新聞』オリジナルの調査を踏まえて,同紙に再録された『宣言』本文を23ページ本,30ページ本の各本文と校合して,『共産党宣言』の初版が23ページ本であることをより精度高く推定した。

第2章では,『共産党宣言』初版とされた23ページ本の各刷の中から,初刷をより確度高く推定している。23ページ本の異本の類別としてマイザーが提起し,刷の順序としては試論的提起に留まっていた仮説を,アムステルダム大学図書館蔵本等,先に実検し収集していた異本類の電子写真等を校合するとともに,バーゼル大学図書館蔵本をも実検し,吟味・追試した成果である。アンドレアスの説を覆し,17ページのノンブルが23ページと誤植された特徴をもつ異本に初刷である極めて高い蓋然性があるとしたマイザーおよびクチンスキーの結論を,確認のうえ,妥当とした。

それだけでなく,ドイツにおける23ページ本オリジナルの調査の結果,クチンスキーが,《K. ショッテンローエルの著作に掲載されたファクシミリの原本はミュンヘン本である》と推定していたのは誤りであり,異本の表紙意匠の分類は異本1〜4で異本1・2と異本4の2種の相違がある,と結論すべきであること,また,23ページ本の第2折りに使用された8ページ分の印刷用紙の表裏を精査すると,ミュンヘン本,両ハンブルク本が表刷りであるとすれば,マイン

---

(6)　2004年度科学研究費補助金により実施。
(7)　2003年度科学研究費補助金により実施。
(8)　2005年度科学研究費補助金により実施。

ツ本は裏刷りであることを初めて確認し，発表している。特に後者の確認は，23ページ本の印刷についてのマイザーによる推測を裏付ける一物証となりうるもので，重要である。

　第3章では，複製のみが伝承され，原刊本の存在が謎のままの23ページ本（アンドレアス分類1D，クチンスキーの刷X）について，研究状況を俯瞰し，実際に印刷されていた場合の印刷時期を推定している。

　第4章は，23ページ本の書誌情報を簡潔に示そうとしたものである。ことに，そのⅡでは，『共産党宣言』初版23ページ本が国内にも所蔵されていることを突き止め（慶應義塾大学三田メディアセンター貴重書室蔵），この蔵本の調査結果を初めて取りまとめたものである。それによって，本刊本はクチンスキーの印刷異本分類B4〜6に属することが判明した。

　第5章では，本書において第1部『共産党宣言』初版研究の新段階としてまとめた諸研究の端緒を画する『共産党宣言』初版の刊行時期および印刷所の特定をめぐるマイザーとクチンスキーとの間に生じた論争を詳論している。

　第6章では，「シャーベリッツ遺文庫」ならびに「ブランズウィック文書」両文書の調査[9]をもとに，『共産党宣言』の発行母体である共産主義者同盟およびロンドン・ドイツ人共産主義労働者教育協会と，『宣言』の発行後間もなくその全文を連載再録した『ドイツ語ロンドン新聞』発行関係者との結びつきについて，同紙の社主ブラウンシュヴァイク大公カールⅡ世・編集者シャーベリッツ・植字工バムベルガー，ヒルシュフェルト等に即して明らかにしようと試みた。同紙上での再録は初版に続く普及史に属する事柄ではあるものの，初版の印刷所を確定する問題と不可分の関連があるために第1部に収めた。

　第7章は，以上の研究の意味を理解するのに必要な『共産党宣言』成立史の知識の補足である。そのような目的にとってことに定評のある著作，マルティン・フント『共産党宣言』はいかに成立したか』の概要を紹介し，さらに，その後の研究で補訂されなければならない論点をも示している。本書にはすでに拙全訳があり，またフント氏にはその後により詳細な同盟史の大著があるものの，『宣言』とそれにまつわる諸事項を誤りなく理解するためには本章で紹介した程度の成立史に関する知識はどうしても必要となるからである。

---

(9)　2003年度科学研究費補助金により実施。

第2部では，初版に続く諸翻訳および改版の諸問題を取り上げた。
　第8章は，30ページ本刊行の背景となる三月革命後の共産主義者同盟の動向を探っている。このうち，ケルン班の活動にかんする1970年代の旧ソ連における研究はわが国において従来看過されており，本章初出稿において初めて紹介されたものである。
　第9章は，もっぱら共産主義者同盟が活動していた1851年までの『共産党宣言』の影響史にかかわる諸論点のうち注目すべきいくつかを紹介したものである。なかでも，マイザーの仮説の一つである23ページ本のおそらくは組み置き版を利用した1850年夏の増刷の可能性，また30ページ本についての見解を概説した。
　第10章では，前章第Ⅰ節第2項で略述した『レッド・リパブリカン』連載の『共産党宣言』最初の英訳について，翻訳の特徴，訳者マクファーレンについての最新の調査結果の紹介，「ほんものの『ハワード・モートン』」の意味，『新ライン新聞。政治経済評論』第5・6合冊号における起草者名明示との先後関係の確定等，この英訳にまつわる諸問題を詳論した。(10)
　第11章は，出版史ならびに影響史の研究がきわめて重要であることの例示ともなるであろう。というのも，近年わが国では『共産党宣言』の標題が『共産主義者宣言』であるべきであり，それがマルクスの本意であるとの説が提起され，現在も一定の影響力をもっているようだからである。しかし，わずかでも関連刊本の出版史と影響史を研究するならば，そのような見解はまったく成り立たない謬論であることがはっきりと立証されることを本章は示している。
　第12章は影響史の研究である。マルクスは，1879年にロンドンにおいて出版されたモーリッツ・カウフマンの著作『諸ユートピア；あるいは社会改良の諸計画。サー・トマス・モアからカール・マルクスまで』の校正刷をチェックして，事実関係の訂正助言を与える機会をもった。それら助言が実際に生かされたのかどうかの調査である。調査からは，マルクスの論説「ジョージ・ハウエル君の国際労働者協会の歴史」の異文の可能性をもつ章句が見出された。また，マ

---

(10) 後の第12章と併せて，2009年度から2012年度までの4年間にわたって行った科学研究費補助金・基盤研究（C）研究課題名「『共産党宣言』の起草者名の普及史」（研究代表者：橋本直樹，課題番号21530182）の成果の一部である。

ルクスは，カウフマンが『共産党宣言』末尾近くの gewaltsamer Umsturz という語を a violent subversion と英訳しているのに対してなんら助言をしなかったことが確認された。[11]

　第 13 章の本文は本来，勤務先での社会思想史講義案の一部であった。東北大学経済学部で社会思想史を担当されていた服部文男教授の追悼号をマルクス・エンゲルス研究者の会の会誌『マルクス・エンゲルス・マルクス主義研究』において，マルクスそのものとポスト・マルクス関係とで 2 冊企画したうち先行して発行された後者，第 50 号に寄稿したものである。寄稿に際して，「はじめに」に加筆し，注のすべてと補論とを加えた。多くの社会科学研究者にとっては周知の内容であろうかと思われる。とはいえ，『共産党宣言』1900 年ロシア語版のプレハーノフによる「序論」の積極的な主張部分をあらためて再構成した点で，『宣言』普及史の一齣の確認ともなるので本書に収録した次第である。

　第 14 章は，宮島達夫氏等諸先達の研究をうけて，わが国の『共産党宣言』の翻訳史を概観したものである。また，ヒルシュフェルト版が戦前のある時期，『宣言』の初版本とみなされていた例証として，長谷川早太訳に注目した事情があった。[12]本章脚注に掲げたように，『宣言』邦訳史の研究は今では，戦前のマルク主義思想の導入史の研究と併せて，玉岡敦，大村泉，久保誠二郎，大和田寛の各氏によって一層詳細に展開されている。本章初出稿が諸氏の研究の呼び水となったものとすれば大変光栄なことである。

　第 1 部で扱った 23 ページ本についてはアメリカで所蔵されている諸刊本を実検していない点，第 2 部では本来もっと多くの諸版本が検討されるべきである点他，[13]数々の不備がある。が，それらの検討は今後の課題としたい。

---

(11) 特にこの点で，本章は著者もその研究分担者の一人となっていた 2010 年度から 2012 年度にかけて 3 年にわたって行われた基盤研究 (B) 研究課題名「西洋社会経済思想翻訳術語の生成と日中『共産党宣言』翻訳史に見るその展開の比較研究」（研究代表者：大村泉，課題番号：50137395）の研究成果の一部をなす。
(12) 本章は，著者もその研究分担者の一人となっていた 2005 年度から 2007 年度にかけて 3 年間にわたって行われた基盤研究 (B) 研究課題名「『共産党宣言』を中心とするマルクス主義文献の普及過程の解明とデータベース化」（研究代表者：窪俊一，課題番号：17320019）の研究成果の一部である。
(13) 『共産党宣言』の普及史についての概説としては，大村泉・窪俊一・橋本直樹「『共産党宣言』普及史研究の到達点と課題」〔(1)：『経済』第 130 号，新日本出版社，2006 年 7 月，101～118 ページ，(2)：同誌，第 131 号，160～177 ページ〕がある。参照されたい。

第1部
『共産党宣言』初版研究の新段階

第1章 『共産党宣言』初版の確定

『共産党宣言』の初版初刷は1848年2月に出版された。しかしながら，印刷されたのがどの日，どの場所においてであったのか，部数は何部であったのか等，刊行に関連する基本的な事柄が詳らかになっているとは言い難い。

初版の同定についても同様のところがあった。刊記に1848年という刊年が記載されている刊本が三つある。それぞれ23ページ本，30ページ本，ヒルシュフェルト（Hirschfeld）版と呼ばれている(1)。ヴォルフガング・マイザー，トーマス・クチンスキーらの近年の研究(2)では，ただ一つ23ページ本だけが初版と考えられている。しかし，『宣言』に関するこれまでの長い歴史のなかで，他の二刊本もそれぞれの時期にそれぞれの関係者によって，初版に擬されたことがあった。

本章の目的は，『共産党宣言』に関するW.マイザー，T.クチンスキーらの研究を，どの刊本が初版であるかという視点から整理し，検討するところにあ

---

(1) Andréas, Bert: *Le Manifeste Communiste de Marx et Engels. Histoire et Bibliographie 1848-1918*, Milano 1963 の番号付で示せば，それぞれ順に，№1 (p.9, 11-13)，№2 (p.9-11)，№41 (p.37-39) である。

(2) Vgl. 1) Meiser, Wolfgang: Das „Manifest der Kommunistischen Partei" vom Februar 1848. Neue Forschungsergebnisse zur Druckgeschichte und Überlieferung. In: *Marx-Engels-Jahrbuch*, 13, Berlin 1991, S.117-129（拙訳「1848年2月の『共産党宣言』——印刷の経緯と伝承についての新たな研究成果——」『マルクス・エンゲルス・マルクス主義研究』第37号，八朔社，2002年2月，3～15ページ。本論文を，以下ではマイザー『年報』論文と呼び，Meiser 1991 と略記する）；2) Kuczynski, Thomas: Editionsbericht. In: *Das Kommunistische Manifest, Schriften aus dem Karl-Marx-Haus Trier*, Nr.49, Trier 1995（本書を以下では Kuczynski 1995 と略記する）；3) Meiser, Wolfgang: Das *Manifest der Kommunistischen Partei* vom Februar 1848: Zur Entstehung und Überlieferung der ersten Ausgaben. In: *MEGA-Studien*, 1996/1, S.66-107（拙訳「1848年2月の『共産党宣言』——初版の成立と伝承について——」『マルクス・エンゲルス・マルクス主義研究』第41号，八朔社，2003年12月，3～46ページ。本論文を，以下ではマイザー『研究』論文と呼び，Meiser 1996 と略記する）。

る。さらに，それとともに，『宣言』初版は 23 ページ本にほかならないという彼らの研究の結論を，『ドイツ語ロンドン新聞』連載再録の印刷底本の吟味によって補強しようとするところにある。それによって，ヒルシュフェルト版，30 ページ本の両版本が初版から排除され，残った 23 ページ本のみが初版であることがいっそう証拠立てられることになる。まず，ヒルシュフェルト版，次に『ドイツ語ロンドン新聞』連載再録の検討を経て，最後に，30 ページ本の順で考察する。

I　ヒルシュフェルト版の排除

あらかじめ述べれば，ヒルシュフェルト版が初版と考えられたのはごく狭い範囲でのことである。そのような誤認をしたのは，カール・マルクス／フリードリヒ・エンゲルスの同時代人パウル・シュトゥンプフ (Paul Stumpf)，少し下って，SPD 文書主任ヨハン・ヒンリクセン (Jonny Hinrichsen)，エルンスト・ドラーン (Ernst Drahn)，わが国では櫛田民蔵といった人々であった。このような誤りはすでにかなり早い時期に改められたようである。本節では，W. マイザーの立論を整理する形で，ヒルシュフェルト版が『共産党宣言』初版から排除される所以を確認する。

1　ヒルシュフェルトの印刷所の動静

ヒルシュフェルト版初版説を排除する根拠となったのは，当初，ヒルシュフェルトの印刷所の動静についての調査であった。

ルードルフ・ヒルシュフェルト (Rudolf Hirschfeld) の印刷所が実在したことは種々の資料から確認される。

いつ頃から活動していたのかを知らせる資料は，ロンドン・ドイツ人労働者協会によって編集されていた雑誌『被追放者 (Der Verbannte)』である。遺憾ながらこの資料はザクセン警察による筆写の形でしか伝承されていない。とはい

---

(3) Meiser 1996, S.67/68. 見られるように，マイザーの立論は『研究』論文のきわめて限定された箇所にあり，また拙邦訳もあるため，煩瑣を避け，以下ではページの参照を省略する。

え，その刊記から発行所がヒルシュフェルトの印刷所であることが分かるという。その刊地の記載は「スノウ・ヒル，キング・ストリート，20 (20, KING STREET, SNOW HILL)」である。この筆写は1854年から1855年7月にかけてのもののようであり，そこからヒルシュフェルトの印刷所は遅くとも1854年には存在しており，1855年7月までは上記所在地であったことが跡づけられる。

だが，ヒルシュフェルト版に記載された刊地は「フィンズバリー・スクウェアー，クリフトン・ストリート，48(48, CLIFTON STREET, FINSBURY SQUARE)」である。それゆえ，この地にヒルシュフェルトの印刷所があったのはいつかが問題となる。それは旧『メガ』の編集作業に際して調査された。ヒルシュフェルトの印刷所がロンドンの住所録に上記所在地で初めて掲載されたのは1856年であることが明らかにされている。一方，このヒルシュフェルトの印刷所の破産が『タイムズ』1861年12月4日付，6ページ第Ⅲ欄で告知されているという。これら二つの事実から，ヒルシュフェルト版の発行時期は，早くとも1856年以降，遅くともほぼ1861年秋までの期間内であったことが分かる。

2　ヒルシュフェルト版に直接言及した諸資料

(1) B. ベッカー『1848年および現在のドイツの運動』序言

この範囲内でさらに『宣言』の再刊を伝える資料を求めると，次のようなものが挙がってくる。

まず，エトガー・バウアー (Edgar Bauer) がデンマーク警察のために行った1858年9月7日付のスパイ報告書である。そこでは1858年9月2日にロンドン・ドイツ人労働者教育協会によって『宣言』の新版を印刷する決定のなされたことが伝えられている[4]。この資料はヒルシュフェルト版の発行時期を，早くとも1858年9月2日以後であると，さらに狭める推定を許容する。

次に，このような新版がいつ発行されたのかに直接関連してくる資料であり，マイザーは，マルクス，エンゲルスに関わる資料と，ベルンハルト・ベッカー著

---

(4) Bauer, Edgar: *Konfidentenberichte über die europäische Emigration in London 1852-1861*, Schriften aus dem Karl-Marx-Haus Trier, Nr. 38, Trier 1995, S.403.

『1848年および現在のドイツの運動』(1864年刊)の文言と、2点を示している。

後者のB.ベッカーの著作には、1863年12月15日の日付をもつ序言があり[5]、一方、本文中には次のような章句が見いだされる。

> 「すでに1840年にロンドンでドイツ人労働者教育協会が創設されたが、協会はそこから出した<u>『共産党宣言』</u>(<u>2年前に再び新版が発行された</u>)においてはじめて、歴史的な権利意識はすべて所有関係に基づいており、資本力をもつ人々と資本をもたず単なる商品とみなされる労働力だけをもつ貧しい人々との間の対立を鋭く際立たせ、また党の政策を描いて見せた。この『宣言』はドイツの労働界にとって新たな時期の始まりを予示し、将来歴史書によってしかるべく評価されるであろう。それはマルクスを信奉する党が出した。しかし、[……]」[6]（下線は橋本）。

ベッカーは、ヒルシュフェルトの印刷所で同じく印刷・発行されていた雑誌『ロンドナー・ドイッチェス・ジュルナール(*Londoner Deutsches Journal*)』の編集者であった。そこから、下線部で触れられている『共産党宣言』の新版発行の記述は信頼に足る事柄と判断される。マイザーは、序言の日付から「2年前」をたどれば、自ずと1861年が浮上する、というのである。

(2) マルクス、エンゲルス関係の資料

マルクス、エンゲルス関係の資料は二つに分けられる。

1)『フォークト氏』出版との関連

一方は、マルクスの論争書『フォークト氏(*Herr Vogt*)』出版の影響を見る想定である。

『フォークト氏』は1860年秋にロンドンのヒルシュフェルトのもとで印刷された[7]。八つ折り判印刷全紙12枚で部数1,000部と推定される印刷は、9週間にわたった。そのなかでマルクスは『1848年の共産党宣言』からも引用を行っている。このような事実を提示して、マイザーは「ヒルシュフェルトのところでの『宣言』の新版はフォークトに対する論争書の普及によって触発されたとも考え

---

(5) Becker, Bernhard, *Die Deutsche Bewegung von 1848 und die gegenwärtige*, Erster Theil, Berlin 1864, S. (6).
(6) *Ibid.*, S.45.
(7) *MEGA*², Abt. I, Bd.18, Apparat, S.685 und S.746.

られる」と想定している。これは妥当な想定と見てよい。

2）1859年5月の「宣言」

他方は，「1859年5月18日付エンゲルス宛マルクスの手紙」で「われわれ二人が党宣言（Parteimanifest）を出すことが必要だ」[8]と述べているのを起点とする一連の手紙である。

これらの手紙で言われている「宣言」を，マイザーは，ヒルシュフェルト版に至る新版に関連するものとしている。

しかし，これは明らかな誤認であろう。というのも，一連の手紙にある「宣言」とは，1859年5月の現状を分析するために新たに書き下ろすことを意図していたまた別の新しい「宣言」だからである。つまり，1848年2月に共産主義者同盟の綱領として出版された『共産党宣言』とは別の内容の「宣言」の起草を企てているのである。そのことは，「1859年5月23日付マルクス宛エンゲルスの手紙」において，「われわれが執筆したらすぐに出すことができるように(damit wir gleich nach Abfassung loslassen können)」[9]と述べられていることからもたやすく了解されるところである。

3　小括　ヒルシュフェルト版は『共産党宣言』の初版ではない

この誤認はさておき，その他の諸資料に照らせば，1861年にロンドンの共産主義労働者教育協会から『宣言』の新版が再度出版された蓋然性はきわめて高い。

1897年にフリードリヒ・レスナーがその回想で言及している「60年代の共産主義者協会による第二のロンドン版」がヒルシュフェルト版に当たるというマイザーの判断[10]は首肯できよう。

以上の検討から，ヒルシュフェルト版は『フォークト氏』の出版後，そこでの

---

(8)　*MEW*, Bd. 29, S.433.
(9)　*Ibid*, S.438.
(10)　「私自身は，1856年のズィルバーベルク要塞からの釈放後の時期以来，次のような版本を持っている。ビショップスゲイト，リヴァプールストリート46のJ．E．ブルクハルトの教育協会印刷所（Office）で印刷されたロンドンの労働者向けの原刊本若干。60年代の共産主義者協会による第二のロンドン版」Friedrich Leßner：Aus der Entstehungszeit des kommunistischen Manifestes. Persönliche Erinnerungen. In：*Sozialistische Monatshefte*, H. 1, 1897, S.558.

第1章 『共産党宣言』初版の確定　27

『宣言』からの引用の影響もあって，1861年に出版されたのではないかという判断が下されるわけである。つまり，ヒルシュフェルト版は『共産党宣言』の初版ではないという結論になる。

II　『ドイツ語ロンドン新聞』再録印刷底本の確定

　このようにしてヒルシュフェルト版は早くに『宣言』の初版ではないことが明らかとなっていた。そのため，23ページ本と30ページ本のもっぱら二つの版本が初版として並存してきた(11)。もちろん，両版本の出版の先後に関する理解は，一般には旧『メガ』の見解が支配的であったように見受けられる。つまり，23ページ本が1848年2月に発行された初版であり，そこに含まれた多くの誤植等に修正が施され，同じく1848年前半にロンドンで印刷された補訂版が30ページ本であるとする見方である(12)。そのためか，テクストとしては30ページ本が重視されてきた。わが国における翻訳の歴史を見ても1989年に最先端の研究を盛り込んでなされた服部文男の邦訳以前は，原ドイツ語から訳出するという場合，そのすべてが30ページ本由来の底本をもとにしていたと言って過言ではない(13)。

　この間，B. アンドレアスは，『ドイツ語ロンドン新聞』の連載再録を発見し，その印刷底本が23ページ本であることを示唆していた(14)。これは，現在，大

---

(11)　従来23ページ本ならびに30ページ本いずれの版をも初版と称してきた理由については，黒滝正昭「服部文男氏による新訳『共産党宣言』について」『私の社会思想史』成文社，2009年，361ページ，注(3)（初出は『季刊 科学と思想』第74号，新日本出版社，1989年10月，257ページ）を参照。

(12)　*MEGA*¹, Berlin 1932, Abt. I, Bd. 6, S.684. とはいえ，その論拠の吟味が十分になされたとは必ずしも言い難く，例えばMeiser 1991, S.117 u Meiser 1996, S.68/69のように，改めて再考されてよい。とりわけ『宣言』収載の旧『メガ』巻は1932年末の刊行であったから，翌年のドイツにおけるヒトラーの政権獲得およびわが国における出版警察体制・検閲制度の改革・拡充までに，内外ともに十分普及されてその見解が検討される余地はなかったように思われるだけになおさらである。

(13)　1972年の水田洋氏の翻訳は23ページ本を参照してはいる。わが国における『共産党宣言』の翻訳の歴史については，さしあたり，本書第14章および大村泉・窪俊一・橋本直樹「『共産党宣言』普及史研究の到達点と課題(2)」『経済』第131号，新日本出版社，2006年8月，165〜174ページおよび176/177ページを参照。

(14)　Andréas, *ibid.*, p.14.

方の認めるところとなっている。本節では，この点を明瞭にするための検証を試みる。

23ページ本・30ページ本，両版本の研究は，W.マイザーならびにT.クチンスキーによって著しく進捗した。その結果，あらかじめ述べれば，1848年2月に発行された初版は唯一23ページ本のみであることがおおむね確認され，他方，30ページ本については，1850年末から1851年初にかけてドイツのケルンにおいて印刷された新版であるとの説が提起されている。[15]

『ドイツ語ロンドン新聞』の連載再録を以下で検証するのも，このような『共産党宣言』初版の研究が，ロンドン共産主義労働者教育協会についての検討とともに，『ドイツ語ロンドン新聞』における連載再録の検討によって著しく進展した経緯があることによる。

1 『ドイツ語ロンドン新聞』について

(1) 『ドイツ語ロンドン新聞』の書誌

まず，『ドイツ語ロンドン新聞』の書誌的事項の確認である。

この新聞は，ロンドンで毎週金曜日に発行されていたドイツ語週刊紙である。本紙と付録とで構成されており，本紙は『ドイツ語ロンドン新聞。政治，文学および芸術のための新聞(Deutsche Londoner Zeitung. Blätter für Politik, Literatur und Kunst.)』と題され，四つ折り版印刷全紙1枚を用いた8ページ建て，付録は『ドイツ語ロンドン新聞補録(Beilage zur Deutschen Londoner Zeitung.)』の標題をもち，同じ版型の4ページ建て。価格は1号6ペンス，イギリス国内での3ヵ月定期購読は6シリングであった。

創刊は，1845年3月28日であり，この週は『補録』第1号だけの発行，本紙第1号は翌週4月4日に『補録』なしで単独で発行された。したがって，4月11日以降に本紙および付録という通常の形が整う。本紙の増ページ（12ページ建て）などで，『補録』が欠号となる場合があり，同日付でありながら号数は同じでない時期が多い。

終刊は，本紙，付録ともに1851年2月14日であり，本紙は第307号，『補

---

(15) Meiser 1996, S.103-107.

録』は第306号を数えた。[16]

『ドイツ語ロンドン新聞』の編集ならびに印刷を行っていた事務所は二度移転している。初号以来, 7 Great-Queen-Street, Lincoln Inn's Fields, Londonであったが, 1845年10月3日発行の本紙第27号, 補録第26号から18 St. Mary Axe, Leadenhall-Street, Londonに移る。ここは共産主義者同盟が1847年9月に発行した『共産主義雑誌』試作第1号の印刷所である。さらに, 1846年5月22日発行の本紙第60号, 補録第59号からは19 Warren Street, Fitzroy Square, Londonに移転し, 最終号までここで発行された。

現在, 同紙の原本(オリジナル)はただ1部のみ伝承されているものと思われる。The British Library, Newspapers Library (Colindale Avenue, London)においてであり, 3回分を欠く。[17] 各年次ごとに製本され, 以下のような整理番号が付されている。分量の少ない初年次と最終年次はその他の若干の新聞雑誌類と合本されている。1845年次分：Shelfmark 67, 1846年次分：Shelfmark 24, 1847年次分：Shelfmark 25, 1848年次分：Shelfmark 96, 1849年次分：Shelfmark 22, 1850年次分：Shelfmark 31, 1851年次分：Shelfmark 42である。

伝承されている1846年9月18日発行の本紙第77号および補録第76号の原本の状態等から印刷のされ方および配達に際しての姿について一定の推測が可能である。本紙は印刷全紙を二度折り, 最初の折り山が上部, 二度目の折り山がノド側となるようにして, そのまま, 断裁せずに, 4ページ目と5ページ目との間に, 補録を挟み込んである。補録の印刷は交差折りの版掛けであって, 一度に表刷と裏刷と2部できるから, 印刷全紙の短辺中央で裁ち割ったあと, それぞれ一度折られ, いずれか一方が断裁線を各ページの下辺となるようにし

---

(16) したがって, ジャック・グランジョンが本紙第307号の発行日を1851年3月7日としているのはなんらかの錯誤であろう (Vgl. Jacques Grandjonc: Deutsche Emigrationspresse in Europa während des Vormärz 1830-1848. In: *Heinrich Heine und die Zeitgenossen. Geschichtliche und literarische Befunde*, Berlin [DDR], Weimar 1979, S.275)。

(17) 欠けているのは次の号である。本紙第52号・補録第51号 (1846年3月27日発行), 本紙第53号・補録第52号 (1846年4月4日発行), 本紙第192号・補録第191号 (1848年12月1日発行)。ただし, 本紙第52号ならびに本紙第53号は原寸大のフォトコピーが残されている。

て，本紙に挟み込まれた様子である。

(2)『ドイツ語ロンドン新聞』の発行部数

同紙の発行部数は『共産党宣言』の出版・影響史において二つの点で重要である。第一に，『共産党宣言』が連載された時期の部数は『ドイツ語ロンドン新聞』紙上での『宣言』の普及度を知らせてくれる。第二の重要性はW.マイザーの仮説から生じる。彼の推定の通り，『共産党宣言』は刊記にある場所で印刷されたのではなく，『ドイツ語ロンドン新聞』の事務所（兼印刷所）で，同紙各号の印刷の合間を利用して印刷され，それが初版の各種の刷りの原因となったものとしよう。すると，この印刷所の印刷機が1日に印刷できる部数が分かれば，それに刷りの相違である数（5〜7点）を乗ずることにより，『共産党宣言』初版の全発行部数を知ることも不可能ではなくなる。当時の普及の状況をいっそう具体的に明らかにすることができるのである。

『ドイツ語ロンドン新聞』の発行部数はこれまでは不明とされていた[18]。しかしながら，創刊当初2,000部，後に1,500部から1,000部，もっぱら1,250部，時には（特に終刊近くには）750部から600部に減じたことが推測されてよい。

『共産党宣言』連載開始時に『ドイツ語ロンドン新聞』の編集を担当していた協会員ヤーコプ・ルーカス・シャーベリッツは，二月革命の勃発とともにフェルディナント・フライリヒラート（Ferdinand Freiligrath）に誘われて大陸に出向くことになる。同紙社主ブラウンシュヴァイク大公カールⅡ世に辞任を申し出て，編集の仕事はそれまで同紙の印刷工であり，シャーベリッツのスイス時代以来の親友であり，彼を協会に引き入れたルーイ・バムベルガー（Louis Bamberger）に委ねられる。編集者の交代等が原因となり『ドイツ語ロンドン新聞』の発行部数が漸減していく。その様子を，ティボール・デネスは次のように述べている。即ち，

> 「バムベルガーが，その若さにもかかわらず本当に成熟した力強い文体および熟達した表現力を持っていたシャーベリッツと，この領域で争う余地はなかった。読者の関心は，したがって同様に読者の数は，次第にわずかとなった。大公は，シャーベリッツの時期の，良好な評判を再び獲得しよ

---

(18) Grandjonc, *a.a.O.*

第1章 『共産党宣言』初版の確定　31

うと，あらゆる手立てを尽くしたが，しかし成功するには至らなかった」[19]（下線は橋本）。

　デネスが下線部のように述べる根拠となるべき典拠は明示されていない。とはいえ，創刊後一年近くして社主となったブラウンシュヴァイク大公の『日記』はじめ彼に関係する諸文書が収められた「ブランズウィック文書（Ms. Brunswick）」(Bibliothèque publique et universitaire de Genève［ジュネーヴ大学開放図書館］蔵）のうち『ドイツ語ロンドン新聞』関係の文書には，作成時期も筆記者も不明ではあるが，『新聞』発行に関するいくつかのメモがある。いずれもその調査メモ，見積りメモ，収支メモないし試算メモといったものであるが，発行部数と見てよい数字が記されている。

　そのうちの一つは，おそらく大公が『ドイツ語ロンドン新聞』の共同出資者となる際に，あるいはその少し後になって，創刊者であったダーフィト・カーン（David Cahn）から同紙を買い取ることになる折に，同紙営業の実情を調べさせたメモと見られる。当時のイギリスの出版法規との関連で必要とされた印紙（stamp）とその刷部数相当の所要数その他について記載されている。そこからは，D.カーンが印紙の数を800としていたのに対して，実際の刷部数は1,000部であったこと，定期購読者は100名であったことなどがはっきりと見て取れる[20]。

　第二のメモは，For a weekly publication という見出しが付けられており，おそらく新聞を週刊発行するための費用見積もりである。「1週1000部印刷　8ポンド5シリング……／編集費　5ポンド／1000部の用紙代　3ポンド……」（／は改行）といった類の事項が記載されている[21]。

　こういったメモを根拠としていたために，デネスもはっきりと典拠を確定して示すことができなかったのであろう[22]。

---

(19) Dénes, Tibor : Lehr- und Wanderjahre eines Jungen Schweizers (1845-1848). Jakob Lukas Schabelitz, Herzog Karl Ⅱ. von Braunschweig und die Deutsche Londoner Zeitung. In : *Schweizerische Zeitschrift für Geschichte*, 16-1, 1966, S.77.
(20) MS. Brunswick 20, f. 483.
(21) MS. Brunswick 20, f. 491.
(22) なお，以上の『ドイツ語ロンドン新聞』に関わる諸要点はすでに旧「科学研究費補助金採択課題・成果概要データベース」(http://seika.nii.ac.jp/cgi/lgn/MetMetaDetail.exe)，現在は「KAKEN―科学研究費助成事業データベース」(https://kaken.nii.ac

特に問題となるのは,『共産党宣言』が連載再録された時期の発行部数である。再録の期間は 1848 年 3 月 3 日から同年 7 月 28 日にかけてであった。連載当初はまだシャーベリッツが編集に当たっており,同紙が好評を得ていた時期である。この時期,発行部数がそれほど落ち込んではいなかったものと想定してよいとすれば,それは,少なく見積もっても 1,000 部ないしは 1,250 部,ほぼ 1,000 部を下らない部数と見てよいことになる。

2 『共産党宣言』の『ドイツ語ロンドン新聞』連載

『宣言』は早くも翌 3 月 3 日から『ドイツ語ロンドン新聞』紙上への再録が始まる。全文が 13 回に分かたれ,第 153 号から 7 月 28 日の第 174 号まで,いずれの回も文芸欄に掲載されている。既述の通り,この連載再録は B. アンドレアスによって発見され,その画期的な書誌のなかではじめて紹介された。

『共産党宣言』の『ドイツ語ロンドン新聞』紙上への掲載データを多少詳しく示せば次のようである。(23) 表題は,初回のみ Manifest der Communistischen Partei. とされ,第 2 回以降はすべて Manifest der kommunistischen Partei. である。

① 153 号 (1848 年 3 月 3 日付) 1265 ページ第 2 欄〜1266 ページ第 1 欄〔前文〕(24)・第 I 章〜。
② 第 154 号 (1848 年 3 月 10 日付) 1274 ページ第 1 欄〜第 2 欄。
③ 第 156 号 (1848 年 3 月 24 日付) 1287 ページ第 2 欄〜1288 ページ第 1 欄(25)。
④ 第 158 号 (1848 年 4 月 7 日付) 1304 ページ第 1 欄〜第 3 欄 第 I 章終了。
⑤ 第 159 号 (1848 年 4 月 14 日付) 1312 ページ第 1 欄〜第 2 欄 第 II 章〜。
⑥ 第 160 号 (1848 年 4 月 21 日付) 1320 ページ第 1 欄〜第 3 欄。
⑦ 第 162 号 (1848 年 5 月 5 日付) 1335 ページ第 3 欄〜1336 ページ第 1 欄 第 II 章終了・第 III 章〜。

.jp/d/p/15530131/2003/3/ja.ja.html) において拙 2003 年実績報告の一部として掲載公表済みである。
(23) Andréas, *ibid.*, p.14; Kuczynski, S.99 および原本での筆者の確認による。
(24) 本書では『共産党宣言』の第 I 章に先立つ部分を〔前文〕と呼んでいる。
(25) 第 155 号末の 2 ページ (1281/1282 ページ) が,誤植により第 156 号の最初の 2 ページにも重複して打たれている。その 2 ページ分少ない数のページ付けはそのまま以下の号にも引き継がれている。

第1章　『共産党宣言』初版の確定　33

⑧第165号（1848年5月26日付）1360ページ第1欄〜第2欄。すでに前回から第Ⅲ章に入っている。それゆえ，章番号とその表題は前回途中からのと同様，Ⅲ. Socialistische und kommunistische Literatur. でなければならない。にもかかわらず，前回の前半の表題 Manifest der kommunistischen Partei. —（Fortsetzung）Ⅱ. Proletarier und Kommunisten. がそのまま置かれている。この章番号ならびに表題の誤りは⑨⑩まで続く。

⑨第166号（1848年6月2日付）1368ページ第1欄〜第2欄。
⑩第167号（1848年6月9日付）1376ページ第1欄〜第2欄。
⑪第171号（1848年7月7日付）1408ページ第2欄。
⑫第172号（1848年7月14日付）1416ページ第2欄 第Ⅲ章終了。
⑬第174号（1848年7月28日付）1432ページ第2欄 第Ⅳ章。

見られる通り，この間，1848年3月17日付，1848年3月31日付，1848年4月28日付，1848年5月12日付，1848年5月19日付，1848年6月16日付，1848年6月23日付，1848年6月30日付，1848年7月21日付と未掲載が9週ある。

3　23ページ本・30ページ本との校合

『ドイツ語ロンドン新聞』連載がいずれの版本に基づくのかを吟味するために次のような手法をとる。同紙掲載の『共産党宣言』本文が23ページ本と30ページ本とでいずれに合致するか，その校合を行ってみる。それらの箇所はアンドレアスの書誌316〜339ページの23ページ本各刷と30ページ本，1866年版，1872年版の対照表中各偶数ページにある前二刊本の対照に限定してよい。つまり，アンドレアスが認めて番号付けした四つの版本の相違は289箇所に余る。そのうち，23ページ本と30ページ本との相違については158箇所が挙げられている。『ドイツ語ロンドン新聞』のこれらの箇所が23ページ本と30ページ本とのいずれを踏襲しているかを見て，検証を試みるわけである。

その結果は「23ページ本，『ドイツ語ロンドン新聞』連載再録，30ペー[26]

---

(26)　この検討結果は，Kuczynski, Thomas：Interessante Informationen über die Erstausgabe. Zum 140. Jahrestag des Erscheinens des „Manifests der Kommu-

本 各版 本文の対照表」(次ページ) の通りとなる。

　今これを見れば，両版本に相違のある 158 箇所中，130 箇所が 23 ページ本にならっており，30 ページ本にならっているのはわずか 27 箇所である。この 27 箇所がどのような場合かを詳しく見てみると，そのほとんどが誤植であると誰の目にも明瞭に分かるものである。つまり，23 ページ本で綴りあるいは格変化を誤り植字している箇所である。例えば，第 42 番，Konkurreuz が Konkurrenz に，第 48 番，Verhätnisse が Verhältnisse に，第 51 番，In der Krisen が In den Krisen に，それぞれ正されているといった類いのものである (下線は橋本による)。

　それら以外の，30 ページ本と同一の箇所を見れば，それはむしろ『ドイツ語ロンドン新聞』の再録が 23 ページ本を印刷原稿として作成されたとの傍証さえ与えるものである。

　例えば，服部文男が 23 ページ本と 30 ページ本との重要な相違として重視している三つの箇所(27)のうちの一つである。第三番目の本来 heilige (神聖な) とあるものが，『新聞』では 30 ページ本と同じく heutige (今日の) となっているところである。各版本の異同を示せば下のようになる。なお，[ ] 内は推定。

［原稿］：［heilige］
23 ページ本：heitige (S.17, Z.42)
『ドイツ語ロンドン新聞』：heutige (No.165, 26. Mai 1848, S.1360, Sp.2, Z.13)
30 ページ本：heutige (S.22, Z.12)

---

nistischen Partei". In : *Probleme des Friedens und des Sozialismus*, H. 3 (355), Prag März 1988, 31. Jg., S.424-426(本論文を以下では Kuczynski 1988 と略記する) の拙訳「初版についての興味深い情報——『共産党宣言』出版 140 周年に寄せて——」(『マルクス・エンゲルス・マルクス主義研究』第 37 号，八朔社，2002 年 2 月，30〜34 ページ)《訳者解説》(25〜30 ページ) 中の【補注】「対照表」(同前，29/30 ページ) に，『ドイツ語ロンドン新聞』原本の実検を経て，改訂を施したものである。

(27)　その他の箇所について見ておこう。第一番目は,fortgeschritteneren と比較級である。第二番目は，Weiber und Kinder verdrängt とある。いずれも 23 ページ本——3 ページ 10・11 行目 (ハーフタイトルならびに罫線を含む) および 8 ページ 10 行目——と同じであり，30 ページ本——3 ページ 11 行目 (ハーフタイトルならびに罫線を含む) および 9 ページ 23 行目——には一致しない(服部文男『共産党宣言』の誕生』『マルクス探索』新日本出版社，1999 年，111/112 ページをも参照。初出は『経済』第 29 号，新日本出版社，1998 年 2 月)。

第1章　『共産党宣言』初版の確定

23ページ本,『ドイツ語ロンドン新聞』連載再録,30ページ本 各版 本文の対照表

（凡例）
　p.は,23ページ本のページ数を示す。
　各数字は,アンドレアスによる各版対照の番号付を示す。
　23ページ本：〜は,アンドレアスによる各版対照の番号付中,『ドイツ語ロンドン新聞』が23ページ本の特徴を踏襲している箇所の番号を示す。
　30ページ本：〜は,アンドレアスによる各版対照の番号付中,『ドイツ語ロンドン新聞』が30ページ本の特徴を踏襲している箇所の番号を示す。

p.3
　23ページ本：1, 2
　30ページ本：なし
p.4
　23ページ本：8, 10, 12, 13, 14
　30ページ本：なし
p.5
　23ページ本：17, 18, 19, 20, 25
　30ページ本：16a
p.6
　23ページ本：31, 33, 35, 40
　30ページ本：42
p.7
　23ページ本：50, 52, 55, 56, 57, 60, 61
　30ページ本：48, 51
p.8
　23ページ本：64, 67, 69, 71, 75
　30ページ本：66, 70, 72, 78
p.9
　23ページ本：79, 80, 81, 82, 84, 85, 86, 88, 89, 90, 91, 93
　30ページ本：92
p.10
　23ページ本：94, 95, 96, 97, 99, 100, 101, 102, 103, 106, 107, 108
　30ページ本：104, 109
p.11
　23ページ本：110, 112, 114, 115, 116, 119, 120, 122
　30ページ本：111, 113
p.12
　23ページ本：123, 125, 126, 127, 128, 129
　30ページ本：なし
p.13
　23ページ本：130, 132, 134, 137, 138, 141, 142
　30ページ本：140
p.14
　23ページ本：144, 146, 148, 150, 153, 159, 160, 161, 165
　30ページ本：151, 157, 158
p.15
　23ページ本：166, 167, 169, 170, 172, 176, 177, 178, 180
　30ページ本：173, 174
p.16
　23ページ本：181, 183, 186, 194, 196, 197
　30ページ本：なし
p.17
　23ページ本：198, 199, 201, 204, 205, 206
　30ページ本：200, 203, 210, 211
p.18
　23ページ本：217
　30ページ本：213
p.19
　23ページ本：221, 223, 228, 233
　30ページ本：229
p.20
　23ページ本：241, 242, 243, 247, 249
　30ページ本：なし
　„DLZ"独自：242aは誤植が直されNation だが,直後に「,」がある。
p.21
　23ページ本：255, 257, 258, 263, 264
　30ページ本：265
p.22
　23ページ本：267, 271, 273, 275
　30ページ本：なし
p.23
　23ページ本：276, 277, 278, 279, 281, 282, 285, 286
　30ページ本：289

本来の原稿が heilige（神聖な）であったことは，1850 年にマルクスおよびエンゲルスが自ら編集した部分再録でこのように訂正されているところから明らかである[28]。この箇所は，23 ページ本の heitige のままでは意味をなさず，なんらかの綴りの誤植であることが容易に想像される。そのため，『ドイツ語ロンドン新聞』の植字工が独自に訂正したものと考えられる。しかし原稿が heilige（神聖な）といういささか特殊な語であって，その l を t に誤って heitige と 23 ページ本で誤植したとまでは想像できず，より一般的な heutige（今日の）という語の u を i に誤ったものと安易に考えた。その結果，訂正を施すつもりで heutige と植字されたというわけである。30 ページ本が同じく heutige（今日の）になっているのも，同様の理由であろう。したがって，これは 30 ページ本が 23 ページ本を原稿として植字された証拠とさえなりうるものである。

4　小括　『ドイツ語ロンドン新聞』再録印刷底本は 23 ページ本

これらの事実に照らせば，『ドイツ語ロンドン新聞』における『共産党宣言』の再録は，23 ページ本と 30 ページ本両版本のうち，23 ページ本に基づいて印刷されたと結論してよい。

以上の対照によって，23 ページ本が『ドイツ語ロンドン新聞』紙上への再録印刷植字原稿として使用された版本であることが確定されたわけである。

III　30 ページ本の排除

『ドイツ語ロンドン新聞』連載再録の印刷底本が 23 ページ本であるという事実は，その連載開始の日付（3 月 3 日）を勘案すれば，23 ページ本が初版であるという旧『メガ』以来の通説が証明されたということにもなる。

実際，W. マイザーならびに T. クチンスキーによる両版本の研究の結果，1848 年 2 月に発行された初版は唯一 23 ページ本のみであることが共通認識となり，一方，30 ページ本は 1850 年末から 1851 年初にかけてドイツのケルンに

---

(28) Socialistische und kommunistische Literatur. In: *Neue Rheinische Zeitung. Politisch-ökonomische Revue*, rd. v. Karl Marx, H. 5/6, London, Hamburg u. New=York 1850, S.102.

おいて印刷された新版であるとの説が提出されていることは，先述の通りである。

しかしながら，このような成果に至る過程ではさまざまな仮説が提起された。次第に確定し定説となったものもあれば，批判されて覆されたものもあった。それらのうちで，『共産党宣言』の初版は30ページ本であるとするきわめて興味深い仮説が提起されたことがあった。『宣言』出版140周年の1988年に『平和と社会主義の諸問題』誌上において，クチンスキーによって作業仮説（Ausgangshypothese）として提起されたものである。[29] 誤解のないようにあらかじめ明記しておくが，この仮説そのものは1995年に至りクチンスキー自身によって撤回されている。[30]

とはいえ，顧みれば，その仮説は近年の研究成果を生むための試金石であったであろうことが，マイザー『年報』論文の冒頭における先行研究のサーヴェイからも窺える。「クチンスキーは彼の仮説を未公刊の草稿のなかで詳しく述べ，基礎付けて」おり，マイザーはクチンスキーからその草稿の利用の便宜を得たことをも記しているからである。[31] したがって，彼らの研究成果の意味を理解するには，この仮説の詳細を知ることが欠かせないという関係にある。

この作業仮説が詳述されたクチンスキーの未公刊草稿をマイザーのように利用することは，遺憾ながらままならぬところでもあり，以下，この仮説を再構成し，紹介するとともに，[32] その成立し難いゆえんをもっぱらマイザーに依拠してとりまとめ，30ページ本が『共産党宣言』の初版ではないことを示したい。

1　T. クチンスキーによる30ページ本初版仮説

(1) クチンスキーの所説

クチンスキーがこの仮説を提出した1988年時点での，30ページ本と23ページ本それぞれの伝承状況は次のようであった。30ページ本は現在よりも2冊少ない6冊の刊本の，23ページ本については現在よりも5冊少ない22冊の刊本の，伝承が確認されていた。また，22冊の23ページ本には少なくとも5種

---

(29)　Kuczynski 1988.
(30)　Kuczynski 1995, S.30/31.
(31)　Vgl. Meiser 1991, S.124/125, Anm. 12.
(32)　クチンスキーの立論は，上記脚注にも掲げた通り，短い記事であり，また拙邦訳もあるため，煩瑣を避けて以下での参照ページ表記は省略する。

類の刷の相違が認められ，23 ページ本は 4 回ないしは 5 回増刷されたことが判明していた。そして，23 ページ本の初刷（第一刷）と目されるのは，第 17 ページ目のノンブルが 17 ではなく，誤って 23 と打たれて印刷された刊本であると推測されていた。クチンスキーの仮説は，この特徴的な，第 17 ページ目のノンブルの誤植に関連して生じたと見てよい。

1) 初版は 30 ページ本

彼は 30 ページ本を初版と同定する。したがって，『宣言』草稿を印刷所に運んだフリードリヒ・レスナーの周知の回想をも 30 ページ本が念頭に置かれての言葉と理解することになる。その回想をもとに，30 ページ本こそが，フランスにおいて 22 日に始まっていた二月革命の知らせがまだロンドンに届かぬうちに，「おそらく 2 月 23 日に印刷され」たと見るわけである。また，「30 ページ本はただ一度だけ刷られた」と捉えているが，これは伝承部数が 23 ページ本に較べてわずかなところからの推定であろう。

2) 23 ページ本は二月革命勃発による大量普及用の新版

一方，23 ページ本は，ロンドンで革命の勃発が知られるようになった後に，同盟が『宣言』を大量に普及するために印刷を決定した新版だというのである。大量普及を目的としたという想定がなされるのは，30 ページ本に比しての 23 ページ本の伝承部数の多さ，およびそれらの刷の相違から「少なくとも五度刷られた」と推定されることによるものであろう。

新版と想定されるのは，次のような経済的理由を重視するからである。30 ページ本では各章を新しいページで始める版組みがなされている。これでは印刷用紙の使用量がかさみ，高くつく。共産主義者同盟にもロンドンの労働者教育協会にもそれに充てる資金は乏しかったのであって，「より安価な，そしてそれゆえにより多くの部数で印刷される」ためには，新しい章が始まる場合，その章の開始行を前の章が終わったのと同じページにそのまま続けて植字するいわゆる追い込みにして印刷した新版，23 ページ本が新たに植字される必要があった，と。クチンスキーの推計するところでは，23 ページ本の版面で 1,000 部印刷できる用紙の量も，30 ページ本の体裁にした場合，印刷可能な部数は「ほぼ 830 冊」に減じる。

3) 23 ページ本のノンブル誤植は 30 ページ本がその印刷用底本であったため生じた

第1章 『共産党宣言』初版の確定　39

クチンスキーの仮説の場合，23ページ本を植字するさいの印刷原稿としては，先に初版として発行されていた30ページ本が利用されるのが自然な成り行きとなる。仕上がった両者を見ると，23ページ本の印刷原稿として利用されたことになる30ページ本の第21ページ目から22ページ目までの内容は，23ページ本の第17ページ目の内容に対応している。この第17ページ目の植字が終了したときに，そこにノンブルとして17という数字を入れるべきであるのに，原稿である30ページ本の次のページ数が第23ページ目であったことに災いされて，植字工が誤って23という数字を入れてしまう。この思い違いのために「特に際立った誤植をもつ版〔……〕即ち，第17ページが第23ページとページ付けされ，したがって第16ページに第23ページが続く」異本が出来上がった，とクチンスキーは推論する。無論「この誤植は第二刷では訂正される」ことになる。[33][34]

4）30ページ本は，遅くとも3月3日以前に発行された23ページ本の前に発行された

　他方，クチンスキーの仮説では『宣言』の第二版（再版）であるこの23ページ本の少なくとも初刷は，遅くとも「3月3日以前に発行されたに違いない」と日付確定される。[35]最後の増刷が終了したのは，その「おそらく二～三ヵ月後，長くて6月初めまで，即ち，教育協会がまだ印刷所にあったすべての部数（Exemplare）を受け取ることを決定したときまで」とする。なお，ここからは，クチンスキーが，この時点では，6月6日の教育協会決定にあるSchriftenの語を「活字セット」ではなくて，クリームと同様に「著作物」と理解していたこ[36][37]

---

(33) この仮説がマイザーによって覆されたことについて，詳しくは次章の56～59ページを参照。
(34) この特徴的な誤植のある異本が23ページ本の初刷であるとの把握は，アンドレアスの見解を覆したものであり，マイザーによっても踏襲され，現在の共通認識となっている。
(35) その根拠は，この3月3日に『ドイツ語ロンドン新聞』での再録連載が開始されていることであり，このことからクチンスキーもこの再版の本文が23ページ本に基づいていることを認めていることが分かる。
(36) Archiv M. Nettlau 344, Dokumente betr. CABV und Weitling 1845, Mapp.1, Bündel 1, H. 1, S.100 (Internationaal Instituut voor Sociale Geschiedenis [Amsterdam]) ; Nettlau, Max : Marxanalekten. In : *Archiv für die Geschichte des Sozialismus und der Arbeiterbewegung*, Jg. 8, Leipzig 1919, S.394, Fußnote 3.
(37) Kliem, Manfred : Anmerkungen. In : Karl Marx/Friedrich Engels : *Manifest der Kommunistischen Partei*, Zusammenstellung der Texte, Nachwort und Anmerkung von Manfred Kliem, Leipzig 1976, S.167.

とが窺われる。また23ページ本は，その伝承刊本の異なる刷の数から，この間に「少なくとも五度刷られた」と想定されることになる。

5) 両版の誤植をどう見るか

通常23ページ本が初版である根拠の一つとされる誤植の多さについては，量よりも内容を重視して，次のように説明する。30ページ本では，初版であったがために語の脱落など「重大な誤り」があるとして，成人男子の労働が婦人および児童の労働によって押しのけられることを述べた章句での「および児童」という語の脱落を例示している。それに対して，23ページ本では，第二版であるために，「重大な誤り」は「おそらく原稿と照合することによって訂正されてい」ると見ている。誤植はなるほど多いとはいえ，「それらのほとんどは句読点や正書法に関するもの」であって，その背景には第二版の製作を非常に急いだ事情があることを次のように述べている。

6) 2月29日～3月3日マルクス ロンドン滞在仮説にも依拠

それは，かつてベルト・アンドレアスが提起した，2月29日から3月3日までマルクス自身がロンドンに滞在し『宣言』に関わる活動をしていた可能性を見る仮説をも念頭に置くものである。[38] 2月29日夕方に開催されたロンドン・ドイツ人共産主義労働者教育協会の会議では『宣言』の印刷のための資金を用立てることが決定されたが，マルクスはこの時にロンドンにいたという可能性が生じるわけである。さらにクチンスキーは「この旅によって，なぜ第二版にあれほど多くの誤植があるのかの説明がつく」と言う。「第二版〔=23ページ本〕を仕上げるのに，『ドイツ語ロンドン新聞』での再版についても，急いだ。だが，重大な誤植は訂正されました」というのであって，クチンスキーは，革命勃発を承けた両再版のマルクス滞在中の大変急いだ植字・印刷作業を示唆している。

(2) クチンスキー仮説の特徴

見られるように，『ドイツ語ロンドン新聞』における『宣言』連載再録の印刷原稿が23ページ本であることはクチンスキーも否定できない事実として前提し

---

(38) Andréas, Bert: *Marx' Verhaftung und Ausweisung. Brüssel Februar/März 1848*, Schriften aus dem Karl-Marx-Haus, Trier, Nr. 22, 1978, S.28 u. Anm. 156. なお，この仮説については，前掲の服部『マルクス探索』120/121ページをも参照。

ていることが分かる。本章第Ⅱ節で確認した事柄が，このような仮説の構築のさいにも踏まえなければならない事実として厳存している。『ドイツ語ロンドン新聞』連載再録印刷底本の事実確認が『共産党宣言』初版の確定にいかに重要な関係をもつかが，ここにおいてもはっきりと示されている。このような事実関係から，30ページ本が初版であると主張するためには，それが，遅くとも3月3日までには刊行されていることが明らかな23ページ本にさらに先立って発行されていることを論証しなければならないわけである。

　アンドレアスはすでに『宣言』初版は遅くとも2月22日から29日までの週に，あるいは早ければ2月14日から21日の週に印刷されたことを述べていた[39]。したがって，クチンスキーの仮説に従えば，2月14日から3月3日までの20日足らずの間に30ページ本，23ページ本および『ドイツ語ロンドン新聞』連載が鼎立する状況になる。このような鼎立が成立するか否かがこの仮説を検討するさいの要点となる。

2　30ページ本初版仮説は維持し難いこと

　したがって，このようなクチンスキーによる『共産党宣言』30ページ本初版仮説を吟味するには，次の二つの観点が求められる。第一は，『ドイツ語ロンドン新聞』における連載第1回発行以前に，クチンスキーの言うように，30ページ本と23ページ本と二つの版本が実際に刊行されていたのか否かという観点である。23ページ本がそのような刊本であることはすでに前節の検討から確定している。30ページ本にはそのような事実認定は欠けている。むしろ，旧『メガ』以来の通説の通り，1848年2月以外のその後の他の時期における刊行であるという可能性は大きい。そこから，30ページ本が別の時期の版本であることを積極的に論証できないかという検討が，第二の観点となる。

(1)　30ページ本・23ページ本併立への疑念

　まず，第一の観点から見よう。マイザーは，二月革命が勃発して『宣言』への需要がいかに増大したにせよ，30ページ本，23ページ本，『ドイツ語ロンド

---

(39)　Andréas, *Le Manifeste Communiste de Marx et Engels*, p.10.

ン新聞』連載が鼎立することについては，大きな疑問を呈している[40]。そのような妥当な疑問の他にも，次のようないくつかの反論が容易に浮かぶであろう。

　クチンスキーは23ページ本が協会所有の活字による印刷であることは認めている。30ページ本が23ページ本と異なる活字を使用していることは明らかであるから，植字については『共産主義雑誌』試作号同様に協会員の無償奉仕を前提するにしても，30ページ本について協会所有の活字を使用しなかった理由およびそれにともなう費用負担が別に説明されなければ，クチンスキー仮説は維持し難い。

　また，30ページ本も23ページ本と同じく，当時ロンドンで印刷されたものとするならば，おそらく原版刷りと考えなければならない。版盤は崩すにせよ，一定期間はページごとの組版が残されるものと考えてよいであろう。二月革命勃発にともなう需要増に直面し，早急な増刷が迫られていたとするならば，新たに23ページ本の活字を最初から組むよりも，残されていた30ページ本の組版に手を入れて，各章開始行を前ページの前章最終行に追い込む形に組版を改める方が，きわめて容易な作業であったろう。そして，そのような30ページ本の新たな刷が印刷されて，そのような刷の30ページ本と同じ活字・行組の刊本の伝承がなされていても不思議ではない。

　このような事実関係を再考するだけでも，23ページ本以前に，30ページ本という別の活字（それも協会所有の活字セットでない活字）による組版に基づく版本が存在し，それが『宣言』の初版であるとする主張は，きわめて低い蓋然性しか与えられないと言わざるを得ないのである。

(2) 活字および印刷用紙の検討

　このように活字のみならず，両版それぞれの印刷上の特性がさらに問題にさ

---

(40)　「1848年革命の勃発後，『宣言』刊本への需要が高まった結果，これまでの組版を用いてさらに印刷する——例えば，はるかに好ましい条件下の，1890年代のように——というのではなく，新しい組版により高い費用をかけ，より多くの用紙の必要性およびより多くの時間をかけることと結びつくような印刷技術的に完全に異なった新刊がなされたはずだなどということも，まったく納得のいかないことのように思われる。初版がその（少なくとも）三つの増刷ならびに新聞再録とほとんど同じ時期になされた場合には，そうしたことはなおいっそう納得のいかないことのように思われる。同じ印刷所でこの時期になお「30ページの新刊」もつくられたはずだなどとはなんとも想定し難いことである」(Meiser 1996, S.71)。

第1章　『共産党宣言』初版の確定　43

れてよい。マイザーは，印刷に際して利用された活字・その切れ・活字の大きさ，組版の特異性，句読法・綴字法，誤植の傾向，印刷用紙について精査し，30ページ本と23ページ本とではまったく異なることを確認する。そこから，「二つの版が同じ印刷所において，同一の植字工，印刷工および校正者によって仕上げられたというのには不利な材料を提供する」と結論づけている。

そして，さらに活字については，23ページ本のものに著しい特徴があり，一方，30ページ本の字体は1850年にケルンの労働者教育協会の規約を印刷するためにクルトゥーが利用した活字およびマルクスの『論文集』の趣意書に用いられた活字と類似性があることを示唆している。また30ページ本に部分的に用いられているという薄い用紙も1850年末〜51年初頃にベッカーの印刷所でクルトゥーによって印刷されたものに類似のものがあると述べている。

つまり，マイザーは，ロンドンで印刷されたのは23ページ本であり，30ページ本は後の1850年末〜51年初になって，それも大陸のドイツにおいて印刷されたものであることを主張し，先の第二の観点からの論証を加えようとしているわけである。

(3) 諸再版の底本としての利用状況

この第二の観点を補強する状況証拠として，マイザーは後続の諸再版において利用された印刷底本は1850年末に至るまで，『ドイツ語ロンドン新聞』再録同様，一貫して23ページ本であり，30ページ本の再版はようやく1852年以

---

(41) それを追試・検討するためには『共産主義雑誌』試作号，30ページ本をはじめ各種関係文献類の原本を実検していなければならないはずなのであるが，遺憾ながら果たせないでいる。そのため，ここではマイザー『研究』論文に即してその論拠のいくつかを見ておくこととする。筆者は『共産主義雑誌』試作号，30ページ本については下記の復刻版を利用した。なお，30ページ本のReprintについては黒滝正昭氏（宮城学院女子大学名誉教授）ご所蔵の刊本を借覧に供していただいた。ここに記して謝意を表する。
  1) Probeblatt. Kommunistische Zeitschrift London 1847, Nachdruck des Original-Exemplares im Schweizerischen Sozialarchiv Zürich eingeleitet v. Bert Andreas, Bücher-Such-Dienst-Bibliothek gesellschaftswissenschaftlicher Neudrucke 1, Limmat Verlag Zürich o. J., 2) Nachdruck, Karl-Marx-Haus Trier 1998.
(42) Meiser 1996, S.70.
(43) *Ibid.*, S.106.

後に現われるとしている[44]。

　30ページ本が『共産党宣言』の初版でないことを純論理的にも完全に証明するためには，第Ⅰ節においてヒルシュフェルト版について行ったように，30ページ本が後の時期の出版物である事実をなんらか別の形で積極的に証拠立てる第二の観点からの論証が必要である。とはいえ，このような作業は，実際には「1850年代における『共産党宣言』の出版史・影響史研究」とでも名付けられるべきテーマの領域に属することになる。そのため，その立ち入った検討は次の課題とならざるを得ない。

---

(44)　「30ページ本が1848年にロンドンで印刷されたという仮説にとって不利なのは，1850年末までに実在したことが立証されている部分再録（Teilnachdruck）や翻訳すべては23ページ本に基づいているということである。逆に，30ページ本の再録はようやく1852年以降であるということが立証されている」(Meiser 1996, S.73)。

第2章 『共産党宣言』初刷の確定
——23ページ本の種々の刷——

はじめに

　『共産党宣言』の初版とされるのは，前章で見た通り，「23ページ本」であって，原刊本に限定すれば現在のところ7種の印刷異本［印刷ヴァリエーション］(Druckvariante)の伝承が知られている。それらの印刷順はこの間の研究によって大筋明らかとされてきている。ことに初刷——少なくとも現伝承原刊本のうち最初に印刷されたもの——は，ノンブルが本来17とされるべき箇所に23と打たれた刊本であろうことが推定されている。とはいえ，従来の見解

---

(1) 初版が「30ページ本」ならびに「ヒルシュフェルト版」でないことについては前章で論証したところである。

(2) Vgl. Meiser, Wolfgang: Das „Manifest der Kommunistischen Partei" vom Februar 1848. Neue Forschungsergebnisse zur Druckgeschichte und Überlieferung. In: *Marx-Engels-Jahrbuch*, 13, Berlin 1991, S.117-129（ヴォルフガング・マイザー［拙訳］「1848年2月の『共産党宣言』——印刷の経緯と伝承についての新たな研究成果——」『マルクス・エンゲルス・マルクス主義研究』第37号，八朔社，2002年2月，3～15ページ。本論文を以下ではMeiser1991と略記する）; Kuczynski, Thomas: Editionsbericht. In: Das Kommunistische Manifest, *Schriften aus dem Karl-Marx-Haus Trier 49*, Trier 1995（本書を以下ではKuczynski 1995と略記する）。
　なお，本章では原刊本の伝承が確認されている版本にのみ限定して扱う。フォトコピーないしはファクシミリから別の印刷異本の存在した可能性がある等の諸論点は第3章で扱うこととする。
　また，Druckvarianteを試みに「印刷異本」［以下，本章ではもっぱら異本とのみ略記する］という訳語をあてて，さしあたりはDruckを刷と訳さない事情に関しては，次注を参照されたい。

(3) 本章で刷という言葉を用いる意図の一部をあらかじめ明らかにしておきたい。
　今ではもう大変に珍しくなってしまったが，活版印刷において初版といい初刷という場合，わが国では一般に次のような理解が前提されている。活字本であるから，活字を植字して組版をつくる。これをもとに紙型をとる。ここまでの過程で，組版と，したがって

は異本1から異本4までの表紙を同一のものと理解しているため，異本1については誤植がすぐに訂正され，一定の部数が印刷された一つの刷をなさないのではないかという可能性が生じてくるのであって，いわゆる初刷としての確度の高い推定はまだなされていないと言えよう。もちろん印刷所が小規模で劣悪な印刷機器しかもたなかったために，印刷の途中で版盤が崩れ種々の誤植が生じたといった可能性はほとんど想定し得なくなったのであるが，一つの刷をなすか否かを判断する場合に重要となる上掲誤植を有する刊本（初刷）単独の印刷部数については詳らかにされていない。

　本章が目的とするところは，それらの研究を紹介・検討するとともに，現在

　　紙型とが同じであれば，同じ版ということになる。最初の組版とそこから得られた紙型から初版ができる。実際の刷版になるのはこの紙型を雌型にして作成された鉛版であって，それが印刷機に組み付けられる。この鉛版が同じであれば同じ刷ということになる。最初の鉛版からの印刷であれば，それが初版初刷ということになる。紙型から鉛版をとる度ごとに刷数は増えて，順次，初版再刷（第2刷），初版第3刷となる。鉛版をとる都度，紙型は縮み痛んで摩滅する。そこで新たに活字が組まれ，再版（第2版）が用意されるわけである。このように組版ないしは紙型が版の基準であり，鉛版が刷の基準であるならば，初版，初刷の規定は明確である。

　　ところが，本章で扱う『共産党宣言』は150年以上も前の仮綴じ本であり，刊行された1848年当時，その印刷は，クリームあるいはマイザーによれば原版刷りでなされたものと想定されている。活字を組んだ組版を刷版として直接印刷機に組み付け，これに印刷用紙を当てて印刷するやり方であり，その後も数千部程度の部数の少ない場合に採られた方法である。紙型をとり鉛版をつくるという印刷ではないから，そもそも技術的にいわゆる刷の違いを論じることが可能なのかという問題が生じる。

　　本章で初刷と言う場合，先述の通り，まず23ページ本中でいち早く印刷された種類の刊本を想定しているが，さらにそれだけに止まらず，各印刷異本が生じた背景を想定し，それら各々の印刷を刷と考えている。その詳細については行論の進むにつれて明らかとなるであろう。

　　なお，本章における印刷用語については，わが国における木版と活版との歴史的相違，横組縦組・左開き右開き等の欧日間の相違，また筆者の不案内等により，不適切なものが残存していることを怖れている。お気付きの点は巨細を問わずご教示，ご批判頂ければ幸甚である。

(4)　後掲の〔23ページ本印刷異本対照表（その1）〕を参照。
(5)　例えば, Kliem, Manfred：Anmerkungen. In：Karl Marx/Friedrich Engels：*Manifest der Kommunistischen Partei*, Zusammenstellung der Texte, Nachwort und Anmerkung von Manfred Kliem, Leipzig 1976, S.168（なお，クリームが解説を改訂したものと思われる本書の第2版―1985年刊か？―は遺憾ながら未見である）。
(6)　現在のところ，全体の刷部数についての関心が強いように思われる。

原刊本3点が伝承されている上記ノンブル誤植刊本が一定の部数をもって出版された初刷であることを，さらに確度高く推定してみようとするところにある。

だが，それも暫定的であることは免れない。というのも，現在のところ原刊本の悉皆調査は望むべくもなく，また検討の手法としても原刊本のこれまでの所有者・所蔵機関について伝承面からのいっそうの追跡が必要とされるところであるが，この方面についての検討は当面断念せざるを得ないからである。

I　23ページ本各印刷異本の相違を識別する指標

23ページ本に，扉（タイトルページ＝[1]ページ）で二つ，表紙で三つ，本文で三つ［もっぱら次章で詳論する行方不明刊本とされるものを含めれば四つ］の意匠等の違いを初めて示し，現在の研究の基礎を築いたのはベルト・アンドレアスであった。アンドレアスの書誌以降，さらに種々の刊本の伝承が確認されている。それらは，現在のところ，少なくとも26冊あることが知られている。

各刊本には表紙デザインあるいは本文印刷上の特徴などに種々の相違が見られる。これまでの研究によって着目されているそれらの相違の主なものによれば，表紙を基準にすると三通り，扉では二通り，本文の誤植では四通りの類型のあることが分かる。それらの違いを組み合わせると，初版の印刷異本には，結局，現在までに原刊本が伝承されているものとしては先述の通り7つの種類のあることが判明する。まず本節では，これらの各刊本にどのような相違が見出され印刷異本として区別されるのか，その分類の基準となる指標を整理して確認する。

1　表紙の相違──飾り枠の意匠が異なる三様の表紙

第一は，表紙の相違である。図版1から図版3に見られる通り，三つの異な

---

(7) Andréas, Bert: *Le Manifeste Communiste de Marx et Engels. Histoire et Bibliographie 1848-1918*, Milano 1963, p.11/12 et p.310-315. なお，以下，本章でアンドレアスの分類記号を示すさいには，煩瑣を避けて，初版23ページ本を意味する数字1は省略し，A，B，C，Dというようにアルファベット記号のみを記す。

(8) Kuczynski 1995, S.79.

(9) 本節での整理はもっぱらMeiser 1991によりながらも，適宜Kuczynski 1995, S.78-89における記載から補足してある。

った意匠が伝承されている⁽¹⁰⁾。

　これらの図柄の相違は次の諸点にある。

　図版1に見られる表紙の類型を「表紙1」と名付ける。表紙1のタイプは，①飾り枠の四隅の角の数が一つであり，②その飾り枠の左下隅内側の線上の先端に点などがなく空白のままで，③矩形に並べられている縁飾りの左右水平の数が16個あり，④上下垂直の数が29個で⁽¹¹⁾，⑤その左右水平の縁飾りの左下から4番目のヤクモノに白点がある。

　図版2の表紙を「表紙2」と呼ぶ。この表紙2の特徴は，表紙1と比べて②，④および⑤での次のような相違である。②飾り枠の左下隅内側の線上の先端に黒い点が認められ，④矩形に並べられている縁飾りの上下垂直の数が30個で，⑤その左右水平の縁飾りの左上から三番目のヤクモノに白点がある。

　図版3の表紙の形を「表紙3」と呼ぶ。この表紙3のデザインは，①飾り枠の四隅の形が前二者とはまったく異なっており，その角の数が三つ，したがって先の二種の表紙で見た②のようなそれぞれの特徴をそもそも見ることはなく，③と④を一応確認すれば，矩形に並べられている縁飾りの数は自ずと減り，左右水平が13個，上下垂直が26個であって，⑤左右水平の縁飾りの左下から二番目のヤクモノのなかのこれまでとはまた異なる位置に白点が見られる。

　これら表紙に見出される諸特徴①から⑤までのうち，分類の重要な指標をなすのは①と④とであり，②・③・⑤は付随的なものと見てよい。

2　扉の相違——4行目と6行目の罫線の有無

　第二の相違は扉（タイトルページ＝［1］ページ）における罫線の有無である。扉の4行目と6行目に，⑥表題と刊年月とを区切る双柱ケイ（二重線）ならびに

---

(10)　すでに服部文男が紹介している。「『共産党宣言』の誕生」『経済』第29号（1998年2月）のうち「一　「初版」のいろいろ」を参照（後，同氏『マルクス探索』新日本出版社，1999年に収録された）。なお，各図版の典拠は次の通り。図版1：Nachdruck, Karl-Marx-Haus Trier 1998. 図版2：Meiser, 1991, S.120 (SAPMO). 図版3：Reprint, Verlag Neue Gesellschaft, Bonn-Bad Godesberg 1970. 黒滝正昭氏（宮城学院女子大学名誉教授）ご所蔵のものを利用させて頂いた。氏のご厚意に記して謝意を表する。

(11)　アンドレアスがこの指標を看過していたことについては，Andréas, *ibid.*, p.311 および Meiser 1991, Anm. 30 を参照。

第2章 『共産党宣言』初刷の確定   49

（図版1）表紙1　Nachdruck, Karl-Marx-Haus Trier 1998.

（図版2）表紙2　Meiser, 1991, S.120（SAPMO）.

（図版3）表紙3　Reprint, Verlag Neue Gesellschaft, Bonn-Bad Godesberg 1970.

（図版4）表題と刊年月とを区切る双柱ケイ（二重線）、刊年月と刊地とを区切る表ケイ（一本線）のある扉（タイトルページ）Nachdruck, Dietz Verlag, Berlin 1965.

刊年月と刊地とを区切る表ケイ(一本線)いずれをも備えているもの(図版4)と,そのような区切りの線いずれをももたないもの(図版5)と二つの種類の刊本が伝承されている[12]。

ちなみに,上に見た表紙1および表紙2をもつ,伝承されている刊本すべての扉には,これらの区切り線が見出されるのに対して,表紙3をもつ刊本にはここで確認したように両罫線のあるものとないものとがともに存在するのである。

3　本文の相違——　際立つ三つの誤植

第三は,本文の「誤植」である。もっとも明瞭な指標となるのは次の三点である。

まず,⑦第6ページの最終行,53行目にある herauf beschwor. という二語に関わるものである。両語のうち herauf が heraus と誤植されているもの(図版6)と,確かに正しく herauf と植字されてはいるものの,herauf の語末の f の字の下半分が左に流れ,また続く beschwor の bes の各文字のやはり下半分が少し欠けている——いわゆる悪活字になっている——もの(図版7)と,二通りある[13]。

次に,⑧17ページのノンブルが17と正しく打たれているもの(図版8)と,17ではなく,誤って23と打たれているもの(図版9)と,やはり二通りある[14]。

最後に,特徴的な本文の相違は,⑨18ページの第33行目の行頭で,Zunftwesen in der Manufaktur と始められている箇所にある。ここは前の第32行目の行末で前段落が終了し,改行されたのを承けて,新たな段落の初めであることを示すため,行頭を2～3文字分ほどの空白部(いわゆる字下がり)とする箇所である。この空所の部分は,植字にさいして印刷には現れない

---

(12)　図版4:Nachdruck, Dietz Verlag, Berlin 1965. 図版5:Reprint, Bonn-Bad Godesberg 1970. なお,これらのリプリントの扉のページは,復刻作成の過程で生じたものか,表題の活字の大きさを基準に見てみると多少寸法が縮小・拡大しているように思われる。これらの他に,原刊本は伝承されていないものの,表ケイのみを備える扉の意匠の複製が存在する。この点についての詳細は,次章を参照されたい。

(13)　図版6:Nachdruck, Berlin 1965. 図版7:Nachdruck, Verlag J. H. W. Dietz Nachf. GmbH, Hannover 1966.

(14)　図版8:Nachdruck, Hannover 1966. 図版9:『マルクス・エンゲルス・マルクス主義研究』第37号,八朔社,2002年2月,口絵写真2。

第2章　『共産党宣言』初刷の確定　51

（図版6）第6ページ最終行 herauf beschwor が heraus と誤植されている版本 Nachdruck, Berlin 1965.

（図版7）第6ページ最終行の herauf beschwor が悪活字となっている版本 Nachdruck, Verlag J. H. W. Dietz Nachf. GmbH, Hannover 1966.

（図版5）いずれのケイもない扉（タイトルページ）Reprint, Bonn-Bad Godesberg 1970.

（図版8）17ページのノンブルが17と正しく打たれている版本 Nachdruck, Hannover 1966.

（図版9）17ページのノンブルが23と誤植されている版本『マルクス・エンゲルス・マルクス主義研究』第37号，八朔社，2002年2月，口絵写真2。

いわゆる込め物を充てる。スペースの幅としては日本の活字の全角相当であり，クワタ（Quadrat）が用いられる。そこが正しくそのまま空白になっているものと，空白となるべきその場所で，この全角クワタが，溝やネッキでの落ち着きが悪いなどして，浮き上がって印刷されてしまい，■形の印刷上の汚れをもつものと，二通りあるのである。後者の印刷上の汚れは，現在のところ，ミュンヘンのバイエルン州立図書館所蔵本1冊だけに見出される特徴である。

そして，これら三つの指標で見ると，現在伝承されている刊本の本文には四通りの類型のあることが分かるわけである。

以上，表紙・扉・本文のそれぞれの相違がどのような組み合わせとなって七つの種類となるのかを，言葉で説明する煩瑣を避けて表示すれば，章末の〔23ページ本印刷異本対照表（その1）〕の通りである。

II 印刷順序の想定──識別指標を手がかりに

では，これら7種類の刊本の印刷はどのような順序で行われたのであろうか。

〔23ページ本印刷異本対照表（その1）〕に記載した通り，マイザーおよびクチンスキーは各異本に番号ないし記号を与えることによってそれぞれの想定する印刷順序を示しているものと思われる。とはいえ，両人にあっては実際にそのような順序がなぜ成り立つのかについての立ち入った説明は行われていない。ここでは彼らの立論の背景に窺えるそうした印刷順序についての根拠を整理しておきたい。

そのさいに前提的な知識として求められる23ページ本の所見のあらましを，まず，確認しよう[15]。

---

(15) 筆者がこれまで実際に検分する機会に恵まれたのは，以下の13点の原刊本である（所蔵施設，所在地ならびにマイザー，クチンスキーそれぞれの分類番号・記号を付記して示す）。11点目は筆者がその所在を突き止めたもの。
1）アムステルダム大学 大学図書館，アムステルダム（Meiser：Druckvariante 1, Kuczynski：Druckvariante A1a）
2）バーゼル大学開放図書館，バーゼル（Meiser：Druckvariante 1, Kuczynski：Druckvariante A1b）
3）バイエルン州立図書館，ミュンヘン（Meiser：Druckvariante 2, Kuczynski：Druckvariante A2a）

1　表紙と二つの折りで構成される 23 ページ本

　23 ページ本は表裏とも緑色の用紙を表紙にもち，実際には 23 ページの裏面に空白の第 24 ページ目のある，全 24 ページからなる仮綴じ本である。

　表紙はいわゆる第一表紙ページ（表表紙）に標題等の印刷がなされている他は，第二表紙ページ（表紙裏＝見返し）から第四表紙ページ（裏表紙）に至るまで 3 ページ分にはなんらの印刷の跡もない。寸法は，所蔵機関等が後に切り揃えた可能性を完全に否定することはできないものの，表紙ページで，縦 215〜216mm，横 134〜135mm であり，八つ折り版ということになる。

　本文用紙は，かなり薄手の，少し和紙のような感じのするしなやかで，表裏の判別しにくい紙種であり，透かしはない。今では酸のためかなり茶色に変色

4）社会史国際研究所（IISG），アムステルダム（Meiser：Druckvariante 3, Kuczynski：Druckvariante A3a）

5）社会史国際研究所，アムステルダム（Meiser：Druckvariante 4, Kuczynski：Druckvariante B4a）

6）連邦文書館内ドイツ民主共和国諸党および大衆諸組織文書館（SAPMO），ベルリン［旧社会主義統一党中央委員会付属マルクス・レーニン主義研究所図書館］（Meiser：Druckvariante 5, Kuczynski：Druckvariante B5a）

7）ロシア国立社会政治史文書館（РГАСПИ），モスクワ［前現代史諸文書保管＝研究ロシアセンター（RC），旧マルクス・エンゲルス博物館図書館］（Kuczynski：Druckvariante B6b）

8）マインツ市立図書館，マインツ（Meiser：Druckvariante 4（?），Kuczynski：Druckvariante B4-6d）

9）ロシア国立社会政治史文書館，モスクワ［前国立社会＝政治図書館（GOPB），旧ソ連共産党中央委員会付属マルクス・レーニン主義研究所図書館］（Meiser：Druckvariante 4（?），Kuczynski：Druckvariante B4-6e）

10）ロシア国立社会政治史文書館，モスクワ［前現代史諸文書保管＝研究ロシアセンター，旧ソ連共産党中央委員会付属マルクス・レーニン主義研究所中央党アルヒーフ］（Kuczynski：Druckvariante B4-6f）

11）慶應義塾大学三田メディアセンター貴重書室，東京（クチンスキーの分類にならえば B4-6 に属する）

12）ハンブルク州立文書館，ハンブルク（Meiser：Druckvariante 7, Kuczynski：Druckvariante C7a）

13）ハンブルク州立・大学図書館，ハンブルク（Meiser：Druckvariante 7, Kuczynski：Druckvariante C7b）

　なお，国内外における 23 ページ本，30 ページ本，ヒルシュフェルト版の伝承・所在等について，諸情報をご教示頂ければ大変有り難い限りである。

してきている。とはいえ、他の1870〜90年代に刊行された『宣言』諸版本と比べればほとんど変色しておらず、大変よい状態を保っている紙質である。しかし、本文用紙は刊本ごとに、伝承状況や保管状態の相違ということもあるのであろうか、多少異なった印象を受けもするのであって、あるいはそうした諸条件の相違とはまた別に、とりわけ刷ごとに使用された印刷用紙の異なる可能性をも考慮に入れておく必要があるのかもしれない。

ページの表裏の関係等から見て、23ページ本の本文は次の二つの折りから成っている。

第一折りは、扉(タイトルページ＝[1]ページ)〜16ページまでであって、印刷全紙は八つ折り版の通常の版掛け(8ページ本掛け)で印刷されたものと見てよい。

一方、第二折りは17ページから[24]ページまでの全8ページ、つまり通常の半分のページ数の折りであり、例えば打ち返し等、通常とは異なった版掛けがなされたと見なければならない。ちなみに、ここからノンブルの誤植もこの特殊な版掛けと関係していたと見るマイザーの推定が生まれてくるわけである。[16]

扉の左辺には、製本のための白糸が通っている穴が縦に三つ並んでいる。したがって、本文用紙は、前半の第一折り16ページ分と後半の第二折り8ページ分とを、おそらく前者は16ページまわし折り、後者は例えば8頁長手折り(長方形折り)・クロス折りあるいは8頁巻き折り(平行折り)して、それぞれ折り畳み、出来上がったこの二つの折りを重ね、三つの穴を穿ち、白糸を通し、結わえ付けて仮綴じされている。このように綴じられた一印刷全紙半が、その厚さ2mmに満たない背の部分と第一ページの左辺数mmとをのりしろに用いて、緑色の表紙にしっかりと貼付されている。さらに、三方裁ちないしは折り畳んで袋になったところのできる二辺が裁ち落とされて、仮綴じ本として仕上げられている。

したがって、『宣言』23ページ本は、誤植等その印刷の特徴を見る場合には、緑色の表紙部分、第一折り部分および第二折り部分という三つの部分の組み合わせとして考慮する必要のあることが分かる。[17] つまり、第Ⅰ節でみた各

---

(16) Meiser 1991, S.118 u Anm.15 (拙訳6ページ，脚注(15))。詳細は後論する。
(17) 初版の体裁についての詳細は第4章を参照。

印刷異本の識別指標はこの三つの部分のそれぞれどこに属するかを見定めたうえで，三者それぞれの組み合わせとして考慮しなければならないのである。この点は，23 ページの各印刷異本を把握するさいに非常に重要な点であるが，従来必ずしも明瞭に意識されてこなかっただけに強調しておく必要がある。[18]

2　同一の組版である証拠

次に，そもそも同じ組版であって，それを共通に用いた印刷による刷の違いであるということがどのようにして分かるのかについて確認しよう。

そのような確認は，通常，刊本に残る印刷上の汚れでなされる。

例えば，23 ページ本の第 16 ページ 32 行目の行頭二語は einer andern. とある。einer と andern とを分かつため，両語間に込め物（ここの場合は「スペース」）が配される。印刷面に空白部をつくるためだけなので，込め物は印刷される活字よりも高さを幾分低く，谷の高さ程度につくってあり，本来は印刷インクが付かない。にもかかわらず，先の全角クワタの場合と同じく，スペースの込め物の組版への納まり具合が悪いと，印刷のさいに浮き上がり，本来インクが付くべきではない込め物の上面にインクが付着し，込め物の肩面自体も印刷されてしまうことがある。すると，その縦長の棒状の汚れが，全部あるいは上部ないしは下部の一部分，残されることになる。ここの場合には，einer|andern. あるいは einer'andern. もしくは einer|andern. などとなるわけである。このような印刷上の汚れが，同一の組版であることを証拠立てる典型的な印刷特性として認められている。

伝承されている 26 の刊本いずれにもこうした汚れがいくつか見出され，それらのうちすべての刊本に共通して認められる 7 つの箇所が明らかにされてい

---

(18)　例えば，アンドレアスは扉，表紙および本文という区分で印刷異本（A, B, C, D）の相違を把握している（Vgl. Andréas, *ibid.*, p.310-315）。確かに通常の洋装本の場合には扉にその刊本の特徴がもっともよく現われるわけだが，23 ページ本の場合は本文が一印刷全紙半のみの，そのうえ仮綴じ本であるという特性を看過しているのではなかろうか。23 ページ本の扉は，別丁貼り込みなどが施されるのではなく，第一折りの第 1 ページ目で印刷されることになる。したがって，各折りの誤植訂正等の反映は，まずは扉よりもむしろ扉をも含む本文各折りとは別に印刷される表紙にこそ現われると見るべきなのである。詳しくは本章Ⅲ 4 参照）。マイザーやクチンスキーにおいても，このアンドレアスの枠組みは越えられておらず，改められる必要がある。

る[19]。このような痕跡によって，26冊いずれもが同一の組版から印刷された初版の種々の刷であることが確証されるわけである。

　では，それら各異本は互いにどのように相前後しているのであろうか。前節で確認した各指標のいくつかに基づいて見てみよう。

3　第二折り17ページのノンブルの誤植23はなぜ生じたのか

　まずノンブルの誤植である。このような一見するところではまことに奇妙な誤植は，いったいどのようにして生じたのであろうか？　左側の対ページ上部余白中央に16とあるにもかかわらず，23というノンブルがくるのであるからまことに奇異な誤植である。そしてこの誤植が，トーマス・クチンスキーに一時，30ページ本初版仮説を想定させたのであった[20]。現時点から見れば誤った仮説であったとはいえ，クチンスキーの貢献は，ノンブル17の誤植であれば，17以外のどのような数字をとって誤植されてもよいはずなのに，なぜ23という特定の数字となったのか，いわば23という数にならなければならないその一義的必然性を考慮に入れた点である。マイザーは，クチンスキーのこのような創見に依拠して，数字が23でなければならない別のより合理的と思われる説明を与えたのである。つまり，17ページの下部余白中央に目を移すと，そこには2という折り丁番号（Signatur）が見てとれる。したがって，この誤植には組み付け，ことに版の掛け方の問題が関連しているのではないかと想定したのである。

　マイザーの想定とはこうである。

　　「23ページ本の本文は八つ折り判印刷全紙一枚半に配分されており，そのさい第二折りは8ページ分だけとなっている。誤ったページ付けは，第二折り（半印刷全紙分）の最初のページに見出されるが，この折りには2と

---

(19)　「ページ　　行　　前後の語
　　　　16　　　32　　anderen
　　　　16　　　39　　freie
　　　　19　　　25　　gegen
　　　　20　　　 5　　hier
　　　　21　　　24　　ersten
　　　　21　　　49　　（sich）
　　　　22　　　 7　　fehlschlagende」（Kuczynski 1995, S.80）。

(20)　詳しくは前章参照。

いう折り丁番号がある。17 ページの印刷枠 (Kolumne) から 23 ページの印刷枠までは明らかに同時に印刷機にのせられ，この折りは両面が印刷された（そうでない場合，19 ページ，すなわち裏版 (Widerdruck) の最初のページには，完全な折りであったならば，折り丁番号 2* が現れたに違いない）。こうして，それぞれ断裁されることによって，第二折り（半印刷全紙分）が 2 部 (Exemplar) 出来上がった。クロス［交差］折り (Kreuzfalz) と平行折り (Parallelfalz) とでいったいどちらが用いられたかに応じて，各ページの印刷枠が印刷の版盤に掛けられることになる。すなわち，ページの割り振りのさいに同じ場所に 17 ページのノンブルか 23 ページのノンブルかのいずれかが植字されるはずである。同時に，それによって，クチンスキーの仮説の論拠は根底から覆される」[21]。

以下，この点を敷衍しよう。

先に確認した通り，『共産党宣言』23 ページ本の本文は，16 ページをなす印刷全紙一枚分 16 ページ（［1］ページから 16 ページまで）の第一折りと半印刷全紙分 8 ページ（17 ページから［24］ページまで）の第二折りとで構成されている。通常の印刷では，印刷全紙片面ごとに 8 ページ（両面 16 ページ）分を印刷するため，印刷全紙の表裏に対して 8 ページ本掛けといった版の掛け方（組み付け）をする。ところが，『宣言』の第二折りはその半分の片面 4 ページ（両面 8 ページ）分である。この場合，一枚の印刷全紙をあらかじめ半裁して印刷に掛けるのではなく，印刷全紙の表裏に 8 ページずつを印刷して，二つに裁ち割り，第二折りが一度に 2 部出来上がる 8 ページ掛け（打ち返し）といった版の掛け方をすることになる。そのような版の掛け方は，裁ち割り後の紙折りの仕方によって種々であるが，ここでマイザーが例示しているところに従えば，クロス折りと平行折りとである。両者の版掛けを図示すれば後掲の〔版掛け（組み付け）説明図〕のようになる（はじめの方がクロス折り，後の方が平行折りを予定したもの）[22]。

---

(21) Meiser 1991, S.125, Anm. 15（拙訳 6 ページ，脚注 (15)）．
(22) 日本での通常の紙折りの用語では，前者が 8 頁長手折り（長方形折り）であって，裁ち割り後の半分の大きさの印刷全紙を長辺に平行に一回これにクロス折り一回ということになる。また，後者は 8 頁巻き折り（平行折り）であって，短辺に平行に二回折ることになる。なお，ここでの版掛けの図示は，和書の通常のものとは各ページの上下が逆

(図1)に示した組み付けを用いると(図2)が刷り上がる。(図2)の表裏がどうなっているかを示したのが(図3)である。

　また、(図4)に示した組み付けを用いると(図5)が刷り上がる。(図5)の表裏がどうなっているかを示したのが(図6)である。

　このように印刷することによって、印刷全紙一枚分を用いて、17ページ以降の半印刷全紙分が一度に二つ印刷される。図1～3の場合は中央の太い縦線を、また図4～6の場合は中央の太い横線を、それぞれの断裁線として二つに裁ち割り、紙折りにさいして前者では8頁長手折りを、後者では8頁巻き折りを行えば、それぞれ第二折りが同時に2組出来上がるわけである。したがって、『共産党宣言』の23ページ本の各刷は、同じ刷であっても、第二折りの17、20、21、24の各ページが印刷用紙の表(したがって18、19、22、23の各ページが印刷用紙の裏)であるものと、逆に、17、20、21、24の各ページが印刷用紙の裏(したがって18、19、22、23の各ページが印刷用紙の表)であるものと、それぞれ二種類あることになる。[23]

　そこで、マイザーが強調する点を、上の二つの紙折りの場合で説明すれば次のようになる。図1と図4とで、組み付けの左下にはそれぞれ23ページ(図1)と17ページ(図4)が来ている。『宣言』の第二折りが仮に8頁巻き折りを予定しており、組み付けは図4が用いられていたとする。ところが、植字工の方では、『宣言』第二折りの紙折りは8頁長手折りで行われ、図1の組み付けであるものと誤認している場合、図4の組み付けで左下にある本来は17のノンブルが植字されるはずであったページの割り振りに23のノンブルが植字されてしまうことになるであろう、というのである。

　各異本の印刷順を考える上で重要なのは、23という数字は、クリームの想定するようにたまたまページの周囲で版盤が崩れたために、そこの活字を組み

転している。実際の版掛けはなお不明であるため、マイザーのページ数の説明の便宜のためのあくまでも例示にすぎない。

[23] 第二折りにそのように表刷と裏刷と二種類あることは、伝承されている「23ページ本」の各刊本を実際に検分することによって確認することができる。筆者の原刊本の実検調査によれば、バイエルン州立図書館蔵の刊本は、印刷用紙の表側(1ページが印刷されているのと同じ紙質面の印刷用紙面)に17ページが印刷された表刷であるのに対して、マインツ市立図書館蔵の刊本は印刷用紙の裏側(2ページが印刷されているのと同じ紙質面の印刷用紙面)に17ページが印刷されている裏刷である。

第2章 『共産党宣言』初刷の確定　59

〔版掛け（組み付け）説明図〕

（図1）第2折りの組版（クロス折り）

22	19	20	21
23	18	17 2	24

（図4）第2折りの組版（平行折り）

18	23	22	19
17 2	24	21	20

（図1）・（図4）は反転（鏡像）で表示されている組版

（図2）印刷された第2折り（表裏同一）

21	20	19	22
24	17 2	18	23

（図5）印刷された第2折り（表裏同一）

19	22	23	18
20	21	24	17 2

（図3）印刷された第2折り（表裏の関係）

(22) 21	20 (19)	(20) 19	22 (21)
(23) 24	17 (18) 2	(17) 18 (2)	23 (24)

（図6）印刷された第2折り（表裏の関係）

(20) 19	22 (21)	(24) 23	18 (17) (2)
(19) 20	21 (22)	(23) 24	17 (18) 2

＊（ ）は裏面に印刷されていることを示す

直すさいに生じた偶然的な誤植なのではなくて，大組み（ページ掛け）当初からのノンブルの打ち損じだという点にある。

このように考えれば，この，ノンブル 17 であるべき箇所に誤植 23 のノンブルをもつ異本が，まさしく初刷であると理解されるわけである[24]。というのも，ノンブルの誤植であるから，それに気付いて訂正がなされるのはもっとも初期の段階と考えることが妥当だからである。

以上の推定に大過ないとすれば，このノンブルの誤植をもつ刊本の第一折りおよびそれを包む表紙も同じく初刷のものと考えてよいことになる。すなわち，表紙について言えば表紙１がそれにあたる。また，第一折りについて見ると，６ページ最終行（第 53 行）に herauf beschwor と正しく植字されているものが初刷に相当することとなる。

この後者の点は甚だ奇妙なことになる。つまり，初刷では正しく植字されていたものが，その後，どの時点かの刷以降で heraus beschwor と誤植されたということになるからである。果たして，このようなことはあり得るのであろうか。これに対してマイザーは一定の説得力のある解を与えたのであって，それについては項を改めて検討することとしよう。

4　第一折り６ページ最終行の誤植 heraus beschwor が生じたのはなぜか

アンドレアスは A から先に印刷され，その後 B と C が続いたと推定した。その根拠となったのは，本項で検討しようとする本文の相違についての⑦の基準である。A が６ページの最終行（第 53 行）で heraus beschwor. と誤植されているのに対して，B および C では正しく herauf beschwor. となっているからである。

だが，この間のマイザーの検討によって，このようなアンドレアスによる印刷順の推定は誤りである蓋然性が極めて高くなった。

重要な意味をもつのは，正しく印刷されている herauf beschwor. がいずれも

---

(24)　つまり，アンドレアスの分類において A に先立つ B と C の印刷順の推定に戻れば，C →B の順序であると推定することが許されるわけであり，アンドレアスの推定とは逆に，C こそが初刷であると考えてよいことになる。

前節（Ⅰ3）で確認した通りいわゆる悪活字になっているという事実であって，マイザーはそれを指摘したのである(25)。彼の推定はこうである。印刷工は先に見たような悪活字を改めようとして部分的に植字し直した。ところがそのさいにfの字の代わりに誤ってsを植字してしまったというのである。というのは，ドイツ文字の小文字においてはf［f］といわゆる長いs［ſ］とでは字形が極めてよく通っている。以前に印刷が終了して活字箱に戻される折に長いsが誤ってfの小文字のところに入れられてしまっていた(26)。その後，この誤りが気付かれずにこの箇所にそのまま用いられた。そのため，新たに誤植が発生したというのである。

また，マイザーは，正しくheraufと植字されていてもアンドレアスはそれが悪活字となっている点を看過しており，彼には当然にもこのような点についての考慮の余地は生じ得なかった，と見ている。

従来の印刷順の推定を検討する上でマイザーのこのような指摘が重要なのは，herausという新たな誤植は，クリームの言うように偶然に版盤の崩れが起こり活字を組み直したために生じたのではなく，heraufと本来正しく植字してはあったものの，それがbeschworの部分も含めて悪活字であることに気付いた印刷工が<u>意識的に訂正したところから生じた</u>誤りだ，という点にある。

したがって，印刷順としては，アンドレアスの推定とは逆のB・C→Aが妥当だという結論になる。もしアンドレアスの推定のようにA→B・Cの順であれば，BやCの版本のなかにherauf beschwor.前後の悪活字が直されている版本もいくつか伝承されていなければならない。というのは，その前提に立つ場合，せっかくherausという誤植を直したのに，そこが悪活字であれば，誤植訂正のために注目していた箇所であるだけに，なおのこと新たに生じたその悪活字への改めての補正が入り，綴字が正しくheraufでありかつ悪活字も直されている整った印刷の版本もつくられるものと思われるのである。これに対

---

(25) Meiser 1991, S.119/120（拙訳，7ページ）．
(26) その後の活版印刷においては，いったん使用した活字を活字箱に戻すというようなことはせず，まとめて鋳溶かして，新たに活字を鋳造するやり方が一般的である。しかし，当時のロンドンの労働者教育協会の事情は，英語圏の首都に位置していたことなどから，その都度ドイツ文字の活字を大陸から購入する必要があった模様であって，使用した活字は刷部数が少なくその磨耗がわずかであれば，解版後，再度活字箱に戻す作業が行われていた蓋然性が高いという想定が，マイザーの推定の背後に前提されているものと思われる。

して，herauf beschwor. 前後の悪活字を直して，herausと誤った場合には，綴字はすでにheraufと正しいものであっただけに，悪活字さえ直れば新たな綴字の誤植は意想外のことであり，看過されやすくなる可能性がある。また，字面としてherausという別の語もあるだけになおのこと看過されやすくなる。

したがって，ここでの誤植を基準に見れば，印刷の前後関係は，heraufと正しく印刷されている刊本が先であり，herausと誤植が生じている刊本が後であるという一見したところでは大変奇妙な順序となる[27]。

5 印刷順の想定――本文の二つの誤植・表紙意匠・扉の罫線の有無を手がかりに

すでに確認した通りノンブル17であるべき箇所に誤植23のある異本が初刷と見てよい。したがって，その第二折りを包む表紙1が，表紙2および表紙3に先立つことも明らかである。また，その第二折りとともに表紙1に包まれるherauf beschworと正しく植字されている第一折りの方が，heraus…という誤植のある折りに先立つことが分かる。

したがって，ノンブルに誤植のある初刷の刊本に続くものは，表紙1のタイプで第一折り第6ページ最終行が悪活字とはいえ正しくheraufと印刷されている刊本であり[28]，さらにそれに続く刊本はなお表紙1のタイプではあるものの，

---

(27)　かつて黒滝正昭氏は，別稿で舌足らずにのみ述べられたマイザーの企図（Meiser, Wolfgang: Vorbereitungsarbeiten am Textkomplex „Manifest der Kommunistischen Partei" für die MEGA. In: *Beiträge zur Marx-Engels-Forschung*, Nr. 22, Berlin 1987, S.117-128）に対して，当然生じ得る，「クリームの議論の方が説得的である」というもっともな疑念を呈し，その理由を次のように述べた。すなわち，「もしマイザーの言うように，初版の第1刷から第4刷だということであれば，アンドレーアスの報告にあるような不規則な変異（一方で誤植が訂正されているのに，他方で新たな誤植が生ずるなどということ）は起こりようはずがない」黒滝正昭「服部文男氏による新訳『共産党宣言』について」『私の社会思想史』成文社，2009年，第3章［Ⅰ］，363ページ（初出は「服部文男氏による新訳『共産党宣言』について」『季刊 科学と思想』第74号，新日本出版社，1989年10月，257～259ページ，註(4)），と。本節の3および4において紹介したマイザーの詳論において，そのような誤植の訂正と新たな誤植が同時に生ずる所以が初めて一定の論拠をもって説明されることとなったが，それにより，黒滝氏が当初抱かれた疑問は一応氷解することになるのではないかと思われる。

(28)　後掲の〔23ページ本印刷異本対照表（その1）〕にも見られる通り，この刊本には全角クワタの印刷の汚れ［■］の有無により二種の刊本が含まれるのであるが，その前後については後論する。

heraus と誤植が生じている刊本である、ということになる。

　heraus の誤植が生じている刊本は、表紙1に包まれるだけではなく、表紙2から表紙3に至るまでいずれの表紙のタイプにも第一折りとして含まれている。それらの印刷の前後はどのようになるのであろうか。

　表紙2と表紙3との前後関係は、表紙の意匠の相違について見れば、表紙1と表紙2とが飾り枠の垂直の縁飾り数において一つ後者が増しているだけであって、それ以外のほとんどが同一であることを重視すれば、表紙2が表紙3に先立つと見るのが妥当であろう。

　次に、飾り枠の角数が三つになった表紙3には、扉に二箇所の罫線を備えた刊本とそれらを欠く刊本と二種の異本があった。これらの前後はどうであろうか。

　表紙1から表紙2までの扉にはいずれも二箇所に区切りの線が存在していたことを考慮に入れれば、表紙3をもつ刊本においても、第一折りの第1ページである扉の罫線を二箇所とも備えている刊本が、いずれの線をも欠く刊本に先立つと見るのが妥当であろう。

　本来このような印刷順序についての考慮をも背後に備えて、〔23ページ本印刷異本対照表（その1）〕で示したようなマイザーやクチンスキーの異本の分類番号ないしは記号が与えられたものと思われる。ここまでの検討も、異本2と異本3の前後関係の吟味は未了ではあるものの、基本的には異本1から異本7までの分類の妥当性を追認したのみである。

　ではこれら従来の印刷異本の分類にはなんらか問題はないのであろうか。

Ⅲ　表紙および扉の意匠の相違は何を意味するのか

1　表紙1は二つの罫線の位置と長さを基準に少なくとも二種にさらに細分できる

　改めて表紙に目を注げば、そこには新たな相違が見出される。

　第一の相違は、表紙の4行目と6行目にある二種の罫線の、とりわけ位置と長さとにある。

　マイザーは五つの指標を挙げて表紙を三種に分類し、異本1から4では最初

（図版10）異本4の表紙　Nachdruck, Hannover 1966.

の表紙の意匠（前掲，図版1）がそのまま保たれていると見ている。しかしながら，表紙の4行目の双柱ケイと6行目の表ケイの位置と長さに着目すると，表紙の意匠はさらに細分しなければならないことが容易に見てとれる[(29)]。異本3の表紙は現在伝承の知られている刊本中には残されていないが[(30)]，異本1ならびに異本2と異本4における二種の線の位置および長さはそれぞれに随分と異なっている。

　表紙を見た印象で表現すれば，次のようになる。すなわち，異本1ならびに異本2の4行目の双柱ケイと6行目の表ケイとの関係は，4行目の双柱ケイが左右にずれることなくそのまま垂直に下りてきて，6行目の表ケイとなったという感を受ける（図版1）。それに対して，異本4は，

---

(29)　ここでの検討は以下の原刊本ならびにリプリント，ファクシミリ，フォトコピーによった（番号は前掲脚注（15）のそれである）。異本1・異本2：1），2），3）および2）のリプリント（Trier 1998）。〔なお，Schottenloher, Karl: *Flugblatt und Zeitung. Ein Wegweiser durch das gedruckte Tagesschrifttum*, Berlin 1922, S.413 掲載ファクシミリのオリジナルについて，クチンスキーは，当時 Schottenloher が現在異本2の原刊本を所蔵する Bayerische Staatsbibliothek の Oberbibliothekar であった事実を根拠として，この勤務先の所蔵本であると推定した［Kuczynski 1995, S.82, Anm. 180］。しかし，筆者がバイエルン州立図書館蔵の原刊本を実検したところ，このファクシミリと原刊本とでは，罫線の位置等の点で異なっており，クチンスキーの推定は誤りであることが判明した。つまり，異本2の複製としては扱えないこととなるのである。〕異本3：表紙は残存しない（IISG の当該刊本は表紙を欠く）。異本4：4）および4）の表紙のリプリント（Karl Marx/Friedrich Engels: *Das Kommunistische Manifest*. Neu eingeleitet von Hermann Weber, Hannover 1966）。

(30)　伝承の知られている異本3の刊本は3部にとどまり，さらにそれらのうち表紙を保っている刊本は知られていない。なお，インディアナ大学リリー・ライブラリー蔵本を実際に検分，調査した研究者はまだいない［Meiser 1991, S.119; Kuczynski, S.83. クチンスキーは照会調査のみ実施］。

双柱ケイについては異本1と大差ないが，それが右にシフトして下りていって，表ケイになったような様子，と表現してよい（図版10)[31]。

そのような相違は印刷時のインクの付き具合でいかようにでもなると見る余地も確かに完全に否定しさることはできないものの，二つの種類の各々の線の太さなどを勘案すれば，それらの相違はなんらかそのような印刷時に生じた偶然的なものではあり得ないことが知れる。

これらの相違を数値で示せば下表の通りである[32]。

表紙4行目の双柱ケイと6行目の表ケイの位置および長さの比較

	異本1・異本2	異本3	異本4
双柱ケイの位置	30mm〜60.5mm	伝承なし	30mm〜60mm
長さ	30.5mm		30mm
表ケイの位置	29mm〜62mm		32mm〜62.5mm
長さ	33mm		30.5mm

誤植等それぞれの印刷の相違がある本文第一折りならびに第二折りに，いわば一対一に対応する形で，それらを包む表紙自体の罫線の意匠にも，このように少なくとも二種類の異なる印刷上の相違があることになる。

この事実は，異本1から異本4までの表紙を同一のものと理解したままでいる場合に生じかねない，異本1の第二折りの誤植，異本2の第二折りの印刷の汚れ，異本3の第一折りの悪活字がそれぞれ気付かれた都度すぐに訂正され，各々一つの異本をなすとはいえ，印刷部数は各々それほどの分量ではなく，同じ意匠の表紙をもつ異本1から異本4までをひと括りにして一つの刷と捉えるべきではないか，といったあり得る見方の根拠を，少なくとも異本4については覆すこととなる。無論，クリームの二重印刷の見解は一層成立し難くなるであろう。

---

(31) 図版10：Nachdruck, Hannover 1966.
(32) 各罫線の位置および長さの測定は次のように行い，得られた数値を表示した。すなわち，3行目のKommunistischen Partei.の行頭Kの左端から垂線を下ろし，その4行目および6行目それぞれの足を各行の0座標とし，そこから各罫線の始点および終点までの距離を計測，それらの値，またその差を記載した。

2　異本6の表紙も少なくとも二種ある？

　第二に，かつてアンドレアスによって初刷とみなされ，その後この間マイザーおよびクチンスキーによって印刷異本6と分類されている刊本類の表紙にも，詳細に見れば少なくとも二つの種類のある可能性が生じている[33]。

　このような相違の指摘が妥当であるとすれば，これまで異本6として一括されていた版本は少なくとも二つの別の種類の表紙をもつ異本6-1と異本6-2とに二分されなければならないということになる。

3　異本2と異本3との関係——18ページ33行目行頭のクワタ痕

　前項までのように表紙や異本が細分される面もあるが，他面で，これまで分けられていた異本がまとめられる可能性もあるように思われる。これまで異本2と異本3との前後関係の判断を留保してきたのはそのためであって，以下その事情を記す。

　この前後を見るには，両者を画する相違である⑨の特徴（全角クワタの汚れ[■]の有無）が，刷の相違を現す表紙の相違にまで関係するものであったのかどうかを見極めなければならない。異本3の表紙の伝承がないだけに，もしその表紙が，特に二種の罫線の位置と長さとが，異本2と同じであったとすれば，両異本を別の刷とまで見ることには無理が生じよう。そして，その場合には，原版刷りにさいしての込め物の偶然的なずれといった解釈をとることが可能となり，両異本間の印刷の前後関係を問うことはきわめて困難になるであろう。

　逆に，両異本の表紙が各々異なった罫線の意匠となっていたのであれば，クワタの汚れ痕の有無に対応して二つの刷が生じているとみなすことができよう。そして，こうした込め物による印刷の汚れが除去されている方が印刷の不備が少ないと見てよいのであって，二つの刊本内の先後は，クワタの汚れのある刊本→それが除かれている刊本，と見るのが妥当となろう。

---

(33)　アンドレアスの書誌巻末に掲載されたのは複製であるため，詳しくは第3章において検討する。

4 表紙および扉における意匠の相違はなぜ生じたのか――刷の相違を示す目印

　このように異本2と異本3とがまとめられる可能性が残存しはするものの，総じて23ページ本の表紙等の意匠の相違は従来の把握よりも幾分多いのではないかと推測される。では，このような表紙等のデザインの差異はどのような意味をもつのであろうか。

　マイザーは『宣言』の印刷場所に関する彼の見方を示しつつ，次のように述べていた。

> 「『宣言』の初版が若干の刷で，一週間おきないしは数週間おきに，『ドイツ語ロンドン新聞』を発行する印刷の合間に印刷されたということは，もっともであるように思われるばかりでなく，それを肯定する状況証拠もまた存在する。一つは，表紙のさまざまな形をした縁飾りならびに異なった扉を伝える諸刊本，すなわち，19世紀における部分増刷（Teilauflage）（扉増刷（Titelauflage））の区別の通常のやり方である」[34]。

『宣言』の印刷が実は当時の『ドイツ語ロンドン新聞』の印刷所でなされたとするマイザーの見解についてはまた別の検討を要する[35]。ここで重要なのは，表紙や扉の図柄の相違は19世紀において諸増刷を区別する一般的な手法であったとしている点である。

　そうであるとすれば，次のような推定はかなり高い確度をもつものであろう。すなわち，マイザーやクチンスキーによっても同じ意匠と考えられていた異本1から異本4の表紙にも実は上に見たような明瞭な相違のあることが分かれば，異本5や異本6および異本7のような表紙の意匠が現われる理由も自ずと明らかになる。表紙4行目の双柱ケイと6行目の表ケイの位置および長さの変化だけでは，表紙の相違を一見して示す手段はもはや失われ，飾り枠のうち垂直の

---

(34) Meiser, Wolfgang: Das *Manifest der Kommunistischen Partei* vom Februar 1848: Zur Entstehung und Überlieferung der ersten Ausgabe. In: *MEGA-Studien*, 1996/1, S.98（ヴォルフガング・マイザー［抄訳］「1848年2月の『共産党宣言』――初版の成立と伝承について――」『マルクス・エンゲルス・マルクス主義研究』第41号，八朔社，3～46ページ）。Teilauflage および Titelauflage の語は，前者が各折りの印刷異本を生む増刷，後者が表紙ないしは扉の印刷異本に帰する増刷を意味するものと思われるが，便宜的に「部分増刷」および「扉増刷」とした。

(35) この問題についての研究状況の概観と論評は第5章において行っている。

縁飾りの数を増やすといった変化や，飾り枠の隅の角数を増やすといったより大きな図柄の変化をつけるしかなくなったのではなかろうか。さらに，表紙6を細分したさいに見たように，四隅の角周囲の小さな意匠の変化に求めてもそれには自ずと限界がある。そのような表紙部分の相違だけではもはや足りず，第一折りの最初のページである扉に変化を求めることを余儀なくされ，扉の4行目の双柱ケイと6行目の表ケイの双方とも取り去る異本7のような意匠が現われる。そして，これは別に論ずるべきであるが，扉の4行目の双柱ケイだけを取り去り，6行目の表ケイは残すというアンドレアスの1Dあるいはクチンスキーの刷X（Druck X）のような変化を生む可能性も生じてくるのかもしれない。

実際，マイザーの言うように，表紙の意匠が相違するのは極めて意識的なものであって，19世紀において増刷（重版）を区別する一般的な手法としてここでも用いられ，特に異本1から異本2・3および異本4という仮綴じ本個々の刷の相違を明示する手段だったと見てよいのではなかろうか[36]。

つまり，異本1から異本4までの表紙を同じ図柄の表紙1をもつ一つの同じ刷としてまとめてしまうことはできず，異本2と異本3の関係はいま措くとして，少なくとも異本1・2と異本4は個々に独立の一つの刷をなすものと捉えるべきであろう。また，異本6も細分された少なくとも二つの刷があると見る必要があるのかもしれない。

最後に，先に掲げた従来の知見にのみ基づく〔23ページ本印刷異本対照表（その1）〕に，23ページ本の構成，表紙の罫線の相違等，本章で得られた新たな知見を加えて改めて対照表を作成してみれば，後掲〔23ページ本印刷異本対照表（その2）〕の通りとなる。

おわりに

本章での検討の結果と今後検討すべき課題を記し，まとめとする。

第一。近年，マイザーらによって23ページ本各印刷異本の分類がなされたが，第Ⅰ節ではそのさいの諸指標を整理し取りまとめた。

---

(36) 先に脚注(3)で述べた本章における刷の理解とは，このような当時の印刷慣行に沿ったものである。

第二。従来の諸見解では各異本の印刷順序は分類番号のうちに暗黙に示されるだけで，異本を分つ諸指標がどのようにして印刷順序を示す論拠とされるのかについては明瞭には示されていなかった。これに対して，第Ⅱ節では，その背景に窺われる論拠を取り出してはっきりと提示することに努めた。

　第三。その作業のなかで，23ページ本の初刷は17ページのノンブルに誤って23と打たれた刊本であるとのマイザーやクチンスキーの推定を検討し，その推定の蓋然性が極めて高いことを追認した（第Ⅱ節）。

　第四。本章では，その刊本が単に最初に印刷された異本であるとの従来説の確認に止まらず，この刊本が一定の印刷部数をもつ特定の表紙の宛てられた，文字どおり第一刷（初刷）と称してよい可能性のあることを説いた（第Ⅲ節）。

　第五。その展開のさいに論拠としたのは，まず，前提として，23ページ本は表紙，第一折りおよび第二折りの三つの部分からなるということの確認（第Ⅱ節）であり，さらに，そのうちの表紙部分について，従来は同一の意匠とみなされていた23ページ本の表紙1を特にその二種類の罫線について精査し，表紙1は少なくとも二つの種類に細分されるという新たな事実の検出であった。そして，異本6にも少なくとも二種類の表紙の図案があり得る可能性を提起した（第Ⅲ節）。

　ここから自ずと以下の検討課題が与えられる。

　第一。『共産党宣言』23ページ本が表紙や扉の多様な意匠によっても示される多くの刷をもつとすれば，それはいかなる意味をもつのかについてのさらなる検討である。これは23ページ本がどこでどのように印刷されたのかという問題の詳細に立ち入ることともなる。そのさいマイザーの推定の吟味は不可欠であり，具体的には『宣言』の『ドイツ語ロンドン新聞』への再録とも関わって，同紙の編集・印刷の実際が問われなければならないであろう。

　第二。23ページ本原刊本個々の伝承の吟味であって，それらが各異本の刷の順序の確定に資するか否かを検討する必要がある。

23ページ本印刷異本対照表（その1）

識別指標	従来の分類		異本1	異本2	異本3	異本4
	Andréas の分類		C	B	B	A
	Meiser の分類		1	2	3	4
	Kuczynski の分類		A1	A2	A3	B4
①	表紙	飾り枠隅の角数	1	1	伝承無し	1
②		左下隅端点	無し	無し		無し
③		縁飾り数水平	16	16		16
④		垂直	29	29		29
⑤		白点の場所	水平下左から4	無し		水平下左から4
⑥	扉	罫線の有無	有り	有り	有り	有り
⑦	本文 S.6, Z.53 heraus		無し，但し損傷	無し，但し損傷	無し，但し損傷	有り
⑧	S.17 → S.23		有り	無し	無し	無し
⑨	S.18, Z.33 ■		無し	有り	無し	無し
伝承刊本数26(a+b+c=7)			3	1	1 + (2)	2 + (a)

23ページ本印刷異本対照表（その2）

	印刷異本		異本1	異本2	異本3	異本4
	依拠資料 識別の指標		Amsterdam-Uni. Basel-Uni.	Bayerische Staatsbibliothek	II SG Ex.1	II SG Ex.2
表紙	飾り枠隅の角数		1	1	伝承無し	1
	左下隅端点		無し	無し		無し
	縁飾り数	水平	16	16		16
		垂直	29	29		29
	白点の場所		水平下左から4	水平下左から4		水平下左から4
	双柱ケイ	位置	30mm〜60.5mm	30mm〜60.5mm		30mm〜60mm
		長さ	30.5mm	30.5mm		30mm
	表ケイ	位置	29mm〜62mm	29mm〜62mm		32mm〜62.5mm
		長さ	33mm	33mm		30.5mm
第1折り	扉	双柱ケイ位置	36mm〜66mm	36mm〜66mm	36mm〜66mm	36mm〜66mm
		長さ	30mm	30mm	30mm	30mm
		表ケイ 位置	33mm〜64.5mm	33mm〜64.5mm	33.5mm〜65mm	33mm〜65mm
		長さ	31.5mm	31.5mm	31.5mm	32mm
	本文	S.6, Z.53 heraus	無し，但し損傷	無し，但し損傷	無し，但し損傷	有り
第2折り	誤植	S.17 → S.23	有り	無し	無し	無し
		S.18, Z.33 ■	無し	有り	無し	無し
		S.23, Z.44 Lander	有り	有り	有り	有り
		S.23, 双柱ケイ			右に1mm長	
伝承刊本 26(a+b+c=7)			3	1	1 + (2)	2 + (a)

1) 網掛け部は各印刷異本に特徴的な識別の指標を示す。
2) 異本6-1のファクシミリを考慮し、表紙全体の類型数を5〜6、表紙の白点の場所の類型数を3〜4としてある。

＊網掛け部は各印刷異本に特徴的な識別の指標を示す。

異本5	異本6	異本7	類型数	
A	A	A	部分	全体
5	6	7		
B5	B6	C7		
1	3	3	2	
有り	無し	無し	2	
16	13	13	2	5～6
30	26	26	3	
水平上左から3	水平下左から1	水平下左から1	3～4	
有り	有り	無し	2	3
有り	有り	有り	2	
無し	無し	無し	2	3
無し	無し	無し	2	
4＋(b)	4＋(c)	2		7種

異本5	異本6-1	異本6-2	異本7	類型数	
SAPMO	Andréas (Reprint)	РГАСПИ(RC)； GAvME (F)	Neue Gesell- schaft (Reprint)	部分	全体
1	3	3	3	2	
有り	無し	無し	無し	2	
16	13	13	13	2	
30	26	26	26	3	
水平上左から3	無し	水平下左から1	水平下左から1	4	5～6
33mm～59mm	31mm～60mm	30mm～60mm	31mm～61mm		3
26mm	29mm	30mm	30mm		
29mm～59mm	28.5mm～60mm	28mm～60mm	28.5mm～60mm		3
30mm	31.5mm	32mm	31.5mm		
36mm～66mm	36mm～66mm	36mm～66mm	無し	2	
30mm	30mm	30mm			
33mm～64mm	32.5mm～63mm	33.5mm～65mm	無し	2	3
31mm	30.5mm	31.5mm			
有り	有り	有り	有り	2	
無し	無し	無し	無し	2	
無し	無し	無し	無し	2	3
有り	有り	有り	有りReprint訂正	1	
				1～2	
4＋(b)		4＋(c)	2		7種

3) S.23, Z. 44. Lander を出してあるのは，次章での Andréas 1D, Kuczynski Druck X の検討を考慮したため。
4) S.23 の双柱ケイは異本3を差別化し得るか否かで，類型数が変わるため1～2としてある。

第3章 『共産党宣言』23ページ本の表紙・各ページの複製について

はじめに

　各種文献中には『共産党宣言』の初版と目される23ページ本の表紙や扉 (タイトルページ), いくつかのページが, ファクシミリ, フォトコピー, 写真等, 種々の形式の複製で収載され, 伝承されている。それらの複製は多くの原刊本に直接あたってみる機会をなかなかもてないでいるわれわれ日本人研究者にとっては, 研究上の便宜が与えられ, 意外に大きな意味をもっている。

　ところが, それらの複製をよく見てみると, そこには現在に至るまで伝承されている諸原刊本には見出されない特徴を備えたものが散見される。それら複製の原刊本が実際に存在したことが種々の資料から確証され, 加えて, そうした特徴が複製作成時の補正等に伴うものでなく, 当時存在していた原刊本の特徴を正確に伝えているものであるとするならば, 23ページ本の今に伝承されなかった印刷異本がかつては存在していたことを示す証拠ということになる。『宣言』初版の総印刷部数や全印刷期間を確定するのは現在ではなかなか困難なこととなっている。印刷異本あるいは刷の種類がいくつあったのかを知ることはそれらを窺う場合にかなり重要な状況証拠となる。

　このような視点から, 初めてそうした複製4ページ分を見出して詳しく報告し, 検討を行ったのは, 『宣言』の学術的な書誌を最初にとりまとめたベルト・アンドレアスであった。彼はそれら複製について, こうした特徴をもつ原刊本がかつて実際に存在していたものと推定し, その推定された刊本に対して初版の四つ目の印刷異本を意味する1Dという分類記号を与えた[1]。

---

(1)　Andréas, Bert: *Le Manifeste Communiste de Marx et Engels. Histoire et Bibliographie 1848-1918*, Milano 1963, p.12.

第3章 『共産党宣言』23ページ本の表紙・各ページの複製について　73

　この間トーマス・クチンスキーは，アンドレアスの1Dに関する調査をさらに進め，複製各ページ原本を包む表紙に相当するとも推定される複製の存在することを突き止めて，それらに刷X（Druck X）の名を与えた。
　本章の課題の第一は，まず，このアンドレアスの1Dの特徴の詳細に立ち入り，次に，この問題についてのクチンスキーの推定を紹介，検討することにある。
　ところで，アンドレアスは，その書誌の巻末で23ページ本全体を復刻し，研究の便宜を著しく高めた。23ページ本の複製に着目する本章の課題の第二は，アンドレアスの書誌巻末に掲載された復刻の表紙に関わる疑問を提出するところにある。

I　アンドレアスの1D，クチンスキーの刷Xをめぐって

1　アンドレアスの1D

　『入門 世界史』第7巻（ベルリン，1929年）の400ページと401ページとの間に，図27として『共産党宣言』23ページ本の4ページ分（扉，[3]ページ目，11ページ目，23ページ目）の複製が掲載されている。アンドレアスが分類記号1Dを与えた当のものである。
　複製各ページの特徴を見てみよう。

(1) 扉の特徴（図版1）

---

(2)　Kuczynski, Thomas : Editionsbericht. In : *Das Kommunistische Manifest, Schriften aus dem Karl-Marx-Haus Trier* 49, Trier 1995.
(3)　複製に関しては，Schottenloherのファクシミリ（前章注(29)参照）の原本は何か等，他にも検討されなければならない問題は多く残っているものと思われる。
(4)　*Propyläen Weltgeschichte*, Bd. 7, Berlin 1929, Tafel 27, zwischen S.400/401.
(5)　以下，主にAndréas, *ibid.*, p.310 による。
(6)　以下，本章で使用する図版は本書の判型の関係から原寸ではない。ちなみに，各複製はいずれの図版も原寸と微妙に相違している。そのため，原刊本の原寸と同寸に近くなるようにするためにはそれぞれの典拠資料中の各複製を適宜縮小拡大する必要が生じる。（図版1）から（図版4）までは各複製図版を順に0.96倍，0.97倍，0.96倍，0.96倍するとよいようである。ほぼ原寸大の図版は，本章初出誌『研究』第42号，2004年6月，32～42ページ参照。

現在伝承の確認されている原刊本の扉の意匠は二種類に分類される。一つは，4行目と6行目の二種の罫線をみな備えているもの。もう一つは，これらの罫線を二つとも欠くものである。ところが，『入門 世界史』に掲載されている扉の複製は，4行目の双柱ケイ（二重線）を欠き，6行目の表ケイだけを備えている。つまり「1848年2月発行」の行と「ロンドン」の行との間に一本の分離線があるだけなのである。

また，1行目のManifestという単語の頭文字Mには小さな点状の印刷上の汚れを欠く。さらに1848の数字中4の字体が，他の印刷異本の4と幾分か異なっている。

(2) [3]ページ目の特徴（図版2）

このページについて見る前に，まずこの複製の本文で使用されている活字全体に共通して認められる特徴を確認しておこう。従来の所見として，マイザーの次のような見方があり，適切なものである。

> 「活字の切れもまったく同じというわけではなくて，例えば，小文字の d, w, z, 大文字のFとK，ならびに1846という年数の数字4（23ページ）といった部分が，その形状からみて伝承された23ページ本の諸原刊本における対応する文字とは異なっている」。

したがって，このような活字の特徴はもちろんこの3ページ目にも妥当する。

これらに，さらに，次のような特徴を加えてよい。まず，上掲マイザーの指摘する字などよりもむしろ，例えばPやBの大文字の始点にあたるいわゆるヒゲの跳ね上がりが印刷に鮮明に出ている。また，縦の線が総じて幾分か細い印

---

(7) Vgl. Meiser, Wolfgang : Das „Manifest der Kommunistischen Partei" vom Februar 1848. Neue Forschungsergebnisse zur Druckgeschichte und Überlieferung. In : *Marx-Engels-Jahrbuch*, 13, Berlin 1991, S.121, Dok. 4 u Dok. 5（拙邦訳『マルクス・エンゲルス・マルクス主義研究』第37号，八朔社，2002年2月，11ページ，（資料4）（資料5））．なお，印刷異本の従来の分類については，前章末の〔23ページ本印刷異本対照表（その1）〕を参照。

(8) Meiser, Wolfgang : Das *Manifest der Kommunistischen Partei* vom Februar 1848 : Zur Entstehung und Überlieferung der ersten Ausgaben. In : *MEGA-Studien*, 1996/1, S.101（拙邦訳『マルクス・エンゲルス・マルクス主義研究』第41号，八朔社，2003年12月，40ページ）．

象を与え，小文字の短いsの書き始めに相当する細かな部分が幾分長めとなっている。

3ページ目ではさらに，22行目に章タイトルの一部としてローマ数字のIがあるが，その上部の水平な棒の右の部分が十分に印刷されていない。そのため，算用数字の1のようにさえ見える結果となる。

(3) 11ページ目の特徴（図版3）

11ページ目についての従来の所見は，二つの新たな誤植が見出されるという点である。一つは，36行目でerfundenとあるべきところがerfnndenとなっており，二つ目は，48行目でProducteであるべき箇所がProdueteと誤植されている。

さらに，私見では，11というノンブルが若干寸詰まり気味に印刷されているような印象をも受ける。また，11ページ目は『宣言』のIIの章タイトルをもつページであるが，そのローマ数字，ピリオド，およびブロック体の表題とも印刷の切れの悪さが，他の地の文字の印刷と比べても，目立っている。

(4) 23ページ目の特徴（図版4）

従来の所見では二点ある。一つは，先にマイザーの全体的所見を紹介するなかにもあった通り，13行目の1846という年数を示す下二桁目の数字4の字体が他の印刷異本の4と幾分か異なっている。これはやはり先に指摘した扉における1848という数字中の4の活字の特徴と同様である。もう一つは，最終行のLänderであって，他の印刷異本ではいずれもäの文字が変母音とされておらずLanderと誤植されていた。が，この複製では訂正済みなのである。

加えて，最終行の下に双柱ケイが引かれているが，最終行からこの罫線までの間隔がその他の印刷異本に比べて幾分狭い[9]。

(5) 複製の原本は？

これら複製の原本の所在が問題となる。23ページ目の複製図版の欄外下

---

(9) 複製は原寸大でないため，他の印刷異本の原刊本の行頭から行末までの実寸と一致するよう縮小したうえで測定した結果である。

（図版1）23ページ本 扉複製

※図版1から図版4まで，いずれも Propyläen Weltgeschichte, Bd. 7, Berlin 1929, Tafel 27, zwischen S. 400/401.

部には，原刊本はフランクフルト・アム・マインの社会研究所（Institut für Sozialforschung Frankfurt/Main）蔵本であることが明記されている。ところがこの刊本は1958年までは同研究所のニュー・ヨーク部門に所蔵されていたものの，その後，行方知れずとなっているという。

カール・マルクス・ハウス（トリーア）のカール＝ルートヴィヒ・ケーニッヒは，この研究所の所蔵印の押された一刊本がフランクフルト・アム・マインのテーオドール・W. アドルノ文庫にあることを突き止めた。とはいえ，その刊本には上記の諸特徴が欠けているという。そのためマイザーは，いったんは『入門 世界史』の複製はアドルノ文庫蔵本を元に修正されたものと見て，アンドレアスの刷1Dを考慮の外に置いたのであった。

クチンスキーはこのようなマイザーの処理に疑念を抱き，次のように反論した。

「たとえこの複製の成立が今日までまったく謎のままであるにしても，それが《修正された》と簡単に主張することはできない。確かに，複製にさいして誤植は修正［……］されるということは周知のところであるが，しかし，［……］11ページでは一度に二箇所も「書き加え修正」されるということは，やはり大変奇異なことのように思われる」。

ところでアンドレアスは，この複製と同じ特徴をもった扉の複製を，ベルリンで1933年に公刊されたボリス・ニコライエフスキーとオットー・メンヒェン＝

---

(10)　Kuczynski 1995, S.92.
(11)　Meiser, *ibid.*, 1991, Anm. 29（邦訳9ページ）.
(12)　Kuczynski 1995, *ibid.*

Manifest

der

Kommunistischen Partei.

Ein Gespenst geht um in Europa—das Gespenst des Kommunismus. Alle Mächte des alten Europa haben sich zu einer heiligen Hetzjagd gegen dies Gespenst verbündet, der Papst und der Czar, Metternich nnd Guizot, französische Radikale und deutsche Polizisten.

Wo ist die Oppositionspartei, die nicht von ihren regierenden Gegnern als kommunistisch verschrieen worden wäre, wo die Oppositionspartei, die den fortgeschritteneren Oppositionsleuten sowohl, wie ihren reaktionären Gegnern den brandmarkenden Vorwurf des Kommunismus nicht zurückgeschleudert hätte?

Zweierlei geht aus dieser Thatsache hervor.

Der Kommunismus wird bereits von allen europäischen Mächten als eine Macht anerkannt.

Es ist hohe Zeit daß die Kommunisten ihre Anschauungsweise, ihre Zwecke, ihre Tendenzen vor der ganzen Welt offen darlegen, und den Mährchen vom Gespenst des Kommunismus ein Manifest der Partei selbst entgegenstellen.

Zu diesem Zweck haben sich Kommunisten der verschiedensten Nationalität in London versammelt und das folgende Manifest entworfen, das in englischer, französischer, deutscher, italienischer, flämmischer und dänischer Sprache veröffentlicht wird.

1.

Bourgeois und Proletarier.

Die Geschichte aller bisherigen Gesellschaft ist die Geschichte von Klassenkämpfen.

Freier und Sklave, Patrizier und Plebejer, Baron und Leibeigner, Zunftbürger und Gesell, kurz, Unterdrücker und Unterdrückte standen in stetem Gegensatz zu einander, führten einen ununterbrochenen, bald versteckten bald offenen Kampf, einen Kampf, der jedesmal mit einer revolutionären Umgestaltung der ganzen Gesellschaft endete, oder mit dem gemeinsamen Untergang der kämpfenden Klassen.

In den früheren Epochen der Geschichte finden wir fast überall eine vollständige Gliederung der Gesellschaft in verschiedene Stände, eine mannichfaltige Abstufung der gesellschaftlichen Stellungen. Im alten Rom haben wir Pa-

（図版2）23ページ本［3］ページ複製

11

georßklaffe ift die Anhäufung des Reichthums in den Händen von Privaten, die Bildung und Vermehrung des Kapitals. Die Bedingung des Kapitals ift die Lohnarbeit. Die Lohnarbeit beruht ausschließlich auf der Konkurrenz der Arbeiter unter sich. Der Fortschritt der Industrie, dessen willenloser und widerstandsloser Träger die Bourgeoisie ist, setzt an die Stelle der Isolirung der Arbeiter durch die Konkurrenz ihre revolutionäre Vereinigung durch die Association. Mit der Entwicklung der großen Industrie wird also unter den Füßen der Bourgeoisie die Grundlage selbst weggezogen worauf sie produzirt und die Produkte sich aneignet. Sie produzirt vor Allem ihre eignen Todtengräber. Ihr Untergang und der Sieg des Proletariats sind gleich unvermeidlich.

II.
Proletarier und Kommunisten.

In welchem Verhältniß stehen die Kommunisten zu den Proletariern überhaupt?

Die Kommunisten sind keine besondere Partei gegenüber den andern Arbeiterparteien.

Sie haben keine von den Interessen des ganzen Proletariats getrennten Interessen.

Sie stellen keine besondern Prinzipien auf, wonach sie die proletarische Bewegung modeln wollen.

Die Kommunisten unterscheiden sich von den übrigen proletarischen Parteien nur dadurch, daß einerseits sie in den verschiedenen nationalen Kämpfen der Proletarier die gemeinsamen, von der Nationalität unabhängigen Interessen des gesammten Proletariats hervorheben und zur Geltung bringen, andrerseits dadurch, daß sie in den verschiedenen Entwicklungs-Stufen, welche der Kampf zwischen Proletariat und Bourgeoisie durchläuft, stets das Interesse der Gesammt-Bewegung vertreten.

Die Kommunisten sind also praktisch der entschiedenste immer weiter treibende Theil der Arbeiterparteien aller Länder, sie haben theoretisch vor der übrigen Masse des Proletariats die Einsicht in die Bedingungen, den Gang und die allgemeinen Resultate der Proletarischen Bewegung voraus.

Der nächste Zweck der Kommunisten ist derselbe wie der aller übrigen proletarischen Parteien: Bildung des Proletariats zur Klasse, Sturz der Bourgeoisieherrschaft, Eroberung der politischen Macht durch das Proletariat.

Die theoretischen Sätze der Kommunisten beruhen keineswegs auf Ideen, auf Prinzipien, die von diesem oder jenem Weltverbesserer erfunden oder entdeckt sind.

Sie sind nur allgemeine Ausdrücke thatsächlicher Verhältnisse eines existirenden Klassenkampfes, einer unter unsern Augen vor sich gehenden geschichtlichen Bewegung. Die Abschaffung bisheriger Eigenthumsverhältnisse ist nichts den Kommunismus eigenthümlich Bezeichnendes.

Alle Eigenthumsverhältnisse waren einem beständigen geschichtlichen Wechsel, einer beständigen geschichtlichen Veränderung unterworfen.

Die französische Revolution z. B. schaffte das Feudal-Eigenthum zu Gunsten des bürgerlichen ab.

Was den Kommunismus auszeichnet, ist nicht die Abschaffung des Eigenthums überhaupt, sondern die Abschaffung des bürgerlichen Eigenthums.

Aber das moderne bürgerliche Privateigenthum ist der letzte und vollendetste Ausdruck der Erzeugung und Aneignung der Produkte, die auf Klassengegensätzen, die auf der Ausbeutung der Einen durch die Andern beruht.

In diesem Sinn können die Kommunisten ihre Theorie in dem einen Ausdruck: Aufhebung des Privat-Eigenthums zusammenfassen.

第3章 『共産党宣言』23ページ本の表紙・各ページの複製について

23

Sie kämpfen für die Erreichung der unmittelbar vorliegenden Zwecke und Interessen der Arbeiterklasse, aber sie vertreten in der gegenwärtigen Bewegung zugleich die Zukunft der Bewegung. In Frankreich schließen sich die Kommunisten an die socialistisch-demokratische Partei an gegen die konservative und radikale Bourgeoisie, ohne darum das Recht aufzugeben sich kritisch zu den aus der revolutionären Ueberlieferung herrührenden Phrasen und Illusionen zu verhalten.

In der Schweiz unterstützen sie die Radikalen, ohne zu verkennen, daß diese Partei aus widersprechenden Elementen besteht, theils aus demokratischen Socialisten im französischen Sinn, theils aus radikalen Bourgeois.

Unter den Polen unterstützen die Kommunisten die Partei, welche eine agrarische Revolution zur Bedingung der nationalen Befreiung macht. Dieselbe Partei, welche die Krakauer Insurrektion von 1846 in's Leben rief.

In Deutschland kämpft die kommunistische Partei, sobald die Bourgeoisie revolutionär auftritt, gemeinsam mit der Bourgeoisie gegen die absolute Monarchie, das feudale Grundeigenthum und die Kleinbürgerei.

Sie unterläßt aber keinen Augenblick bei den Arbeitern ein möglichst klares Bewußtsein über den feindlichen Gegensatz von Bourgeoisie und Proletariat herauszuarbeiten, damit die deutschen Arbeiter sogleich die gesellschaftlichen und politischen Bedingungen, welche die Bourgeoisie mit ihrer Herrschaft herbeiführen muß, als eben so viele Waffen gegen die Bourgeoisie kehren können, damit, nach dem Sturz der reaktionären Klassen in Deutschland, sofort der Kampf gegen die Bourgeoisie selbst beginnt.

Auf Deutschland richten die Kommunisten ihre Hauptaufmerksamkeit, weil Deutschland am Vorabend einer bürgerlichen Revolution steht, und weil es diese Umwälzung unter fortgeschritteneren Bedingungen der europäischen Civilisation überhaupt, und mit einem viel weiter entwickelten Proletariat vollbringt als England im siebenzehnten und Frankreich im achtzehnten Jahrhundert, die deutsche bürgerliche Revolution also nur das unmittelbare Vorspiel einer proletarischen Revolution sein kann.

Mit einem Wort, die Kommunisten unterstützen überall jede revolutionäre Bewegung gegen die bestehenden gesellschaftlichen und politischen Zustände.

In allen diesen Bewegungen heben sie die Eigenthumsfrage, welche mehr oder minder entwickelte Form sie auch angenommen haben möge, als die Grundfrage der Bewegung hervor.

Die Kommunisten arbeiten endlich überall an der Verbindung und Verständigung der demokratischen Parteien aller Länder.

Die Kommunisten verschmähen es, ihre Ansichten und Absichten zu verheimlichen. Sie erklären es offen, daß ihre Zwecke nur erreicht werden können durch den gewaltsamen Umsturz aller bisherigen Gesellschaftsordnung. Mögen die herrschenden Klassen vor einer Kommunistischen Revolution zittern. Die Proletarier haben nichts in ihr zu verlieren als ihre Ketten. Sie haben eine Welt zu gewinnen.

Proletarier aller Länder vereinigt Euch!

Vier Seiten der ersten Ausgabe des Kommunistischen Manifests nach dem Original des Instituts für Sozialforschung, Frankfurt a. M.

(図版4) 23ページ本 23ページ複製

ヘルフェンの共著によるマルクス夫妻の伝記にも見出し（図版5），さらに戦後1948年に出版されたA．W．アイゼルマンの著作中に，同じ特徴をもつ扉（図版6）とともに23ページ目（図版7）が掲載されているのを突き止め，報告している。[13]

クチンスキーは，メンヒェン＝ヘルフェンの共著に掲載された複製の原刊本を追求，新たな知見を導き出し，上の反論に一定の論拠を用意した。以下，それを見てみよう。

2　クチンスキーの刷X

(1) メンヒェン＝ヘルフェンの共著に掲載された扉の複製

クチンスキーは，アンドレアスが1Dと同じ意匠の扉の複製が掲載されていることを報告した本書について調査し，この扉の複製の原本がウィーンの「労働者・従業員職業組合団体付属社会科学研究図書館（Sozialwissenschaftliche Studienbibliothek bei der Kammer für Arbeiter und Angestellte）」の蔵本であったと推定した。

クチンスキーの推定は二点の根拠で成り立っている。第一は，この図書館に『宣言』23ページ本が所蔵されていたことを伝える諸事実の発掘である。第二は，複製が掲載された書物の共著者の一人であるメンヒェン＝ヘルフェンがこの図書館に長く勤務し，23ページ本にも関係していたという事実を突き止めたことである。つまり，メンヒェン＝ヘルフェンは自身の勤務する図書館が所蔵する刊本を自身が執筆した著書の図版に利用するのはごく自然なことだという推定である。

このような推測は，確かに一つの可能性でしかない。しかし，一般に，当時でも『宣言』初版が稀覯書とされ，複製の作成と著作へのその掲載には諸種の難事が付随していたであろうこと，また，クチンスキーの述べる「オースト

---

(13)　Andréas, *ibid.*, p.12.（図版5）:［von］Otto Mänchen-Helfen／Boris Nikolajewsky：*Karl und Jenny Marx : ein Lebensweg*, Berlin c1933, S.117.（図版6）: A. W. Ijzerman：*Het Revolutiejaar en het Communistische Manifest van Marx en Engels*, Amsterdam 1948, zwischen S.136／137.（図版7）: *Ibid.*, z S.184／185. ちなみに，原寸と同寸にするために求められる各複製の拡大率は，（図版5）～（図版7）まで，順に1.49倍，1.18倍，1.17倍であるように思われる。

リア併合」後の図書館蔵書の押収,さらにはそれに伴うあり得る複製の保存の可能性といった諸事項を勘案すれば,一定の蓋然性の伴う想定である。[14]

　第一の根拠をなす諸事実には著名なリャザーノフ『共産党宣言』解説に掲載された23ページ本の表紙の複製が関係する。そのため,次項であらかじめこの表紙の複製の特徴を見ておき,その後,クチンスキーの第一の根拠に立ち返ることにしよう。

（2）リャザーノフ『共産党宣言』解説に掲載された表紙の複製

　リャザーノフが編集し,詳細な解説を加えたことで著名な『共産党宣言』（1923年刊）では,表紙の複製も紹介されていた。このロシア語原本は筆者未見であるが,[15] その複製はエドワード・ハレット・カーによるマルクスの伝記（1938年刊）の口絵写真に再録されている（図版8）。[16]

　今,その口絵写真を参考にしつつ,この表紙の伝えられる特徴をまとめれば次のようである。[17]

1) 飾り枠の隅の角の数が三つあること,
2) 3行目のKommunistischen Partei.のうちKommunistischenの第二番目のiとschとの間にかなり大きな印刷上の汚れがあること,
3) 4行目の双柱ケイの長さが,後論の史料中で比較の対象となっているカール・ショッテンローエルの著作中の表紙の複製（図版9）と比べて短いこと,[18]

---

(14)　Kuczynski 1995, S.91.
(15)　リヤザーノフ編評註（大田黒年男　早川二郎　共訳）『マルクス　エンゲルス　共著　共産党宣言』「マルクス主義の旗の下に」第2巻第1号附録,マルクス主義の旗の下に社,1930年の口絵にもこの複製は掲載されており,後論にある印刷上の汚れの特徴を窺うことができる。
(16)　図版8は,Carr, Edwar Hallett, *Karl Marx: A Study in Fanaticism*, London, 1934, Facing page 58. から。ちなみに,この複製を原寸と同寸にするために求められる拡大率は1.33倍であろう。なお,この複製がリャザーノフ版の複製を元にしていることは,Kuczynski 1995, S.90 による。
(17)　もっぱら Kuczynski 1995, S.90/91 による。
(18)　Schottenloher, Karl: *Flugblatt und Zeitung. Ein Wegweiser durch das gedruckte Tagesschrifttum*, Berlin 1922, S.413 所収のファクシミリ（ちなみに,この複製を原寸と同寸にするために求められる拡大率は1.17倍であろう）。なお,このファクシミリが印刷異本2に属するとするクチンスキーによる推定（Kuczynski 1995, S.82, Anm. 180）がある。その根拠は,K. Schottenloher が,Bayerische Staatsbibliothek の

Manifest

der

Kommunistischen Partei.

Veröffentlicht im Februar 1848

London.
Gedruckt in der Office der „Bildungs-Gesellschaft für Arbeiter"
von J. E. Burghard.
46, LIVERPOOL STREET, BISHOPSGATE.

(図版5) 23ページ本扉複製
※図版5から図版11の出典は、第3章脚注の当該箇所に記載。

第3章 『共産党宣言』23ページ本の表紙・各ページの複製について　　83

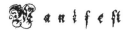

Manifest

der

Kommunistischen Partei.

Veröffentlicht im Februar 1848

London.
Gedruckt in der Office der „Bildungs-Gesellschaft für Arbeiter"
von J. E. Burghard.
46, LIVERPOOL STREET, BISHOPSGATE.

Titelpagina eerste druk
Communistisch Manifest

（図版6）23ページ本扉複製

23

Sie kämpfen für die Erreichung der unmittelbar vorliegenden Zwecke und Interessen der Arbeiterklasse, aber sie vertreten in der gegenwärtigen Bewegung zugleich die Zukunft der Bewegung. In Frankreich schließen sich die Kommunisten an die socialistisch-demokratische Partei an gegen die konservative und radikale Bourgeoisie, ohne darum das Recht aufzugeben sich kritisch zu den aus der revolutionären Ueberlieferung herrührenden Phrasen und Illusionen zu verhalten.

In der Schweiz unterstützen sie die Radikalen, ohne zu verkennen, daß diese Partei aus widersprechenden Elementen besteht, theils aus demokratischen Socialisten im französischen Sinn, theils aus radikalen Bourgeois.

Unter den Polen unterstützen die Kommunisten die Partei, welche eine agrarische Revolution zur Bedingung der nationalen Befreiung macht. Dieselbe Partei, welche die Krakauer Insurrektion von 1846 in's Leben rief.

In Deutschland kämpft die kommunistische Partei, sobald die Bourgeoisie revolutionär auftritt, gemeinsam mit der Bourgeoisie gegen die absolute Monarchie, das feudale Grundeigenthum und die Kleinbürgerei.

Sie unterläßt aber keinen Augenblick bei den Arbeitern ein möglichst klares Bewußtsein über den feindlichen Gegensatz von Bourgeoisie und Proletariat herauszuarbeiten, damit die deutschen Arbeiter sogleich die gesellschaftlichen und politischen Bedingungen, welche die Bourgeoisie mit ihrer Herrschaft herbeiführen muß, als eben so viele Waffen gegen die Bourgeoisie kehren können, damit, nach dem Sturz der reaktionären Klassen in Deutschland, sofort der Kampf gegen die Bourgeoisie selbst beginnt.

Auf Deutschland richten die Kommunisten ihre Hauptaufmerksamkeit, weil Deutschland am Vorabend einer bürgerlichen Revolution steht, und weil es diese Umwälzung unter fortgeschritteneren Bedingungen der europäischen Civilisation überhaupt, und mit einem viel weiter entwickelten Proletariat vollbringt als England im siebenzehnten und Frankreich im achtzehnten Jahrhundert, die deutsche bürgerliche Revolution also nur das unmittelbare Vorspiel einer proletarischen Revolution sein kann.

Mit einem Wort, die Kommunisten unterstützen überall jede revolutionäre Bewegung gegen die bestehenden gesellschaftlichen und politischen Zustände.

In allen diesen Bewegungen heben sie die Eigenthumsfrage, welche mehr oder minder entwickelte Form sie auch angenommen haben möge, als die Grundfrage der Bewegung hervor.

Die Kommunisten arbeiten endlich überall an der Verbindung und Verständigung der demokratischen Parteien aller Länder.

Die Kommunisten verschmähen es, ihre Ansichten und Absichten zu verheimlichen. Sie erklären es offen, daß ihre Zwecke nur erreicht werden können durch den gewaltsamen Umsturz aller bisherigen Gesellschaftsordnung. Mögen die herrschenden Klassen vor einer Kommunistischen Revolution zittern. Die Proletarier haben nichts in ihr zu verlieren als ihre Ketten. Sie haben eine Welt zu gewinnen.

Proletarier aller Länder vereinigt Euch!

Laatste pagina eerste druk
Communistisch Manifest

(図版8) 23ページ本表紙複製

4）6行目の表ケイの長さもショッテンローエルの複製と比べて短いこと，[(19)]
5）11行目の刊地を示す箇所で，家屋番号（46）と通りの名（LIVERPOOL）との間にあるべきコンマが欠けていること。

図版8からも窺われる通り，おそらくはリャザーノフのロシア語原書時から複製方法が拙劣であったためか，第五の特徴などは複製を作成する過程で生じたという可能性は依然として残りはする。とはいうものの，第二の特徴が実際に原刊本自体に存在していたことは後論の事情からも確実なようである。第一の特徴からは，この表紙の意匠をもつ刊本はマイザーの分類によれば印刷異本6もしくは7（クチンスキーの分類によれば印刷異本B6もしくはC7）に属させるべきものであると分かる。

このリャザーノフ解説版『宣言』に掲載された表紙複製の原本の所在が問題となる。クチンスキーの調査によれば，社会科学研究図書館（ウィーン）蔵本であったという。先の第一の根拠である。

(3) 社会科学研究図書館（ウィーン）蔵本

クチンスキーは，『宣言』23ページ本の原刊本がこの図書館に実在していた証拠となる次の二つの史料を突き止めた。

第一の史料は，この社会科学研究図書館が1926年5～6月に開催した展示会「初版および原版本における社会主義の歴史」の目録の記載である。ま

　Oberbibliothekarだったという事実であり，そこには23ページ本の原刊本（印刷異本2）が所蔵されていることである。しかし，前章脚注(29)において述べたように，筆者のBayerische Staatsbibliothekにおける調査によれば，その蔵本とショッテンローエルの複製とでは，後者は少なくともケイの長さにおいて原刊本を正確に反映していない。したがって，この複製についての検討が必要とされるが，それについては他日を期したい。

(19)　ちなみに，後論のブリューゲルの手紙にもあるが，表紙における双柱ケイならびに表ケイの長さの比較は『共産党宣言』23ページ本の表紙意匠を分類するうえで極めて重要な指標であろう。マイザーやクチンスキーはこの点を看過しており，そのため印刷異本1～4までを同一の意匠の表紙とみなしている。しかしながら，この二つの罫線の長さを対比することによって印刷異本1から4までは少なくとも二つの異なった表紙をもつものとして類別できるのであって，さらにそれらの表紙に包まれる仮綴じ本の各々はいわば第1刷から第4刷までと称してよいものとなる。この点の詳論は本書第2章（初出は「『共産党宣言』初刷の確定――23ページ本の種々の刷――」鹿児島大学経済学会『経済学論集』第62号）を参照。

ず書目がこうある。

507. Marx, Karl und Friedrich Engels：Manifest der Kommunistischen Partei. Veröffentlicht im Februar 1848. London, Gedruckt in der Office der „Bildungs-Gesellschaft für Arbeiter" von J. E. Burghard, [1848].

これに次の説明が続く。

「初版。ドラーンは20ページでロンドンのＲ．ヒルシュフェルトのところで印刷された版を初版として挙げている。リャザーノフは『共産党宣言』の彼の版において［……］図版3としてわれわれの版本の表紙を初版の表紙として複製している［……］」。[20]

（図版9）23ページ本表紙複製

この記載から明瞭になるのは，まず，この図書館には実際に23ページ本の刊本が所蔵されていたということ，次に，その刊本がリャザーノフの『宣言』解説版に掲載された表紙複製の原本として利用されたものであったということである。

第二の史料は，この展示会の三ヵ月後に，同図書館長のフリッツ・ブリューゲルが30ページ本を手に入れたある収集家に書き送った手紙の一文である。

「『共［産党］宣［言］』のあなたが所有されている刊本とショッテンローエル［……］において複製されている版本との間に相違があるだけではな

---

(20) Sozialwissenschaftliche Studienbibliothek bei der Kammer für Arbeiter und Angestellte, *Geschichte des Sozialismus in Erst- und Original-Ausgaben, Ausstellung vom 25. Mai - 5. Juni 1926*, Wien o.J. [1926?], S.63/64（下線は引用者による）．—Kuczynski 1995, S.90. なお，メンヒェン＝ヘルフェンが，館長フリッツ・ブリューゲルとともに，この展示目録の作成に携わったことについては，展示目録，[5] ページを参照．

く，両者はかなりの点でリャザーノフの図版Ⅲで複製された版本ともまた相違しています。リャザーノフの版本はショッテンローエルのよりも拙劣でぼやけています。つまり，活字は，両版では，あなたの版本 [30 ページ本] と異なって，同じです。周りの枠 (Umrahmung) の角が異なっています。„Kommunistischen Partei" の下の二重線は，ショッテンローエルの方が，リャザーノフのよりもかなり長くなっています。„Veröffentlicht" の下の一本線も同様です。リャザーノフの方では „Kommunistischen" の内の i と sch との間に，滑って位置のずれた印刷上の汚れがあります。われわれの版本はリャザーノフ版で複製されたのと一致します。これら三つの版本のうちのどれが初版であるかの決着をつけることは難しいことでしょう。
　しかし，おそらく，リャザーノフは疑いもなく書誌学の分野に最も通じた人ですから，リャザーノフの版本がそうなのかもしれません[21]。
　23 ページ本が実際にこの図書館に所蔵されていたことがいっそう明確となる[22]。(2) で 1)～5) までに整理したリャザーノフの表紙複製の特徴がこの手紙で立証される。
　表紙にこのような特徴を併せもつ刷は現在伝承されている 23 ページ本の印刷異本 1～7 までのうちには存在しない。

(4) リャザーノフ解説掲載の表紙とメンヒェン＝ヘルフェン共著掲載の扉との関係
　さて，ウィーンの同図書館の 23 ページ本の所蔵は一冊のみであったと思われる。複数あれば，展示会でも先の手紙でもそれらに言及することになるであろう。一冊のみであるとすれば，メンヒェン＝ヘルフェンがニコライェフスキーとの共著に掲載した扉の複製も，リャザーノフの表紙の複製も，ともにこのウ

---

(21) 「1926 年 9 月 22 日付テーオドール・ヴィーナースデュルファー [正しくは，ヴィルマースドルファー] 宛フリッツ・ブリューゲルの手紙」(Kuczynski 1995, S.91)。
(22) リャザーノフの表紙複製の原本がこの図書館の蔵本であることは展示会目録にある通りである。つまり，館長のブリューゲルが今この手紙を書くためにおそらく手許に置いている刊本である。それにもかかわらず，彼はそのことを伏せている。その理由についてクチンスキーは，「「ボルシェビキ」のリャザーノフとの共同作業を率直に伝えることが必ずしも得策とは思われない時代状況のせいであったかもしれない」と述べている (Ibid.)。
(23) とはいえ，クチンスキーのこの扉についての想定が崩れれば，以下の推定全体も成立

ィーンの図書館の蔵本を元にして作成されたということになる。

また，扉は，このクチンスキーが明らかにした刊本とアンドレアスが 1D の分類番号を与えた刊本とで，その特徴を同じくするから，両刊本は同一の印刷異本に属するものであった可能性が出てくる。[24]

その場合には，ウィーン蔵本は，扉以外の本文ページは複製さえも残されていないが，本文諸ページはアンドレアスが 1D と分類した［3］ページ，11 ページ，23 ページと同じ特徴を備えていたはずだとの推定が生じてくるわけである。

以上の推定が仮に妥当であるとするならば，かつてはこのような特徴をそれぞれ備えた表紙・第一折り・第二折りの組み合わせの刊本が，フランクフルト・アム・マインの社会研究所の蔵本（アンドレアスの 1D）と，ウィーンの労働者・従業員職業団体組合付属社会科学研究図書館の蔵本（クチンスキーの刷X）と，少なくとも二冊は存在していたことが推測されることとなる。

3 小 括

(1) マイザーの前言撤回

1D・刷 X がかつて存在していたとする一定の根拠に基づくクチンスキーの推定をうけて，マイザーは 1996 年に前言を撤回し，「このファクシミリの印刷に対応する原刊本が現れ出ない限りは，これもまた単なる推測にとどまる」と限定を付したうえで，アンドレアスの 1D については，次のような慎重な判断[25]を示すに至った。

> 「あるいは［社会］研究所には 23 ページ本の刊本若干が所蔵されていたのであって，復刻されたのは別の刊本であった，ということなのかもしれない。もちろん，次のようなこともまた想定されよう。つまり，扉にある M の印刷の汚れは，「1848 年 2 月発行」の上にある双柱ケイ――その双

し難くなる点に留意しておく必要がある。
(24)　クチンスキーは次のような慎重な言い回しをしている。「（少なくとも）二つの刊本が全く同一の刷に分類されるのかどうかはまったくはっきりしない。分かるのはただ，それらがこれまで見てきた刷や印刷異本には分類されないということだけである。しかしながら，少なくとも諸刊本の一つについては，［ブリューゲルの］専門的にわたる記述が存在しており，それはそれらの刷の一つが実際に存在していたことにたいするどのような疑いをも一掃する」(Kuczynski 1995, S.90)。
(25)　Meiser 1996, S.101（邦訳 40 ページ）．

柱ケイの上には，アドルノ文庫の刊本では鉛筆でマルクスおよびエンゲルスの名前が書かれている——と同様，フォトコピーを作成するさいに取り去る修正がなされたということ，また，„Länder"の変母音記号は，あとから書き加えられた［……］ということ，である。［……］だが，それ以外の相違，とりわけ 11 ページにおける二つの誤植は，復刻にさいして生じたということには疑念がもたれる」。[26]

(2) 新たな組版の可能性

1D の諸特徴をどのように見たらよいのであろうか。それらは複製作成上の修正や微妙な位置のズレという可能性が残りはするものの，特に 11 ページ目での新たな二つの誤植などは複製の元となった原刊本自体の相違をそのまま反映している特徴と見なければならないように思われる。つまり，23 ページ本のその他の印刷異本と極めて似てはいるものの，新たに植字された別の組版で印刷された可能性を考慮しなければならないということである。活字の切れの印象の違いは，特にその可能性を高める。活字が新たに組み直されたと想定すれば，誤植の明らかな最末尾の合い言葉の一語 Lander だけが訂正され，逆に本文 11 ページ目に新たな二つの誤植が現われる奇異な事態も矛盾なく容易に説明できるであろう。いずれにせよ，これら複製の原本の組版を他の 23 ページ本の印刷異本の組版と同一と見ることは極めて難しいであろう。

刷 X については，先に確認した諸特徴を押さえたうえで，表紙と扉の印刷上の関係の問題が残るであろう。クチンスキーによってその表紙と目されているリャザーノフ解説収録の複製では，頭文字Mに印刷上の汚れが残っているのに対して，扉の同じ箇所にはそのような汚れが見出されない。23 ページ本は表紙，第一折り，第二折りの三つの部分で構成されるから，表紙と第一折りの第 1 ページ目にあたる扉との印刷がどのような関係になっていたのかは今後多少とも検討されてよい問題であろう。

この問題を措いて，1D，刷 X ともその諸特徴が複製時の修正によるものではなくて，そのような特徴を備えた原刊本が実際に存在していたものとすると，それらはどのようにして印刷されたのかが新たに問われなければならなくなる。

---

(26) Meiser 1996, S.101/102, Anm. 175（邦訳 40 ページ）．

なるほど 11 ページ目にある二つの誤植からは，23 ページ本の初刷という可能性さえ考えられないことはない。その他の印刷異本はこれら誤植がその後訂正された結果と見るわけである。しかし，伝承の系譜に照らすと，他の印刷異本の方に 1848 年 2 月下旬の印刷に近い刊本があるように見受けられる。

もしこの時期と多少とも離れた印刷であるとするならば，いつの時点でのものかが問われてよい。マイザー，クチンスキーとも，1850 年夏のロンドンでの再印刷という仮説をとっている。[27] 確かに，その可能性は最も大きいと思われる。

とはいえ，ロンドン共産主義労働者教育協会において，所有する活字セットの返却要請決議がなされたのは 1848 年 6 月 6 日の会議においてであったから，この決定が実施されて，一方，再度の貸し出し，組置き版や当初の組版から紙型を取り置いておくといったことがなされなかったものとするならば，別の活字セットによる新たな組版の可能性はこの時点以降，どの時期においてもあったことになる。通常，原版刷りは活字の摩滅を考慮すると，5,000 部程度が限度とされる。各印刷異本の部数が仮に 1,000 部程度であったとすれば，印刷異本 1～7 までで——さらに次節における印刷異本の増加の可能性も合わせれば——，すでに当初の組版は原版刷りには適さなくなっていたであろう。つまり，1848 年 6 月 6 日以後のなんらか新たな活字セットでの組版の可能性をも排除せずに考慮する必要があるということになる。

他方，30 ページ本が 1850～51 年に大陸ケルンで印刷されたとする仮説が有力となっている。しかし，30 ページ本に比べて 1D，刷 X が 23 ページ本にはるかに酷似しているという事実は，大陸における新たな印刷を官憲の目から眩ますのにいっそう適っていたと見ることもできよう。30 ページ本の発行については，ケルンのベッカーの印刷所から発行された他の印刷物とのオリジナルによる印字比較が必要であって，30 ページ本原刊本を家蔵していたクチンスキーの見解が最も尊重されるところではある。とはいえ，研究の現状からすれば，1D，刷 X の原本の探索とともに，それらが 1850～51 年に大陸で印刷された可能性をも捨てずにおく方がよいのではなかろうか。

---

(27) Kuczynski 1995, S.92 u Meiser 1996, S.100-102（邦訳 38～42 ページ）.

II 印刷異本6の表紙をめぐって——その意匠は少なくとも二種ある?

1 アンドレアスの書誌巻末の復刻表紙

アンドレアスは，その書誌巻末に復刻した23ページ本の原刊本がいずれの刊本であったのかについて詳らかにしなかった。

表紙の意匠の特徴から判断して，かつてアンドレアスによって初刷とみなされ，その後マイザーおよびクチンスキーによって印刷異本6および印刷異本7と分類されてよいものとみなされてきている刊本類の表紙である。さらに，扉の特徴をも加えて見れば，その復刻の扉は印刷異本1から6までに属するものと共通であることが分かる。この表紙および扉の両者の特徴から，アンドレアスの復刻は印刷異本6に属するものと特定されてきたわけである。

しかしながら，この表紙をつぶさに見ると，それは印刷異本6 (あるいは印刷異本7) に属する他の諸刊本の表紙とは随分と異なった意匠となっていることが分かる。

2 『マルクス＝エンゲルスの共著』所載の表紙との対比

アンドレアスの書誌の巻末に収載されたリプリントに見出される表紙の飾り枠の図柄 (図版10) は，これ以外の異本6に属するとみなされているやはり複製の表紙 (図版11) や異本7の表紙とは随分と異なっている[29]。ことに四隅にある角型のヤクモノの形であって，6点ほどの相違がある。

---

(28) アンドレアスが復刻時にこの表紙の意匠の刊本を原本として選んだ大きな理由は，初刷であるとの判断にあったものと思われる。

(29) 図版10: Andréas, *ibid.*, Reprint. 本図版の複製からの縮小率は0.86倍。図版11: *Die Gemeinschaftsarbeiten von Marx und Engels. Eine Sammlung von Originalausgaben.* Wissenschaftliches Antiquariat Auermann & Ress KG (Glashütten/TS.) Antiquariat und Verlag Georg Sauer (Königstein im Taunus) o. J., S.15, Faksimile. 本図版の複製からの縮小率は1.01倍。図版11が異本6に属するとの判断は Meiser 1991, Anm. 34 (邦訳10ページ) に基づく。なお，図版10および図版11に関わる罫線の長さの測定にさいしては，原刊本からの拡大・縮小を考慮し，前者については0.86倍，後者については1.01倍した結果である。

第3章 『共産党宣言』23ページ本の表紙・各ページの複製について　93

　第一は，左上に着目すると，三つの角型のヤクモノがあるわけだが，三つのうち下部に位置する（左辺に属する）ヤクモノの内側にも，左辺のそれ以下の縁飾りのヤクモノの内側にあるのと同じような縦線（棒）状のヤクモノが付されている。このような縦線（棒）状のヤクモノはその他の刊本には欠けている（図版10・11左上隅）。

　第二に，これにともなって，左上三つの角型のヤクモノのうち下部に位置（左辺に属）するヤクモノの右上頂点には自ずと黒い点が欠けることとなる（同）。

　第三は，左下の三つの飾り枠のヤクモノであって，そのうち中央のヤクモノの右上頂点（内側）に黒い点がある。その他の刊本の表紙にはこの黒点を欠く（図版10・11左下隅）。

　第四は，この表紙においては，その他の刊本において見出されるそのすぐ右側の縁飾りのヤクモノ内の白い点が見られない（同）。

　第五は，右下の三つの角型のヤクモノであって，左側の角型と中央（右側）の角型との間が他の表紙と比べると開き気味であるのにもかかわらず，それぞれの角型の先端にある黒い点が接近し過ぎており，一本の横線にさえ見えるほどである（図版10・11右下隅）。

　第六は，右上の三つの角型のヤクモノである。三つの角型の内側先端には各々小さな四分円（90度の扇型）の空白箇所があって，そのなかにそれぞれ一個の黒い点が置かれるはずである。が，この表紙では右上（中央）の角型の内側先端に四分円がつくられず，そのためそこに入るべきであった黒い点がさらに内側にせり出す形で印刷されている（図版10・11右上隅）。

3　小　括

　このような相違は，刷りの圧力等，印刷時の諸事情だけによっては説明されないものである。アンドレアスによるリプリントのオリジナルがどの刊本であったのかが明らかでないだけに，復刻するさいの「修正」ということも想定されなければならないが，両者の相違点は以上の確認の通り少なからぬ数であるだけに，相違の原因を復刻時の修正にのみ求めるのも少なからぬ無理がある

(図版 10) 23 ページ本表紙複製

第3章 『共産党宣言』23ページ本の表紙・各ページの複製について　95

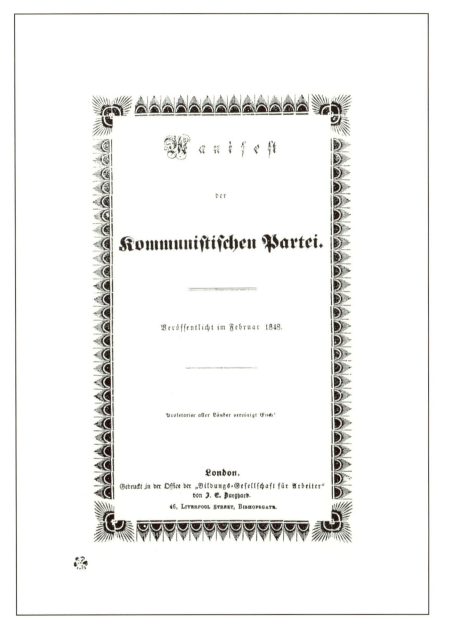

（図版11）23ページ本表紙複製

以上のような相違の指摘が妥当であるとすれば，この間マイザーによって印刷異本6（クチンスキーによっては印刷異本B6）として一括されていた版本は，少なくとも二つのそれぞれ別の種類の表紙をもつ印刷異本6－1と印刷異本6－2とでも分類記号を与えられるべき二つの種類に細分されなければならないことになる。

---

(30)　もしそうであるとすれば，クチンスキーがアンドレアスの書誌巻末リプリントのオリジナルを，B6c），すなわち図版11に求める推測（Kuczynski 1995, S.86）は，成立し難いこととなる。その他の各種書籍における23ページ本の複製においてもアンドレアスの複製と同様の意匠のものが散見されるが，それらの典拠はまったく明記されていないのであって，結局はアンドレアスの複製を踏襲したものが多数なのかもしれない。

第4章 『共産党宣言』23ページ本所見

　第2章においてすでに触れた通り，筆者はこれまで，『共産党宣言』の初版である「23ページ本」の原刊本13点を直接検分する機会に恵まれた。
　その仮綴じ本の姿形の情報は書誌的にも運動史の面でも種々研究を助ける点がある。そのため，3点のみ伝承が確認されている初刷の一つであるアムステルダム大学図書館蔵本と，わが国における唯一の所蔵ではないかと思われる慶應義塾大学三田メディアセンター蔵本との二つの版本に限って，その所見の記載に一章を割くこととした。

I　アムステルダム大学図書館蔵本

　『共産党宣言』の初版23ページ本は現在までのところ七種の刷の伝承が知られている。最近の研究によってその初刷とみなされている刊本は3点存在し，その一つがアムステルダム大学図書館にある。筆者は1998年12月にそれを実検し，自身の検討のために何葉かの写真を撮影することを許された。この刷についてはやはり同年，カール・マルクス・ハウスからバーゼル大学図書館蔵のリプリントが作成され，参照は容易となった。とはいえ，重量，紙質や色相等の情報などは実検してこそ得られるものであり，複数の刊本を比較することには少なからぬ意味もあると思われるので，本節においてその紹介を行うこととした。
　本刊本は，青色の厚紙で出来た外箱に入れて保管されており，外箱の上面の左上隅に，2007／★，左下隅に，E／53の所蔵番号を記したシールが貼り付けられている。

1　本体概観

　保存状態が極めて良好である。(図版1) に見られる通り，表紙ページの左上隅に，2007／★，左下隅に，E／53のシールが貼られている。そのために左側の隅の飾り部分の模様が十分チェックできない。

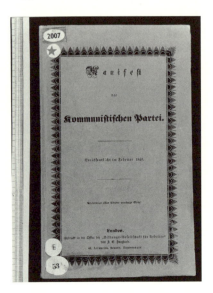

（図版1） アムステルダム大学図書館蔵
23ページ本 表紙

2 寸法・目方

大きさは表紙ページで，縦21.5〜21.6センチメートル，横13.5〜13.4センチメートル。後で切り揃えられたためなのか，上下左右各辺とも本文各ページ用紙の端の不揃いやはみ出しはまったくない。表紙を含め厚さは2ミリメートル弱。

重さは20〜22グラム前後。したがって，100部，1,000部とまとまれば，それぞれ2キログラム，20キログラムを超える目方になる（なお，表紙を除く目方は12〜14グラム程度と思われる）。

3 表紙の色合い

保存状態が良かったためか，ほとんど褪色しておらず，表紙の当初の緑色の色合いをかなりよくとどめているものと思われる。アムステルダムの社会史国際研究所（IISG）所蔵の版本（クチンスキーの分類でB4a――以下，同じ）はカステルの色見本では172gruenerdeに近い感じであったが，こちらははっきりした感じがし，112や168に近い印象を受ける。

4 表紙の紙質

少し荒い手触りの用紙である。漉き縞は×印のように斜めに交叉している。透かしはない。

5 仮綴じの仕方

表紙をめくるとタイトルページの左辺に縦に製本のための白糸が通っている穴が三つある。その位置は，上掲写真の左脇から表紙を介してではあるがおおよそ見てとれるものと思われるが，IISGの表紙のない版本（A3a）やモスク

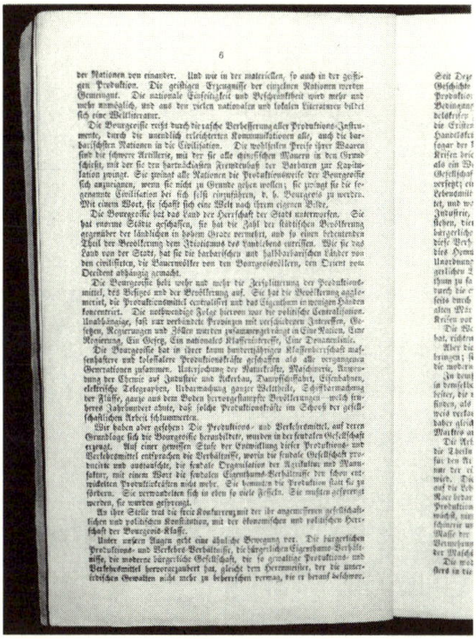

第 4 章　『共産党宣言』23 ページ本所見　　99

（図版 2）同前 23 ページ本 6 ページ
最終行の行末 2 語目の herauf の f の活字の下半分が左に流れている。

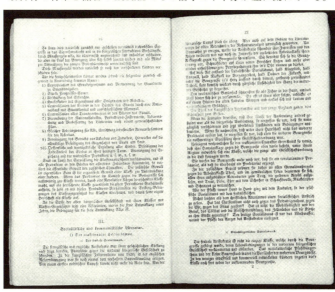

（図版 3）同前 23 ページ本 16・17 ページ
17 ページのノンブルが 17 ではなく、23 と打たれている。

ワの現代史諸文書保管・研究ロシアセンター［旧ソ連共産党中央委員会付属マルクス・レーニン主義研究所中央党アルヒール］蔵本（B6b）ともほぼ同じ箇所である。他には製本された形跡がまったく見出されないので、この白糸による三つの穴での綴じがオリジナルの仮綴じの仕方であったと見てよかろう。

さらに [1] ページから 16 ページまでの第一折りと 17（ノンブルは 23 と誤植）ページから [24] ページまでの第二折り（半印刷ボーゲン）とは、それぞれ折り畳まれ重ねられたうえで、その白糸で結わえ付けられているだけである〔23（本来の）および [24] ページのブラットが少しこの糸の綴じからはずれかけている〕。このように綴じられた一印刷全紙半の背の部分と第 1 ページの左辺数ミリメートルとがのりしろとなって緑色の表紙にしっかりと貼り付けられている。

6 本文用紙の紙質

かなり薄手の、少し和紙のような感じのするしなやかで、表裏が判別しにくい紙で、透かしはない。印字による凹凸はそれほどでない。おそらく酸のためかなり茶色に変色してきている。とはいえ、他の 1870～90 年代に刊行された諸刊本と比べればほとんど変色しておらず、状態は大変よい。総じて IISG 所蔵の表紙のない刊本（A3a）と似ている。したがって、A グループと B グループ以降との刊本で、使用された印刷用紙の異なる可能性も考慮に入れておきたい。

7 ボーゲン

第二印刷全紙が表裏いずれの刷であるかについては判別できなかった。

8 本文の誤植等

本文の諸特徴はバーゼル大学図書館蔵のリプリントからも容易に窺い知れると思われるので、ここでは割愛する。なお、前ページ（図版 2）・（図版 3）を参照されたい。

II 慶應義塾大学三田メディアセンター蔵本

『共産党宣言』の初版とされる 23 ページ本が日本国内にも所蔵されていることを突き止めた。慶應義塾大学三田メディアセンター（慶應義塾図書館）貴重書

室で所蔵されており，そのコールナンバーは 120X/722/1 である。管見の限りであるが，わが国における『共産党宣言』23 ページ本の唯一の所蔵ではないかと思われる。
(1)

その伝承と来歴については，貴重書室担当の市古健次氏によれば，この間のコールナンバーの変更にともない，ほとんど不明であるとのことで，今後の関係者による解明が待たれるところである。また，同じく市古氏によれば，本刊本については，従来，解題ないしは紹介といったことが一切なされていない模様とのことである。

筆者は，事前の閲覧申請を許可されて，2004 年 11 月 15 日（月曜日）午後 1 時から午後 4 時までの 3 時間，当該刊本を実検，調査することができたので，その所見を，以下，報告する。本節の課題はもっぱら標記刊本が 23 ページ本のどの印刷異本に属するのかの同定を目的としている。
(2)

23 ページ本は，仮綴じ本であって，表紙，第一折り，第二折りの三つの部分から成り立っていると考えるべきであると思われるので，この順序に沿って報告する。
(3)

1 表　紙

本刊本は表紙を欠く。仮綴じ本から表紙を取り去り，改めて装丁することは普通に行われていたことであるから，本刊本も同様の処理がなされたのであろう。そうした場合でも，扉のノド側に特徴的な緑色の表紙の痕跡が残存することがあるのであるが，本刊本では装丁のさいの綴じがきつく，表紙側についても裏表紙側についてもその残存の有無を窺うことができなかった。なお，この装丁の様子は，伝承・来歴を調査する手がかりともなるので，後述する。

---

(1) なお，国内における 23 ページ本の伝承・所在等について，また，それのみならず，30 ページ本，ヒルシュフェルト版についても，諸情報をお持ちの方は，ご教示下されば大変有り難い限りである。
(2) 閲覧に際しては，慶應義塾大学三田メディアセンター貴重書室ご担当の市古健次氏にお世話頂いた。氏のご厚意に，記して謝意を表したい。
(3) この点および各印刷異本の識別指標については，第 2 章 53〜55 ページおよび〔23 ページ本印刷異本対照表（その 2）〕を参照。

2　第一折り

扉（第 [1] ページ目）

扉の諸特徴は次の通りである。

1行目の Manifest の語頭のMの中には小さな黒点がある。3行目の Kommunistischen Partei. の行末にはピリオドがある。<u>4行目にあたる箇所に双注ケイを欠く</u>。刊年月を表示する5行目の数字 1848 中の4の字体は，原刊本が伝承されている印刷異本1〜7の従来の字体と異なるところはないように思われる。その行末にはピリオドも認められる。<u>6行目には表ケイがある</u>。

扉についてのもっとも重要な識別指標は二つの罫線の有無であるから，罫線を一見したところでは，この扉はアンドレアスの1Dあるいはクチンスキーの刷X（Druck X）の原刊本のように考えられる。[(4)] が，他方で，以下に見る通り，罫線以外の特徴は1Dあるいは刷Xとは異なり，従来の1〜7の印刷異本と同様である。この双注ケイが見出されないという点については後に詳述する。

なお，このページに書き込みといったものはない。

第 [2] ページ目以降の特徴については次の通りである。

第 [2] ページ

何も印刷されていない空白のページであるが，右側の対ページである第 [3] ページの第1行目に相当する高さの辺りから，1206221445 と，また，行を替えて「120X/722/1」（/ は行替え）と手書きされている。これは慶應大学での所蔵番号およびコールナンバーの記入であろう。

第 [3] ページ

章見出しのローマ数字Ⅰの印刷は，上端右側が欠けることなく，在来原刊本の印刷と同様である。

第6ページ

53 行目には heraus と印刷されており，その前後は整っていて，活字の損傷等は見出されない。したがって，印刷異本1〜3に属するのではなく，印刷異本4以降に属する刊本であろうことが推察される。

---

(4)　アンドレアスの1Dあるいはクチンスキーの刷Xの特徴については，第3章を参照されたい。

第 11 ページ

ノンブルの印刷は在来原刊本と同じく，通常の印刷である。

第Ⅱ章見出しの文字の印刷は，おそらくかつてこの行の近辺に何か書き込みがあって，それを消したために，10 行目〜13 行目まで印刷インクが薄くなるという影響を同じく被っているが，その他は在来原刊本の通常の印刷と変るところはない。

36 行目の erfunden，また，48 行目の Producte もきちんと植字されており，誤植はない。

第 16 ページ

クチンスキーの指摘する 32 行目 anderen と 39 行目の freie 直前の印刷上の汚れが確認される。

3 第二折り

第 17 ページ

ノンブルは 17 とあり，23 というような打ち損じはない。

第 18 ページ

33 行目の行頭は，段落替えの通常どおりの字下げがなされており，全角クワタは見出されない。

第 19 ページ

25 行目には，クチンスキーが指摘する gegen 直前の印刷上の汚れが確認できる。

第 20 ページ

5 行目には，クチンスキーが指摘する hier 直前の印刷上の汚れが確認できる。

第 21 ページ

クチンスキーが指摘する 24 行目の ersten 直前，ならびに，49 行目の sich 直後の印刷上の汚れが確認できる。

第 22 ページ

7 行目には，クチンスキーが指摘する fehlsclagende 直前の印刷上の汚れが確認できる。

第 23 ページ

13 行目の 1846 という数字の並びの中の 4 の字体は，まったく在来原刊本

と同じである。

44行目のLänderはウムラウト記号がなく，Landerと誤植されたままである。

その最終行から双注ケイまでの行間はおよそ15ミリメートル程度，双注ケイ自体の長さも21.5ミリメートル程度で，いずれも在来原刊本とほぼ同様である。

4 本文用紙の紙質

第一折りおよび第二折りの用紙いずれも，在来原刊本と同じである。SAPMO蔵本にあるゴワゴワとした手触りのようなものには欠ける。アムステルダム大学図書館蔵本と比べると×の形で交差している表面の梳き縞のようなものがはっきりしていない。また，わずかに変色の度が強いように感じられる。しかし，これらの相違はその後の保存状況によって生じるあり得る変化の範囲を越えていないものと思われる。

なお，第二折りが表刷か裏刷かを用紙の特徴から判別することはできなかった。

5 扉に双注ケイが見出されない理由の推定

双注ケイが見出されないのは次の理由によるものと思われる。

本刊本で双注ケイのあるべき行の中央には，「慶應／義塾／図書／館之印」(縦書き1行2文字。最終行3文字。／は行替え)という朱印が捺されている。この所蔵印は1辺が5センチメートル弱の正方形の枠をもち，扉の3行目と5行目(刊年月の記載)の行間一杯をとる形になっている。この所蔵印の捺された周囲の用紙をよく見てみると，3行目と5行目の行間5センチメートル弱×用紙の外側から3行目のKommnistischenの二つ目のmとnの間の辺りまで約9センチメートル四方の部分の紙質がそれ以外の部分の紙質と異なっているように感じられる。透かしてみると，この部分にあたる横長の四角の形のところだけ，ちょうど透かしが入ったように光の透過の具合が良いのである。同じような紙質は扉のページの右上隅にも小さな細い横長の三角の形に見出される。

光の透過が良い理由は判然としないが，紙が幾分か薄くなったためなのか，何か漂白剤等の使用により光の透過度が高くなったためなのか，部分的に切り取られて補訂用の別の用紙があてがわれたかしたためなのか，いずれにせよ，そうした手が入って，その過程で，当初は印刷されていた双注ケイがなくなっ

てしまったのではないかという印象を受ける。

　おそらくは以前の所有者ないしは所蔵機関の蔵書印等が捺されていて，それを抹消する作業が過去のいずれかの時点においてなされたためではないかと思われる。

6　印刷異本の確定

　クチンスキーの指摘する印刷の汚れがいずれも確認できるので，初版 23 ページ本であるということについては間違いのないところである。

　また，第 6 ページ 53 行目の heraus という誤植の存在からは，印刷異本 4 以降に属する刊本であることが分かる。

　他方，扉に双注ケイを見出すことはできないものの，前記のなんらかの理由による双注ケイの印刷後の抹消という推定に誤りなきものとすれば，当初は扉に両罫線がいずれも印刷されていた刊本であるということになり，印刷異本 7 に属する刊本ではないと考えなければならない。

　この点に加えて，本文の印刷上の諸特徴をも勘案すれば，アンドレアスの 1D あるいはクチンスキーの刷 X の原刊本であるとみることはできなくなる。

　結局，<u>本刊本は，クチンスキーの分類に従えば，印刷異本 B 4～6 に属する刊本</u>ということになるであろう。

　さらに，そのうちのいずれであるかについても，印刷異本 B 4，B 5，B 6 各々を一刊本ずつではあるが，実検した経験からすれば，一定の推測も可能であると思われる。とはいえ，今回の検分は，文字どおり閲覧のみであり，種々の器具を用いた正確な調査は果たせなかったので，条件が十分に整った今後の調査結果を待ちたいところである。

7　装丁——伝承・来歴の探求の参考に

　本刊本の装丁の状況を紹介しておきたい。前述の通り，伝承・来歴については現在のところ容易には遡及等，調査が困難であるという事情，また，従来，解題等がまったくなされていないのではないかとの事情に鑑みれば，このような紹介は，関係者の今後のそのような探求に資すると思われる。

　装丁は，表表紙側から順に，表表紙，見返し 1 枚目，装丁用の用紙 1 枚目，装丁用の用紙 2 枚目，本文用紙 24 ページ分，装丁用の用紙 3 枚目，装丁用

の用紙4枚目，見返し2枚目，裏表紙で構成されている。白い糸できつく綴じられているので，本文用紙の折り丁ともども，これらの用紙の折りの関係も窺いかねる。

　背と上下両端隅に赤（臙脂）色の革装がなされており，それ以外の部分の表紙用紙は赤・黒色のマーブル模様の厚紙である。

　背の革表紙には最下端に「1848」と刊年が金文字で水平に打刻されているが，そのさらに上部はコールナンバーの記された紙のラベルが貼られているために見ることができない。さらにその上の部分には，同じく赤色の背革表紙に金文字で刻印された標題が下部から上部へかけて垂直に Manifest der Kommunistischen Partei とある。

　花布れは赤白縞，また，色が脱けてしまっているが元は金色かオレンジ色であったであろうしおり用の幅7ミリメートルほどのリボンが1本，上端に付けられ垂らされている。

　見返し用紙は少し硬めの紙で，表側が赤・黒・金色のマーブル模様，裏面は無色である。

　この裏面の左上隅に，黒色の小さな活字のような字体で「□．□．□ EVITZKY」ないしは「B.□□ LEVITZKY」と読める記入がある（□は判読できない文字）。かつての持ち主の氏名が記された跡かとも思われる。さらに，その下には Q17/187/1 と黒鉛筆で3行にわたる記載があり（/は行替え），2行目の187の右脇辺りに青という漢字のようにも見える形の字（?）が同じ黒鉛筆で手書きされている。

　装丁用の用紙は，本文用紙より多少硬めの紙で，1枚目，2枚目ともに透かしがある。透かしは，1枚目のには Ingres と，2枚目のには L'Ecolier とそれぞれ上部に逆立ちした格好で認められる（1枚目の語の頭文字はちょうどト音記号のような形でありIとは読めない字なのかもしれない）。

　裏表紙側の装丁にさいしてのそれぞれの用紙は，表表紙側と相同であるが，裏表紙側の装丁用の用紙2枚には表側とは異なりいずれも透かしは見出されない。

　以上の特徴をもつ装丁は，慶應義塾に所蔵される以前の所蔵者が行ったところであると思われるので，本刊本の伝承・来歴を調査するうえでの手がかりとなるであろう。

第5章 『共産党宣言』はいつどこで印刷されたのか

はじめに

「1848年2月公刊。／ロンドン。／J. E. ブルクハルトにより／『労働者教育協会』の印刷所において印刷。／ビショップスゲイト,リヴァプール・ストリート, 46。」という刊記をもつ23ページからなる『共産党宣言』の初版が刊行されてからすでに一世紀半を越えた。『宣言』を収録する『新メガ』I/6はなお未刊である。とはいえ,収録に際しては初版ならびに本文の確定を初め,学術解説付録の作成等,立ち入った編集準備作業を要し,そのうちのいくつかは1990年前後の10数年ほどの間に種々の形で公表され,現在,『宣言』初版についての知見は著しく増大した。

この間の諸研究で新たに明らかとなり,確定した諸事実は,刊行150周年(1998年)の折の服部文男の記念論文[1]のなかで紹介されている。本章ではこの間の研究においてまだ意見の一致を見ずにおり,一定の結論が得られていないため,服部論文では紹介が見合わせられていた論点,なかでも『宣言』の刊行時期と印刷所の特定をめぐるヴォルフガング・マイザーとトーマス・クチンスキーの論争に限定して通観する。

論争の発端となったのは1991年に発表されたW. マイザーの論文であった[2]。

---

(1) 服部文男「『共産党宣言』の誕生」『経済』第29号, 1998年2月 (後,『マルクス探索』新日本出版社, 1999年に収録)。

(2) Meiser, Wolfgang: Das „Manifest der Kommunistischen Partei" vom Februar 1848. Neue Forschungsergebnisse zur Druckgeschichte und Überlieferung. In: *Marx-Engels-Jahrbuch*, 13, Berlin 1991, S.117-129 (ヴォルフガング・マイザー [拙訳]「1848年2月の『共産党宣言』── 印刷の経緯と伝承についての新たな研究成果 ──」『マルクス・エンゲルス・マルクス主義研究』第37号, 八朔社, 2002年2月, 3~15ページ。本論文を以下ではマイザー『年報』論文ないしは Meiser 1991と略記する)。

この論文は,ベルト・アンドレアスが見出していた23ページ本の刷の相違を初めて明解に分類してみせたことによって,またそれに基づく諸種の新たな知見をもたらしたことによって,『宣言』初版研究においてB.アンドレアスの書誌[3]に続く画期的な貢献となった。

それらの新知見は本書まえがきですでに触れた通り7点にまとめられる。本章で取り上げるのは,それら7点のうち第三の論点,23ページ本の印刷所の推定と,第五の論点,23ページ本の印刷時期,とりわけ初刷の刊行時期とである。ここでこれらの論点を取り上げるのは,1995年に出版されたT.クチンスキーの編集になる『共産党宣言』の「刊行報告」[4]において,とりわけこの二つの論点についてマイザーの見解に対する批判とそれに代わる推定とが提起され,これに応えて翌1996年に,クチンスキーへの反批判を含むマイザーの詳論[5]がなされたからである。

両者の見解の詳細に立ち入る前に,これら二つの問題に関連して,これまでの研究において明らかにされており,多少とも共通の了解事項とされていた事柄をあらかじめまとめておこう。

I　従来の研究成果

1　初版の刊行時期に関連して

『共産党宣言』は,カール・マルクスによって,労働者階級の経済学を発展させようとする彼のその他の多くの仕事の一環として起草された。マルクスは,1847年12月初めまでロンドンで行われた共産主義者同盟の第二回大会に出席

---

(3) Andréas, Bert: *Le Manifeste Communiste de Marx et Engels. Histoire et Bibliographie 1848-1918*, Milano 1963 (本書を本章においては以下,『書誌』と略記する).
(4) Kuczynski, Thomas: Editionsbericht. In: *Das Kommunistische Manifest, Schriften aus dem Karl-Marx-Haus Trier* 49, Trier 1995 (本書を本章においては以下, Kuczynski 1995と略記する).
(5) Meiser, Wolfgang: Das Manifest der Kommunistischen Partei vom Februar 1848: Zur Entstehung und Überlieferung der ersten Ausgabe. In: *MEGA-Studien*, 1996/1, S.66-107 (ヴォルフガング・マイザー [拙訳] 「1848年2月の『共産党宣言』——初版の成立と伝承について——」『マルクス・エンゲルス・マルクス主義研究』第41号,八朔社,2003年12月,3〜46ページ。本論文を本章においては以下,マイザー『研究』論文ないしは Meiser 1996 と略記する).

し,『宣言』の起草を委ねられ, ブリュッセルへ戻る。その後 1848 年 1 月末に『宣言』の印刷原稿をロンドンにもたらすまでのわずか 6 週間のあいだに,「ドイツ人労働者協会において賃労働と資本についての講演を続け, 手稿「労賃」——分量的には『宣言』とともかくほぼ同じ——を書き, 他方で, 自由貿易についての公開講演を行い, 1848 年 2 月初めにベルギーで仮綴じ本として出版[6]」している。当然,『宣言』の予定された期日までの起草に不安を抱いたロンドンの中央指導部は 1 月 25 日付の厳しい督促状で 2 月 1 日必着を命じている[7]。印刷用原稿はこの期日にそう遅れることなく到着したものと思われる。したがって初版刊行の時期の上限(最も早い場合)は 2 月 1 日以降ということになる。

刊行時期については二月革命の前に印刷ないしは出版されたという趣旨の種々の回想等がある。フリードリヒ・レスナーによるものが代表的であり, 次のようである。

まず印刷出版については,

「共産党宣言はパリの二月革命の数日前にロンドンにおいてドイツ語で印刷出版された[8]」。

またその配付については,

「『共産党宣言』は 1848 年 2 月に印刷機を離れた。われわれはパリで二月革命が勃発したという知らせと同時にそれを受け取った[9]」。

したがって, 初版の刊行時期についてはこのようなレスナーの回想ではっきりと確証されているかに思われるが, 後に見るようにクチンスキーはその信憑性に疑問を呈している。

刊行の時期の下限(最も遅い場合)を確定することになる資料もやはりアンド

---

(6) Hundt, Martin: *Wie das „Manifest" entstand*, 2. berarbeitete und erweiterte Auflage, Berlin 1985, S.102 (マルティン・フント [拙訳]『共産党宣言』はいかに成立したか」, 八朔社, 2002 年, 197 ページ)。

(7) *Der Bund der Kommunisten. Dokumente und Materialien*, Bd. 1, Berlin 1970, S.654 (以下, 本書を『史料集』と略記する。なお, 本状の邦訳は服部『マルクス探索』136/137 ページによる)。

(8) Friedrich Leßner: Aus der Entstehungszeit des kommunistischen Manifestes. Persönliche Erinnerungen. In: *Sozialistische Monatshefte*, H. 1, 1897, S.557.

(9) Friedrich Leßner: Vor 1848 und nachher. Erinnerungen eines alten Kommunisten, *Deutsche Worte*, Wien März, 1898, S.109.

レアスによって発見されていた。1848年3月3日から連載され始めた『ドイツ語ロンドン新聞』における『宣言』全文の再録である。これは23ページ本を原稿とするものであることがアンドレアスによって同時に指摘されていた[10]。したがって,『ドイツ語ロンドン新聞』の連載再録の検討が重要な課題となっていたことが分かる。

2 初版の印刷場所に関連して

表紙および扉には本章冒頭に記した刊記があり,それに従えば,ロンドンのビショップスゲイト,リヴァプール・ストリート,46にある「労働者教育協会」の印刷所においてJ. E. ブルクハルトという人物によって印刷されたと考えられる。しかしながら,1848年当時のロンドンの住所録や人名録,商工業者名鑑等を利用したこれまでの調査において,この刊記に掲げられた所在地(Adresse)からはブルクハルトという人物はおろか,出版印刷業の関係者さえ浮かんで来なかった[11]。

ところが,ブルクハルトが実在の人物であり,その印刷所も実在することがこれまでの研究から確認されていた。

まず,ブルクハルトの実在を示す証拠は,ロンドン共産主義労働者教育協会(Communistischer Arbeiter-Bildungs-Verein)議事録——その抜粋を公表したのはマックス・ネットラウであった——に見出されるという以下の二つの事実である[12]。

第一は,当時この協会(CABV)にブルクハルトと呼ばれた人物が二人いたこ

---

(10) Andréas, *ibid.*, p.14. この事実からも初版が23ページ本であって,30ページ本でない根拠の一つとなるが,この追試は第1章で行ったところである。

(11) 1846年〜1851年の『ロンドン商工業者名鑑』には「労働者教育協会」の印刷所,あるいはブルクハルトの印刷所,いずれについても記載がない。上記所在地から検索してもブルクハルトは出てこず,「ジョン・ヘンリー・ヒープス,配管工(plumber)」と出るだけであるという(例えば,Kliem, Manfred: Anmerkungen. In: Karl Marx/Friedrich Engels: *Manifest der Kommunistischen Partei*, Zusammenstellung der Texte, Nachwort und Anmerkung von Manfred Kliem, Leipzig 1976, S.166 等。以下,本章ではこの資料をクリーム「注解」と略記する)。なお,印刷の場所に関しては,Meiser 1991, Anm.39 によれば,Goldstein, Werner: Druckort London. Ein Lokaltermin nach 125 Jahren. In: *Neues Deutschland* (Berlin), 14. Februar 1973 があるようであるが,未見である。

(12) 二人のブルクハルト,『宣言』の印刷費,活字の返却のいずれについても,Nettlau, Max: Marxanalekten. In: *Archiv für die Geschichte des Sozialismus und der Arbeiterbewegung*, Jg. 8, Leipzig 1919, S.394 und Fußnote 3 による。服部『マルクス探索』118〜120ページをも参照。

とであって、一人は 1846 年 6 月 16 日に、もう一人は同年 7 月 13 日にそれぞれ入会記録があり、いずれも印刷工であった。

なお、初版の刊行時期の確定に関わって同じ議事録の 1848 年 2 月 29 月の項に、「宣言の印刷費のための金銭は、協会の金庫から立て替える (vorschießen) ものとする」と記されていることにも留意しておきたい。

第二は、同年 6 月 6 日の議事録中の次の決定である。「協会の活字セット (Schriften) はブルクハルトから返却させること」。

前年 1847 年 9 月に試作号のみの発行をみた『共産主義雑誌』は協会所有の活字セットを用いて協会員である植字工らが無償で植字を行った。その活字セットは、機関誌の他にもプロレタリアートを擁護する仮綴じ本を印刷するために協会自身の印刷所を設立する企ての一環として、協会員らの醵金によって 1847 年 6 月にドイツから調達されたのであった。試作号作成時には、まだ印刷機の購入資金が捻出できずにいたため、協会自らの印刷ではなく、メルドラ、カーン&カンパニー (Meldola, Cahn & Co.) での印刷であった。この試作号の印字面と『宣言』のそれとが比較され、両者の印刷に使用された活字は同一であることが明らかとなっていた。

ロンドン共産主義者同盟中央指導部が 1847 年 10 月 18 日付でブリュッセル地区に対してこの印刷機の購入に充てるべき資金の送金を求めた書簡も伝承されており、そこからは、『宣言』初版が入手済みの協会所有の印刷機によって自身の印刷所において印刷されたのか、あるいは未調達のため『雑誌』試作号同様外部の印刷所に委託したのか、いずれであるかが問われることになる。

---

(13) 活字のドイツからの入手と協会員による植字については、*Probeblatt. Kommunistische Zeitschrift* London 1847, Nachdruck des Original-Exemplares im Schweizerischen Sozialarchiv Zürich eingeleitet v. Bert Andreas, Bücher-Such-Dienst-Bibliothek gesellschaftswissenschaftlicher Neudrucke 1, Limmat Verlag Zürich o. J., S.1 を、刊記は、ibid., S.16 を、また、鉄製印刷機については、「1847 年 6 月 9 月付、同盟への共産主義者同盟第 1 回大会の回状」*BdK*, Bd.1, S.484 (邦訳『マルクス＝エンゲルス全集』補巻 1、581/582 ページ) を、それぞれ参照。なお、このように教育協会ですでに植字した組み版を外部の印刷所に委託して印刷してもらうという方式があり得るとしたのは M. クリームであった (Kliem, *ibid.*, S.167/168)。
(14) Kliem, *ibid.*, S.168.
(15) 「1847 年 10 月 18 日付、ロンドン共産主義者同盟中央指導部のブリュッセル地区宛書簡」*BdK*, Bd.1, S.580.

次に，ブルクハルトの印刷所が実在する証拠を提出したのはティボール・デネスであった。彼は，『宣言』刊行時に『ドイツ語ロンドン新聞』の編集員であったヤーコプ・ルーカス・シャーベリッツの日記を検討し，次のような知見をもたらした。1846年5月，シャーベリッツの同郷の友人であり先にロンドンに移住していた植字工ルーイ・バムベルガーは，ロンドンにやって来ることになったシャーベリッツに，ロンドンの印刷所メルドラ，カーン＆カンパニーの植字工の職を用意しておく。バムベルガーは，さらに，ここの「経営者が，当面の経済恐慌（鉄道投機等）とそこから生じた仕事の減少のために，従業員たちに定期的な支払いができなくなったとき，1846年9月半ばに，その友人〔シャーベリッツ〕に対して，ブルクハルト＆カンパニーで臨時の手伝いの仕事（Aushilfsstelle）」をまたしても斡旋した，というのである。また，バムベルガーはすでに「ロンドンのドイツ人労働者教育協会の構成員としてその指導者たちおよび幾人かの革命運動の指導者たちと，とりわけカール・シャッパーと，密接な接触をもって」おり，「シャーベリッツを教育協会に，さらに国際的な革命運動に，引き入れ，他方，多くの知人や友人を紹介した」というのである。(16)

したがって『宣言』の発行時期および印刷所の調査にさいしては，ロンドン共産主義労働者教育協会議事録のネットラウによる抜粋と，『ドイツ語ロンドン新聞』に関係したシャーベリッツの日記とが，重要な検討対象となるのであった。

II マイザー説（2月18・19日頃，ウォレン・ストリートで）

1 初版はウォレン・ストリートの『ドイツ語ロンドン新聞』印刷所で印刷された

まず印刷所について，マイザーはこう推定する。

---

(16) Dénes, Tibor: Lehr- und Wanderjahre eines Jungen Schweizers (1845-1848). Jakob Lukas Schabelitz, Herzog Karl II. von Braunschweig und die Deutsche Londoner Zeitung. In: *Schweizerische Zeitschrift für Geschichte*, 16-1, 1966, S.49/50. また，クリームもこの日記を追試し（？），細部で多少の相違はあるものの，ほぼ同じ内容の報告を行っていた（Kliem, *ibid.*, S.168）。しかしながら，その後の研究の展開との関連で注意すべきは，デネス，クリーム両人とも，この資料について本来は明示してしかるべき，シャーベリッツがブルクハルト＆カンパニーで手伝った仕事の内容になんら触れていなかったことである（後論，注（21）参照）。

「ロンドンに「労働者教育協会」の印刷所を突き止めることは，これまで解決することのできない問題とみなされていたように思われる。というのも表示されている所在地，「ビショップスゲイト，リヴァプール，46」には，印刷所もブルクハルトという名の居住者も確認されていないからである。さらに，『宣言』のほかには，ブルクハルト印刷所あるいは「労働者教育協会」の事務所を掲げるその他の印刷物が伝承されていないということが加わる。しかしながら，『共産主義雑誌』がそれを用いて植字され，1847年9月初めに「メルドラ，カーン＆カンパニー」において印刷されたその活字セットが，教育協会によって購入されたことは確証されている。予定されていた，鉄製印刷機を購入するための資金が集まらなかったことは明らかである。そのため，『宣言』は，『共産主義雑誌』に使われた活字（Letter）と比較すれば分かるように，確かに教育協会の活字で組まれたが，しかし，印刷はこの場合もまた正規の印刷所でなされたにちがいない。それは，共産主義者同盟の構成員ヴィルヘルム・ハゥプトおよびハインリヒ・ビュルガースの後の陳述によれば，ロンドンのウォレン・ストリート（Warren Street）にあった。1846年5月22日以来，『ドイツ語ロンドン新聞』は「フィッツロイ・スクウェアー，ウォレン・ストリート，19の，ジョン・ハリスンによって印刷，発行」された。しかし，その印刷工はJ.E.ブルクハルトにほかならなかった。『ドイツ語ロンドン新聞』の編集員やその印刷工，植字工はみな教育協会の構成員であったことからみるならば，『「労働者教育協会」の印刷所』をも物語っているというのはそれほど根拠のないことではない(17)」。

　マイザーは，刊記に示された場所にはブルクハルトが居住していないこと，『宣言』の印刷に用いられた活字セットは協会所有のものであることを確認した上で，印刷機については資金難から購入されなかったと見ている。したがって，当然にも外部の印刷所での印刷が想定される。三月革命後，当局の迫害によって逮捕された同盟員たちの調書中の陳述を用いて，その場所がロンドンのウォレン・ストリートにあったのではないかと推定する。上記のハゥプトとビュルガースの両名は，後に23ページ本と同じ刊記の付された30ページ本を示されて，この証言を錯誤であったと撤回するが，マイザーはむしろ「二人が互いに独立に

---

(17)　Meiser 1991, S.122/123.

同じ「錯誤」を犯すということはほとんどあり得ないことであ」って、同盟員の間では『宣言』の実際の印刷所がどこであったのかが等しく知られていたものと想定している[18]。

その根拠は、『ドイツ語ロンドン新聞』の印刷所も1846年5月22日以降、同じ通りにあったこと[19]、同紙の編集員、印刷工および植字工はみな教育協会の構成員であったことである[20]。ブルクハルトが『ドイツ語ロンドン新聞』の印刷工であったことは、バーゼル大学開放図書館蔵「シャーベリッツ遺文庫」に含まれるシャーベリッツの日記を追試したマイザーによってここではじめて明らかにされたのであった[21]。

では、『宣言』はいったいいつどのように印刷されたのか。

2 初刷は2月18・19日頃刊行された

続けて、初刷の刊行時期をマイザーはこう推論する。

『宣言』の印刷を、ブルクハルトは『ドイツ語ロンドン新聞』の印刷所で

---

(18) マイザーの典拠は、*ibid*., Anm. 42/43によれば、①「1851年6月8日の尋問におけるヴィルヘルム・ハォプトの陳述」ハムブルク州文書館『警察捜査文書』第Ⅵ類、第Ⅹ文書、第1365号、第1巻、第1部、第99葉および第103 s葉」、②「「1850年9月から1851年5月までの共産主義者同盟中央指導部の活動に関する、1851年6月のハインリヒ・ビュルガースの陳述から」*BdK*, Bd.2, S.485。

(19) 『ドイツ語ロンドン新聞』の刊記に「ジョン・ハリスンによって印刷および発行」とある点を、マイザーは、ハリスンが印刷人であるにしても、実際の印刷工程を担うような「彼自身が印刷工であったというようなことはほとんど考えられない」としている(Meiser 1991, Anm.44)。

(20) 「シャーベリッツは1846年10月に『ドイツ語ロンドン新聞』の編集員となった。彼ならびに印刷工のブルクハルトおよび植字工のバムベルガーおよびヒルシュフェルトが教育協会の会員であったことについては、彼の日記に多数の証拠がある」(Meiser 1991, Anm.46)。

(21) 「シャーベリッツは1847年の元日、彼の日記に、彼を「ブルクハルト＆カンパニー」が『ドイツ語ロンドン新聞』の印刷所に臨時雇いとして(zur Aushülfe)」1846年9月初めに雇い入れていたということを書き留めている」(Meiser 1991, Anm. 45)。また、マイザーは、同じ注45の続く箇所および次の注46において、クリームの《追試》の不十分さをこう非難する。「シャーベリッツが1847年9月に「ブルクハルト＆カンパニー」の植字工となったというクリームの叙述は──ここが『ドイツ語ロンドン新聞』の印刷所であるということに触れずにおり──誤りである(Vgl. Kliem, *ibid*.,S.785)。彼は、典拠指示において言明しているように日記に基づいてなどいるのではなくて、二次文献に基づいている」。

1848年の二月革命以前に始めた。ロンドンの教育協会の構成員たちはその刊本を，『パリで二月革命が勃発したという知らせと同時に』，即ち，2月23日に，受け取った。『ドイツ語ロンドン新聞』を週刊で発行するための作成過程と製本のための仕上げに費やされる時間とを考慮すると，初刷（異本1）は1848年2月18・19日と日付け確定される[22]。

マイザーは，多くの資料の語る通り初刷の印刷は二月革命以前に始っていたとみる[23]。また，前項で詳しく見た通り，ブルクハルトによる印刷は『ドイツ語ロンドン新聞』の印刷所でなされたと推定する。『宣言』の配付は先のレスナーの回想に依拠して2月23日である[24]。初刷印刷の時期は，シャーベリッツの日記に立ち入った検討を加え，『ドイツ語ロンドン新聞』の週刊発行体制を「ほとんど事細かなことまで再現」[25]した結果，18・19の両日にまで狭められた[26]。

3 マイザー説の難点

マイザーの推定には，次のような難点があろう。

第一は，教育協会の印刷機の有無であって，資料的根拠なしに直ちに購入されなかったものと想定している。

第二は，印刷所についてである。ブルクハルト＆カンパニーがウォレン・スト

---

(22) Meiser 1991, S. 123.
(23) マイザーの典拠は（Meiser 1991,Anm.47），①カール・マルクス，フリードリヒ・エンゲルス「『新ドイツ新聞』の編集部への声明」（*MEGA*², I/10, S.354; *MEW*, Bd.7, S. 323），②「これまでドイツの共産主義者のすべての党派によって採択された以下の宣言は，同志チャールズ・マークスとフレデリック・エンゲルスによって，1848年1月にドイツ語で作成された。それは，直ちにロンドンにおいてドイツ語で印刷され，二月革命の勃発する数日前に発行された」カール・マルクス，フリードリヒ・エンゲルス「ドイツ共産党の宣言。ヘレン・マクファーレンによるドイツ語からの翻訳，ジョージ・ジュリアン・ハーニーの前書き付き」（*MEGA*², I/10., S.60），③ Die politisch revolutionären Verbindungen in den Jahren 1814 bis 1852. StA Dresden, Min. des Innern, Nr. 11021, Bl. 27-29（「1814年から1852年までの政治的革命的結合」ドレースデン州立文書館『内務省』第11021号，第27〜29葉）。
(24) マイザーは，パリにおける二月革命の勃発の知らせがロンドンに届いた日の確定を，当時の『ドイツ語ロンドン新聞』社主ブラウンシュヴァイク公カールⅡ世がその日記の2月23日の箇所へ「フランス革命勃発」と記したことに求めている（Meiser 1991, Anm. 49）。
(25) 「新聞（Blatt）は，月曜日に組み版に入り，水曜日に校正刷が読まれ，木曜日の午前に最終校正が行われ，そして午後に印刷に入った」（Meiser 1991, Anm. 50）。
(26) 続けてマイザーは後続の刷の時期をも推定している（Meiser 1991, S. 123）。

リートにある『ドイツ語ロンドン新聞』印刷所でその仕事をしていたにせよ，同紙の印刷所そのものと『宣言』が印刷されたという「労働者教育協会」の印刷所との関係を，その他の可能性一切を否定して，排他的に同一であるとまで言い得るのであろうか。

第三は，ウォレン・ストリートでの印刷を述べたハゥプト，ビュルガース両名の陳述についてである。適切な史料批判を欠くこうした資料の利用は通常許されないことである。

第四は，初刷の印刷時期を特定する根拠，シャーベリッツの日記の記載事項から導き出された『ドイツ語ロンドン新聞』の週刊発行体制についてである。そのような再現からなぜ2月18・19日という日付に特定されるのか，にわかには理解しかねる立論であって，再度の詳論は必至であった。

Ⅲ　クチンスキー説
（3月1日，リヴァプール・ストリートの協会印刷所で）

1　初版は刊記通りリヴァプール・ストリートの協会印刷所で印刷された

次に，マイザーの推定に対する批判となるクチンスキーの「刊行報告」における推定を見よう。

まず，印刷所である[27]。クチンスキーは，初版は刊記の通りリヴァプール・ストリートの協会印刷所で印刷されたと見る。そして，この印刷所の実在を物語るとする種々の資料を示して，特にマイザー説を批判する。

第一に，刊記に掲げられた所在地からの調査である。マイザーよりも多くの『ロンドン郵便局住所録』，『町名一覧』，『商工業者名鑑』，『職業名鑑』といった当時の資料に就いても，結果は従来と同じであることを確認する。他方で，それらの資料中に，当時ロンドンに居住し活動していたことが明らかであるシャッパー，モル，シャーベリッツ，プフェンダー，エッカリウスといったその他の同盟員

---

[27] クチンスキーの印刷所についての想定は，「刊行報告」において初版の印刷を論じた第2章の第3節「印刷所とその場所」（Kuczynski 1995, S. 70-75）において展開されているだけなので，以下の本文での典拠ページ表記は省略する。

たちを求めても同様に見出すことができないことを述べ，このような資料にのみ依拠する調査の不備を指摘する。その上で，刊記の所在地に居住するヒープスは，そこに一人だけで住んでいたのではなく，なんらかの形でブルクハルトもいた可能性，つまり刊記が必ずしも虚偽でない可能性は排除されないとする。

第二は，ブルクハルトの印刷所に関説した諸資料の提示である。まず，マイザーもインスブルック大学図書館蔵 23 ページ本の購入の経緯で言及していた，共産主義者同盟ロンドン地区が 1848 年 3 月 8 日付でパリの中央指導部に宛てた書簡中の次のようなくだりである。

「オーストリアの公使がある書籍商を通じて『宣言』をブ［ルクハルト］（B［urghard］）のところで入手（購入）させた」[28]。

ここから「『宣言』に記された所在地以外のどこで書籍商は購入したのであろうか？」と問い，ブルクハルトの印刷所が実在し，そこで『宣言』が購入されたことを指示するものであると主張する。また，この印刷所を刊記に付した印刷物が他に伝承されていない理由を，そこでは「商業的な意味での印刷所が営まれていたのではなかった」ことに求め，とはいえ，《1850 年夏のロンドンでの『宣言』増刷》というマイザーの推定の典拠資料，『ニュー＝ヨーカー・シュターツ・ツァイトゥング』の『宣言』抜粋再録の「まえがき」を逆用し，短命でもこの時点までの存続を示す証拠としている。

第三は，そもそも刊記を偽る必要がないとの指摘である。ほぼ半年前に発行された『共産主義雑誌』試作号「序文」では，「ここイギリスには完全な出版の自由が存在する。したがって，われわれは警察の迫害を恐れる必要がない」と記されており，加えてその刊記には実在するカーンの印刷所の所在地が示されてもいたのであるから，『宣言』の場合も刊記にはどのような偽りも不要のはずだというのである。クチンスキーはさらに，労働者教育協会の規約が 1845 年に同じメルドラ，カーン＆カンパニーで印刷され，それが刊記に明記されていることも指摘している。

第四は，協会自身の印刷所設置に不可欠の印刷機の問題である。マイザーと同じ資料から，むしろ購入についての不足分は送金され，「協会は欠けていた印刷機を調達することに成功したのであろう」，と正反対の推定を下している。印

---

(28) *BdK*, Bd.1, S. 719.

刷機が得られたからこそ,『宣言』印刷時には刊記に協会独自の印刷所名が記されたというのである。そして,『宣言』の印刷特性から,この印刷機は手動で小規模のものであり,普通の家屋に収納して印刷することができたものと推測している。活字もともに置かれ,組み版と印刷が同じ場所でなされた。もし互いに別の場所であったなら,レスナーは組み版を運んだ回想を残していてもよいだろうとさえ述べる。

第五は,『ドイツ語ロンドン新聞』の関係者のほとんどが協会員であるところから,『宣言』の印刷所を直ちに同紙の印刷所としたマイザーの推定を批判するとともに,逆に,後に同紙への連載再録を堂々と行い,社主の承認も得られたそのような協会員たちが,なぜ『宣言』のときにはその刊記を偽る必要があるのか,と疑念を呈している。

第六はハゥプトとビュルガースの陳述についてである。まず,ハゥプトの陳述中の次の箇所を取り上げる。

「ロンドンのウォレン・ストリートで1847年に印刷されたマルクスの『共産主義者の宣言(Manifest der Communisten)』」。[29]

クチンスキーはこれを,「『宣言』について,第一に,著者たちの一人しか名を挙げず,第二に,表題を誤って挙げ,第三に,正確な発行年を知らない者が,なぜこともあろうに『秘密の』印刷場所を正確に挙げることができるのだろうか?」と評し,陳述の内容の信頼性に疑義を差し挟んでいる。また,ハゥプトとビュルガース両者間にはケルン共産党裁判の発端となったペーター・ノートユングの逮捕時までは一定の連絡があり,いずれかの誤認が他方にも伝わって,ウォレン・ストリートでの印刷という共通した錯誤が生じたものと捉えている。さらに,二人が前言を撤回したのは23ページ本ではなく,30ページ本の現物を見せられてであったから,両版本の相違を指摘することなく錯誤として撤回した点からも両者の陳述は資料として不適格であるとみなしている。

2 初刷は3月1日に刊行された

初刷の印刷時期に関するクチンスキーの想定をあらかじめまとまった形で示

---

(29) Kuczynski 1995, S. 74.

せばこうである(30)。

　《2月28日，月曜日，大公のところで，シャーベリッツ，シャッパー，ヨーゼフ・モル四者の会談が行われたが，『ドイツ語ロンドン新聞』へ『宣言』を再録することもその話題の一つであった可能性がある。
　2月29日，火曜日，労働者協会によって『宣言』の印刷費用をその金庫から前払いするとの決定がなされる。この会議にブルクハルトは出席していない。
　そのため，この決定をうけて，翌，3月1日，水曜日の朝にレスナーは原稿を刊記どおりのリヴァプール・ストリートにあるブルクハルトの印刷所，即ち協会印刷所に持参した。この印刷所は住居に協会所有の活字とともに非常に小規模な手動印刷機を持ち込んだだけの場所である。ブルクハルトにとって，水曜日は『ドイツ語ロンドン新聞』の仕事が手空きの日であるため，この日全日を『宣言』の仕事に充てることができた。彼のように新聞の印刷所で長く仕事をしてきたベテランにとっては，6万字程の原稿を数時間で植字し若干の部数を印刷するのはもちろんそれほど難しいことではない。直ちに植字，組み版がなされて，レスナーが校正刷をシャッパーのもとへ持参する。彼は大急ぎの校正を強いられたので非常に多くの誤植を残してしまったが，『共産党宣言』はこの日のうちに出来上がった。
　3月2日，木曜日の午前中，ブルクハルトは，前日に印刷された『宣言』の一冊を，同じ教育協会会員であり，またこれまでは自分の印刷所で『ドイツ語ロンドン新聞』の植字工としての手伝いもしており，今は同紙編集員であるシャーベリッツに手渡した。前日，3月1日，水曜日は同紙，第153号，3月3日付の締切日であった。文芸欄に掲載するパリからの通信は，その日

---

(30)　ここでの想定は，「刊行報告」第2章の第1節「印刷の時期」ならびに第3節「印刷所とその場所」および1850年までの23ページ本の再版を論じた第4章の第2節「『ドイツ語ロンドン新聞』における再版」(Kuczynski 1995, S. 134-137) の各節で相互に連係して展開されているため，以下では取りまとめて示した。また想定の特徴を論じるさい，第2章第1節「印刷の時期」(Kuczynski 1995, S. 58-63) 中の論点の典拠指示は省略し，同節以外の箇所からのもののみ示した。なお，クチンスキーの刊行時期についての想定は，第2章第2節「余論。マルクス，ロンドンに？」において展開される，マルクスが2月29月にブリュッセルを立ち，ロンドンに36時間ほど滞在し，3月2日昼にロンドンを後にしたという可能性の考慮と密接に関連しているが，本章ではこの論点を捨象して論じてある。

のうちに届く予定であったが,郵便の遅れのために未着であって,シャーベリッツはちょうどその時,この穴をどう埋めるか早急に対処しなければならない状況にあった。彼は,手渡された『宣言』をそこに嵌め込むことを決断した。そのため連載第1回の分量がそれ以後の回に比べれば倍近くになった》。

以上の想定の根拠は,2月末のマルクスのロンドン行という仮説を度外視すれば,協会議事録抜粋の重視である。確認のため,以下,主な特徴を摘記する。

第一の特徴は,『宣言』が「二月革命以前に出版された」ことを述べた諸種の後年の資料にまったく信を置かず,同時代資料に依拠する姿勢である。まず先のレスナーの回想二点は,50年も後のものであることに加え,二月革命と「同時」としたり「数日前」としたりして撞着すると見る。また,同じ趣旨を述べた50年代のマルクスならびにエンゲルスの諸文言も,『宣言』刊行当時彼らはロンドンにいたわけではなく,詳細を知り得なかったはずだとして退ける。『宣言』の各国語版への序文も「二月革命の数週間前」,「3月18日」,「1848年1月」,「1847年12月」と相互に矛盾しているとする。『資本論』での引用箇所も出典表記の刊年に「1847年」と「1848年」の混在があるという。

対して,同時代の資料のなかでもクチンスキーが重視するのはロンドン共産主義労働者教育協会の議事録であって,特に2月29日になされた協会による『宣言』の印刷費用の支払い決定が基礎である。彼はそこでの vorschießen を「前払い」と理解しているようであって,加えて,その支払いが『宣言』全体の印刷費に対するものだとみる。そのためこの決定以前は『宣言』の印刷は一切なされておらず,この決定以降に初めて印刷が開始されたということになる[31]。

第二は,『宣言』の植字,組み版,印刷,仮綴じ,総じて作成の過程を,アンドレアスに依拠して[32],比較的短時間に推移するものと想定していることである[33]。

---

(31) 「したがって,私見によれば,1848年2月29日以前に『宣言』の刊本が発行されたとするどれほど炯眼な想定もその根拠は覆される」(Kuczynski 1995, S. 62)。
(32) 「23ページの仮綴じ本1冊の組み版と印刷に多くの時間はいらない。一人の植字工は組み版を一日で完成することができたであろうし,その印刷はもしかすると翌日に始まったであろう。組み版と印刷を大急ぎで行ったこと(基本的な校正刷の閲読を省いたこと)に初版に見られる異常に多くの誤植の原因が求められるであろう」(Andréas, Bert : Marx' Verhaftung und Ausweisung. Brüssel Februar/März 1848, *Schriften aus dem Karl-Marx-Haus*, Trier, Nr. 22, 1978, S. 91 u. Anm. 27)。
(33) 「専門家──そしてブルクハルトは長きにわたり『ドイツ語ロンドン新聞』の印刷所に

第三は，マイザーによる『ドイツ語ロンドン新聞』の週刊発行体制の再構成の利用である。追試せずそのまま，水曜日に当る3月1日は同紙の校正刷が読まれる日でありブルクハルトはその仕事から解放されているものとみなして，この日を利用して彼が『宣言』の仕事に当ったと想定している[34]。

第四は，『ドイツ語ロンドン新聞』に再録される経緯についての独自の想定である。同紙の『宣言』連載第1回の記事に続くのはフライリヒラートの詩であるが，さらにその後に次のような編集者の断わり書きが見出される。

「水曜日に届いているはずであったパリからの通信がちょうど本紙の締切日（木曜日）に到着した。残念ながらわれわれはこの通信を次号に掲載するのを余儀なくされた。ちなみに，この遅れはわが通信員のせいではなく，ひとえに郵便のせいである」[35]。

ここからクチンスキーは次のように推測する。

「この号から連載再録が始まったのは十中八九この通信が届かなかったことによるものであろう。というのは，シャーベリッツは，ブルクハルトと仕事の面（『ドイツ語ロンドン新聞』）においても，政治的な面（労働者教育協会）においても結びつきをもっていたので，ブルクハルトから木曜の朝に，前日印刷された『宣言』の一冊を受け取り，未着のパリからの通信を考慮し，その代わりに『宣言』のはじめの本文を嵌め込もうとすぐに決断したからである」[36]。

連載第1回の分量はそれ以降の各号の分量と比べると確かにほぼ二倍になっている。

3　クチンスキー説の難点

まず，印刷所の推定についてである。

勤務していた──にとって，字数ほぼ6万の本文を数時間で植字し，数部印刷することはもちろん難しいことではなかった。急いで植字し，それ以上に大急ぎで校正刷が読まれたということが印刷から明らかに見てとれる。というのも，そこには無数の誤植があるからである」（Kuczynski 1995, S. 70）。

(34)　Kuczynski 1995, S. 75.
(35)　Ibid., S. 137; *Deutsche Londoner Zeitung. Blätter für Politik, Literatur und Kunst.*, Nr. 153, 3. März, 1848, S. 1266, Sp.2.
(36)　Kuczynski 1995, S. 137.

第一に，オーストリア公使の命による購入については，Ｂという頭文字のみで一義的にブルクハルトを意味するものとすることの可否が問われよう。また，それがブルクハルトを示すものであれ，直接『宣言』の刊記に導かれて購入に来たというよりは，3月3日から始まっていた『ドイツ語ロンドン新聞』の連載に気付き，まずその発行所を訪ね，そこでブルクハルトから購入した可能性をも考慮してみるべきであろう。というのも，『宣言』の刊記を見たということはすでにその一冊を手にしているわけであって，余部を要する場合の他は改めての購入に至らないと考えられるからである。また，『ニュー＝ヨーカー・シュターツ・ツァイトング』の『宣言』抜粋再録の「まえがき」が挙げられるが，それには「1848年2月に発行され，いま再びロンドンの『労働者教育協会』の事務所 (Office) で印刷されている社会＝民主党の宣言〔……〕」とあるだけであり，『宣言』の刊記以上の情報を含まず，直接の証拠資料としては不十分なのではなかろうか。

　第二に，『共産主義雑誌』試作号の「序文」で記されている「完全な出版の自由」のくだりである。これは「序文」の文脈を見れば，著者たちに機関誌の発行を求める人々の，その要請の根拠の一つとして紹介されており，資金面を別にしても，当時ロンドンで策動していたプロイセンをはじめとする官憲の追及の実際を想起すれば，必ずしも著者たち自身の見解とはみなしがたい余地が残る。

　第三に，教育協会の印刷機の有無については，根拠を示さずにマイザーとまったく逆の想定を行っている。そこではレスナーの回想を引き合いに出し，組み版を運んだ記述のない点に注意を喚起するが，同じ回想を，印刷および配付の時期を論じるさいには適格性を欠く資料として採用せずにいたのであるから，史料の恣意的取り扱いともとられかねない。

　第四に，『ドイツ語ロンドン新聞』では堂々と連載されたとの指摘である。が，同紙には当初から，ヨーロッパ各地の種々の新聞雑誌上の注目すべき記事を再録して各地に住むドイツ語を母語とする人々に便宜をはかるという面のあった[37]ことを考慮すれば，そのような新聞への再録と仮綴じ本自体の発行とではその性格が自ずと異なってこよう。

　第五に，ハォプト陳述の不正確さの指摘である。むしろこの陳述は実情を熟

---

(37)　Dénes, *ibid.*, S. 51.

第5章 『共産党宣言』はいつどこで印刷されたのか　123

知しているからこそなされたと解する反論も十分可能であろう。というのは，最終的な起草は実質的にはマルクス一人でなされたし，表題は当時種々の略称で呼ばれていたが，ハォプトの呼び方は後の一般化した略称にも近く，許容される範囲内であろうし，さらに，1847年という年次は同盟第二回大会の開催とその直後からの起草準備を念頭に置いていると見ることができようからである。

次に，印刷時期の推定に関する難点は以下のようである。

第一は，回想あるいは後年の回顧の扱いである。総じて各々の文言の文脈を丹念に読み取ることなく史料を表面的にのみ取り扱っているように思われる。まず，レスナーの二つの回想中に時期的相違を見出して，資料として疑問視する点であるが，これはそもそも時間的に前後する印刷出版と配付という別の事柄を適切に思い起こしていることによるものであろう。また，50年代の資料の扱いではマルクスとエンゲルスのみを挙げ，当時ロンドンにいた当事者ではなかったことから，彼らの証言は信憑性を欠くとしている。しかし，同じ時期を述べる，先にも見たマクファーレンによる最初の英訳に付された「前書き」は，刊行当時ロンドンに居住し，その時点で同盟員であったことが推測され，協会員であったことは確証されるジョージ・ジュリアン・ハーニーが書いたとされている文言であるが，その参照はなされていない。さらに，『宣言』の各国語版「序文」に記されたそれぞれが異なった刊行時期を指示するかに見える文言もいずれも少しく丁寧に見るならば，それぞれの時期はその文脈において述べようとするところと適切に連係する時点を示す形式となっている。『資本論』における引用表記での年次の並存は，単なる誤植の可能性もあり得るし，二年にまたがる起草期間の先行年と刊行年次との混同からと見ることもできよう。

このように見ると，刊行日付に関する通説に対してなされたクチンスキーの批判にはなんの根拠も残らない。

第二は，協会による印刷費の支払い決定についてである。クチンスキーはvorschießenを「前払い」とのみ解釈し，その支払い以前には決して印刷がなされていなかったものと見ている。同じ資料からかつてアンドレアスは，「ブルクハルトが印刷機と活字を所有する「労働者教育協会」に雇われた印刷者であって，2月22日から29日までの間の伝票を提出したこと，したがって『宣言』初版の印刷は，遅くともこの週に，または早くとも2月14日と21日までの間に完了したこと，また「協会」は真の発行者である「共産主義者同盟」から印刷

費を返済されるべきこと」を読み取っていた[38]。これを考慮すれば，クチンスキーは，典拠なしにその支払いが『宣言』全体の印刷費に見合うものと理解しているだけに，自身の解釈が一義的に成り立つ所以を詳論する必要がある。

　第三は，マイザーによって再構成された『ドイツ語ロンドン新聞』の週刊発行体制への態度に一貫性がないことである。というのは，ブルクハルトの植字・印刷の日を特定するさいにはそれを肯定的に利用しながら，他方，『ドイツ語ロンドン新聞』の再録を論ずる箇所では，「このような標準的な作業リズムは後には革命の勃発とともに破棄された」と否定しているからである。

　第四は，連載の経緯の把握に齟齬のあることである。つまり，大公による再録許可を2月28日の可能性があると述べ，一方で連載は予定されたこととみなしておきながら，他方で，実際の再録のきっかけをパリ通信の未着という偶然事に求めているからである。ちなみに，第1回の分量が多いのは連載において比較的一般的なことなのではなかろうか。

　総じてクチンスキーの想定，とりわけ時期の推定には，不備が多く，著しく説得力を欠くように思われる。

Ⅳ　マイザーによる詳論

　マイザーは，自説への批判を含むクチンスキーの異なる想定に接して，より堅固な論拠を加えて再論した。

1　印刷所について

　第一に，印刷機の問題である。マイザーは，『宣言』刊行時点でもなお協会には依然として印刷機のない状態が続いたという推定に，二つの論拠を加える。一つは，試作本よりも後，『宣言』刊行時にいっそう近い「1847年12月にもまだ，教育協会はベルンにおけるスイス州代表議会（die Schweizerische Tagsatzung）に向けたあるよびかけを『ドイツ語ロンドン新聞』の印刷所で印刷させた」ことである[39]。もう一つは，6月の活字回収の決定に，印刷機への言及のな

---

(38)　服部『マルクス探索』119ページ参照。
(39)　Meiser 1996, S. 86/87.

いことの指摘である。もし協会所有の印刷機があってのことならば,「印刷機はそこに置いたままにすると決定した,ということになる。ほとんどありそうもない想定である」[40]と評する。したがって,クチンスキーのように入手済みと想定する場合には,回収の決定に印刷機が出て来ない理由を別に説明する必要が生じるわけである。

　第二は,ブルクハルトの印刷所についての立ち入った仮説である。そこは当時『ドイツ語ロンドン新聞』の印刷所であったが,同紙の刊記から次のような可能性を述べる。

　　「ハリスンが印刷所,出版社および発行所の所有者であったにせよ,ブルクハルトはおそらく印刷所の職工長として働いており,植字工の採用の任にもあたっていた。それによって,なぜブルクハルト印刷所がこの年のロンドン商工業者名鑑に検出されないかも説明される」。

　第三は,それなのになぜ『宣言』の刊記に別の所在地があるのか,また両者の関係如何であって,次のように想定している。まず,『宣言』にある方は,「彼が又借りして住んでいた彼の自宅の宛先なのではなかろうか」と。また,ウォレン・ストリートにある『ドイツ語ロンドン新聞』の印刷所の実際の宛所が掲げられなかった理由は推測するしかないとして,こう述べる。

　　「印刷所の所有者はブルクハルトではなく,イギリス人のハリスンであったので,もしかすると彼が『ドイツ語ロンドン新聞』の印刷所との関係が刊記に正式に現れるのを許さなかったのかもしれない。あるいは,『宣言』は政治的党派（当時の意味で）の綱領文書なので,自身の費用でそれを印刷させた教育協会が表紙およびタイトルページに現れ,他方で,印刷人を名乗る都合上,指導的な同盟員がイギリスの出版法の責任等を引き受けたのではないかといったことは容易に想定される。印刷所の所有者であるハリスンおよび『ドイツ語ロンドン新聞』の社主カール大公が,あるいはそのいずれかが,―― イギリスにおいて保障されていた出版の自由にもかかわらず ――,共産党とじかに関係したくなかったため,『ドイツ語ロンドン新聞』の事務所での『宣言』の印刷にそのような条件で同意した

---

(40)　*Ibid.*, S. 89.

ということもあり得る[41]」。

　第四は, ハゥプトおよびビュルガースの陳述の信憑性についてである。まず, それが不正確である根拠の一つに「著者たちの一人しか名を挙げず」と批判されたことに対して, マイザーは再論の第 5 節「マルクスによる印刷原稿の仕上げ」全体を費やし, そこでの詳論ならびに, とりわけ印刷用原稿の仕上げのための委任がマルクスにのみ与えられたことを再度記している原稿督促状の決定に鑑みれば「何度かマルクスだけが『宣言』の著者として挙げられるにしても, それはまったく間違ったものであるとは思われない[42]」と反論する。これを承け, さらに次のように再論する。

　「『宣言』は刊記が示しているようにリヴァプール・ストリートで印刷されたのではなくて, ウォレン・ストリートで印刷されたということが, 同盟の仲間のなかで公然の秘密でなかったとしたならば, ハゥプトとビュルガースは, それにどのようにして思い至ったのだろうか？　かてて加えて二人は, 『宣言』がすでに 1847 年に由来していること, 印刷本文は新聞雑誌の述べるところに反してマルクスひとりによって起草されたことを知っていた。いったいなぜ彼らが印刷所にかんしても正確に知らされていなかったとしなければならないのか？[43]」。

　また, クチンスキーの疑念には次のように応えている。

　「ハゥプトは 1847 年を出版の年として挙げるが, しかしそれは『宣言』がどこで印刷されたのかを彼が知らなかったということではない。二人がマルクスだけを著者として挙げている場合, それは彼らの陳述が信頼できないということを証明するのではなく, 逆に, 彼らはよく知らされていた, 即ち, (クチンスキーも指摘する通り) マルクスだけが『宣言』を起草するよう全権委任されたことを知っていたということを証明するのである。また, 30 ページ本の一刊本を見たビュルガースが, にもかかわらずそれがケルンの新版であったのを明らかにすることなく, 彼の陳述を繰り返したというのは, おそらく, 彼が罪科をそれ以上にされたくなかったということであろう[44]」。

---

(41) いずれも *Ibid.*, S. 89.
(42) *Ibid.*, S. 85.
(43) *Ibid.*, S. 90/91.
(44) *Ibid.*, Anm. 130.

2 刊行時期について

初刷の印刷時期に関するマイザーの再論における詳細な推定は次のようである。

《1848年2月1日（火曜日）頃,『共産党宣言』の原稿,ロンドンに到着。

18日（金曜日）,『ドイツ語ロンドン新聞』印刷所において,『宣言』初刷の印刷が始まる。

19日（土曜日）,シャーベリッツは大公に会い,昨日から今日にかけて刷り上がった『宣言』初刷のおそらく校正刷を見せて,『宣言』の『ドイツ語ロンドン新聞』への再録連載の許可を得る。

23日（水曜日）,この日までに『宣言』の印刷発行の残りの諸過程（ページ組み・印刷全紙組み・校正・念校・印刷・仮綴じ・表紙貼付）が進捗して,初刷が完成し,同盟員・協会員に配付される。同時にフランス二月革命勃発の報がロンドンに届く。

25日（金曜日）,『ドイツ語ロンドン新聞』第152号が配達され,次週,第153号の文芸欄の組み版が始まる。したがって,遅くともこの日までに『宣言』の連載第1回分の原稿が植字工に渡されていた。

26日（土曜日）,第153号の組み版が始まる。金曜日と土曜日には,バムベルガー,ヒルシュフェルトにシャーベリッツが加わって行われる。

28日（月曜日）,第153号の植字が続く。昼から夜中はバムベルガー,ヒルシュフェルトにシュロスベルクが加わる。この日の夕方には,シャッパーおよびモルがシャーベリッツとともに大公と会い,50ポンド銀行券を受領するが,これは『宣言』再録の原稿料に相当する可能性がある。

29日（火曜日）,第153号の植字が終わる。引き続きページ組みが行われる。夕方の教育協会会議では『宣言』印刷費の立替えが決まる。

3月1日（水曜日）,午前,第153号の校正刷の印刷が始まり,夜まで校正が続く。この間,追加される最新の記事の植字がなされる。

2日（木曜日）,午前,第153号の念校が行われ,午後に印刷に入る。

3日（金曜日）,文芸欄に『宣言』の再録連載第1回が掲載された『ドイツ語ロンドン新聞』第153号が配達される》。[45]

---

(45) *Ibid.*, S. 93.

以上の推定は，見られるように前後二つの柱に支えられている。後半は，いわば『ドイツ語ロンドン新聞』への再録の経緯であり，前半は，そこから時間的に遡行することで自ずと導き出される結果であって，『宣言』の印刷の実際，特に植字・組み版・印刷・仮綴じの過程に関する推定である。
　まず後半部からその主な論拠を確認してみよう。
　第一は，再録第1回の印刷の次第である。先には舌足らずであったシャーベリッツの日記から推測される『ドイツ語ロンドン新聞』発行の標準的作業手順を次のように詳述する。

> 「その配達は毎週金曜になされた。この日には次号の植字，しかも，まず，いつもは文芸欄の植字が始められた。1847年5月13日以降，決まった植字工，ルーイ・バムベルガーおよびルードルフ・ヒルシュフェルトが新聞に当たり，金曜日および土曜日にはシャーベリッツが臨時の手伝いをし，また月曜日には昼から夜中までシュロッスベルクとかいう人物が加わった。火曜日にページ組みがなされ，水曜日，午前中に校正刷の印刷が始まり，昼以降しばしば夜中にまで校正刷が読まれ，同時に，なお最後の，この日に到着する重要なニュースが植字されることがあり，木曜日午前中に念校が行われ，午後に印刷が始まった」[46]。

　したがって，文芸欄に掲載された『宣言』は，このようないつもどおりの植字がなされたとすれば，その原稿となる23ページ本が遅くとも2月25日（金曜日）には植字工に手渡されていなければならない。他方，フランス革命の報は23日にロンドンに着いた。種々の証言からみて『宣言』はそれ以前に出版されたので，時間をもう少し遡る必要が生じる。
　その手掛かりが，第二点，『ドイツ語ロンドン新聞』社主の再録許可という論点である。社主カール大公の性格とその新聞編集への関心からみれば[47]，『宣言』再録に際しては，その内容からしても，連載に先立ってその承認を必要としたと考えるのが妥当であろう。したがって，次に，確認すべきはこの再録が了承された時点となる。そうした許諾はシャーベリッツが大公に謁見を許されたさいだけに限られるとすれば，これらの日程に先立つその最も遅い日は2月19

---

(46)　*Ibid.*, S. 92/93. なお，このような手順はもっぱら1848年2月25日の紙面に基づく。
(47)　Dénes, *ibid.*, S. 59/60.

日（土曜日）であって，遅くともこの日以前の両者の面談時に『宣言』の初版あるいは少なくともその校正刷が仕上がっており，それが持参されて大公に渡され，同紙への再録許可が得られた可能性をみるわけである。いずれも推定ではあるが，マイザーは，こうした手続きを重ねて『宣言』初版初刷（ないしはその校正刷）の印刷日を遅くとも 2 月 19 日（土曜日）に求めている[49]。

では，それに先立つ『宣言』初刷そのものの刊行過程はどうなのか。推論の前半部分，印刷の実際に関してである。

第一は，そうした印刷開始が可能であるための諸条件である。

「この印刷期間は，『ドイツ語ロンドン新聞』の 2 月 18 日号が印刷機をすでに 17 日の午後に離れていた場合には非常に高い蓋然性があるのであって，その結果，『宣言』の印刷が始められていたかもしれない[50]」。

それに先立つ校正については，シャッパーは普段から誤植を見逃しがちであったことを述べて，誤植の頻出を論拠に大急ぎの印刷であったと想定するアンドレアスおよび彼に基づくクチンスキーを批判する[51]。

後続の刷の印刷については，それらの印刷特性の相違から，『ドイツ語ロンドン新聞』の印刷の合間になされ，同年の 6 月 6 日までにはすべて終了したものと見ている[52]。

このマイザーの推定に従えば，例えば 2 月 24 日（木曜日）午後には『ドイツ語ロンドン新聞』第 152 号の印刷のために『宣言』の印刷は中断され，翌日再開されたこの印刷が初版の二重印刷，あるいは増刷版となるというような反復の過程を経て，そのつど種々の――特に表紙の異なる――異本が作成されたと

---

(48) 「カールⅡ世の日記帳の 1848 年 2 月のうち 19 日の土曜日に「シャーベリッツ，5 時に」との彼の書き込み」(Meiser 1996, Anm. 144) があるからである。

(49) Meiser 1996, S. 93/94. なお，先の推定中に『宣言』再録に対する協会への原稿料の支払いの項をも加えてあるが，詳論は割愛する (Dénes, ibid., S. 65, Anm. 69; Meiser 1996, S. 97 等を参照)。

(50) Meiser 1996, S. 94.

(51) 「フライリヒラートは 1849 年 3 月 8 日付でシャーベリッツにこう書いた。『シャッパーは無罪判決以来また新聞の校正をしているが，多くの誤植を見逃している』」(Ibid., Anm. 105)。

(52) 「『宣言』の初版がかなり多くの刷で，一週間おきないしは数週間おきに，『ドイツ語ロンドン新聞』諸号の印刷の合間に印刷されたということは，もっともであるように思われる」(Ibid., S. 98)。

いうことになるのであろう。

第二は，印刷に先立つ植字，組み版等の過程，とりわけ植字の速度についてであって，次のようである。

「四つ折り判印刷全紙一枚半に印刷された『ドイツ語ロンドン新聞』の植字には二人の常雇い植字工と一人の助手で3日（金曜日，土曜日および月曜日）を要した。ページ組み，印刷全紙組み，校正刷の印刷，校正刷の校正および直しを計算外としても，『宣言』にあるほぼ6万字の植字だけで熟練した植字工でさえ約30時間が必要であろう。中規模の用紙サイズである八つ折り判印刷全紙の植字に植字工はほぼ4日をとられるであろう。したがって，『宣言』の八つ折り判印刷全紙一枚半の植字には6日を要する。『宣言』も『ドイツ語ロンドン新聞』での規定の作業どおり二人ないしは三人の植字工によって植字されたと仮定するならば，おおよそ同じ期間がかかったであろう。ページ組み，校正刷と校正および印刷と製本仕上げを加算すれば，2月1日頃のロンドンへの原稿の到着，2月18日の本来の印刷開始，そしてパリにおける革命の知らせがロンドンに到着した日であるその月の23日までにはもちろんすでに仮綴じされていた初刷（erste Teilauflage）刊本の教育協会会員への引き渡しにかけての時期にほぼ対応するであろう」[53]。

---

(53) Meiser 1996, S. 94/95. この箇所への Anm. 145 には，アンドレアスのあまりにも短期間の見積り，それに無批判に依拠するクチンスキーに対して，次のような詳細な論拠に基づく批判がある。「クチンスキーはアンドレアスの叙述を吟味せずに継承するのみならず，さらに時間をかなり短縮する。〔……〕残念ながら彼は，なんら自明ではない自らの確信を根拠付けることをも怠っている。「数時間」とはどれ程なのか，3時間なのか6時間なのか？ 実際なおその上に若干の部数の印刷もこの時間内になされなければならず，他方，組み版の作成のためだけに最短でも6時間が必要となるのだから，6時間以上が想定されているものと大まかに仮定してみよう。すると，ブルクハルトは（あるいはたとえ誰であるにせよ）一時間につき一万字を，したがって一秒間につきほぼ三文字を草稿に即して植字しなければならないことになる。そのような仮定のあり得ないことは〔……〕素人にでも明らかである。事実，熟練した植字工一人は，一時間で平均2千字しか植字することができないし，植字コンテストのさいの優勝者でさえ1874年でもワシントンで一時間につき6ポイント活字で3,380字，10ポイント活字で2,836字，そしてまた，1875年にウィーンでは2時間35分で7,104字が植字できただけなのである」。ちなみに，『宣言』全文の実際の文字数は6万を3千ほど越える。それにもかかわらず，ここでマイザーが6万字であるとみて立論しているのは次の理由にあるであろう。まず，

おわりに

　本章では,『共産党宣言』初版の印刷所とその初刷の印刷時期の特定をめぐる論争を見てきた。『宣言』がどのようにして刊行・普及されたのかについてのこのような検討は, 内容的・理論的研究とともに本来あらかじめなされていなければならなかったはずのものであるが, 遺憾ながらなおざりにされてきた印象のあることは否めない。『宣言』は,『資本論』と並ぶマルクスの代表的な著作物であるにもかかわらず, わが国では, 戦前は関われば死をもまぬかれぬ「国禁の書」であり, 戦後は「冷戦」に災いされてか,『宣言』を対象とする学術研究は若干の研究者の成果を例外とすればほとんど無きに等しい。1989年に新日本文庫版 (現在, 改訳版が科学的社会主義の古典選書に収録されている) において服部文男がはじめて23ページ本に基づいて邦訳を行うまでは翻訳の底本確定さえままならなかったほどである。

　周知の通り,『共産党宣言』は, 国際的な労働者組織, 共産主義者同盟の初めての綱領である。エンゲルスも述べている通り, どのような状況のなかで『宣言』が成立し, 影響を及ぼしたのかを知ることなしに, このような性格の文書を理解するのは困難である。

　従来の東欧の諸研究であれば表立っては検討されぬままであったろう無政府主義研究家ネットラウが紹介していた資料や, 王位への復帰を求める亡命貴族カール二世が社主である『ドイツ語ロンドン新聞』に関する諸資料が, 本章で見た通り『宣言』の印刷所および刊行時期の特定のために精査され, 議論の俎上にのぼるまでになった。これは新『メガ』の新たな編集方針の一つ,「学術化」の成果であろう。『共産党宣言』の思想を現代に生かすうえで, その成立と普及の過程を当時の状況に即して正確に把握することがよりいっそう求められている。

　クチンスキーの仮定した字数が6万字であること, それに対して, マイザーは植字により長時間を要するとの立場であるため, 総文字数をクチンスキーの6万字という仮定を容れて, あえて少なく見積もっているものと思われる。なお,『宣言』初版の仮綴じ, 表紙の貼付等, 製本の状況は, 本書第4章第I節を参照。

第6章 『共産党宣言』の『ドイツ語ロンドン新聞』再録の背景

はじめに

　『共産党宣言』は,本来,正義者同盟が新たに改組された共産主義者同盟 (Der Bund der Kommunisten) の1848年度一年限りの綱領文書であった[1]。第二回大会でもっぱらカール・マルクスにその起草が委任された。現在23ページ本として知られる仮綴じ本が労働者教育協会 (Bildungs-Gesellschaft für Arbeiter) から1848年2月半ば過ぎにロンドンで刊行された。それは,早くも翌月3日から同じくロンドンで発行されていたドイツ語週刊紙『ドイツ語ロンドン新聞 (Deutsche Londoner Zeitung)』に転載され始め,同年7月28日まで,13回にわたって全文再録された。その詳細はすでに第1章で見たところである。

　共産主義者同盟とロンドン・ドイツ人共産主義労働者教育協会との関係については,従来,多いとは言えないものの,いくつかの研究がある。一方,この両組織と『ドイツ語ロンドン新聞』を発行していた組織との関係については,これまで検討されたことがほとんどなかった。わずかに二つの関連研究があるだけであろう。ティボール・デネスの論文[2]とヴォルフガング・マイザーの論

---

(1) Vgl. *Der Bund der Kommunisten. Dokumente und Materialien*, Bd. 1, S.629 (なお,「共産主義者同盟規約,ロンドン,1847年12月8日」第36条,服部文男訳『マルクス／エンゲルス 共産党宣言／共産主義の諸原理』新日本出版社,1998年,158ページを参照)。

(2) Dénes, Tibor: Lehr- und Wanderjahre eines Jungen Schweizers (1845-1848). Jakob Lukas Schabelitz, Herzog Karl II. von Braunschweig und die Deutsche Londoner Zeitung. In: *Schweizerische Zeitschrift für Geschichte*, 16-1, 1966, S. 34-79. なお,行論の性質上本論文からの引用が多くなるために,煩瑣を避けて,Dénes 1966ないしはデネス論文と略記し,参照表記は本文中にページ数を記した丸括弧で,例えば,(S.34-79) のように示すこととする。なお,ブラウンシュヴァイクは公国であり,また日本語における聴覚印象の種々の紛れを避けるため,本書では,Herzogを「大公」とした。

文(3)とである。

　デネス論文では，創刊後一年近くして同紙の社主となったブラウンシュヴァイク大公カールⅡ世およびその下で同紙編集に従事したヤーコブ・ルーカス・シャーベリッツの活動が，前者の諸資料を収めるブランズウィック文書（ジュネーヴ開放大学図書館蔵）および後者の『日記』等を収めるシャーベリッツ遺文庫（バーゼル大学開放図書館蔵）に基づいて，提示された。

　マイザー論文では，前章で見た通り『共産党宣言』の初版である23ページ本が印刷されたのは『ドイツ語ロンドン新聞』の印刷所においてであったとの仮説が提示されただけに，その主張に関連する限りで同紙についての諸事項が検討されていた。

　本章では，『共産党宣言』が『ドイツ語ロンドン新聞』紙上に全文連載再録された背景を探るという問題を設定し，この問題を次の視点から検討する。即ち，共産主義者同盟および労働者教育協会と『ドイツ語ロンドン新聞』の発行関係者との結びつきがどのようなものであったのか，という視点である。具体的には，この時期の同紙社主ブラウンシュヴァイク大公カールⅡ世，編集者ヤーコプ・ルーカス・シャーベリッツ，植字工のルーイ・バムベルガーおよびルードルフ・ヒルシュフェルトが後者の人々である。前者では，同盟と協会の指導者であったカール・シャッパー，『宣言』の発行人であるブルクハルト，後マルクスとともに『新ライン新聞』の編集にも参画したフェルディナント・フライリヒラートに着目する。この双方の人々の結びつきがどのようなものであったのかが検討されるが，特に『ドイツ語ロンドン新聞』の編集者シャーベリッツがそのネットワークの中心人物となる。

　検討に際しては，もっぱら上掲二論文に依拠する。それとともに，適宜両論文の根拠となっていた諸資料に遡及して追試を試みた折に見出された新たな知見をも補足する（シャーベリッツの日記〔Nachlaß Schaberitz, NLS 1 u 2〕は煩瑣を避け，該当の日付とともに邦語で文中に示すこととした）。

---

(3) Meiser, Wolfgang: Das *Manifest der Kommunistischen Partei* vom Februar 1848: Zur Entstehung und Überlieferung der ersten Ausgaben. In: *MEGA-Studien*, 1996/1,S.66-107（拙訳「1848年2月の『共産党宣言』——初版の成立と伝承について——」『マルクス・エンゲルス・マルクス主義研究』第41号，八朔社，2003年12月，3〜46ページ。本論文を，以下ではマイザー『研究』論文とよび，Meiser 1996と略記する）。

I　社主ブラウンシュヴァイク大公カールⅡ世

1　D. カーンによる創刊と売却[(4)]

(1) 創刊時のカーンの目論見

『ドイツ語ロンドン新聞』は，ロンドンにおいてドイツ語印刷所を所有していたダーフィト（デイヴィッド）・カーンによって創刊された。当時のイギリスにはドイツ語を母語とする人々がおよそ10万人住んでいた。そのうちの一割，1万人ほどでも，ドイツ語で書かれた自由主義的で検閲されていない新聞を購読するとすれば，経営的には十分成り立つと目論まれたのである。とはいえ，資金に不足があったためにイギリス人の事業パートナーを募り，独＝英書籍出版販売所（der deutsch-englische Verlagsbuchhändler）が組織される。

(2) 売却の事情

同紙は第一年目にして経済的困難に逢着する。その秋に，一定の利益が出ていたにもかかわらず，融資をしたイギリス人たちにとっては——自由主義にもドイツ語にもいずれにもそれほどの関心をもたないわけであるから——その金額があまりに取るに足りないものであることが判明する。カーンは「他の出資者を捜すか，むしろ事業をまじめに熱心に，したがってまた確実に営むであろうと請け合うことのできる誰かにすべてを売り払うか」決めなければならなくなる。

1845年末に，イギリス人の共同出資者が手を引いた分をカール・フォン・ブラウンシュヴァイクが手にする。数ヵ月後にはカールがカーンをも報酬を支払って雇い，印刷所を買い取り，編集員の協力のもと，自ら同紙の指導を継承することになる。

2　「ブラウンシュヴァイク1830年の革命」とカールⅡ世のロンドン着まで

カールⅡ世，ブラウンシュヴァイク＝リューネブルク＝ヴォルフェンビュッテル

---

(4) 本項における『ドイツ語ロンドン新聞』に関する諸情報は，煩瑣を避けて参照表記しないが，デネス論文 S.50-57 に拠る。

第6章　『共産党宣言』の『ドイツ語ロンドン新聞』再録の背景　　135

大公(1804年10月30日ブラウンシュヴァイク生〜1873年8月18日ジュネーヴ歿)については,「ダイヤモンド大公」として知られている場合が多いかもしれない。「彼は財産を証券市場で増やし,その大部分をダイヤモンドに投資し,例えば,1860年には1,533万フランケンの価値をもつ1,215個のダイヤを持っていた」とされる。晩年,彼はジュネーヴに移住するが,市が「彼の墓碑を建設するならばという条件で,その全財産を市に遺贈した」。そのため,今もジュネーヴのレマン湖畔では市がつくった彼を記念する巨大な墓碑を見ることができる(写真1・写真2参照)。

　とはいえ,彼は,まずもって,いわゆる「ブラウンシュヴァイク1830年の革命」として知られ,もっぱら「革命によって領主が除去された19世紀における唯一のものとして記憶すべき」革命の,当の領主であった。「その[革命の]展開が頂点に達したのは,1830年9月7日の多少とも強いられたブラウンシュヴァイクからロンドンへの彼の出発であった。その時,彼の城は放火され,略奪された。その間,彼の軍隊は傍観していた」。その日,「貴族階級が彼らの若き領主に反抗して蜂起し,そして,彼らは凶作の結果,宮廷革命を人民に移すこと成功した」(S.57/58)のであった。

　その後,カールは,一時ドイツへ戻る時期を除き,パリ,ロンドンおよびジュネ

---

(5) Vgl. Deeters, Walter: Karl Ⅱ, Herzog von Braunschweig-Lüneburg-Wolfenbüttel. In: *Neue Deutsche Biographie*, Bd. 11, Berlin 1977, S. 226. 以下,本項において引用表記のない引用箇所はすべて本事典の同所からである。なお,ブラウンシュヴァイク大公カールⅡの伝記的事実について,デネスは次のように述べている。「彼を扱った怪文書(Pamphletliteratur)はほとんど無限である。たいていはそれらの文書の後追いであるもっと後の,しかも現代の定期刊行物に現われる史料はその著しい誤りのため圧倒的多数は使いものにならない。ファイト・ヴァーレンティーンのような専門の歴史家が大公の人物に関するその叙述をもっぱら怪文書のような史料をもとに行っている(*Geschichte der deutschen Revolution*… Ⅰ, S.208f.) ことはまったく合点のいかないところである。最初にしてかつ今日まで唯一客観的で学術的要請に応える著作は,Otto Böse, *Herzog Karl Ⅱ. zu Braunschweig und Lüneburg. Ein Beitrag*… Braunschweig 1956である。しかし,著者はその書を,ヨーロッパ史におけるカールの役割が彼のブラウンシュヴァイク退去後にはじめて始まるにもかかわらず,1830年9月の事件ないしは王位剥奪で終えている」(S.57, Anm.51)。

(6) Vgl. Deeters, *ibid*.; und Obermann, Karl: *Deutschland von 1815 bis 1849* (*Von der Gründung des Deutschen Bundes bis zur bürgerlich-demokratischen Revolution*), 2., unveränderte Auflage, Berlin 1963, S. 65-67.

(写真1) ブラウンシュヴァイク大公モニュメント　　(写真2) ブラウンシュヴァイク大公騎馬像

ーヴ等，国外で，「政権への復位を夢見，それを決してあきらめなかった」領主として一生を送ることとなる。デネスはこう述べている。

「パリではラ・ファイエットの友好的な庇護を受け，将軍によってドイツ人共和主義者たちのサークルに紹介されたが，彼らはその後，大公の物質的支援を享受した。さらに大公は共和主義的新聞『ル・ナシオナール [Le National]』の筆頭株主となった。ラ・ファイエットの死の直後，彼はロンドンへ移住する」(S.58/59)。

3　独特の共和主義

革命によって故国を追われ，「政権への復位を夢見，それを決してあきらめなかった」君主であるからには，その政治思想も保守的ないしは反動的であって，『共産党宣言』の思想とは相容れないように考えられがちである。しかしながら，カール・フォン・ブラウンシュヴァイク自身は，当時の神聖同盟下のドイツに

おいては，独特の共和主義思想と称してよいものをもっていたとされる。
　このことはパリでのラ・ファイエットとの交流や共和主義的新聞『ル・ナシオナール』の筆頭株主となったことなどからも窺える。が，ここでは，デネスが紹介している，大公の侍従として最も身近で大公を見ていたヴィルヘルム・フォン・アントラウ男爵が1843年3月20日付でコルヴィン＝ヴィルツビツキー（Corvin-Wierzbitzky）に宛てた親密な手紙での大公評を見るに留めたい。

　　「あなたは，大公がいつも自由主義かせいぜい急進主義の党派に属するであろうことを，確実に請け合われることでしょう。何も失うものをもたぬ者と，すべてを得ている者，そしてそれゆえ，これが目標に至る正しい道であるという確信を持つ者には，他の選択はあり得ないのです。［……］私は，ただ，大公が，爆弾が一度炸裂して，彼がまたもやより自由に息をすることができるやいなや，人民に対してほんのわずかの自由を与えるよりもむしろ，あまりに多くの自由を与えるようになることだけを恐れています。［……］ほぼ8年から10年前にわれわれがラファイエットやアルマン・カレル（Armand Carrel）［……］他の人々と深く知り合ったときに，私は共和制を熱愛しました［……］。しかし，今やいっそう成熟した経験を経たあとでは，私は総じてやはりとりわけフランスとドイツにとっては，そうしたものは不幸であると思っています！　大公はこの点で私と一致しておらず，共和制憲法が人民の利害にとって最も望ましいものであると見ています」[7]。

　このような政治思想は，ナポレオンⅢ世治下のフランス第二帝政，いわゆる「ボナパルティズム」を想起させるものでもあり，その確定のためには本来立ち入った検討を要する。とはいえ，ここからは，大公の思想が『宣言』のそれと必ずしも反対の方向ではなかったことだけは窺われる。また，大公の置かれた当時の状況からすれば，政権復帰のために亡命の地にあって共産主義者とも連携するといったいわば呉越同舟の観もないではない。が，いずれにせよ，『ドイツ語ロンドン新聞』の社主は，『共産党宣言』が同紙に掲載されることがとうてい考えられないような思想をもつ人物ではなかったということは一応結論されてよいであろう。

---

(7)　Otto von Corvin-Wierzbitzky, Ein Leben voller Abenteuer, Hg. und eingeleitet von Hermann Wendel. 2. Ausg. Frankfurt a.M. 1924, I, S.371-378（Dénes 1966, S.59 から再引用）．

4 『ドイツ語ロンドン新聞』購入の事情と実質上の主筆であったこと

(1) 『ドイツ語ロンドン新聞』購入の事情

ロンドン移住直後から, 大公の行動は『ザ・サタイアリスト』,『ザ・デスパッチ』といったいわゆる三文新聞の記事の種にされる。大公はそれら事実に反する記事に対して弁明するために,『タイムズ』に声明を送るが, その公表を拒否される。そのため大公は自身で自由になる新聞を手に入れるため, イギリスの既存の新聞の購入を考えるようになる。『ザ・ブリティッシュ・ステイツマン』,『ザ・コート・ジャーナル』等々, 売却の申し出にはこと欠かなかったようである。が, しかし, 誹謗中傷したジャーナリストに対して行われていた裁判に順次勝訴したために, このような観点からの新聞の購入計画は一時断念される。が, この後, あらためて『ドイツ語ロンドン新聞』を購入したのについては, 彼が「ドイツの問題, 共和主義の問題に深い関心を寄せていた」(S.59) ことによるようである。とはいえ, もちろん「『ドイツ語ロンドン新聞』が不当なほど彼の個人的事柄の機関紙となる」ことは避けられず,「大公の個人資産に関して彼がドイツ同盟に向けた提案の文書, さらには大公の利益のためにトーマス・スリングスビィ・ダンコンブがイギリス議会で行っていた活動の形勢, さらにまたドイツおよびイギリスの諸新聞と大公が個人的に行った論戦の反響」を公表する (S.61) ことも含まれていた。

(2) 大公が『ドイツ語ロンドン新聞』の実質上の主筆であったこと

『新聞』購入後, 大公は, しばらくは創刊時からのヴァーグナー博士という人物を主筆として雇っていたが, 間もなく両者の間に軋轢が生じる。ヴァーグナーは 1846 年 9 月 30 日, 辞職を余儀なくされ, 10 月 8 日から同紙は, 後述するシャーベリッツの協力をも得て, 大公自らの指導のもと, 発行されることになる。社主がこのように編集に強力に口を挟むこと, さらには,「大公の許可なしにはなにも発表することは許されなかったのは自明のことであり, このことは誰もが知っていた」(S.63) とされている。

デネスは,「マルクスもまたカールが主筆として行使した「検閲」を知っていたのは明らかである」(S.64) として, 1851 年 8 月後半に, マルクスがヘルマン・エーブナーに宛てた手紙の写しから次の箇所を引用している。

「シュトルーヴェ氏の政治的分別全体はご承知のとおり,三月革命の以前も以後も「領主憎悪」を説教することに自己を限定しております。それにもかかわらず,彼はロンドンで,現金払いと交換に,自らカール・フォン・ブラウンシュヴァイク大公のドイツ語新聞に論説を提供しようとし,そのうえさらに大公殿下直々の至高の検閲に屈服しているように見えました」。[8]

大公が新聞の編集に実質的に権限を振るっていることは,ロンドンに亡命してきていたマルクスにもよく知られたことだったわけである。したがって,1848年2月末から3月初めにかけて,『共産党宣言』の再録が開始されるにあたっても,大公の許可は当然得られていたものと考えなければならないことになる。[9]

II　編集者ヤーコプ・ルーカス・シャーベリッツ

マルクスの側に立って J. L. シャーベリッツを見た場合,最も印象的なのは,おそらく『ケルン共産党裁判を暴く』の出版についての経緯に関わってであろう。出版者としてせっかく同書の刊行を引き受け,印刷したものの,ドイツへ配本するために用意しておいた 2,000 部をバーデン政府にすべて押収されてしまった「ばかな奴」という評価である。[10]

だが,『共産党宣言』が発行された 1848 年 2 月時点では,ブリュッセルにいたマルクスはその詳細を知りえなかったであろうが,シャーベリッツは『宣言』を『ドイツ語ロンドン新聞』でいちはやく連載再録するに際して,実地の作業にあたった人間である。また,もし前章で見たマイザーの仮説が正しいとするならば,『共産党宣言』の初版 23 ページ本そのものを『ドイツ語ロンドン新聞』の印刷所で印刷する際に,その条件をととのえた人間であり,当時文字どおり弱冠二十歳のこの青年がいなければ『宣言』はこの世に現れ出なかったということにもなるのである。

---

(8)　*MEW*, Bd.27, S.573.
(9)　『ドイツ語ロンドン新聞』への記事掲載は大公の「検閲」抜きにはあり得なかったという観点からすれば,『共産党宣言』の連載再録が,予定されていたパリからの通信が未着のためにいわば埋め草として始まったとするトーマス・クチュンスキーの仮説(Kuczynski, Thomas: Editionsbericht. In: *Das Kommunistische Manifest, Schriften aus dem Karl-Marx-Haus Trier*, Nr. 49, Trier 1995, S.137) は成立し難い。
(10)　*MEW*, Bd.28, S.572.

1　ロンドンに至るまで[11]

シャーベリッツ家は、祖父の代にハイデルベルクからスイスに移住し、1818年にバーゼルの市民権を得ている。ヤーコプ・ルーカス・シャーベリッツは1827年3月10日[12]にバーゼルに生まれ、1899年1月28日にバーゼルで死去した。彼は、子どもの頃から政治に関心を抱かざるを得ず、また、出版者となることを期待された家庭環境に育った。父ヤーコプ・クリスティアーンは1804年生まれで、製本修行の後、書籍業・出版業に携わり、1842年に『スイス国民新聞』を創刊する。当初から急進主義の立場に立ち、保守的なバーゼル政府と対立し、1841年には出版法違反で有罪判決を受けるが、その後1847年には連邦議会議員に選出されている。

父ヤーコプは、息子がギムナジウムを終えた17歳の時、すでに家庭で得ていた印刷業の知識を完全にし、関連の手仕事を習い覚え、出版者として自立する包括的教養を修得させるため、彼をアーラウのザウアーレンダー出版社へ修行にやる。1845年1月からである。印刷所では複雑な植字作業を毎日数時間かけて習得した。が、それとともに、英語のレッスン、物理学の教養講座の聴講、フェンシングやヴァイオリンの練習、そしてオーケストラへの参加、さらに遊び、訪問、また、父や友人から送られる本や新聞を読み、文通し、父の新聞へ報告を書き送り、夕方には友人と政治的諸事件について議論をしている。

周知の通り、ウィーン会議後、22邦を擁するようになったスイスは永世中立国となるが、当時、国内ではカトリックとプロテスタントの間で深刻な宗教対立が生じていた。とりわけ1843年にはカトリック7邦で分離連邦［分離同盟］(Sonderbund)が結成される。国内の統一と秩序に対する危機とみた他の諸邦は1847年7月、ベルンにおいて連邦会議(Bundestag)を開催、武力による分離

---

(11)　本項におけるシャーベリッツについての伝記的諸情報は、煩瑣を避けて参照表記しないが、デネス論文 S.36-45 に拠る。
(12)　デネスは4月をシャーベリッツの誕生月としている(S.37)。しかし、これはなんらかの誤りであると思われる。というのは、シャーベリッツ本人も、また彼の両親および祖母も、1845年3月10日にその18歳の誕生日を祝っているし、1847年3月10日には20歳になったことを記している(『シャーベリッツの日記』、1845年3月10日および1847年3月10日の項を参照)からであり、デネス自身も、「［1845年］3月10日　私の18歳の誕生日」という当該記述を引用している(S.43)からである。

第6章　『共産党宣言』の『ドイツ語ロンドン新聞』再録の背景　　141

連邦の解体を宣言し，分離連邦戦争（Sonderbundskrieg）が勃発する。デュフール（Dufour）将軍が連邦軍（eidgenössisches Heer）を率い，11月23日の戦闘で勝利し，内乱は短期間で終了，和解に至り，1848年には現在のスイスの政治的枠組みを決めた新たな憲法が制定される。[13]

　プロテスタントの邦であったアールガウの邦都アーラウは当時，自由主義的急進主義運動の拠点として，カトリック邦のルツェルン（邦都ルツェルン）に対抗していた。そのため，シャーベリッツには父からバーゼルにおける政治的変化の知らせが定期的に届き，彼に対する指示や，彼を通じてアーラウの友人，失敗した最初の義勇軍の後にルツェルンから亡命していた人々等への情報提供がなされることもしばしばであった。このためシャーベリッツは若くしてスイスの多くの指導的政治家たちと結びつきができることとなった。

　こうした状況のなかで，シャーベリッツも義勇軍に一時加わったが，戦闘直前に退いたようである。この事情をデネスは『新チューリッヒ新聞』における「哀悼の辞」からの引用で説明している。

　　「彼は自宅において急進的な（radikal）雰囲気のなかで成長したので，彼は根本的な（tiefgehend）当時の運動に生き生きとした関心を寄せた。二三の他の邦立学校の生徒たち（アーラウ）とともに彼は思わず引き入れられた。ただ武勲を遂げることなどは彼には許されなかった。というのは，大至急でやって来た父がかろうじてまさにツォーフィンゲンで彼に追い付き，寄宿舎（Schulstube）に彼を連れ戻したので，彼はアールガウの邦境を越えなかった」（S.43）。

　その後，シャーベリッツはハイデルベルクで，文学部の聴講手続きをとり，寄宿するが，復活祭の休暇で帰郷中にちょうどバーゼルでコンサートを開いていた二重奏団の演奏旅行秘書となり，ケルン，ボン，アーヘン等を巡り，イギリスへ向かう途次リエージュ（リュティッヒ）で病気になる。二重奏団のハープ奏者ボッシャ氏からは帰郷を勧められるが，英語をものにしたいと考えていたシャーベリッツは，その日，1846年5月14日，直ちに，彼よりもかなり早く両親および姉妹とともにロンドンに移住していた友人のルーイ・バムベルガーに問い合わせの

---

(13)　Vgl. MEW, Bd. 11, S. 678, Anm. 247 および土井淑平「スイスの連邦制と民主政」金沢大学『大学教育開放センター紀要』第19号，1999年10月，106/107ページ。

手紙を出す。「本当に私がロンドンで自分のパンを稼ぐことができるほど十分にたくましいと思うかどうか」、と。バムベルガーからは、「私を招じ、私がロンドンで快適に暮らせることを約束する」旨の返信が20日に届く。シャーベリッツは、直ちに出発し、ブリュッセルで2日間を過ごした後、鉄道でゲント、ブリュージュを経てオストエンデに至り、汽船で22日の夕方にロンドンに到着する。辻馬車で印刷所のバムベルガーを訪れ、同乗して彼の両親および姉妹のいる自宅へ向かい、シャーベリッツのロンドンでの生活が始まる。

2 ロンドン在住の友人ルーイ・バムベルガー

1846年5月当時、バムベルガーは印刷所メルドラ、カーン&Comp.の職工長 (Factor) であった。[14] そのほぼ一年後の1847年5月14日以降、『ドイツ語ロンドン新聞』の印刷所の植字工となり、さらにその一年後1848年5月以降は、シャーベリッツの後任編集者として、同紙が廃刊される1851年2月14日まで編集にあたる。その折、彼は『新ライン新聞。政治経済評論』に掲載されたマルクスの論説を二つの記事(「1848年から1849年まで」および「最近6ヵ月間の政治的諸事件の評論」)にして連載再録する。それは、同盟分裂のこの時期にも、彼がマルクス、エンゲルスの受任者としての役割を果たしていたことを推測させる。バムベルガーは、もちろん英語で十分に書くことはもちろん、数ヵ国語を駆使できた。記事を書く力もあり、シャーベリッツを介して『スイス国民新聞』に記事を送ってもいる。

バムベルガーは、ロンドン・ドイツ人共産主義労働者教育協会の活動的な会員であり、その指導者たちだけでなく、革命運動の指導者たちと深い関わりをも

---

(14) デネスも指摘している (S.46-48) 通り、MEW各巻も含めて従来のルーイ・バムベルガーについての伝記的記述はほとんど誤っており、今後、訂正され、さらに正確な事実が明らかにされる必要がある。ことに生年が不明であるために、遺憾ながらシャーベリッツとの年齢差を見ることができない。とはいえ、シャーベリッツと同年輩か、あるいは多少年長であったろうことが窺われる。一方、デネスが「1851年9月3日にパリで陰謀のために告発されまた逮捕されたドイツ人亡命者たちのリストのなかで、次のような論評が目を引く」(S.47) として挙げている警察文書が、あるいは当のバムベルガーを指示している可能性があるかもしれない。もしこれが妥当であるとすれば、シャーベリッツよりも6歳年長ということになる。即ち、「ルーイ・バムベルガー、30歳、国籍:ダルムシュタット、職業:語学教師、住所:R. du petit carreau 34」(Generallandesarchiv Karlsruhe, Polizei 48. Fasz. 30-31, 1849-1857)。

っていた。したがって，バムベルガーは，後に見るようにシャーベリッツときわめて親密な友情を結ぶに及んで，シャーベリッツを労働者教育協会に誘い，またその指導者であったカール・シャッパーはじめ多くの知人や友人をシャーベリッツに紹介することになる。

さて，1846年5月にバムベルガーがシャーベリッツに用意していたのは，彼自身が職工長であった印刷所メルドラ，カーン＆Comp.の植字工の仕事であった。ところが，同年9月，当時の鉄道投機の崩壊等によって印刷所に仕事がなくなり，経営者は賃金の定期的な支払を滞らせる。おそらくそのためにバムベルガーは一時クラウン'ズ・プリンティング・オフィスに職を求める。ここは当時「ロンドン第一の，否，世界一の印刷所」であったが，間もなくメルドラ，カーン＆Comp.に復帰している。バムベルガーはそのような自身の手当てのみならず，シャーベリッツにもブルクハルト＆Comp.での臨時の仕事（Aushilfsstelle）を斡旋する。それこそが『ドイツ語ロンドン新聞』の臨時の植字工の職なのであった。この経過をシャーベリッツが1847年元日に，前年を振り返ってその日記に記述したところで見れば次のようであり，ブルクハルト＆Comp.が『ドイツ語ロンドン新聞』の印刷をしていたことが明確に立証される。

「5月25日に私はメルドラ，カーン＆Comp.の印刷所で植字工の職に就いたが，ここには，そこの職工長である私の友人ルーイ・バムベルガーの斡旋で雇われた。9月初めにまったく仕事がなかったとき，ブルクハルト＆Comp.は私を『ドイツ語ロンドン新聞』の印刷所に臨時雇いで採用した」。

この間，バムベルガーは，両親姉妹と住む家に，ロンドン来着後しばらくの間シャーベリッツを無償で住まわせ，両親に賄いもしてもらい，家庭的な環境を調えるとともに，衣料費にかなりの金額を貸しもする。その後，すぐ次の項で紹介するが，同［1846］年10月にシャーベリッツが『ドイツ語ロンドン新聞』の主筆補佐（Hilfsschriftleiter）となり，さらに翌［1847］年5月13日に，バムベルガーも同紙の植字工となる編集体制が確立すると，その翌々日の15日には両親の狭い住居を出て，3 Seymour place, New Road, St. Pancrazに，比較的豪華で

---

(15) 「［……］あらゆる兆候からして，カーンのところにはなおしばらくの間はずっと仕事がない模様であるので，ルーイ・B.は，ブルクハルトのところで私のために尽力してくれて，私をしばらくの間，彼らの事務所で働かせるようにした」（シャーベリッツの日記「ロンドン，1846年9月20日」）。

広い,新たな住居を見つけ,共同でそこを週3シリングで借りるまでになる。

3　編集活動

　シャーベリッツが『ドイツ語ロンドン新聞』の臨時の植字工となった直後,先に見たような社主カールⅡ世と主筆ヴァーグナー博士との間の軋轢がこうじて,博士は辞職に追い込まれる。そこで,シャーベリッツは自薦し,社主である大公にも聞き入れられて,翌々年の4月まで同紙の編集に携わることとなる。この経緯を,同じくシャーベリッツの日記,1847年元日の前年回顧の文で見れば次のようである。

　「10月初めに編集者のヴァーグナー博士がその職を辞した(彼はそうせざるを得なかったためだが)。——私は自薦し,『ドイツ語ロンドン新聞』の社主であるカール・フォン・ブラウンシュヴァイク大公にも聞き入れられた。私は編集者として採用され,なお現時点でもこの地位で働いている。

　したがって,1846年に私は四つの異なった職種を経験した。即ち,学生,二重奏団の旅行秘書,植字工,新聞編集者。——いったいどんな役割を私はこれから始まる1847年に演じなければならなくなるのだろうか?!——

　時がたてば分かるだろう!(Qui vivra, verra!) ——」。

　こうして,シャーベリッツには,ほぼ毎日の大公との編集等の打ち合わせ,記事・論説の執筆,『ドイツ語ロンドン新聞』に再録するための欧州各地の諸新聞記事の独訳,校正,植字の手伝い等々の仕事が始まる。

　さらに,シャーベリッツは,同紙の編集・印刷作業を改善するために,1847年4月13日の晩に大公のもとを訪れ,5月14日をもって同紙の印刷所にチャールズ(Charles)とバムベルガーを雇い入れる許可を得る。一ヵ月後,実際に,印刷をバムベルガーとヒルシュフェルトだけに任せ,実質的な編集作業をシャーベリッツが行うという彼自身にとって快適な作業環境を整えることとなる。この間の事情をシャーベリッツは日記の1847年5月13日,木曜日の項にこう記している。

---

(16)　この体制は『共産党宣言』の連載再録が始まる時期に至るまで続いている。そのため,23ページ本が『ドイツ語ロンドン新聞』の印刷所で印刷されたという仮説をマイザーが提起するさいに,特にその印刷のプロセスの推定を行うさいに,この時期に始まった編集・印刷体制での作業手順を再現している (Meiser 1996, S.92/93 [抄訳 31/32])。

「[1847年] 5月13日, 木曜日　われわれの印刷所のクラーク (Krag) およびデアテル (Dertel) が, この二週間ずっとなおまったく「ひどく」やらかし, またルーイ, オッディ (Odoz [Oddyの誤記か？：橋本]) および私について匿名のニセ手紙を大公に書いたあと, 出て行った。噂 (item), それは彼らになんの助けにもならず, また, われわれになんの被害もなかった。彼らは消えてしまって当然だ。というのも, なんの役にも立たなかったからだ。──その日, 5月13日以来, 私にとって, 新しい, 快適な時期が始まった。多くの努力の後, 最終的に, 私は, ルーイにわれわれの印刷所における地位を調えることによって, 彼が私にしてくれた援助に対して, 多少ともお返しをすることに成功した。今や, 新聞ではルーイとヒルシュフェルトだけが働いており, ──私は金曜日と土曜日に少しばかり手伝う, ──そして, シュロッスベルク (Schlossberg) とかいう男が月曜日に昼から夜まで手伝いに来る」。

この結果, 『ドイツ語ロンドン新聞』の編集・印刷作業に従事する面々はいずれもが『宣言』の発行母体であるロンドン・ドイツ人共産主義労働者教育協会の会員であるということになった。[17]

Ⅲ　労働者教育協会におけるシャーベリッツの活動

1　入会のきっかけとその動機および政治的立場

シャーベリッツを, グレート・ウィンドミル・ストリートにあったドイツ人労働者教育協会に導き入れたのは, 前述の通りバムベルガーであった。メルドラ, カーン & Comp. の印刷所で仕事がなくなりブルクハルト & Comp. の印刷所で『ドイツ語ロンドン新聞』の植字工として働き始めた1846年9月20日のことである。

シャーベリッツは入会の日の日記に前夜からのことを次のように記している。

「昨夜, われわれは教育協会にいた。そこはとても陽気で気持ちがよかった。12時過ぎにわれわれ (ブルクハルト (Burghard), ウォレン (Wallen),

---

(17)　なお, 植字工の一人ヒルシュフェルトとは, もちろん, 後に『共産党宣言』のヒルシュフェルト版を出版するルードルフ・ヒルシュフェルトその人である。

ルーイおよび私）はなおウィートシーフ（Wheatsheaf）に移り，そこになお 2 時まで一緒に腰を下ろし，馬鹿なことをした。——今晩，私はわが協会で教育協会の会員として承認されることになっている。その諸原理との一致ではなくて，つきあいと楽しみを求めることが，私をこのような方向に動かしたのであった。私は協会の諸原則とはまったく意見を異にしていたし，ドイツのプロレタリアに宛てた呼びかけにも同感できなかった。それは数週間前にシュレスヴィヒ＝ホルシュタイン問題に関連してドイツのプロレタリアに宛てて出されたものであるが」。[18]

そして，確かに入会当初は『日記』で見る限り，協会の活動にあまり参加していない。このようなシャーベリッツの立場は，1847 年 4 月 25 日（日曜日）に彼が教育協会でシャッパーの「共産主義とは何か？」をテーマとする講演を聴いた際に，それを「素晴らしい講演」と記すが，さらに「決して実現しない素晴らしい夢」と評していることにも現われている。他方で，共産主義者同盟第一回大会のためにロンドンにやって来たエンゲルスは 1847 年 6 月 1 日（火曜日）に教育協会で講演を行うが，それを聴いたシャーベリッツは日記に「興味深い講演」と記し，共産主義者のもつ専門知識の質と量の豊富さを認識してもいるように思われる[19]。

しかし，その後，特に 1847 年 8 月初め頃以降，再び協会をしばしば訪れるようになり，次項で見るような活動を行うまでになる。これには，シャッパーからはイタリア語を習っていたこと，フライリヒラートと知り合ってからの交流などが関わっているのかもしれない。

さらに，二月革命の勃発後にはフライリヒラートに誘われてパリに行き，パリ

---

(18) シャーベリッツ本人の日記だけでなく，ネットラウによる議事録抜粋には，シャーベリッツの名が，最も早くは 1846 年 9 月 20 日の項（74 ページ）に見出され，この日付が確証される。なお，さらに同年 11 月 3 日，12 月 8 日の項（68 ページ）にも見える（Internationaal Instituut voor Sociale Geschiedenis [Amsterdam] Archiv M. Nettlau 344 Dokumente betr. CABV und Weitling 1845, Mapp.1, Fasz. 1. 1)。

(19) エンゲルスは同盟の第二回大会の終了後にも教育協会で講演を行ったが，その講演について，シャーベリッツは次のように記している。「火曜日（[1847 年] 12 月 7 日) 夕方，私はヴィルツ博士，メーリアンおよびシュタットラーとともに協会に行き，そこでわれわれは，イギリスにおけるさまざまな商業恐慌とその原因および影響についてのエンゲルスの興味深い講演を聴いた」。

第6章 『共産党宣言』の『ドイツ語ロンドン新聞』再録の背景　　147

のドイツ人協会の代表となり,『新ライン新聞』のためにパリの議会についての記事を中心に寄稿し,「そのうえ一時は実際にパリの共産主義者同盟の構成員として活動しさえした」(S.66/67) のであった。

　だが,このような活動も 1848 年 9/10 月頃までに止むこととなる[20]。

2　有能な協会員

　さて,ロンドン時代に戻れば,協会員となったシャーベリッツは非常に有能な会員の一人であったものと思われる。

　ことに出版印刷の専門家として大いに尽力している。とりわけ『共産主義雑誌』について,その創刊準備作業に加わっていること,その印刷のための活字セット調達の世話をした可能性,発行直後の発送作業にシャッパーから依頼され協力したことなどは,すでにマイザーによって詳しく紹介されている[21]のでここでは割愛する。

　また,『ドイツ語ロンドン新聞』の編集者として,協会関係の記事を同紙上に随時自ら執筆・寄稿している[22]。

　さらに,名誉裁判の証人になるし,新入会者の紹介者をするまでにもなる。つまり,1847 年 8 月 7 日(土曜日)の晩に,シャーベリッツはクラウス(Krauss)およびバムベルガーとともに教育協会に行き,シュトップ(Stopp)についての名誉裁判に証人として出席している。1847 年 10 月 8 日(火曜日)には,晩に協会で薬剤師のブラント(Brand)を新会員として推薦した。1848 年 1 月 16 日(日曜日)には,友人のフィーヒター(Fiechter)を推薦し,やはり友人ですでに協会員であったクラウスがそれに賛同して,二週間後の 30 日に入会が承認されている。

3　カール II 世への仲介者

　しかしなによりもシャーベリッツが協会にとって有益であったのは,「多数の

---

[20]　そこには,「彼の活発な急進主義に最後まで冷静を保っていた父親が,息子の階級闘争熱に次第に嫌気がさし,自ら出かけてきて,息子にバーゼルの書店への帰郷を促した」(S.79) という事情があったようである。
[21]　Meiser 1996, S. 75/76 [拙訳 13/14 ページ],S.76/77 [拙訳 14/15 ページ] und S.77,Anm.58 [拙訳 15 ページ].
[22]　BdK, Bd. 1 に採録されている『ドイツ語ロンドン新聞』の記事の多くがそうである。

際立った著述家たちや政治家たちおよび当時の革命運動の代表者たちと知り合い，緊密な結びつきを得て」いたことであろう[23]。ことに，優れた編集者としてカールⅡ世の信頼を勝ち得ており，それを通じて協会員，同盟員を大公に紹介し，いずれも共産主義者同盟の指導的立場にあったフェルディナント・フライリヒラート，カール・シャッパー，カール・プフェンダーは引見されてもいることが注目される。ここではフライリヒラートとシャッパーの二例のみを見ておく。

（1） フライリヒラート

シャーベリッツは，1847年4月13日（火曜日）の午後にトゥルプナーからフェルディナント・フライリヒラートを紹介され，すぐに親密になると，『ゲンツ・フォン・フランケンシュタイン』の詩の出版について，大公にその費用を引き受けてもらうよう説得するよう依頼された。彼はフライリヒラートにそうすると約束し，別れるや，その夕方，早速，大公を訪れて，詩集の出版を引き受けることを勧め，了解を得たのであった。それを伝えられたフライリヒラートは，「市民シャーベリッツ」と呼びかけ，続けて「市民大公はしっかりした人物であり，共和主義者とみなされるべきである」[24]，と始まる返信を寄こす。

その後，フライリヒラートは，大公に引見され，シャーベリッツはもちろん大公とも親しい関係になり，二月革命勃発後のパリ行きにさいしては5月3日に暇乞いの訪問を行うまでになる。

（2） シャッパー

シャーベリッツは，すでに1847年12月20日（月曜日）に大公から一度シャッパーを連れてくるようにと言われていたものと思われる。明けて1848年1月6日（木曜日）にそれが実現する。シャッパーと大公の会見の模様は，シャーベリ

---

(23) 1851年8月8日に開催された親睦亡命者の第一回の公式会議においてシャーベリッツが果たした役割について，同年8月25日付でマルクスがエンゲルスに宛てた手紙のなかで行っている評価は，同盟分裂後まだ一年も経ていない時期であったという事情もあるのであろうが，いつもながらの辛辣さで次のようである。「シャーベリッツはこの会議では終始われわれの受任者（Agent）として活動していたが，彼は俗物どものすべての信頼を勝ち得ていたので，非常に役に立つ受任者であった」（*MEW*, Bd.27, S.321）。

(24) Öffentliche Bibliothek der Universität Basel, Nachlaß J.L.Schabelitz 6, f.4 (17. April 1847)；Dénes 1966, S.65, Anm.68.

第6章 『共産党宣言』の『ドイツ語ロンドン新聞』再録の背景

ッツの日記によれば、次のようであった。

「それから、私は9時に、シャッパーとともに大公のところに行き、そしてその後、共産主義や革命といったことについての議論が繰り広げられ、それは1時までも続いた。二人はあらゆる点で、例えば宗教で、一致していないにもかかわらず、シャッパーは、その後で、大公を好意的に評した」。

この会見が重要なのは、『共産党宣言』の『ドイツ語ロンドン新聞』への再録について、最も早ければこの折にシャッパーから大公への申し入れがあり、それが受け入れられた可能性が想定されるからである。確かに『宣言』自体はこの時点ではブリュッセルのマルクスの手許でもおそらくまだ完成には至っておらず、もちろんロンドンの共産主義者同盟の指導部には未着であった。とはいえ、前年11/12月に開催された同盟の第2回大会において、その内容について合意され、その起草がマルクスに委ねられていた。このような時期にあって、同盟の見解を広く表明する機会をできるだけ数多く確保することは、シャッパーら同盟指導部メンバーにとってはつねに意識されていたものと考えられるからである。

また、同盟への資金援助としては、大公の日記の1848年2月28日（月曜日）の項への記入が注目されてよい。そこにはこう書かれている。

「5時、シャッパーとモル、シャーベリッツとともに［来る］。―― 50ポンド銀行券 R/H 36903 1847年11月6日付」[25]。

この記述からは、この日の午後5時にシャッパーとモルはシャーベリッツとともにカール大公のところに赴き、シャッパーらは大公から50£の銀行券を受け取ったことが窺われる。この推定を補強するのは、二月革命の勃発後パリに渡ったシャッパーがまたもや資金援助の手紙を、シャーベリッツを介して、大公に届けさせた際のその反応である。大公の日記の1848年3月14日（火曜日）の項にはこうある。

「シャーベリッツ、多額の金を求めるシャッパーの手紙を持って、4時に来る」。

また、このちょうど一週間後の3月21日（火曜日）の項にはこう書き留められている。

---

(25) Bibliothèque publique et universitaire (Genève), Ms. Brunswick 47, Daily Remembrancer 1848. 以下、大公の1848年中の日記は同じ史料。

「シャーベリッツが4時に,シャッパー,即ち共産主義者の物乞い――彼を私はその最悪の困窮の折にここロンドンにおいて50£で支援したのだが――のパリからのひどく恩知らずな手紙を持参する」。

この50ポンドがどのような性質のものであったのかは問われてよい。単なる同盟ないしは協会への大公からの資金援助であったかもしれない。しかし,同盟の会計収入についてはさておき,協会の会計収入とされた証拠は少なくともネットラウの議事録抜粋に抄録された会計帳簿の写しには見出されない[26]。したがって,マイザーのようにこの50ポンドを『宣言』が『ドイツ語ロンドン新聞』に再録されたことに対する原稿料と考える余地も生じてくるわけである[27]。

直接であれ,原稿料等『新聞』に関連する諸種の仕事を介して間接的であれ,いずれにせよ,シャーベリッツは,カールⅡ世という同盟員・協会員にとっての資金援助者を紹介したことになるであろう[28]。

おわりに

本章では,共産主義者同盟および労働者教育協会と『ドイツ語ロンドン新聞』発行関係者との結びつきを見てきた。その結果,明らかとなったのは,同紙社主ブラウンシュヴァイク大公カールⅡ世を除けば,編集者,植字工がいずれも同盟員・協会員であり,組織的に重なっていたということである。特にその結びつきの中心には編集者シャーベリッツがおり,彼を協会へと導き入れたのは植字工のルーイ・バムベルガーなのであった。社主であるカールⅡ世も『宣言』の紙上での公表を不可とするような思想をもつ人物ではないことも示された。

したがって,『ドイツ語ロンドン新聞』の発行関係者について以上に見てきたところから判断すれば,同紙に『共産党宣言』が連載再録されるのに何らの不自然さもなかったことが分かるであろう。

---

(26)　IISG, Archiv M. Nettlau 344, a.a.O.
(27)　「50£はおそらく,原稿の購入にさいしてのそれと同様,『宣言』仮綴じ本を新聞において再録することに同意した資金的見返りとも理解されるかもしれない」(Meiser 1996, S. 97［拙訳36ページ］)。
(28)　Vgl. auch *BdK*, Bd. 1, S.1098/1099, Anm.180 und 182.

第7章　M. フント著『『共産党宣言』は いかに成立したか』に寄せて

I　『『共産党宣言』はいかに成立したか』の独自性

　マルティン・フント博士 (Prof. Dr. Martin Hundt) の『『共産党宣言』はいかに成立したか』[1]が出版されたのは 1973 年のことであった。著者は，一般に新『メガ』と略称される新しい『マルクス・エンゲルス全集 (MEGA)』第 I 部門第 10 巻，第 11 巻等の編集主幹としてつとに著名であり，旧東ドイツのマルクス＝レーニン主義研究所（ベルリン），マルクス＝エンゲルス部門の教授であった。1932 年生まれで，ジャーナリストの学位と経験をもつ歴史家。1963 年以来マルクス＝エンゲルス研究に従事し，特に『共産主義者同盟　文書および資料』全 3 巻の編集やロンドンへ亡命したマルクスらが 1850 年に編集発行した『新ライン新聞。政治経済評論』の復刻 (1982 年)，東独歴史学叢書第 9 巻『共産主義者同盟 1836～1852 年』(1988 年) の編集でも知られる通り，共産主義者同盟史ならびにこの時期のマルクスとエンゲルス研究の専門家である。

　その後の東欧諸国の激変のなか，「労働運動史研究所」と改称された研究所のマルクス＝エンゲルス部門の部長等として事態の収拾にあたった。この時期 1990 年 11 月に，新『メガ』刊行継続の支援要請のため来日し，中央大学駿河台記念館や九州大学経済学部等で精力的に講演を行ったことは，比較的記憶に新しいところである。筆者もその折に初めて著者に接し，いくつかの疑問をただすことができたのであった。1993 年には『共産主義者同盟史　1836 年～1852 年』を著わし，この分野でのそれまでの仕事をまとめ，新たな編集方針による新『メガ』の刊行を目的として組織された国際マルクス・エンゲルス財団 (IMES) の編集委員会の一員としてその後も引き続き新『メガ』の編集に

---

(1)　Hundt, Martin: *Wie das „Manifest" entstand*. Berlin：Dietz Verlag, 1973.

携わってきた。

　本書は，一般向けの概説を目的とした 140 ページほどの小冊子であったが，かえってその叙述が圧縮された結果，主要論点が簡潔明快に提示されたこと，ならびに著者が本書に設定した課題と分析視角の類書に求め難い独自性によって，初版公刊以来，日本国内においてはともかく，『共産党宣言』成立史のみならず，「初期マルクス」に関する標準的な入門書にしてかつ研究書という，高い評価を受けてきた。

　著者は本書で，エンゲルスの言(2)にならい，正義者同盟ならびに共産主義者同盟およびその周囲の初期社会主義労働運動とマルクスの科学的な理論との融合過程こそが『共産党宣言』の成立史にほかならないという見地に立ち，この過程を「史料が伝承されている範囲でそれをたどり，一般向け概説書の枠組みにふさわしい範囲でそれを内容的・理論的に解説する」(S.11/12; S.10 [9])(3)という課題を設定した。この課題が，「本書では，哲学的側面や思想史的側面にはほとんど注意を払わず，党史と科学的共産主義の形成という分かちがたい結びつきに注意が払われる。互いに求め合う相手方である労働運動とマルクス主義との対話，意識的な接合が中心に置かれる」(S.11/12; S.10 [10])という分析視角によって果たされているのである。

　12 年後の 1985 年に改訂増補再版が発行された(4)。外形的には，字形が小型になった結果，1 ページに収められる行数も増え，全体で 112 ページといっそう手軽になり，また六つのファクシミリもより鮮明に印刷されている。先年出

---

(2) 「当時は二つの独立した潮流があった。第一は，フランス労働者の共産主義の流れをくんだ労働者運動で，この運動はその発展段階のひとつとして，ヴァイトリングのユートピア的共産主義を生みだした。第二は，ヘーゲル哲学の崩壊から生じた理論的活動で，この運動はそもそものはじめから，マルクスの名によって支配されている。1848 年 1 月の『共産党宣言』は，この二つの潮流の合体を画するもので，この合体は，労働者も哲学者もすべてひとしく身を投じた革命の炉においてなしとげられ，もとにもどしえないものとされたのである」(Der Sozialismus in Deutschland. In: *MEW*, Bd. 22, S. 248. 内山敏訳『マルクス＝エンゲルス全集』第 22 巻，大月書店，1971 年)。

(3) 以下，本章においては，初版，再版の順で両版の原書ページを本文中に並記する。再版に続く [ ] 内の数字は拙邦訳『『共産党宣言』はいかに成立したか』(八朔社，2002 年) のページである。

(4) Hundt, Martin : *Wie das 》Manifest《 entstand*. 2., überarbeitete und erweiterte Auflage, Berlin : Dietz Verlag, 1985.

版された邦訳のため今世紀年頭に新たに記された著者の「あとがき」に見られる通り，内容的には，そう大きな本質的改訂は見出されないものの，「第2版へのまえがき」からも明らかなように，研究の進展を踏まえた種々の改訂ならびに増補が施されたことはもちろんであり，注目しておいてよい若干の改訂・増補箇所が存在する。

本章の目的は，直接にはこの改訂・増補箇所の確認を行い，その意味をこの研究領域における当時の動向にも少しく目配りしつつ簡単に考察するところにある。とはいえ，この前提として，すでに再版の邦訳があるものの，両版の内容をも多少詳しく紹介することにする。[5]

II 特徴的な諸論点とその後の研究による補正

本書はIからVまでほぼ時系列的に編成された五つの章から成り立っている。Iでは，亡命者同盟以前および正義者同盟となって以降1836～38年の綱領討議，1839年の四季協会の蜂起への参加・敗北を経て1844年から45年にかけてのヴァイトリングの提起した20の設問をめぐる討議に至るまでの同盟内の各時期における綱領追求の歴史が，同盟への初期社会主義・共産主義の影響とその克服の過程として描かれている。いわば，マルクスと出会って以降，その理論を受け容れる条件が同盟内でそれまでにどのように成熟しつつあった

---

(5) しかし，すでに次のような解説や紹介，研究があるので，これらと重複する諸事項については割愛したり，簡単な紹介にとどめたりしたところもある。

第一に，『共産党宣言』成立史において非常に重要な事項については，当然のことながら，優れた解説がある。服部文男『マルクス主義の発展』（青木書店，1985年）補論一，補論三。なお，服部の本書以降の『宣言』関係論考は服部文男『マルクス探索』（新日本出版社，1999年）に収録されている。

第二に，1984年になって完結をみた *Der Bund der Kommunisten. Dokumente und Materialien*, 3Bde, Berlin 1970-1984 のうち，ここで関係するのは第1巻第3章までであるが，この『資料集』の第1・2巻の意義については，黒滝正昭・服部文男「『共産主義者同盟　文書および資料』の意義について」『季刊 科学と思想』第51号，新日本出版社，1984年1月によって，明らかにされている。

第三に，研究上の重要論点に関しては，服部文男『マルクス主義の発展』収録の諸論文でそのほとんどに言及されている。このため，本章におけるフント氏の著作の内容紹介の基準は，わが国の従来の「初期マルクス」研究では看過されがちであった諸論点を本書から引き出し，今後の研究の一助とするところにある。

のかを，社会・労働運動史の視角から追跡しているのであって，その後の両者の融合を見るためには不可欠の第一の前提の考察である。

Ⅱはその第二の前提についての理論史的視角からする考察である。即ち，一方で，1845/46年に，同盟内で，フリードリヒ・フォイエルバッハ『将来の宗教』等の学習が開始された結果，カベーやヴァイトリングの影響が克服されたにもかかわらず，同盟内に依然として残存していた理論的限界，ことに社会秩序の経済的基礎に関する認識の欠如とそれにともなう大工業のもつ高度な生産力に関する誤った評価を指摘し，他方，この時期のマルクスの理論的発展とそれを可能にした物質的・経済的根拠を，ことに同盟の限界の克服と関連する内容に即して整序することによって，同盟とマルクスの融合の理論的必然性をあらかじめ明らかにしている。

Ⅲは，両者の融合の第一段階であって，1845年からマルクスとエンゲルスの同盟加入直前まで，Ⅳは，二人の加盟から同盟第一回大会終了まで，その第二段階，Ⅴは，それ以降，綱領討議と第二回大会を経て，『宣言』の起草・刊行・普及に至るまで，その最後の段階に，それぞれ充てられている。

1　マルクス／エンゲルス加盟前の同盟内綱領討議

Ⅰは，正義者同盟の四季協会の蜂起への参加前後で二分できる。

(1) 前半部では，まず，「現実的な綱領の欠如を幾度となく手痛く経験していた」1830年代の労働運動のうちで，この欠如の克服へむけての困難な歩みを開始しうる前提となったのは正義者同盟の成立のみであったことを，初期の社会主義的・共産主義的な諸思想・運動とともに描いている。この部分が本書再版において最も大幅に書き替えられることになったのであって，詳しくは再版での改訂増補箇所を紹介する後論に譲る。

(2) 続く1836年から38年までの綱領討議については，史料に乏しいのであるが，「まだたしかに非常に粗野で未熟ではあった」とはいえ，「いまや最終目標はどれほど民主主義的であろうともはや共和政ではなく，「共同体（Gemeinschaft）」あるいは「財貨共有制」，即ち共産主義」とされる「労働者特有の綱領をもとめる努力を始めた」(S.16; S.16 [21]) と述べている。

(3) フントは，「正義者同盟における最初の率直な綱領討議は1838年にパリで行われた」(S.17; S.17 [22]) と見，最終的にはヴァイトリングが委任されて

『人類，その現状とあるべき姿』(以下，本書を『人類［……］』と略記する)[6] を執筆するに至るこの討議への参加者，『人類［……］』の印刷・刊行への協力者を,「わずかに現存し散財する史料」から明らかにしている。この『人類［……］』については，フランスやイギリスの初期社会主義・共産主義からの不可避の盗用はあるものの,「共産主義社会に到達するための諸手段のうち，人民大衆の革命的〔な，それも「ひとつの強力的な革命」〕闘争を大いに強調した」点では「自分のお手本を（ブランキをさえも）はるかに凌いで」いたと評価し（S.18; S.17［24］）[7]，その影響の大きさの例としてハンガリー語版の出現をも紹介するが，他方，その「著作全体を貫くキリスト教的な調子」をも，それを必然的にした当時の手工業職人の精神状況とともに捉えている。

　また，同盟の全歴史を通じて存在した「簡潔な綱領を教義問答の形式で［……］起草する努力」(S.19; S.18［26］)の当時の一つ，カール・シャッパーによる断片「財貨共有制」(1838年)の最初の五つの設問を検討している。これらの検討の後，フントは，この時期，集団的に討議された綱領的思考を，エンゲルスの「『宣言』1888年英語版への序言」の一章句を引きながら[8]，「まだ科学的に基礎づけられてはいないものだが，徹底して共産主義的で国際主義的な綱領である」(S.19; S.19［27］)と位置づけている。ここから，フントは,「マルクス主義が労働者階級にあたえなければならなかったものは，たんなる共産主義（Kommunismus an sich）なのではなくて，科学的共産主義なのであった」と結論し，財貨共有制の歴史的・経済的な根拠づけの欠如を満たす「生産諸力の発展状況および封建制と資本制との本質的相違」の認識の大きな役割を指摘している(S.20; S.19［28］)が，これらは非常に重要な把握である。

---

(6)　［　］内は橋本。以下，同じ。

(7)　再版において改訂がなされている箇所では，〔　〕内が初版の叙述，（　）内がその再版による改訂を示す。以下，同じ。

(8)　「労働階級のどの部分でも，たんなる政治的革命の不十分さを確信するようになって，全体的な社会的変革の必要性を宣言していたもの，その部分は，当時，自分を共産主義者と呼んでいた。それは，粗野で，荒けずりの，純粋に本能的な種類の共産主義であった。それでもなお，それは基本的な点に触れていて，労働階級のあいだで，フランスではカベーの，ドイツではヴァイトリングのユートピア的共産主義を生みだすのに十分なほど強力であった」(*MEW*, Bd. 21, S. 357. 服部文男訳『マルクス／エンゲルス　共産党宣言／共産主義の諸原理』新日本出版社，1998年，20ページ）。

また，シヤッパー断片のその他の項目，6, 7, 9, 17, 20 の主として「将来の財貨共有制の社会秩序を詳細に描き上げるユートピア的な試み」を思わせる諸設問をも，ユートピア的な素朴さのなかでではあるが，「労働運動になお久しく随伴していた綱領観といったものの核心が含まれていた」(S.21; S.20 [29])と評価している。

　(4) Iの後半部では，四季協会の蜂起失敗以降のスイス，フランス，ロンドンでの各々の活動がまず描かれている (S.22-26; S.20, 22, 25/26 [30-40]) が，拙訳を参照されたい。

　(5) ヴァイトリングはスイスから追放されロンドンへやって来るが，Iの後半部のほとんどを費やして言及されているのは，彼がロンドン共産主義労働者教育協会に提出した20以上もの設問をめぐって，同協会内で1845年2月から1846年1月にかけて行われた討議についてである。フントは，議事録を伝えるマックス・ネットラウの史料紹介状況の精疎もあって，第5問，第7問，第10問の三つの設問についてのみ，それぞれ次のように書いている。

　これまでに共産主義が実現されなかった原因に関して1845年5月から7月半ばまでに討議された第5の設問に至って，一方にヴァイトリング，クリーゲ，他方にシャッパー，バウアー，モル，プフェンダー，ローゼンタール，レーマン等という「互いに対立している潮流もまたきわめてはっきりと示され」てくるわけだが，本書は後者の潮流に焦点を当てて以下のように把握している。

　シャッパーらは，共産主義はこれまで存在しなかったと見るが，その原因を，フランス大革命と七月革命までは共産主義についての啓蒙が人民大衆に十分与えられず，またその後も共産主義の長所についての洞察を欠いていたことに求め，この啓蒙と洞察はなお長期にわたって必要であるため，「われわれは後世の人々のために活動する」という立場をとっていた。フントはこれを，「本当の解答は史的唯物論にもとづいてのみ可能」だが，「科学的共産主義の方向にさらに歩み寄る」前進であると評価している (S.29; S.28 [45/46])。

　これまで共産主義が存在しなかったことについて「歴史はわれわれにすべてを証明する」(*BdK* 1, S.222)とのシャッパーの言，あるいは「これまでの革命はみな少数者の利害のためにだけ行われた」(*BdK* 1, S.223)と述べるモルの言についても，「歴史は階級闘争の歴史であるという認識に，なるほどその闘争の経済的基礎を見ずにであったとはいえ，接近した」という評価を与えている

(S.30; S.29 [47])。また，フントは，共産主義がむしろ一国内でのみはじめて生成するというバウアーの見方に着目している。さらに，共産主義者の啓蒙が進んでも，私的所有者の利害のために共産主義の長所を洞察することのできない場合は，反抗が増大し，革命が必要になる所以を説明している点を，そこに一揆と革命の概念的混乱等の誤りはあるにせよ，「権力を目指す闘争というきわめて重要な問題においてカベーのみならずブランキおよびヴァイトリングをも批判的に克服したということであった」と高く評価している (*Ibid.* [48])。加えて，ドイツにおいてはまずブルジョア民主主義革命に到達しなければならないというシャッパーの主張をも，その後の『宣言』で明確にされる同盟の「戦略的根本命題の萌芽が潜んでいる」と注目している (S.30/31; S.29/30 [48])。

8月に行われた第7問，共産主義運動の主体は誰で，その手段は何か，という問題設定をめぐってはバウアーらによって「労働者で十分だ」(S.31; S.30 [49]；*BdK* 1, S.231])と述べられていた。フントは，しかし，「共産主義は結果的には万人の役に立つという命題が強調されたために，そのイメージはまだほとんど階級的に区別されていなかった」(*Ibid.* [49])と見，まさにこの点でマルクスとエンゲルスの貢献があったとしている。即ち，ちょうどこの時期，彼らはロンドンに居り，エンゲルスが1843年以来知り合っていたシャッパーらに出版されたばかりの『イギリスにおける労働階級の状態』を手渡したことを重視しているのである。ここから，第7問をめぐる討議でのレーマンの言「学者たちを手本にしようではないか，そしてわれわれの注意を工場都市に向けようではないか」，また「学者たちの方が，すでにわれわれよりも先行している」とプフェンダーが［先の］労働者についてのバウアーの指摘を擁護した討論での発言は，「マルクスとエンゲルスの影響によるほかにはまったく説明がつかない」とするフントの見解 (S.32; S.30 [50]；[*BdK* 1, S.231/232])も極めて重要である。

9月末から11月初めに討議された第10問，共産主義体系の核心は何か，については，フントは次の2点のみ記している。第一は，ヴァイトリングの「私が行うこと，それは，万人にとって良いことでなければならない」との，「それ自体は正当で，人間主義的な考え方」も『宣言』での周知の定式に至るまで[9]

---

(9) 「階級および階級対立をもつ古いブルジョア的社会の代わりに，各人の自由な発展が，万人の自由な発展のための条件である連合体（Assoziation）が現われる」(*MEW*, Bd.

は「なおはるかな道のりが必要であった」との評価 (Ibid.) であり，第二は，シャッパーらが共産主義社会で実現される自由・平等は「共同体的にもたれる」ものであると把握している点に，兵営共産主義の克服を認めていること (S.32; S.31 [50/51]) である。

この討議全体をフントは，「1845年のロンドンの討議の結果，ヴァイトリングの理論が不十分であることが分かっただけではなく，オウエン，フーリエおよびカベーの理論もまた不十分であることが分かった」と総括 (S.33; S.31 [51]) している。

2 マルクス／エンゲルス加盟前の同盟とマルクス主義の形成

このためヴァイトリングの提案した問の討議は中断され，ルートヴィヒ・フォイエルバッハの二歳年少の弟フリードリヒ・フォイエルバッハの『将来の宗教』[10]等が1846年初頭より検討されることになる。これについても，フントが同盟における最初のフォイエルバッハ研究の時期が1844年夏であることを示し，この時期のマルクスのパリ滞在を示唆しているが，看過されてはならない点である。

(1) フントはこの同盟の前進を，「真正」社会主義への傾斜という潜在的危険を伴っていたことをも押さえつつ，全体的には次のような地点に到達していたものであると評価しているが，これは重要である。即ち，「1．これまでの（ユートピア的な）社会主義的および共産主義的体系 (System) すべての無益さを確信してきており，共産主義の科学的基礎づけを求めていた。2．この過程を通じて，ある程度，ドイツだけでなく，もっと進んだフランスやイギリスの社会的発展の最も進歩的な成果を摂取してしまっており，したがって自身の理論的見解の総和のなかに一つの強力な国際主義を体現した。3．歴史を階級闘争の歴史として感じ取り，総じて歴史的発展に対する強烈な感性を示した。4．

---

4. S. 492/493. 同上書，服部訳, 86ページ)。
(10) フントの行論では『将来の宗教』の著者が単に「フォイエルバッハ」としか記されていないが，それはルートヴィヒの弟フリードリヒ・フォイエルバッハであること，また，この小冊子については，服部文男『マルクス主義の発展』26ページならびに32/33ページ注5参照。〔本章初出稿公表後，この小冊子には滝口清栄氏による次の邦訳のあることを知った。「W. マールによる民衆の読者のための，フリードリヒ＝フォイエルバッハの『将来の宗教』」『社会思想史の窓』第9号・第10号・第11号，長崎出版，1985年2・3・4月。〕

第7章　M．フント著『『共産党宣言』はいかに成立したか』に寄せて　　159

私的所有を取り除くための強力的革命の必要性を主張した。5.ドイツにはまずブルジョア革命が必要なことを見抜いていた」(S.36; S.32/33 [54/55])。

　(2) Ⅱでは以下，このような認識に欠落していたより深い理論的連関をマルクス主義が与えることになる所以が明らかにされる。つまり，「正義者同盟がロンドンで1845年末から1846年初めにかけて代表した労働者共産主義，おそらくはブランキとは別に最も発展させられ，これまで注目されることもほとんどなかった〔ユートピア的〕（マルクス主義以前の）共産主義の形態もまた，いわば地に足がついていなかった」(S.36; S.33 [55])と形容し，その欠落の客観的・主体的根拠双方（19世紀の最初の三分の一期は資本主義の矛盾が未発達であったことと，同盟の主体がプロレタリアートへの移行過程にあった手工業職人であったこと）に留意(S.36; S.33 [56/57])しつつも，その理論的欠陥を経済的基礎の解明の欠如に，ことに，機械によって資本主義がかちえた生産力を正しく評価することができなかったという点で致命的であるところに，見出している(S.37; S.33/34 [57/58])。

　確かにヴァイトリングやカベーの思想のなかにも「罪をまったく無実の機械にきせている人もいるが，この機械は，人類がいつか一つの大きな家族のように財貨共有制のなかで暮らすときには，彼らにとって幸いであるだろう」とか，「機械は，現在の体制(System)のなかでは，貧民にとってしばしば災いに満ちているが，共同体の制度のなかでは，いくら倍増してもしたりないほど倍増され，苦労の多い危険で不快な仕事はすべて機械によって行われるにちがいなく，また人間の全知性は人間の役割を機械の監視役であることに限るような手段を見つけるために働かされるにちがいない」といった把握が存在することを指摘しつつも，フントは「カベー主義の，ほかでもないこの生産力的側面が正義者同盟によって受け入れられたことを示すものはなにもない」とし，先の討議の内容評価から「生産諸力はまだほとんど問題にならなかった」，「生産諸関係の特徴についての認識も「平等」というユートピア主義的基礎の上では得られなかった」と結論している(S.39; S.35 [59])。

　ここからフントは，同盟の「平等の諸要求は〔また〕，それらが史的唯物論，即ち生産諸力と生産諸関係についての科学的洞察，諸階級と搾取と産業的発展についての知識という現実的地盤に据えられない場合には，夢想である。しかし，そのような認識を受け入れることは少なくない幻想を破壊するのと同じ

意味をもっていた」と述べ，これをさらに一般化して「マルクス主義の労働運動内への受容は常に夢想や幻想，誤った学説そして不正確な部分的認識の放棄とともにのみ成立しうる」とし，「このような事情から，マルクス，エンゲルス，およびレーニンにあっての仮借なき論争も説明されるのであって，——当時の小ブルジョア的妥協主義者や現代の心理学的解釈を行う偽造者らがたびたび繰り返し主張しているような彼らの特別のけんか好きなどからではない」(S.40; S.35 [60]) と立論している箇所は，運動史と理論史との連関を見る場合には看過しえない論点であろう。

(3) 史的唯物論を中心とするマルクスとエンゲルスの理論的貢献に関しては，フントは，もっぱら『ドイツ・イデオロギー』を軸に，マルクスの「リスト評注」での「大工場」評価やエンゲルス『イギリスにおける労働階級の状態』にも目配りしつつ，把握している。

この理論的貢献の第一は，「産業を，当時のその衝撃的な非人間的現象形態にもかかわらず，真の人間的生活のための諸条件をはじめてつくり出した力として認識すること」(S.41; S.36 [62]) である。フントはこれが，「共産主義を実現することは，任意のいつの時期でも可能なのではなく，一揆といったものによっても，あるいはまた相当大きな突然の飛躍によっても可能なのではなくて，まったく特定の社会的発展にかかっている」という認識と表裏一体であること，したがって，先の設問5をめぐる討議の際「すでにシャッパーやその友人たちが予感していた」ものであることに注目しながら，これによってこそ，共産主義は「啓蒙や洞察のような不確かな諸要素と結びついた願望される可能性から，〔合法則的〕（歴史的）必然性になった」(*Ibid.*) と評価している。その際フントはⅠでと同様，「1845年の夏と秋のロンドン討議における目立った進歩はマルクスとエンゲルスの影響を欠いてはまったく説明できないが，これは，正義者同盟における理論闘争の知識を欠いては『ドイツ・イデオロギー』の主な諸章句がまったく説明できないのと同様である」(S.41; S.37 [62/63]) と重ねて述べている。むしろ，たとえに挙げられている後の問題のほうがわが国では従来見落とされがちであったために特に注目しておく必要がある。

第二は，「共産主義を建設するためにはどのような前提が与えられていなければならないのかという問題に『ドイツ・イデオロギー』のなかではじめてきちんとした解答がなされ」たこと，即ち，「「生産力のいちじるしい増大——それ

の高度な発展」を不可欠の条件として求め」たことであって，フントは続けてこの理論的帰結をまとめている (S.41/42; S.37 [63])。この記述中，興味深いのは，『共産主義信条表明草案』の第13項目から「ゴータ綱領批判」に至るまでのこれら論点のさらなる発展が展望されていることである。

第三は，「プロレタリアートの歴史的使命」の科学的基礎づけであって，プロレタリアートは，無所有であり私的所有システムの保持になんらの利害ももたず，最も戦闘的であること，資本の制限された国際主義に対して真の国際主義を持っていること，産業革命の一産物であること，最もよく組織された最大多数の階級であること等が示されている (S.43-45; S.38/39 [65-67])。これらのなかでフントが，「新しい社会秩序はその物質的諸前提がそれに先行する社会秩序の枠内で生み出されているときにはじめて建設されうるというマルクスの学説が意味しているのは，資本主義がすでに共産主義の生産諸力をつくり上げておくということではまったくない。ここではただ新しい社会秩序へと離陸するための諸前提だけが問題とされているのである」(S.45; S.39 [68]) と注意深く記しているのが目に留まる。

(4) IIの後半三分の一では，19世紀の「40年代に，産業上の生産諸力の決定的意義をいち早く認識するどのような可能性があったのか？」(S.45; S.40 [69]) と，以上のマルクスおよびエンゲルスの認識の土台に関して問題を提起し，「30年代の半ばに，ドイツでも産業革命が始まっており，1840年頃には注意深い同時代人たちに意識されていた」と述べ，この経済史的過程を概観 (S.45-47; S.40/41 [69-72]) し，「「蒸気と電気とが現状維持に対して謀議を企てる」という状況が始まっていた」と結論している。

3　同盟とマルクス主義の融合過程 (1)
　　――1845年からマルクス／エンゲルスの加盟まで

以上の前提的考察を承けて，III以下では同盟とマルクスならびにエンゲルスとの融合過程の実際が追跡されるが，IIIではその第一段階としてマルクスとエンゲルスの同盟加入直前までが扱われている。

(1)「ロンドンの同盟員たちが1845年末に，ヴァイトリングもやはり拘束力のある (verbindlich) 綱領にともに到達することのできるような人物ではなかったと認識したのは，マルクスおよびエンゲルスが彼らの新しい世界観を自己了

解しおえるのと時期的に重なっていた」と見るフントは,「ほぼ1845年末から1846年初めの時期以降,マルクス主義と労働運動とが融合する歴史的可能性があった」(S.49; S.42 [73/74])と判断している。Ⅲではこの可能性がどのように実現されたのかが明らかにされるわけだが,ことに「成立しつつある労働者階級の革命的代表者たちは,マルクスおよびエンゲルスの諸著作のなかに,また彼らとの会話のなかに,とりわけ労働運動の科学的な綱領を仕上げるための何を見出したのか?」(S.50; S.43 [75])という観点から,マルクスとエンゲルスの思想形成過程を追う形で叙述されている。

(2) まず『独仏年誌』の二論文から始められている。ここではマルクスの革命認識に関して,「ブルジョア的な枠組を越え出るブルジョア革命の手がかりの歴史上のお手本が唯一見られたのは,1793年のジャコバン独裁であった。しかしながらマルクスは,それがブルジョア社会の固有の根本的利害に対する「強力による反対」であったため,その当時の革命の永続宣言は一つの政治的なドラマで終わらざるをえなかったことを知っていた」(S.51/52; S.44 [77])と把握している点が興味深い。

(3) 次に「経済学・哲学手稿」での成果を,「もしマルクスがすでに1844年半ばに「共産主義の綱領」をあらわそうと思っていたとすれば」という視点で,5点(再版では一点追加され6点)にわたって整理している(S.53/54; S.45/46 [80/81])。フントはこれを評価して,「このような認識はまだ完成した,直接に実践的な,詳しい綱領ではなかったが,しかし,それによって,これまで不十分な諸条件で取り組んできた,労働運動の革命的綱領を作成するという課題への,基本的にいっそう深い,いやそれどころか質的に新しい接近が可能となった」(S.54; S.46 [82])と述べている。

ここから引き出される次のようなフントの運動史と理論史との連関の把握は重視されるべきである。即ち,「マルクスが1844年にこれらの問題を,同盟のパリの指導者たちと,また,フランスの社会主義者たち,即ち,ルルー,ブラン,プルードンおよび「たいていのフランスの秘密の労働者結社の指導者たち」とも,事細かに話題としたことは疑いない。この時以来,マルクスとエンゲルスは(正義者)同盟の理論〔と綱領〕的発展に直接影響を及ぼし始めたし,綱領の問題といった決定的な諸問題においてマルクスはいささかも控え目でいるということはなかった。彼は,1844年秋に『聖家族』のなかで,カベーは確か

第7章　M.フント著『『共産党宣言』はいかに成立したか』に寄せて　　163

に「共産主義のたとえ最も浅薄であるとはいえ，最も大衆的な代表者である」と書いたのだから，そうであれば，彼はそれ以前にすでにそのことをおそらくエーヴェルベック，モイラーおよびその他の人々に対して口頭で表明していたであろう」(S.54; S.46 [82])。また，「カベーの理論は，1839年以降まさしくパリで，同盟によって広く受け入れられていた」のであるから，「今やマルクスの批判がそれに対して突き付けられた」し，「パリおよびロンドンの正義者同盟において1844年から1846年のうちにカベーからフォイエルバッハへの方向転換がある程度までなしとげられたのは，マルクスおよびエンゲルスの協力なくしてはおよそ説明することができない」。(Ibid. [同])

(4)『聖家族』については，次のような視角から検討されている。即ち，「1844年にはまだマルクス主義と労働運動の融合はありえなかった。というのは，マルクス主義はたったいま現れたばかりだったからである。しかし，科学的綱領を求める努力にさいしての両潮流の協働はこのような初期にまで遡る。マルクス主義の形成は，労働運動の理論的な要求をきわめて正確に知るなかでなしとげられた」(S.55; S.46 [83])。したがって，『聖家族』についての評価も，それは確かに青年ヘーゲル派に対する攻撃ではあるが，「バウアーやファウハー等による観念的・思弁的攻撃からフォイエルバッハおよびプルードンを大いに擁護したこと，そして社会，国家，唯物論，婦人解放，政治経済学にかんする本書の諸章句は，この時期の労働運動の綱領討議ときわめて深くかかわっていた」となり，続く部分ではこれを宗教について例証している。このような評価も注目されるべきである。

また，本書の分析視角からして当然にも「1845年初め，マルクスがフランスから追放されたことにともなって，科学的共産主義の引き続く仕上げの影響を，パリにおける正義者同盟あるいはフランスの労働者結社の指導部および組織に，直接及ぼすということは不可能になった」(S.56; S.48 [85])点に目を留めている。

(5) ブリュッセルに移って以降，マルクスとエンゲルスの本来の活動は『政治学および経済学の批判』，そしてイギリスとその社会主義の歴史研究であったにもかかわらず，「フォイエルバッハ・テーゼ」や『ドイツ・イデオロギー』執筆へと至る経緯が，次のように述べられている。

その第一は，「真正」社会主義の影響である。エンゲルスの「フーリエの商

業にかんする断片」をも引きながら，フントはこう描写する。「グリューンは，おざなりに寄せ集めて書き上げた著書『フランスおよびベルギーにおける社会運動』を 1845 年に公刊していたが，パリに住み，プルードン，エーヴェルベックその他の社会主義者および同盟員たちと交際し，彼らの間に度し難い理論的混乱をひき起こしていた。ドイツとスイスでは同じタイプの「真正」社会主義者たちが左派系ジャーナリズムの独占をはかった。つまり，「真正」社会主義者たちの常套句で歪曲された形のフォイエルバッハの哲学によって，正義者同盟のイデオロギーおよび共産主義的心情の知識人たちの見解は，いたる所で「愛情たっぷりの情緒の露」のなかで溺死させられようとしていた」(S.60; S.50 [91])。これは「フォイエルバッハの弱点および彼の哲学の誤解を声高に喧伝された流行にし」(S.59; S.50 [90])，フォイエルバッハの検討を始めていた同盟に理論的な面でも悪影響を与えずにはおかぬものであった。

　第二は，「フォイエルバッハをめぐる論争においてヘーゲル以後の哲学の最新の論争が頂点に達し，マルクスとエンゲルスにとっては彼らのかつての哲学的見解を徹底的に清算することが必要となったから」(S.59/60; S.50 [90]) である。

　本書では第一の点に関して注目すべき指摘が見出される。まず，先にも触れた 1845 年 7 月から 8 月のマルクスとエンゲルスのイギリス滞在に関してである。即ち，「〔そのさい〕（その［マンチェスターからの］帰途）彼らは，（ロンドンで）またチャーティストや正義者同盟の〔ロンドンの〕指導者たちと会った。マルクスとエンゲルスは，まずもって共産主義労働者教育協会で行われている討論の状況について，ヴァイトリングの見解の拒絶がますます進展していることについて，シャッパー，バウアー，モル，プフェンダーから，直接知らされた」(S.57; S.48 [86])。ここから生じた同盟のフォイエルバッハ研究も「マルクスとエンゲルスが（すでに）1 年も前に〔方向づけた〕（提案した）ことであったのだが，今や彼らに分かったのは，［この研究は］（それでは）同盟の理論的要求を決して完全には満たすことができなかったということであった」(Ibid. [87])。また，イギリスからブリュッセルへ戻った彼らは，パリでも同様の状況であることをエーヴェルベックからの手紙によって知る。このため「彼らには 1845 年夏に，フォイエルバッハ研究では労働運動の綱領の発展においてはきわめて限られた部分的認識しか得られないということ，フォイエルバッハからはっきりと分かれる必要が熟したということがよく分かった」(S.59; S.50 [90])。したがって時間的

第7章　M．フント著『『共産党宣言』はいかに成立したか』に寄せて　　165

には先立つ「1845年5月のマルクスの「フォイエルバッハ・テーゼ」」第10項および第11項の理解も，自ずと「戦うプロレタリアートと融け合う学説としての，世界を変革する哲学」(S.58; S.49 [88])とされる。

　また，第二の点についても「イデオロギー戦線が完全にぼやけてしまうおそれがあり，それはマルクスとエンゲルスの目には，正義者同盟のちょうど始まったばかりの徹底したフォイエルバッハ研究がこの混乱した状況のなかでは「真正」社会主義に行き着くにちがいないだけに，なおさら危険をはらんだもののように思われた」(S.61; S.51 [92])という評価になる。

　『ドイツ・イデオロギー』に関する叙述のなかでは，その影響史についてこう概説されている。「科学的共産主義についてこれまでにすでにきわめて多方面にわたって磨きあげた根拠づけを自己了解するという一つの目的を，マルクスとエンゲルスはすでに果たしてしまっていた。それは，共産主義通信委員会の手紙や回状だけでは正義者同盟に伝えられるはずがなかった。そのため，マルクスとエンゲルスは，手稿の主な部分の仕事の終了直後に，一方で出版にともなう諸困難がもう十分に示唆されたころに，即ち1846年6月に，全体的な共産主義者大会の準備をするよう提案した。この考えは，ロンドンでただちに非常な感激をもってとりあげられ，結局，1847年に共産主義者同盟の第一回および第二回の大会という形で実現された。『ドイツ・イデオロギー』の認識を同盟に伝えることは，これらの大会で，また両大会のあいだに行われた綱領討議のなかで，広く行われた。『ドイツ・イデオロギー』のなかで仕上げられた新たな学説が世に知れ渡ったのは，まずはマルクスの『哲学の貧困』においてであり，わけても第二回大会によって委嘱された『共産党宣言』においてである」(S.61/62; S.51/52 [93/94])。これらの指摘は，『ドイツ・イデオロギー』をマルクスの思想形成史に位置づけるさいに常に留意されなければならない事柄であろう。

　『ドイツ・イデオロギー』の内容についても，「革命的な労働運動の科学的綱領を仕上げるのに最も重要な『ドイツ・イデオロギー』の認識とは何であったのか？」(S.62; S.52 [94])という視点から分析されている。

　それは，フントに言わせればまずもってこうである。「史的唯物論のすべての基本的要素が展開されていたし，少なくとも素描されていた。1844年の認識を越えており，また将来の綱領のために特に重要であったのは，マルクスとエ

ンゲルスの次のような確認であった。即ち,生産諸力が社会の最も革命的な要素であるということ,その発展は法則に従って生産諸関係と時おり矛盾に陥り,その矛盾は社会革命によって解決されるということ,「そしてさらに,支配をめざして戦うどの階級も,たとえ彼らの支配がプロレタリアートの場合にそうであるように古い社会形態全体と支配一般との廃止をひき起こすにしても,まっさきに政治権力を獲得しなければならないということ」(S.62; S.52 [94])である。フントは続けて,この「獲得の必然性についての諸命題によって,プロレタリアートの歴史的使命にかんする学説は,わずか数ヵ月前の『聖家族』においてなされた以上に,今やはるかに包括的に科学的基礎づけがなされた」こと,「「過渡期」についてのバブーフ,カベー,ブランキおよびヴァイトリングの萌芽的試みをはるかに越えて,〔社会主義〕(プロレタリア)革命を,もはや一度だけの行為ととらえるのではなく,〔「共産主義的意識〔……〕の膨大な産出」も行われる〕長い歴史的な段階であるととらえた」(S.63; S.52/53 [95])こと,について詳論している。この最後の論点の行論中,シュティルナーが共産主義的プロレタリアートを「旧来の人間」のままでいるものと思っていることに対してマルクスとエンゲルスが批判して,「革命的活動において,自己変革と環境の変革とが一致するのである」(S.64; S.54 [98])と述べている点もフントは怠りなく指摘している。

　(6) 共産主義通信委員会についてもフントは,このような新たな世界観からする階級闘争の実践の要請には,当時存在していたさまざまの労働者結社は耐ええないというマルクスとエンゲルスの評価から創設されたと捉えている (S.65; S.54 [98])。また,マルクス主義の受容の条件をもつ組織についても,「1846 年の後半に明らかとなったのは,――ラインラントやヴェストファーレン,シュレージエン,ライプツィヒ,そしてキールにおける若干のもっぱら知的で,ごく小さな社会主義者のグループ,ならびに,ジュリアン・ハーニーのようなまったく少数の進歩的チャーティストたちを除けば――当面は正義者同盟だけに考慮の余地がある〔……〕一方,同盟の内部では,またしてもロンドンの組織が別格」であったと見,マルクスならびにエンゲルスとロンドンとの結びつきの経緯について,「ヴァイトリングの「左翼」分派主義的見解を,また多少遅れて「真正」社会主義の日和見主義的長口舌を,共同で拒絶したこと」(S.65/66; S.55 [99])を中心に描いている。

ヴァイトリングとの関係については,「無知が誰かの役に立ったことなど一度もない」というセンセーショナルな言葉のみ一面的に知られているように思われる 1846 年 3 月 30 日のブリュッセル共産主義通信委員会席上でのマルクスのヴァイトリング批判の要点を再構成している。即ち,「1. ドイツにおいて共産主義革命は間近に差し迫っていはしない。来るべき革命はまずブルジョアジーを権力につけるであろう。/2. 客観的な状況に注目することなく無益な予言によって労働者たちを扇動しようとする者は,彼らを無益な犠牲へと追いやるだけである。/3. 労働者革命を勝利で終わらせるために必要なのは,熱狂すること――ヴァイトリングの唯一の前提――のないプロレタリアートであって,なかでも科学的洞察および系統だった組織である。/4. 理論をないがしろにする者は,労働運動による科学的共産主義の受容をさまたげ,そのため労働運動にとって有害である」(S.66; S.55 [100])。

「真正」社会主義批判に関連しては,通信委員会の伝承されなかった「回状のなかに明らかに『ドイツ・イデオロギー』の基本思想のある種の平易な要約版もあったことが自ずと示されている」マルクスとエンゲルスの後の言に触れている (S.67; S.55/56 [101]) が,これは『ドイツ・イデオロギー』の影響史の考察にとって重要である。

フントはこの間のマルクスとエンゲルスの「確固とした戦術的意図」として「実際に存在する労働運動との緊密な信頼関係を得るために [……] 政治的活動における特定の誤りは誤った理論に還元されるという,その都度の具体的証明によって戦った」(S.67; S.56 [102]) と把握している。

(7) Ⅲで次に扱われているのは同盟へのプルードンの影響とそれへの批判である。今やヴァイトリングやクリーゲの経済学的無知に起因する一揆主義や人間共通の「愛の」たわ言が同盟によって克服されつつあったちょうどその時に,プルードンが経済学の秘密を解き明かしたとして労働者たちの前に現れたわけである。「経済学の諸問題は彼らになじみがなく,こうした問題で彼らは思わず途方にくれてしまうことがしばしばであった。したがって,マルクスおよびエンゲルスのプルードンとの論争は,同盟の綱領の発展と切り離すことのできない構成部分なのであった」(S.68; S.57 [104]) と,フントはまず一般的な描写を与えている。そして次に,1846 年秋のパリの同盟の一連の会合でエンゲルスが「共産主義者の意図を定義」した所以を述べている。「当地の正義者同盟の組

織がプルードン主義にひどく感染しており，そのさいカール・グリューンが宣伝者を演じ［……］綱領を欠いたことで壊滅的なイデオロギー的結果を招いたことが明らかとなった」(S.69; S.57 [105])。フントはこのエンゲルスによる定義を「いくら高く評価してもしすぎるということはな」く，「実際の同盟組織の履歴において，科学的共産主義の認識にもとづく党綱領の形成への第一歩はここに印された」(S.69; S.58 [106])と見ている。

この時期，同盟内では「中央指導部即ち人民会堂の所在をロンドンに移し，そこでの有力で理論的に明解な国際的な指導に委ね，大会を準備し，大会によって最終的には遵守すべき綱領を採択することが決定された」(S.70; S.58 [106])。また同じ頃，プルードンの『経済学的諸矛盾の体系――貧困の哲学』が出版され，ドイツ語訳も準備されていた。フントによれば，マルクスは「新しい同盟指導部の構成員だけでは科学的綱領に到達することができないであろうこと，また，彼らの経済学的知識ではプルードンを反駁するのに十分でないだろうことをよく知っていた。したがって，プルードンに反対する立ち入った論戦は，マルクスの政治経済学研究にとってまさしく渡りに船であっただけでなく，それは同時に来るべき綱領討議の最善にして最も現実的な準備であったに違いない。史的唯物論の基礎的連関をプルードンが理解していないということを攻撃することで，共産主義理論の発展に関心を抱くすべての人々に――とりわけロンドンの同盟指導部に――彼らになお存在していた理論的不十分さを遠回しに明らかにする絶好の機会が与えられた」(S.70; S.58/59 [107])と，Ⅲを了えている。

4 同盟とマルクス主義の融合過程（2）
――マルクス／エンゲルスの加盟から第一回大会まで

Ⅳでは，正義者同盟指導部のロンドン移転とマルクス，エンゲルスの加盟とに始まり共産主義者同盟第一回大会に至る時期の綱領をめぐる諸活動が述べられる。

（1）まず初めに，同盟指導部により，「綱領を欠くことが同盟における害悪の根源なのだということがきわめてはっきりと認識されていた」(S.74; S.61 [112])ことをもの語る資料として，1846 年 11 月の「正義者同盟人民会堂から同盟へのよびかけ」が取り上げられている。

第7章　M.フント著『『共産党宣言』はいかに成立したか』に寄せて　　169

「われわれは，事態の今日の秩序，あるいはむしろ無秩序を克服しようとする志向においては一致しているが，われわれがこれらを克服すべき流儀および方法においては一致していない。――はじめは共産主義的・社会主義的（sozial）制度（System）を設立することによって影響を与えなければならないと考えられていたが，しかし間もなく，誤った道をとっていたことが分かった。そして，幸いなことには人はもうほとんどこのような制度いじり（Systemkrämerei）からは立ち戻っているが，それを除けば，まだなんらの合意も存在せず［……］，分かりやすい共産主義の信条は，万人に基準として役立つであろうが，まだできあがっておらず，そのために，われわれはさまざまな地方で力強く協力するかわりに，しばしば相互に妨害しあうということになっていた。――こうした弊害は取り除かれるべきであり，またそうしなければならない。しかし，それは手紙で行うことは不可能なので，われわれは1847年5月1日に大会を招集する」(S.74/75; S.61/62 [112/113]〔*BdK*1, S.431〕)。

　フントはこの箇所から，ロンドンの中央指導部がまだマルクスとエンゲルスに完全に同調していなかったとはいえ，「どのような「制度いじり」をもすっかり拒絶し，二ヵ月足らず前に表明された大会を挙行するという提案を採用したことには，やはり1846年11月にはもうロンドンでマルクスとエンゲルスが頼りにされていたということが十分はっきりと示されている」(S.75; S.62 [113])と捉え，8週間後の加盟要請特使モルの派遣の必然性を見出している。

　また，「彼らは馬鹿げたフーリエ崇拝および自己崇拝のなかにあるため，人間の全生活関係の彼らによる規制が人間から完全に自由を奪い取り，温室育ちにしてしまい，そうしたものたちからは良いものは何も生み出すことができないことを認識していない。［……］この哀れなものたちは，労働を魅力あるものにする手段について語っているが，彼らに分かっていないように思われるのは，自然法則にもとづく社会では，生命の，諸個人の確証であるところの労働には魅了する手段などまったくいらないということ，また労働そのものが最も魅力的なものであり，労働が魅力を与えることができるのだということである」(S.76; S.62 [114]〔*BdK* 1, S.433〕)という「よびかけ」の章句に，「新聞，雑誌および出版活動で際立って活発であった」フーリエ主義者たちをも同盟史においてはじめて公然と批判したこと，ならびに「創造的な労働を人間本来の生命活動と把握するところに，マルクスとエンゲルスの影響がはっきりと示されている」こ

とを見 (S.75/76; S.62 [113/114]), フーリエ主義批判については『共産党宣言』での否定・積極両面での評価と対比している。

さらに, フントは,「11月のよびかけ」で提起された綱領討議のための三つの実践的問題——さまざまのブルジョアジー, ことに急進的ブルジョアジー, またさまざまの宗教的党派, そして社会主義的・共産主義的諸党派との同盟に関する問題——を紹介し, 問1については, ロンドンの指導部が「革命前夜にドイツおよびベルギーにおいて一部ブルジョア自由主義に反対し始めた小ブルジョア民主主義者との政治的同盟を支持した」こと, 問2については,「『宗教的党派』と言われているのは, 当時物議をかもしていた野党的で部分的には国家追随的な諸潮流, 即ち,「ドイツ・カトリック」とプロテスタントの「光の友」とであった」ことを, それぞれ解説している (S.77; S.63/64 [117])。

フントはこの1846年11月の「よびかけ」を次のように総括している。「1846年の11月のよびかけによって, 1838年以来はじめて組織の指導部の文書に再び綱領問題が姿を現した。1839年の反動, 続く数年間のひどい分散状態, 種々の方向でのきわめて多様な試みは, 新しい同盟指導部が思いきって新しい方策で綱領討議に取り組み, 今度は積極的な決着をつけるという固い意志を表明したことで, 今ようやく克服された」(S.78; S.64 [117]) のであった。

(2) この企ての決定的な一歩とされているのが, 1847年1月末のモルによるブリュッセルのマルクスと, パリのエンゲルスへの旅, および, その結果としてのマルクスとエンゲルスの同盟加入である。ここでフントは, モル持参の委任状のなかで同盟指導部が, マルクスとエンゲルスの見解の正当性を納得し, その理論を来るべき大会で公式に同盟の理論として受け容れるがゆえに, 以前の彼らの加入拒否の論拠はなくなったとの説得を紹介しながら,「しかしながら, このような重大な歩みは, マルクスおよびエンゲルス自身が同盟員として, 同盟内で新しい事柄になお抵抗する諸勢力を承服させるのに手助けする場合にしかはかどりえない」(Ibid. [118]) と見, また, マルクスとエンゲルスの出した「権威への盲信を助長するものすべてを規約から取り除くという条件のもとでのみ, 加入は行われた」という点を考察している (S.79; S.65 [119]〔MEW, Bd. 34, S.308〕)。

(3) 次に検討が施されているのは, 1847年2月の「よびかけ」である。まず, マルクス, エンゲルスの加入条件との関連で, 6月に延期された大会の議事には

「これまで規約の徹底的な改定」も設定されていたことに触れている (*Ibid.*)。

次に示されているのは,ブルジョア民主主義革命の勃発を前に「〔ブルジョア民主主義的〕反政府（運動全体）のなかで一つの確固たる独自の立場を占めるのは,組織的にも綱領的にも独立した党が存在している場合にだけ可能」(S.79; S.65 [120]))であったが故に,綱領討議のためのさまざまな準備がなされたことについてである。そして,同盟員はヨーロッパに広範に存在していたが,「残念ながらわれわれがさすがに告白しなければならないことは,それなしにはわれわれが諸事件の経過に対してなにひとつ実際に影響力を行使することができない確固たる結びつきも強力な協働も行われていないということである。共産主義者は残念ながら今もなお確固たる党を建設しておらず,まだ確固たる揺るぎない拠り所がない〔……〕。このような事態は変えられなければならない。というのも,われわれは,現在運動の尖端にあり,そこからしてもわれわれ全員が結集する独自の旗をもたなければならず,多くの俗物集団のあいだをうろつき回るのは許されないからである」(S.79/80; S.65 [120] [*BdK* 1, S.454])という結論にロンドンの指導部が至ったのも,マルクスおよびエンゲルスとの交渉ののちに (S.79; S.65 [120])であったと捉えている。

フントはこの「独自の旗」との関連で,「よびかけ」の次の章句を引用する。「第三に,簡潔な共産主義の信条表明が定められなければならない。そして,それはヨーロッパのすべての言語で印刷され,すべての国々に普及される。これは特に重要な点であるが,われわれは,下記の,そしてまたそれに関連する諸問題を特に綿密に議論するよう諸君にお願いする。そうすることではじめてわれわれ自身の意図がわれわれにすっかり明らかになるであろう」(S.80; S.65/66 [121] [*BdK* 1, S.453])。そしてこの2月の「よびかけ」では,前年11月の「よびかけ」で提出された問題に加えて,「1.共産主義とは何か,また,共産主義者は何を望むのか？／2.社会主義とは何か,また,社会主義者は何を望むのか？／3.共同体は,どのような方法で最も速やかにまた最もたやすく実施されうるのか？」という理論問題が提起されたことを示し,この各々についての人民会堂の方向づけを詳しく紹介している (S.80/81; S.66/67 [121])。

(4) 第一回大会へ向けての準備作業として次に取り上げられているのは,『哲学の貧困』についてである。フントの全体的な評価はこうである。「マルクスは,プルードンに反対するその論争書によって,1847年前半に,同年6月の綱領

草案を歴史学的, 経済学的に表現するのに耐えうる理論的基礎をつくり上げた。『哲学の貧困』は, 共産主義者同盟第一回大会のための最も重要な準備作業であった。史的唯物論およびプロレタリアの政治経済学は, 『哲学の貧困』によってはじめて, その時までにマルクスによって発展させられていた形で世に問われた。『ドイツ・イデオロギー』のなかで的確に表現され, 一部はもうまたさらに発展させられていた, 社会の発展法則についての詳論が, 今やはるかに円熟したマルクス主義のやり方でプロレタリアートの階級闘争の戦術に適用された」(S.82; S.67 [124])。

『哲学の貧困』に関しては, 社会発展にとっての生産諸力の決定的な役割, その歴史的な形態・諸段階, 労働価値論, 経済的階級闘争と政治闘争との統一等が論じられているが, その中でも注目すべきは, その同盟への影響を述べた以下の諸章句である。

第一。「この論証 [プルードンの先行者としてのリカード派社会主義の存在の指摘と全労働収益権論が共産主義とは無縁であることの指摘] は, 特にロンドンの同盟員たちを得心させた。彼らは1847年半ばにフランス語で出版された『哲学の貧困』をただちに学んでいたので, 第一回大会ののち, パリの若干の同盟員が同盟におけるまったく新しい発展に理解を示さなかったときに, 中央指導部は1847年9月14日の同盟へのよびかけのなかでこう表明した。「われわれはプルードンおよびグリューンの信奉者たちに, マルクスの『哲学の貧困』という著書を読むことを求める, [……] そうすれば, 彼らは, 彼らが賛言をつくして欲している彼らの平等国家とは, 今日の国家にほかならないことが分かるであろう」」(S.84; S.68/69 [126/127])。

第二は, 「『哲学の貧困』の歴史・経済認識は1847年6月の第一回大会の綱領草案中にもその姿を見せた。草案のなかには, マルクスによって1847年12月にブリュッセルの労働者協会で行われたが, 少なくとも部分的にはすでにその春には仕上げられていたことが明らかな「賃労働と資本」にかんする彼の講演の諸章句と一致するくだりも若干存在する。それゆえ, 相当の根拠をも

---

(11) 講演草稿の完成時期を1848年春に遡上させることについては, すでに疑念が表明されている。服部文男『マルクス主義の発展』第5章第3節 (初出は「『共産党宣言』成立史をめぐるいくつかの問題」東北大学経済学会研究年報『経済学』第33巻第3・4合併号, 通巻第102・103号, 1972年5月) 参照。

って推測されるのは，マルクスは『哲学の貧困』と並行して遅くとも1847年5月までには自身の認識を体系的で大衆的な形にまとめあげ，この成稿（Ausarbeitung）を大会代議員であったエンゲルスとヴォルフが利用したということである。プルードンを論難するこの書物が第一回大会ののち数週間してようやく出版されたという事実から，マルクスの政治経済学上の認識が大会で利用されることはなかった，などと推論してはならない。逆である。というのも，綱領草案の決定的核心は，マルクス主義が『哲学の貧困』によって到達した発展水準なしには考えられないからである」(S.85/86; S.69/70 [129])。

また，フントが，『哲学の貧困』におけるプルードン批判の激しさに関連して，そのよって来る所以を「綱領上の明確さは労働運動にとって死活問題である」という見地から説明し，「原理的な思想闘争にこのような開かれた論争的雰囲気を醸し出したことは，綱領の仕上げへのマルクスとエンゲルスの重要な貢献であった」と見ている(S.86; S.70/71 [130/131])のも興味深い[12]。

この「戦線のイデオロギー的明確化」に次いで，「戦線の政治的明確化」の課題を引き受けたのがエンゲルスの『ドイツの現状』であるとして，その散逸部分がやはり第一回大会に与えたであろう影響を示唆している点(S.86/87; S.71 [131/132])も看過しえない。

(5) Ⅳの残りの部分では共産主義者同盟の第一回大会が扱われている。そのさいの視点はこうである。「革命的な党綱領を真空のなかで仕上げることはできない。それは革命的な党の生命活動の表出としてのみ成立しうる。正義者同盟は，革命的な労働者組織であったが，しかしマルクス主義的意味においてはまだ党ではなかった。そのためには，それの共産主義者同盟への転換が必要であった。1847年6月2日から9日まで開催された第一回大会によって，新しい党の，即ち，国際的なプロレタリアートの最初の革命党の，組織的枠組が大筋においてつくり出された」(S.87; S.71 [132/133])。

---

(12) 『哲学の貧困』の運動史との関係については，Pelger, Hans: Einige Bemerkungen zu Marx' 》Misère de la Philosophie《 von 1847. In: Otto Büsch/Hans Herzfeld (Hrsg.), Die frühsozialistischen Bünde in der Geschichte der deutschen Arbeiterbewegung. Vom 〉Bund der Gerechten〈 zum 〉Bund der Kommunisten〈. 1836-1847. Eine Tagungsbericht, (*Beihefte zur Internationalen wissenschaftlichen Korrespondenz zur Geschichte der deutschen Arbeiterbewegung*, Heft 2), Berlin 1975, S. 161-184 参照。

まず，規約草案が扱われ，「正義同盟 (Bund der Gerechtigkeit)（文書のなかではその後，「正義者同盟 (Bund der Gerechten)」が徐々に受け入れられた）」(S.88; S.72 [133]) から「共産主義者同盟」への名称変更，「人類は皆兄弟である」から「万国の労働者，統一せよ！」へのスローガンの変更，なお存在していた分派的・陰謀的な組織上の性格の民主集中制への移行，各級組織の名称の変更が指摘されている。最後の点について，フントは「総じて同盟が徹底して組織上も国際的でありまたイデオロギーにおいても国際主義的であったように，国際的にいっそうよく理解される名前がまったく自覚的に選ばれた」(*Ibid*. [133/134]) と述べている。

これ以降記されているのは綱領審議に関してであって，もっぱら「共産主義信条表明草案」が検討されている。

そのなかで注目すべき論点の第一は，『哲学の貧困』に関連して言及されてもいたが，「伝承されている諸史料からは，どのような仕上げ (Ausarbeitung) をたずさえてエンゲルスが共産主義者同盟のパリ地区の代議員として，また，ヴォルフがブリュッセルの代議員として，ロンドンの大会へ向かったのかは，推定することができない」(S.91; S.74 [135/136]) としていることであって，今後追究されるべき論点であると言えよう。

第二は「共産主義信条表明草案」に関するフントの評価である。まず事実確認。「事実としては，大会によって決定された綱領草案「共産主義信条表明草案」はエンゲルスの筆跡で伝承されており，それはすでに基本的にはマルクス主義的立場を表明しているが，しかし若干の条文においてはまったく明瞭にその立場から後退しているということである」(S.91; S.74 [136])[13]。フントの評価を一言で引けば，「マルクス主義がまだ〔ユートピア的な〕（それ以前の）思考様式の残滓とじかに戦っているのが分かる」(*Ibid*. [136]) となるであろう。

また，「共産主義信条表明草案」の内容に関するフントの記述で興味深いの

---

[13] 「共産主義信条表明草案」は，内容評価とともに，その署名者，筆記者，執筆者の異同に注意を要するとの指摘ならびに「「信条草案」の表現は，このようなマルクス主義の普及水準の一定の反映であり，これら不十分，不正確な理解の存在を前提として，これに正確な内容をあたえることが眼目であったのではなかろうか」との推定（服部文男『マルクス主義の発展』第5章，115/116ページ，123ページ注9および117ページ）は重要である。

は，まず，「すでにロンドンの同盟員たちには，ある独特の形の〔ユートピア的〕（労働者）共産主義が 1846 年末までに達成していた水準をおおむね反映した設問一覧といったものがあったのではないかと思われる」(S.92; S.74/75 [138])として，その論拠に規約草案第 1 条の二つの段落が前半のマルクス主義的性格と後半の命題の「永遠の真理」に関しての非歴史的見解とで矛盾しているとの指摘を行っている点である。また，「「共産主義信条表明草案」の決定的部分とみなすことができるのは，第 7 問から第 13 問までであるが，それらのなかでエンゲルスは詳細に，またもはやほとんど教義問答の形式にとらわれることなく，共産主義を史的唯物論によって基礎づけた。そこでは，『哲学の貧困』および「賃労働と資本」のマルクスの認識が役立てられた」(S.94; S.76 [141])。さらに，「共産主義信条表明草案」が一揆主義とは再度明確に一線を画し，「あらゆる陰謀の有害であること」が語られ，革命が客観的な社会的過程の帰結であることを述べたことに関連して，カベーの影響とは別に「エンゲルスはこの問題では，フランス大革命の経験を吸収するとともに彼の民主主義概念をいちじるしく発展させた永年にわたる自身の研究にもまた立脚していた」(S.95; S.77 [142])としている箇所である。

第一回大会は綱領を決定することができなかったが，フントはこう評価している。「マルクス主義が労働運動と融合する過程は，第一回大会の結果，はじめて拘束力のある (verbindlich) 文書の形をとったのであり，今やずっと速やかに一心に目標を目指して進んでいくことが可能となった。革命党を創設するための礎石が置かれ，科学的に基礎づけられた綱領を作成する直接の第一歩が踏み出された。共産主義者同盟の全構成員には綱領討議に加わる機会が与えられたし，そうすることが求められ，この討議によって同年 12 月の決定的な第二回大会が準備されることになるのだった」(S.96; S.78 [144])。

5 同盟とマルクス主義の融合過程 (3)
―― 綱領討議・第二回大会・『宣言』の起草

「労働運動の歴史において，第一回大会と第二回大会の間のこのときに，包括的な綱領討議がはじめて行われた。それは，プロレタリアートの国際的な革命党をはじめてつくり出す過程では，なくてはならない要素，基本的な構成要素であった」(S.97; S.79 [146])との評価のもとに，Ⅴでは，この綱領討議の状況

を，まず各地の同盟班に即して，次に各地の討議から生じた諸種の小冊子・綱領案等について，検討している。

この前提となる第一回大会文書の送達状況はこうである。「中央指導部は，石版刷りの三つの大会文書——規約草案，「共産主義信条表明草案」および同盟への回状——をフランス，ベルギー，ドイツ，スイスの 10 都市の構成員に送付した。当然ロンドンの構成員にも伝えられたが，そのなかには，多くのドイツ人と並んで，デンマーク人，ノルウェー人，ハンガリー人およびその他の国々の代表者たちもいた。[……] さらに中央指導部は，全権委任された特使をアメリカへ 2 名，ドイツへ 1 名，オランダへ 1 名，そしてノルウェーへ 1 名，派遣したが，彼らはいずれも大会文書をたずさえていた。エンゲルスはパリへ帰った後，同盟員シュテファン・ボルンを特使として東フランスおよびスイスへの旅に送り出した。ボルンは，リヨン，ジュネーヴ，ラ・ショー＝ド＝フォン，ル・ロックル，ローザンヌおよびベルンの同盟員たちに情報の提供を行った。後になって 1847 年 7 月に，ロンドンからストックホルムに向けて，「共産主義信条表明草案」が一部送られた」(S.98; S.79/80 [146/147])。

フントは，「1847 年 6 月 24 日付，ロンドンの共産主義者同盟中央指導部のハンブルク班宛書簡」を引用して，この模様を具体的に示している。即ち，「われわれは諸君が，アルトナ，マクデブルク，ベルリン等々で同盟を堅持し，組織するため，諸君の力の及ぶ限り全力を尽くすこと，それゆえにまた上述の地方にいる構成員たちに，ともかくできる限り，規約，信条表明についての草案ならびに大会通達を送り届けるよう努力することを希望する」(S.98; S.79 [146; *BdK* 1, S.489])。また，1847 年 9 月の「共産主義者同盟中央指導部の同盟へのよびかけ」を引いて，「情勢を評価する現実的で自己批判的なやり方」の重要性が理解されていたことを明らかにしている。「われわれには現在新しい基礎があり，またそこかしこで新しく熱心に活動しているように思われるのはそのとおりであるが，しかし一般的には，われわれがすでにずっと前に立つべきであった地点から，われわれはなお遠く隔たっている」。「たしかに，人々が意気消沈しないように，いつも状況の最も良い面が強調されるべきだと考える人がいるかもしれない。しかるに，われわれは，自ら戦わなければならない途方もない多様な困難を全員が承知していなければならない，という見解なのである。——いやしくも一男子たるものは，それによって怖じ気づくどころか，むしろ新

第7章　M. フント著『『共産党宣言』はいかに成立したか』に寄せて

しい活動へと鼓舞されるであろう」(S.99/100; S.81 [148/149; *BdK* 1, S.529])。

(1) 各地の討議状況に関して注目すべきフントの叙述は，まず，アムステルダムの状況である。フントは，かなり誇張があることを指摘しつつも，1848 年 3 月 12 日付の『ケルン新聞』の記事を引く。「最も巨大な富者階層と最も身の毛のよだつ貧困者層との対立が恐ろしいほど目につく世界貿易のわが首都においても，労働者階級の胎内に [……] 一つの共産主義者の協会が形成され，その協会は自ら出したある仮綴じ本のなかで，所有に対する攻撃をきわめてあからさまに説いている。その協会にはすでに 1000 人以上の会員が数えられるという」(S.101; S.82 [151/152; *BdK* 1, S.1094])。

またストックホルムでの活動については，「同盟班の狭い枠を越えて宣伝を効果的にするために，〔イョルトレク (Görtrek)〕(イョートレク (Götrek)) は「共産主義信条表明草案」，ロンドンの『共産主義雑誌』の諸論説およびカベーならびにキリスト教社会主義——当時，スウェーデンで大いに流布していた——の若干の考え方を一冊の仮綴じ本に仕立て上げ [……] 1847 年末に刊行」したことを，この小冊子の内容上の特徴，「女性の解放」への言及とともに紹介している (S.102; S.82/83 [153])。

アメリカ合衆国とデンマークに関しては，「ニュー・ヨークの同盟班は，1847 年初めにヴァイトリングが到着して以後，内部分裂に陥り [……] 党活動が実質上麻痺していた」，また，「相当数活動的なデンマーク人同盟員がいたにもかかわらず，この時期についての典拠は何もない」(S.102; S.83 [154]) とのみ，述べている。

「ドイツでは，同盟は 1847 年にアルトナ，ベルリン，ブレスラウ，ハンブルク，キール，ケルン，ケーニヒスベルク，ライプツィヒ，マクデブルク，マインツ，マンハイム，ミュンヘンおよびシュトゥットガルトにおいては班を，その他の地方においては同盟員個々人を指揮した」が，1847 年 9 月 14 日付の「共産主義者同盟中央指導部から同盟へのよびかけ」によって，「綱領討議についての具体的な発言は，ハンブルクおよびライプツィヒからだけ表明されている」(S.103; S.83 [154/155]) ので，この二つの都市での状況に触れた各々の箇所を引いている。

ハンブルクについては，当地で「1847 年夏，グリューンおよびヴァイトリングに対してなされた第一回大会での批判を理解することが彼らには難しくなった」

(S.103; S.83 [155])事情を示すものである。即ち、「今はちょうどわれわれが目覚めている時なのであり、それゆえ、われわれは、行動力をまったく欠くような夢想家や体系いじりたちにこれ以上かかわりあうことはできない［……］。——グリューン派は、平等という言葉が意味しているところを知らず平等についてさんざんおしゃべりし、自分たちのことは棚にあげてなんでも批判する人々なのである」(S.103; S.84 [155; *BdK* 1, S.532])。

ライプツィヒについては、当地の綱領草案に関する討議結果をエーミール・O・ヴェーラーがまとめ、1847年9月はじめに中央指導部に送った手紙について、同じ「よびかけ」でなされている言及である。「信条をもっと科学的な形に、また社会のどのような階級にももっとふさわしい形にすることが必要であろう、と。——彼らは、ほとんど全体にわたる改訂を提案し、その理由を示した。提案された修正はつぎの大会に審議のため提出されるであろう。中央指導部は手紙のなかで挙げられているほとんどの論点に同意する」(S.104; S.84 [156; *BdK* 1, S.533])。ヴェーラーの提案が階級融和的なものであった可能性が強いはずなのに、このような中央指導部の反応があったことについて、フントは「ヴェーラーの表現がロンドンで誤解されたということで説明できよう」としている。

スイスについては、かつてのヴァイトリングの、またこの時期のハインツェンの、影響による非常に複雑な条件下での討議であったが、特使ボルン滞在中のベルン班でハインツェンからの離脱がなされたことや「ジュネーヴ、ル・ロックル、ローザンヌ、ラ・ショー＝ド＝フォンおよびその他のほぼ四つないし五つの地域においても、組織的前進と綱領討議とが時を同じくした」ことが述べられている。が、なかでも詳述されているのはこの「パリでフリードリヒ・エンゲルスから多くの事柄を学んでいた植字工シュテファン・ボルンが［……］ハインツェン式の大衆から遊離した一揆主義者の諸目標の不当なことを一つ一つ示して、それらの目標が共産主義者の目標とは原理的にかかわりがないことをはっきりと表明」(S.105; S.85 [159])した小冊子『ハインツェン式国家』についてである。

マルクスのいたブリュッセルについては、「よびかけ」の章句、「共産主義信条表明草案に関しては、［ブリュッセルでは］多くの重要な修正が提案されたが、それらは大会に審議のため提出されるであろう」(S.106; S.86 [161; *BdK* 1, S.539])を引いて、「綱領討議の組織的な中心はロンドンの中央指導部であっ

第7章　M．フント著『『共産党宣言』はいかに成立したか』に寄せて　　179

たが，しかし，精神的中心はブリュッセルの地区組織であった」(S.106; S.86 [160])とし，これに参加した同盟員名を挙げている。またリエージュで新たに創設された班については「「共産主義信条表明草案」の系統的な討議が行われた」と見る。この「リエージュ班の指導者ヴィクトル・テデスコはベルギーの諸情勢に合わせた綱領草案の一案（Fassung）をフランス語で作成した。それは――在獄中に印刷に付するばかりにされ――1849 年にリエージュで刊行された」(S.99; S.80 [148])ことが念頭に置かれているからである。[14]

（2）「同盟内部での審議についてこれ以上のことは何も伝承されていないものの，間接的ながら多数の出版物からその内容と精神にまつわる多くのことが分かっている」(S.106/107; S.86 [161])として，以下これら出版物の検討が行われる。

第一は，『ドイツ語ブリュッセル新聞』へのブリュッセル地区を中心とする同盟員の寄稿である。「一般受けする論争と飛び抜けた詳細な知識で秀でたヴィルヘルム・ヴォルフの諸寄稿では，まずもって差し迫る革命における農民層および農業プロレタリアートの役割と地位がとりあげられた。ワイデマイアーはヴェストファーレンから，プロイセンにおける恐慌の接近を伝えた」(S.107; S.86 [162])と同盟員の寄稿が描かれるが，その中心となっているのはなんといってもマルクスとエンゲルスの論稿についてである。

まず，マルクスの「『ラインの監視人（Rheinischer Beobachter）』の共産主義」についてフントは，「この論説には『共産党宣言』の「封建的社会主義」を扱った節の多くの要素がある。もっとも，『宣言』の第I，II章の原則的な考え方のいくつかを，すでに〔……（この）〕論文のなかに認めることも難しいことではない」(S.107; S.87 [162/163])としている。また，エンゲルスの連載論説「詩と散文におけるドイツ社会主義」については，「そのなかで彼はドイツ的社会主義あるいは「真正」社会主義の種々の著作物を事細かに批判した。この種の「社会主義」にかんする，その後の『共産党宣言』の節が依拠することのできた材料は，実際申し分のないものであった」(S.108; S.87 [163])と捉えてい

---

(14)　テデスコの「プロレタリアの教義問答」については，当面 *BdK* 2, S. 602-610 を参照。〔最近出版された Kern, Rudolf : Victor Tedesco —— ein früher Gefährte von Karl Marx in Belgien, Bd.1, Münster / New York, 2014, S.305-308 をも参照〕

る。エンゲルスの「共産主義者とカール・ハインツェン」については，その要点は，「プロレタリアの綱領構想（Programmatik）の多数の要素がまとまりのある立論に融合し始めている様子が見て取れる」ところにあるとし，「たとえば，資本主義と共産主義のあいだの過渡期における経済的諸措置についてのエンゲルスの叙述は，『共産党宣言』のなかではひどく簡略にしか扱われていないだけに，きわめて大きな興味を引く」(Ibid.)という評価をも下している。さらに，マルクスの「道徳的批判と批判的道徳」についてのフントの次の叙述は看過しえない。「〔（それらの）〕論証は同じ時期に同盟の綱領討議においても一定の役割を演じた，というよりもむしろマルクスの考えるところによれば，同盟の綱領討議においていっそう重要な役割を演じることになっていた。マルクスが織り込んでいたのは，つぎのような主として経済学の諸問題であった。即ち，資本主義的所有と国家権力とは互いにどのように関係しているのか，しかもブルジョア革命の前後において？　所有の問題にはどのような歴史があるのか，またそれは〔ユートピア的共産主義の〕（共産主義学説の）歴史にどのように映し出されているのか？　階級関係は，封建的状態の解体以降，ことにドイツでは，どのような展開をみたのか？　労賃は何によって決定されるのか？」(S.110; S.88/89 [166])。

　第二は，ロンドンでの綱領討議を反映している『共産主義雑誌』試作号である。

　ロンドンでの綱領討議の状況については，1847年9月の中央指導部の「よびかけ」から「ロンドンでは〔……〕すべての班で信条表明が熱心に討議されている。——当地の地区指導部は，討議が済み次第，修正および追加の提案がすべて中央指導部に送られてくるであろう」(S.110; S.89 [166/167; *BdK* 1, S.539])を引き，また「ロンドン共産主義労働者教育協会において1847年11月末まで討議され，手直しされた綱領草案の一部分がわずかに伝承されているので，ロンドン地区指導部が少なくともこの部分についてはまったく些細な修正で満足していたことが分かる」(S.110; S.89 [167])と述べている。

　第一回大会の決定に基づき，1847年9月初めに試作号のみ実現した『共産主義雑誌』自体に関しては，掲載されたそれぞれの論考について次のように述べている。

　シャッパーの論説「プロレタリア！」に関する言及で見ておくべきは，まず，

その理論的限界についての指摘である。「シャッパーの論説は，「共産主義信条表明草案」の若干の部分，とりわけ奴隷と現代のプロレタリアートとの区別にかんする部分にもとづいていたが，しかし，綱領草案のなかに含まれていた共産主義は今はじめて可能になったという命題については，彼が生産諸力の発展の分析を避けたために，いっそう詳細に立証するということはできなかった」(S.113; S.91 [168])。また，信条表明草案とその取り扱いに関して誤解をまねきやすいシャッパーの言も，フントは「同盟は秘密裏に活動しなければならなかったので，シャッパーは当然，組織にかんするどのような示唆もしなかったし，綱領が最終的には第二回大会で可決されることになっていることをほのめかしさえもしなかった」(S.114; S.91 [168])と捉えているのは重要である。シャッパー論文の意義については，「明らかにしたのは共産主義者とは何でないかであって，[……]過去何年かのあいだに克服された理論的発展の全段階をもう一度簡単に一覧した」(*Ibid.* [170])と位置づけている。『共産主義雑誌』所収の「市民カベーの移住計画」も，フントはこの論点と同様，「かつて一度は主張された見解を清算するという同じ線上にあった」(S.114; S.91/92 [170])と見ている。さらに，シャッパー論文におけるハインツェン批判が十分でない点を「ことによるとそれは，マルクスとエンゲルスが，『共産主義雑誌』を受け取って何日もしないうちに，ハインツェンに反対する彼らの論争を開始した理由の一つであったのかもしれない」(S.115; S.92 [171/172])としているのは興味深い。

　ヴィルヘルム・ヴォルフの「プロイセン州議会とプロイセンおよび全ドイツのプロレタリアート」については，ハインツェン批判，即ち，「ブルジョア民主主義革命における共産主義者の立場」と関連しているのであって，「客観的には反動的であった若干の「真正」社会主義者の考えをとりあげて，彼は唯一妥当なマルクス主義的戦術を忍耐強く説明した」(*Ibid.* [172])としている。

　(3) エンゲルスの「共産主義の諸原理(Grundsätze des Kommunismus)」についてである。

　まず，エンゲルスに「原理」の執筆を強いることになったパリ班の討議状況が描かれている。フランスにはパリ，リヨン，マルセーユに同盟班が存在し，

---

(15) このカベー批判の経緯の詳細については，Lessner, Friedrich：*Ich brachte das „Kommunistische Manifest" zum Drucker*, Berlin 1975, S. 62-66 参照。

綱領草案について熱心に論議されたが，今なおグリューンやプルードンの見解が残存していたためこの討議は困難をきわめた。フントは1847年9月の「よびかけ」を引用する。「グリューンやプルードンの信奉者たちが，自分たちの原理にあくまでも固執するのであれば，もし彼らが紳士でいたいのならば，同盟から脱退し，自分たちだけで活動しなければならない」(S.101; S.81 [150])。また7月末から8月半ばのエンゲルスの不在と9月から10月初めパリでの信条表明の討議にモーゼス・ヘスが与えた悪影響(S.101; S.82 [150/151])は，「［ヘスが］すばらしく改善」(MEW, Bd. 27, S.98) したというエンゲルスの皮肉によってよく知られたところである。したがって，10月18日付の「中央指導部のブリュッセル地区への書簡」では，「パリでは断絶が生じている。── 2名を除いて一つの班全体が共産主義的原理 (das kommunistische Prinzip) に反対の態度を表明し，この結果，われわれによって暫定的に同盟から除名された。── エンダースという名のお人好しの男［が……］指導者であって，以前にグリューンによるプルードンの翻訳を読んでおり，人々の頭を狂わせてしまったのだ。── その他の諸班は，放逐されたヴァイトリング派と再統一のために交渉に入った」(S.116; S.93 [173; BdK 1, S.581]) と記される。パリに到着したエンゲルスは，「地区指導部選挙の日，10月22日に，ヘスによってそこなわれた信条表明を一つ一つ吟味して，出席者全員に〔それが不十分であることを〕(ヘスが誤った道をとっていることを) 納得させようとしたが，まだ半ばにも至らなかった。地区指導部はエンゲルスに綱領草案にかんする意見表明の新しいとりまとめを委ねることに決定した。こうして成立したのが「共産主義の諸原理」である」(S.116; S.93 [173/174]) と，フントはエンゲルス「原理」成立の由来に触れている。

「原理」に関してのフントの全体的な評価は，草案の最初の6項目の削除と共産主義規定・プロレタリアート規定からの開始に着目して，「第一回大会の成功後，綱領のなかで史的唯物論およびマルクス主義経済学の諸要素を拡充することが重要になったため，相当数の基本的補足が書き加えられた」(S.117; S.93 [174]) というものである。

内容的には，次のような評価が注目される。

まず，資本・賃労働関係を支える諸条件について「やや後の「賃労働と資本」にかんするマルクスの講演でよく知られた表現ときわめて似かよった表現を

用いた。それは党の綱領の発展における新しい要素であった。〔ここに〕〔……〕われわれの闘争の道筋および目標の政治経済学的な，即ち，科学的な基礎づけが始まった」(S.117; S.94 [175])との評価である。また，「第一回大会の草案とくらべてきわめて重要であったのは，エンゲルスが資本主義における社会発展の経済的基礎を特に力を入れて分析，解明した第11番から第13番までの三つの新しい論点の書き加えである。エンゲルスが「産業革命およびブルジョアとプロレタリアへの社会の分裂の諸結果」を述べたところは，実質上『共産党宣言』の第Ⅰ章の最初の素描である」(Ibid.)という評価も重要である。

さらに，以下の諸点も看過し難い。「生産諸力を短期間に無限に増加するための」条件として「大工業」を把握したのを6月の綱領草案の第2点目「万人の素質の発展」と結合させて理解しようとしている点(S.118; S.94/95 [176])，第14問目が「原理」のなかで「財貨共有制という概念がいま一度姿を現した唯一の場所であった。したがって，この概念は，この場限りで同盟史から退場させられ，適切な科学的名称と取り換えられた」(S.119; S.95 [177])と見る点，「1847年11月のパリでの活動にさいして，エンゲルスは，将来の社会秩序について当時すでに行われていたあらゆる認識を一度総括する必要のあることにはっきりと気がついていた。こうして成立したのが，科学的基礎にもとづく無階級社会についての最初のまとまった叙述である」(Ibid. [177])という評価，「教義問答形式ではもはや新しい内容を盛り込むことができないために，彼は徐々にこの形式にとらわれなくなっていったことが，すでにすっかり明らかになっている」(Ibid. [178])との指摘，パリでの綱領討議の経験からする「革命的過渡期における詳細な経済的および社会的政策綱領」の提起がなされたことの指摘，「共産主義革命がただ一国のなかで起こりうるのかどうかという問題を扱った」ことへの言及(S.120; S.96 [179])等。

また，「最後に，すでに1846年11月のよびかけおよび1847年2月のよびかけのなかで簡単に触れられてはいたが，しかし6月の綱領草案のなかではなんらかの理由から言及されなかった二つの問題，即ち，共産主義者を社会主義者から区別するのは何か，また共産主義者はその他の政治的党派にどのように関係するのか，に立ち入った。「共産主義の諸原理」のこの最後の二つの設問は，『共産党宣言』の第Ⅲ章および第Ⅳ章の起点であった」(Ibid.)とする

把握も興味深い。

　(4) 1847年11月29日から12月8日までロンドンで開催された共産主義者同盟第二回大会の議事録およびその他の文書は，規約を除いては，これまでのところ伝承されていない。このような史料的制約のなかで，フントは次のような諸点を述べている。

　まず，大会出席者の推定である。ブリュッセルのマルクス，パリのエンゲルス，リエージュのテデスコの出席は判明しているが，ロンドン地区の代議員としてバウアー，エッカリウス，モル，プフェンダー，シャッパーの参加を確実とし，またマルクスとエンゲルスの後の著述からスイス，ドイツ，ポーランド，イギリスの同盟員の参加を，当時ロンドンに滞在していた者への全権委任という形も含めてありうることとし，さらにデンマークの同盟員の出席も非常に蓋然性が高いとしている (S.121; S.96/97 [180])。加えて，「大会の議長として司会をつとめたのはまたもやカール・シャッパーであり，書記は今回はフリードリヒ・エンゲルスであった」と述べている。

　次には，新規約についてであり，その第1条を紹介し，「ここにあるのは，プロレタリアートの歴史的使命をマルクスとエンゲルスがいっそう広範に表現してみせたものである」(S.121; S.97 [181]) と捉えている。注目すべきは，規約第36条において「毎年開催される大会がそのつど，大会の経過と結果についての回状のほかに「宣言を党の名において」発表しなければならない」(*Ibid.*) と定められていたことから生ずる問題に関してである。フントは，その後の同盟の活動態様やエンゲルスの後の指摘などから，「『共産党宣言』の有効性は1年間にすぎないと考えられてしまうということには決してならなかった」(S.122; S.97 [181]) と判断している。

　また，大会における綱領討議のさい「マルクスがあらかじめ準備した文書をもとにせずに話すなどということはおそらくなかったのではなかろうか。(若干の) 歴史家たちは，マルクスがすでに後の『宣言』の第Ⅰ章および第Ⅱ章の一種の草稿 (Konzept) をもってロンドンにおもむいたことはありうることだと考えている」(*Ibid.* [182]) との指摘，さらに『宣言』が「第二回大会の異議 (Vorstellungen) にきちんと対応した」という推定を，「『宣言』がどのような変更もなくロンドンでただちに印刷に付され，また同盟によって，どのような批判的発言もなく熱心に受け入れられた」(S.122-125; S.98 [182/183]) 事実によって行って

第7章 М.フント著『『共産党宣言』はいかに成立したか』に寄せて 185

いる点も，重要である。

(5) マルクスとエンゲルスの実際の起草過程については，「ブリュッセル。1847年12月」と記された手帳の検討が中心となっている。この手帳には『宣言』の「社会主義的および共産主義的文献」に関する節のための構想案があるからである (S.126; S.100 [186])。即ち，

「　　　　　　　　　　　　1) 批判的ユートピア的諸体系。
　　　　　　　　　　　　　　 （共産主義的。）
　　　　　　　　　　　　2)

　　　　　　　　　　　　1) 反動的社会主義，封建的，
　　　　　　　　　　　　　　 宗教的＝小ブルジョア的。
　　　　　　　　　　　　2) ブルジョア的社会主義。
3) ドイツ哲学的社会主義。 4~~3~~) 批判的・ユートピア的諸文
　　　　　　　　　　　　　　 献・諸体系。オウエン。
　　　　　　　　　　　　　　 カベー，ヴァイトリング，
　　　　　　　　　　　　　　 フーリエ，サン・シモン，
　　　　　　　　　　　　　　 バブーフ。
　　　　　　　　　　　　5~~4~~) 直接的党文献。
　　　　　　　　　　　　6~~5~~) 共産主義的諸文献。」[16]

このプラン草案についてのフントの次の見解は興味深い。「マルクスが「ドイツ哲学的社会主義」に関して予定していた一項目はやや削減され，最終的には「ドイツ的または「真正」社会主義」という第3の亜項目として「反動的社会主義」の叙述に組み入れられた。だがとりわけ当初の作業構想の終わりのところで短縮が行われた。[……] 最後の二項目は完全に脱落した。したがって，一方では，例えば多種多様な新バブーフ主義的な，またブランキ主義的な文献すべてが出て来ないのにたいして，他方，第3項目[4~~3~~)]は短縮した形で論じられた。その表現がまさにこの節冒頭の次の文章なのである。即ち，「われわ

---

(16) *MEGA*¹, Abt. 1, Bd. 6, Berlin 1932, S. 650.

れはここでは，近代のすべての大革命においてプロレタリアートの諸要求を表明した文献（バブーフの諸著作）については述べない」。さらに，最も初期の理論的な試みのうち反動的で粗野な平等化（Gleichmacherei）とのかかわりを否定した短い一段落の後に，実際にはサン・シモン，フーリエおよびオウエンの諸体系だけが扱われる。ヴァイトリングおよびカベーの名は『共産党宣言』には姿を見せない」(S.126; S.100 [187]．②で改訂増補あり。①による。以下，参照表記に際しては，初版を①，改訂増補再版を②で示す)。

また，この手帳には手稿「労賃」も含まれており，「『宣言』の執筆はプロレタリアの経済学の進歩をもとめる多くの尽力のなかに組み込まれているということにぜひとも注意が払われなければならない」(S.127; S.101/102 [189/ 190])というフントの指摘も重要である。さらに，この手稿「労賃」の他にも「第二回大会から帰って来てから『宣言』の草稿をロンドンへ送るまでのわずか6週間のあいだに，マルクスはブリュッセル・ドイツ人労働者協会において賃労働と資本についての講演を続け，[……]自由貿易についての公開講演を行った」(S.127; S.102 [190])等，「彼らの活発な実践的政治活動を中断することなく，『宣言』を書いていた」(S.125; S.98 [185])ことを強調している点も興味深い。

(6) 最後に述べられているのは，『宣言』の刊行・普及過程についてである。

まず，ロンドンで校正の労をとったのがシャッパーであったとの指摘がある(S.128; S.102 [191])[17]。

『宣言』の各国語訳に関しては[18]，「速やかに[……]英語，フランス語，イタリア語，フラマン語およびデンマーク語に翻訳することは，すでに第二回大会によって決定されていた」(Ibid.)が，この大会決定の実現を「おそろしく難しい」こととした1848年革命の勃発ならびに『宣言』では「まったく新しい内容が扱われており，当時まだどの言語にもそれにふさわしい概念が存在していなかった」(S.131; S.104 [192])という事情をまず記し，以下，その翻訳の試みを述べている。即ち，エンゲルスが1848年4月に開始した英訳が未完成となっ

---

(17) Vgl. Lessner: *ibid.*, S. 67.
(18) 『共産党宣言』の各版・各翻訳に関する普及状況については，Andréas, Bert: *Le Manifeste Communiste de Marx et Engels. Histoire et Bibliographie 1848-1918*, Milano 1963 が詳細をきわめる。

たこと，エンゲルスは「その後，1850年秋に，ヘレン・マクファーレンによって完成された最初の英訳を支援した」こと[19]，フランス語，イタリア語，スペイン語への翻訳には，1848年から1850年にかけてエーヴェルベック，ドロンケ等の同盟員がパリで従事したが印刷までには至らなかったこと等は，比較的よく知られたところである。また，フントは，1848年六月蜂起の直前にパリで発行され，マルクスとエンゲルスも関説したことのある―フランス語訳は「行方不明と見なければならない」と述べている。さらに，「フラマン語への翻訳の試みについてはまったく何も分かっていない」とし，「1848年のデンマーク語とポーランド語の――ロンドンで出版された――翻訳は，これまでのところ一冊も発見されていない」こと，「第二回大会で決定されていたのに加えて，1848年にはストックホルムで『共産党宣言』のスウェーデン語訳が発行された」(Ibid. [194])ことを伝えている。

　また，その後の19世紀最後の三分の一期に出版された各国語版へのマルクスとエンゲルスの序文に触れ，最後には，本書全章のエピグラフにレーニンの各種文献での『宣言』に関する言を引いていたのを承けて，同じく「フリードリヒ・エンゲルス」のなかにある「この小さな仮綴じ本は書物何巻もの全体に匹敵する[……]」という章句を引用している。

Ⅲ　初版と改定増補再版との異同

　時期をよりいっそう正確にしたりするといった細かな点での改訂増補は章末の資料に譲り，ここでは行論に若干の変化をきたすような，内容に関わる比較的大きなもののみ指摘したい。

---

(19)　この把握は，В. Э. Кунина : Об участии Энгельса в подготовке первого английского перевода "Манифеста Коммунистической партии". // Институт Марксизма-Ленинизма при ЦК КПСС Научно-Информационный Бюллетень Сектора Произведений К. Маркса и Ф. Энгельса, № 18, Москва 1970, стр. 47-53 によっていると思われるが，その後，異論が提出された。А. Э. Штекли : Энгельс и английский перевод《Коммунистического Манифеста》(1850). // История Социалистических Учений 1987, Москва 1987, стр. 3-24. このエンゲルスの支援については，第9章の第Ⅰ節第2項および第10章において詳述してある。

1　初期の同盟内綱領討議の増補

　最も目立った改訂増補はⅠ前半部でのものだが，その一つは，初期社会主義・共産主義の評価の改訂であり，もう一つは，初期の同盟における綱領討議に関係する諸活動の増補である。ここではまず，後者を見ておこう。これには，初版で，1836年から1838年にかけての同盟の綱領討議から始められていたのに対して，この時期に先立つ数年間の同盟の理論的営為を増補している箇所と，1844年末頃から1845年半ば頃にかけてヘルマン・エーヴェルベックによって執筆された「共産主義者の教義問答」断片が新たに発見されたことにともなうこの史料についての説明の増補，これに続く『ドイツ・イデオロギー』の執筆過程に関連する共産主義的季刊誌の発行計画が存在したことを明らかにしたガリーナ・ガラヴィナの新たな研究に基づく増補と，二箇所ある。

　(1) まず，同盟の最初期の理論的営為については，テーオドール・シュスターに関しての増補が中心だが，この前提として同盟のそれ以前の諸活動が，最近のこの分野に関する研究を承けて，次のように簡単に述べられている。[20]即ち，「石版印刷工ウルバン・ムシャニ，労働者ヨハン・カーグル，裁縫工ヨハン・シューマッハー，機械工コンラート・ノイバー，植字工ユーリウス・ゴルトシュミットはいずれも亡命者同盟の指導的メンバーとなったが，1832年以来自分たちで小冊子を書いていた」(② S.13 [16])。

　(2) シュスターの活動についてフントは，その全体的な位置づけと今なお不明の点の多い彼の伝記的事実に簡単に触れたあと，亡命者同盟において1834年末から翌年初頭にかけて，「より良き未来のための闘争」という題目で行われた，「後ろ向きに立論し，プロレタリアートとブルジョアジーとの間の階級対立を何も知ろうとしなかった」ヤーコプ・ヴェネダイとのあいだでの綱領論争を扱っている。[21]

　この論争のなかで，シュスターが「一つの社会的真実だけが」存在する。つ

---

(20)　再版注11, 12で示されている，Hans-Joachim Ruckhäberle の編集本や Wolfgang Meiser の論文である。

(21)　この増補は Werner Kowalski：*Vom kleinbürgerlihchen Demokratismus zum Kommunismus. Zeitschriften aus der Frühzeit der deutschen Arbeiterbewegung (1834-1847)*, Berlin 1968 を新たに参看してのものである。

まり,「人間の平等 [……], まさにこの善事を少なくとも今日の諸関係のなかでなしとげるためにはただ一つの手段, 即ち, 革命という手段だけが」と述べ, またこの革命についても「[……] この計算は, 達成されるべき目的の正確な認識とその可能な限りでの実行にもとづかなければならない」, また「[……] 来るべき革命において眼目とされなければならないのは, もっぱら君主だけをくつがえすのではなくて, 君主制をもくつがえすことである。だが, 君主制のかなめは紋章や, まして王冠にあるのではなく——, それは特権にあるのであって——, 特権中の特権は富なのである」(以上② S.14 [17/18] でのシュスターからの直接引用) と記し, なんら盲目的なものではなく, 打倒の対象をも明確に認識していたことを指摘している。

また, その際,「読者に注意していただきたいのは [……] 私は空理空論をもてあそんでいるのではなく, すべて事実 (die Geschichte) を書いているということである」(② S.15 [18]) と述べているように彼が国民経済上の統計や歴史の示すところにも基づいていたこと,「工場, 作業場およびいくらか大量の農産物の所有者として, 手仕事の価格を決定するのはまさに彼ら [富者] だ [から], 彼らが雇う労働者の消費物資の価格が低下するにつれて, 手仕事の価格を引き下げるのは, 彼らにはたやすいことである」とも述べて, 資本主義の搾取の秘密に接近していたこと等, 一定の理論的基礎をも有していたと評価している。

翌 1835 年の「一共和主義者の考察」では,「単なる政治的革命は国家形態しか変えられないであろうが, プロレタリアートの, 即ち「あらゆるものを作り出していながらあらゆるものにこと欠いている貧民の階級」の, 階級闘争が唯一根本的な社会的諸問題の解決をもたらす」ことを示し, 革命の主体を明確にするとともに, 革命後の将来社会に関しても, 財貨共有制を同盟の綱領的要求として掲げ, その具体化についての一定の構想も行い, またこれを可能とする手段として機械をも,「個々の資本家を豊かにするのに役立つこと」をやめ,「工場の労働者の立場が根本的に異なった姿」をとるならば,「万人の福祉を増進させ」, 労働者の本質的な負担軽減に役立つと見ていたことを明らかにしている。また, 1835 年末の『亡命者』第 5 号では, シュスターが「労働者階級のラディカルな社会的および政治的解放」というテーゼを表明するに至ったことを紹介している。

フントが最後に付記している「なおいっそう正確に研究されねばならないのは，シュスターがその後，もはや労働運動を前に推し進める勢力の側には立たずに，むしろこれに反して活動したのはなぜかである」と問うている点は重要である。

　(3) ヘルマン・エーヴェルベックの教義問答についての増補[22]は，Ⅰで紹介を割愛した箇所（本章Ⅱ1 (4)）のうちフランスを扱ったところで行われている。フランスでは四季協会の蜂起失敗後，ブランキ主義からの離反が一般化し，同盟内にもカベーの影響力が増大したことが述べられている。初版ではこの部分が，「医師で時事評論家のヘルマン・エーヴェルベックは1840年（1841年末）以来人民会堂の指導者であったが，彼とゲルマン・モイラーはカベーの学説の熱心な普及者となった。エーヴェルベックはカベーの著名な『イカリア旅行記』をドイツ語に翻訳したほどである。パリから，カベー主義が全同盟に影響を及ぼした」(S.25)という叙述で終えられていた。

　それが再版では，この最後の一文を削除し(S.22 [33/34])，段落を改め，エーヴェルベックの教義問答に関して次のような概要が記された。「しかし，エーヴェルベックには，したがってパリの同盟員たちには，またパリに限らず同盟員たちには，さまざまな思想潮流が影響を及ぼした。最も重要であったのは，短期間——1844年半ば頃から1845年1月まで——ながら，ちょうど成立しつつあったマルクス主義の影響である。エーヴェルベックは，『独仏年誌』のマルクスの論文（「ヘーゲル法哲学批判。序説」および「ユダヤ人問題によせて」）を注意深く研究していたし，マルクスとパリの『フォアヴェルツ！』の編集部でしばしば論議していたので，そこから1844年末頃から1845年半ば頃までに大部の綱領的な教義問答が生まれたが，それは同盟のなかで広まり，それの一部分の写しが1846年末にベルリンで警察の手に落ちた。伝承された第18問から第84問までの設問が，近頃ようやく再発見され，公表された」(② S.22/23 [34])。

　フントは続けて2ページほど増補し，この教義問答の特徴，即ち，資本主

---

(22) この増補は，フント自身の次の研究によっている。Hundt, Martin：Programmatische Bemühungen im Bund der Gerechten. Zu Marx' Einfluß auf ein neuentdecktes Katechismus-Fragment von 1844/1845. Hermann Ewerbeck：Kommunistischer Katechismus. In：*Marx-Engels-Jahrbuch* 2, Berlin 1979, S. 311-338.

義的競争の害悪の把握，資本主義を人類史の一発展段階と位置づけたこと，貨幣制度批判，宗教批判等，を指摘している。

これらのうち興味深いのは以下の諸点である。まず，「エーヴェルベックは，資本主義を人類の発展のある特定の段階，即ち封建制後の段階と適切に位置づけたにもかかわらず，それが一時的である必然性をなんら認識しなかった。3年後に『宣言』の第Ⅰ章の内容となるどのようなものもここではまだまったく欠けている」(② S.23 [35]) として，『共産党宣言』との関連という観点から検討している点。また，その貨幣把握，「資本主義の貨幣制度 (Geldwesen) をエーヴェルベックはただ「妖怪」としか見ず，貨幣に関する第29問では次のような定義を与えた。「それは，人間の能力の，つまりわれわれが活動するのに役立つ能力あるいは力の，仮象であり，それはわれわれ人間の労働の仮象である」」(Ibid.) を，マルクスの「ユダヤ人問題によせて」での貨幣把握と対比している点。そして，「この教義問答はマルクスのフォイエルバッハ・テーゼに先立つことわずか一ヵ月たらずの時期に書かれたのだが，史的唯物論との思想的隔たりは，エーヴェルベックがマルクスのいくつかの著作を前にし，またマルクスと文通していたにもかかわらず，越えがたいものがある」(② S.23/24 [36]) と，その限界を述べている点，等。

フントは，エーヴェルベックの教義問答の意義を，「いずれにせよ，すでにマルクス主義の最初の表明が，最初の独立したドイツ人労働者組織の指導的代表者たちによって受け入れられていたということは興味深い」(② S.24 [37]) と述べている。

(4) 新たな季刊誌の発行計画に関連しては1ページほどが増補されている(② S.24/25 [38-40])。1845年1月にパリを追放されたマルクスが，『フォアヴェルツ！』への寄稿から雑誌の影響力の大きさに着目し，1845年半ば以降，ドイツで検閲をまぬがれうる20ボーゲン (320ページ) を越える季刊誌を創刊すべく努力したことについてである。この新事実は，まず十分にその当否の検討がなされなければならないが，『ドイツ・イデオロギー』の執筆に関連する非常に興味深い問題を提起することになるものである。[23]

---

(23) Golowina, Galina: Das Projekt der Vierteljahresschrift von 1845/1846. Zu den ursprünglichen Publikationsplänen der Manuskripte der 〉Deutschen Ideo-

2 初期社会主義・共産主義の評価の改訂

再版における最も大きな改訂は，初期社会主義・共産主義の評価に関わるものである。

(1) これが顕著なのは，Ⅰの初めの部分である。マルクス以前の初期社会主義・共産主義を一括して扱うのではなく，それらの各々がどのような社会的基盤をもち，どのようなイデオロギー的影響力をもったのかを子細に検討・評価しなければならないことが明らかだからである。このため次のような増補がなされている。

「[……] 30 年代半ばから 40 年代半ばのあいだには，小ブルジョア的・社会主義的な考え方の種々の代表者たちもまた，特にルイ・ブランとピエール = ジョゼフ・プルードンは，彼らの最初の著作を公表しているし，ヴィクトル・コンシデランの回りにはなおフーリエ主義者の活発な一派が存続している。／これらの多彩な批判的・ユートピア的思想の豊かさ全部が，最終的には『共産党宣言』に至る理論的発展のなかにいろいろな形で入り込んだ。それらはみな革命的労働運動の最初の科学的綱領文書に欠かせない同時代的背景であった」（② S.13 [15]）。

(2) これと関連して，まえがきにあった次のような叙述が削除された。「若き労働運動は，マブリやモレリ，ルーやバブーフ，サン・シモンやフーリエ，オーエンやカベー，ラポヌレやピロ，ゲー，デザミやブランキ，ヴァイトリングやプルードンにならって 20 や 30 もの新しい「体系（System）」を必要としていたのではなくて，科学的な世界観を，この運動の解放闘争の歴史的で正確な根拠づけを，この運動の戦略と戦術のくつがえすことのできない理論的基礎を，必要としていた」（① S.10）。このような一括の仕方ではいささか正確さを欠くためであろう。

(3) このような初期社会主義・共産主義の評価の改訂はⅠに限られるものではない。再版全体にわたってなされているのであって，これを象徴的に示しているのは，初版の各箇所で用いられていた「ユートピア的」という形容が削除されたり，「マルクス主義以前の」，「初期の」，「18・19 世紀の」，「改良的な」，「当

---

logie〈. In: *Marx-Engels-Jahrbuch* 3, Berlin 1980, S. 260-274.

時存在していた」,「フランスの」,「労働者的」等, それぞれの場合の特徴を特定するものに改訂されていることである。[24]

(4) このような改訂は字句上のもののみならず, 次のような行論上の改訂をも惹き起こしている。即ち, 再版ではプルードンの評価に関連して二点の増補がなされているのである。

一つは, Ⅲの末尾近くでプルードン批判に関して言及している箇所でのものである（本章 I 3 (7)）。「プルードンの小ブルジョア的社会主義的学説は,〔フーリエやその他のユートピア的社会主義者たちから継承し,〕その協同組合および交換銀行の理念によって外観上実践的な解決策を提示していたので, 当時の〔広範な〕(手工業的な生産とまだ非常に密接に結び付いていた) 労働者集団の意識状況に大いにかなったものであった」(S.68/69; S.57 [104]) という箇所に続けて, プルードンの大衆的な支持基盤はこのように小ブルジョアジーにあったにもかかわらず, マルクスとエンゲルスが『宣言』のなかでプルードンを「保守的社会主義またはブルジョア的社会主義」の代表者として位置づけている問題である。

フントはこの問題をこう解釈する。「彼ら [マルクスとエンゲルス] の見解では, プルードンのイデオロギー的影響力の核心は中世ののどかなツンフト制度への回帰にあったのではなくて, 現存する資本主義秩序の「改良」にあった。このような評価によってはじめて, 1846 年および 1847 年におけるプルードンとの論争にマルクスとエンゲルスが認めた大きな位置づけと, 科学的綱領を求める戦いにおけるこのような論争の重要な役割との, 説明がつく」(② S.57 [104/105])。プルードンのイデオロギーの階級的基盤とそのイデオロギーの影響の核心とを区別し, 前者を小ブルジョア的, 後者を保守的・ブルジョア的と把握しているものと思われる。

この問題についての検討は, わが国ではすでに服部之総のリャザーノフ批判以来のものである。服部之総の結論はこうであった。「『マニフェスト』第 3 章「社会主義および共産主義文献」の分類は, すべて「小ブルジョア主義」

---

(24)「空想的社会主義」の評価については, 次の論文が先駆的な研究である。服部文男『マルクス主義の形成』青木書店, 1984 年, 第 1 章（初出は「空想的社会主義の評価について」東北大学経済学会研究年報『経済学』第 52 号, 1959 年 7 月）。

《Kleinbürgerei》の分類であった上「プルードンの小ブルジョア体系は，ブルジョア的秩序の批判をすると呼号しつつ，結局はブルジョア経済的見地に奉仕するところの「保守的またはブルジョア社会主義」を構成していたのだ[25]」。基本的にはフントもこれと同じ見地からの把握であるといえよう。この結論を「このかぎりにおいて説得力をもっている」とする服部文男の評価[26]もあり，注目すべきものである。

もう一つは，Ⅳの『哲学の貧困』に関してマルクスのプルードン批判の激しさについて述べた箇所（本章Ⅱ4(4)）で，フントはこの根拠を，後のマルクス自身の章句を新たに加えて説明している。引用されているのは1880年の[『哲学の貧困』にかんして]からの次の部分である。

プルードンは「[彼〈マルクス〉が]現代社会主義の先行者として尊敬していたユートピア社会主義者や共産主義者をぶしつけに侮辱した。他方，社会的生産の現実の歴史的発展を理解させようと意図する批判的で唯物論的な社会主義への道をひらくためには，プルードンがそれとは知らずに最後の化身となっていた経済学におけるそうしたイデオロギーと遠慮会釈なく関係を絶つのは避けがたいことであった」(② S.70 [130; *MEW*, Bd. 19, S.229])。

(5) Ⅴの『宣言』起草過程に関する箇所には，「ブリュッセル。1847年12月」と題された手帳に記されている『宣言』「社会主義的および共産主義的文献」の草案の検討があったが，この部分の叙述が再版において著しく改訂増補されたことは，以上の初期社会主義・共産主義の評価の改訂と無関係ではあるまい。「ドイツ哲学的社会主義」の扱い等に若干の改訂が施されているように思われるが，ここで見ておくべきはプラン草案の最後の2項目の完全な脱落についての次の増補である。

「マルクスがまとまった形でこのような主題に立ち帰ることはもはやなかった。したがって，マルクス主義の理論をいっそう完全に発展させるという見地から

---

(25) 服部之総「ドイツ・小ブルジョア・イデオロギー」『服部之総全集 第20巻 小ブルジョア・イデオロギー』福村出版，1975年，81ページおよび87ページ（初出は『唯物論研究』第3号，1948年9月）。

(26) 服部文男『マルクス主義の発展』第2章，56/57ページおよび58/59ページ（初出は「小ブルジョア主義の社会主義論と科学的社会主義」藤田勇編『講座 史的唯物論と現代』第6巻，青木書店，1979年6月）。

すれば，最初のマルクス主義的党綱領にとっての直接的理論的諸接点に対するはっきりとした評価を欠いていた。マルクスがおそらく「直接的党文献」とみていた新バブーフ主義およびブランキ主義の多様な文献の適切な評価をめぐって相対立する議論が今日まで行われている。しかし，ここでマルクスがそのほかにとり上げたとすればいったいどのような文献だったのであろうか？　チャーティストたちの何かの諸著作であろうか？　一方で，マルクスは「直接的党文献」と「共産主義的文献」とのあいだに，はっきりと定められるどのような区切りを置こうとしていたのであろうか？　まさしく，『共産党宣言』によってはじめて直接的な党文献が共産主義的文献と合致したのではなかったか？／これらの問題のなかには将来においても答えられないままのものもあるであろう。しかし，このような問題群はあまりにも重要なので，改めて詳細な探求を行うためにはどれほど小さな萌芽でも，なおざりにされてはならない。たとえば，これらの萌芽の一つに，マルクスがヴァイトリングの諸著作を最後の二つの項目のどれにも分類せず，ユートピア的諸体系に分類したという，奇異の感を与える扱いがある。そこからすれば，マルクスには，1838年から1843年までのヴァイトリングの最良の諸著作が疑いもなく組織と結びつく「直接的党文献」であったという事実は，結局のところその性格ほどには重視されなかった。党綱領において大事なのは，かつての貢献ではなくて，目前の諸闘争における決定的な武器としての鋭さなのであった。共産主義者同盟の第二回大会後，どの理論的立場が科学の判定に耐えることができたのか，またどれができなかったのかを，容赦なく明らかにするための機が熟していた」(② S.100/101 [188])。

『共産党宣言』の起草過程の解明のみならず，初期社会主義・共産主義の今後の考察にとっても聞くべき示唆を与えているものと言えよう。[27]

---

(27) フントのこれら初期社会主義・共産主義の評価改訂の機縁となったのは，彼自身も参加・報告した，「理論活動および研究対象としてのマルクス以前の社会主義」という主題のもと，1983年10月9日から12日までブレーメン大学で開催された，第6回学史ブレーメン・シンポジウムであったと思われる。Vgl. Hrsg.V. Manfred Hahn/Hans Jörg Sandküler: *Sozialismus vor Marx. Studien zur Wissenschaftsgeschichte des Sozialismus*, Bd. 5, Köln 1984. フントが再版のIの初めで，ブオナローティの著作の1836年の英訳に言及したのも，このシンポジウムでのハンス＝ウルリヒ・ターマー報告へのコメント (S. 140) と関連しているであろう。

3 各所での叙述の正確化

　その他の改訂増補は以上二つとは異なって部分的に叙述をいっそう正確にするものであって，比較的Vに多い。

　(1) Ⅲのなかで，「経済学・哲学手稿」について，「共産主義の綱領」の定式化にとっての理論的意義という観点から，その内容を5点にまとめていた箇所があった。再版ではこれに一点追加がなされた。その第6点目はこうである。「6．共産主義は，科学および産業の比類ない高度な発展にもとづいて人間的本性を自由にまた豊かに伸ばし，あらゆる欲求を満たすことのできる社会秩序であるだろうから，共産主義は「あらゆるそして深いセンスを備えた豊かな人間」を生み出す。したがって，科学的共産主義は，粗野な平等主義(Gleichmacherei)や個性平準主義のちょうど反対物であり，決して「貧しく，無欲な人間という不自然な単純化への復帰」を説くのではなく，有り余る豊富さを，人間的，科学的，芸術的富を，自由な人間の真に創造的な活動を，代表しているのである」(② S.45/46 [81])。

　(2) Ⅳの冒頭近くで，1846年を同盟の危機と捉え，これをレーニンの「労働者階級は，もっぱら自分の力ではただ組合主義的意識しかつくりだすことができない[……]」という命題の典型例とし，続けて次のように述べていた。「同盟は10年来，きわめてさまざまな理論の助けを借りて，自らの戦いをいっそう深く理解しようと努めてきたが，しかし，結局はすべてが無益であったことが判明していた。[……] だが，豊かな理論的基礎なしには成果の豊かな戦いはおぼつかなかった。では，なにをなすべきか？」(① S.74)。

　再版では，この最後の一文を削除して，「このような基礎を独力では仕上げられなかったので，本当の「学者たち」に助けてもらうほかなかった」(② S.61 [110])と記したのち，次の二つの段落を増補している。

　「このような認識だけでもすでに驚くべき理論的活動であることが決して忘れられるべきではない。ここには徹底して革命的な台頭する階級の首尾一貫した態度が反映している。10年間の不成功のせいで，綱領の獲得に努める粘りと執着心は高まるばかりであった。そして，待望の科学的綱領のためには組織の制度，名称，規約，中心的スローガンにおける重大な変更のみならず，まさしくそれらの変革の必要なことがいよいよ明らかになったとき，ロンドンの人民

会堂は,「反対分子」の, いやそれどころか地区組織全体の抵抗にさからって, これらすべてをなしとげるのに, もはやためらうことはなかった。
　ここに表れていたのはプロレタリア革命家たちの真剣さであって, 彼らの至上目的は組織を注意深く守って維持することにあるのではなく, 全社会秩序を変革することであり, 闘争組織の全体的な組織上の形態はこの——綱領に表現されるべき——目的にためらうことなく従わなければならなかった」(② S.61 [111])。
　このような増補は同盟とマルクスならびにエンゲルスとの融合のいっそう具体的な把握を志向してなされたものであって, 初版の序論にあったレーニンの「注入(hineintragen)」論への言及(① S.10)を再版で削除したこと(② S.9 [7])とも符節を合わせている。
　(3) Vの第二回大会を前にした各地の同盟班の綱領討議の模様を伝える部分(本章Ⅱ5(1))で,『ケルン新聞』の記事を用いてアムステルダムの活動ぶりに言及する箇所があった。再版では, アムステルダム方面に派遣された特使ならびにその活動, アムステルダム班の構成員とその活動が, いっそう正確に描かれている。(28)
　「1847年8月にロンドンからオランダへ派遣された同盟全権特使は, ホルシュタイン出身の菓子職人ヨーハン・ヤーコプ・ブリューニングであった。彼はアムステルダムで少数の同盟員——そのなかには当地在住の木工ろくろ職人で木材取引商のクリスティアン・フデッケ(Christian Gödecke)と裁縫職人のヨハン・ドール(Johann Dohl)がいた——を集め, 共産主義者同盟の班一つを創設し, 1847年6月以来存続していた労働者教育協会のなかに新しい認識を持ち込んだ。したがって, アムステルダム班は綱領討議との関連で成立したのである。その活動のなかでは,「共産主義信条表明草案」および『共産主義雑誌』試作号が重要な役割を演じた」(② S.82 [151])。
　また, 初版ではこれに続いて,「ブルジョアジーとプロレタリアートとの階級対立にかんするフデッケの仮綴じ本は, 新生アムステルダム班が理論的宣伝活動にどれほどの重きを置いていたかを示している」(① S.101)との叙述があったが, 再版では削除された。この削除は, これに先立ち, 各地の同盟班の綱領

---

(28) この改訂増補は, BdK 1, S. 1094 の Anm. 171 の訂正ともなっている。

討議を反映するさまざまの出版物が挙げられていたなかに含められていたフデッケのこの小冊子についての初版の記述,「アムステルダムの同盟員クリスティアン・フデッケによってオランダ語で起草された『労働者の国内状況にかんする簡潔な素描。第1部』」(① S.99) が削除されたことに対応している。これは,フデッケのこの印刷物の内容が綱領討議とは直接関係しないとの判断によるものと思われる。そのため,この削除箇所には次の叙述が充てられ,先の『ケルン新聞』の記事につなげられる。即ち,「さらに,1848年3月初めに,アムステルダムの同盟班はロンドンの中央指導部に『宣言』を100部注文した。この活発な活動によって,1847年から48年にかけての冬に労働者教育協会に常ならぬ速やかな発展が生じ,その結果 [……]」(② S.82 [151])。

さらに,再版では,アムステルダム班の活動について新たに次の事件が増補されている。「不成功に終わった1848年3月24日のアムステルダム労働者デモの後,労働者教育協会の指導者3人——フデッケに加えて裁縫職人のカール・ハンケ (Karl Hanke),家具職人のゴットリープ・マルティン (Gottlieb Martin) ——が死刑に処すると威嚇された法廷に召喚されたとき,彼らの普及した『宣言』が1848年6月6日および24日の審理において大きな役割を演じた」(*Ibid.* [152])。

また,ハンブルク班の状況についても,初版での「ハンブルクの同盟員はヴァイトリングの著作を深く受容していた」(① S.103) との記述が削除されている。

(4) これら同盟各班の綱領草案討議の結果,ライプツィヒ班におけるヴェラー作成の提案文書はじめ各種の文書がロンドンの中央指導部に送付された。これと関連して,再版では次の増補がなされている。「中央指導部が綱領討議のなかで受け取った書面と意見表明のすべてを,マルクスとエンゲルスは承知しており,さらにマルクスはそれらをその後,第二回大会の後に,しかもロンドンからブリュッセルへ持参し,『共産党宣言』の最終案文の作成のさいにつねに手元においていた」(② S.84 [157])。これは,再版後論での「1848年1月末,マルクスはこれ以上の検討を打ち切って,原稿をロンドンに送った」(② S.102 [191]) というロンドン指導部の督促と関連する増補とともに,マルクスの『宣言』起草過程ならびに『宣言』の内容を把握するうえで重要な指摘である。

(5) 本書末尾の『宣言』の普及に関して,出版直後の各国語訳を紹介するなかでスウェーデン語訳についても述べられていたが,これはイョートレクによ

って作成され,『共産主義者の声(Kommunismens Röst)』として,1848年末に発行されたことが増補されている。[29]

---

(29) その後,イョートレクではなく,二人の仕立て職人 Sven Trädgårdh と Carl Rudolf Löwstädt によるものであることが新たに明らかとなっている。Vgl. Reinert, Jochen：„Mit größter Ehrlichkeit und außerordentlichem Talent". Wie in Schweden die erste Übersetzung des Manifests entstand und öffentlich wirkte. In：*Neues Deutschland*, 3./4. März 1984, S. 13. したがって,*BdK* 1, S. 1071-1074 の Anm. 145 もいくつかの点で訂正されることになる。なお,詳しくは,本書第9章Ⅰの1を参照されたい。

［資料］M．フント著『『共産党宣言』はいかに成立したか』
初版と改訂増補再版との対照表

〔初　版〕	〔改訂増補再版〕
S．7，Z．2．　125	S．7，Z．1/2．　weit über 100
S．8，Z．10．　entschiedner	S．8，Z．3．　entschiedener
Z．22．　．Es war	Z．13．　und es war
S．9，Z．25．　es	S．9，Z．6．　（削除）
Z．36．　utopischen	Z．15．　vormarxistischen
S．10，Z．6-13．　Die junge ⋯⋯ Taktik．	Z．20．　（削除）
Z．18/19．　oder，⋯⋯ „hineingetragen"	Z．27．　（削除）
Z．19/20．　Das war auch das ⋯⋯，die ⋯⋯	Z．27．　Genau das war ⋯⋯，als sie ⋯⋯
Z．22．　aber seit etwa 1845 auch	Z．29．　ebenfalls
S．11，Z．22．　⋯ Arbeit．　Angesichts ⋯	S．10，Z．6/7．　（段落）
Z．27．　das Interesse	Z．11．　das internationale Interesse

I

S．13，Z．8．－S．16，Z．13．	S．11，Z．8．－S．16，Z．13．（大幅な書き換え）
S．17，Z．9．　⋯ hin．　Die erste ⋯	S．16，Z．39/40．　（段落）
Z．11．　„Gütergemeinschaft"．　Es hat ⋯⋯	S．17，Z．2-5．　„Gütergemeinschaft"．　Zunächst 以下 4 行挿入
Z．13．　vorliegender	Z．6．　ausgearbeiteter
Z．27．　Schuhmachergeselle	Z．17．　Schuhmacher
S．18，Z．2/3．　utopischen	Z．27．　（削除）
Z．6．　utopischen	Z．30．　（削除）
Z．7/8．　und selbst über Blanqui	Z．31．　（削除）
Z．22．　，wie Weitlings religiöser，	S．18，Z．2/3．　wie Weitlings religiöses
S．19，Z．8．　utopischen	Z．19/20．　vormarxistischen
S．21，Z．20．　utopischen	S．20，Z．11．　（削除）
Z．27/28．　betroffen	Z．17．　gebremst
S．25，Z．10．　utopischen Kommunismus	S．22，Z．22．　Reformkommunismus
Z．13．　Utopisten	Z．22/23．　Kommunisten
Z．17．　1840	Z．26．　Ende 1841
Z．20/21．　Von Paris ⋯⋯ Bund．	Z．28．　（削除）Ewerbeck の Katechismus ならびに季刊誌の発行計画にかんする約3ページの増補
Z．22．　Wieder völlig anders verlief ⋯⋯	S．25，Z．30/31．　Völlig anders als in der Schweiz und in der Pariser Organisation des Bundes der Gerechten
Z．24．　Der 1840	Z．32/33．　Der im Februar 1840
S．26，Z．10．　wichtigen，	S．26，Z．10．　（削除）
Z．13．　⋯ frei．　Die Londoner ⋯	Z．13/14．　（段落）
Z．26．　deutschen	Z．24．　preußischen
S．27，Z．4．　über	Z．36．　mehr als
S．28，Z．34/35．　im Mai bei ⋯	S．28，Z．11．　im Mai 1845 bei ⋯

第7章　M.フント著『『共産党宣言』はいかに成立したか』に寄せて

S.33, Z. 8.　bisherigen utopisch-	S.31, Z.11.　bis dahin vorliegenden
Z.12.　Mit … fertig.	Z.14.　（削除）

II

S.35, Z.17.　zwar	S.32, Z.14.　auch
Z.18.　mußte dies die	Z.16.　mußte die …… Feuerbachs dies nicht ……
S.37, Z. 1.　utopischen	S.33, Z.21/22.　vormarxistischen
Z.25.　utopischen	S.34, Z. 3.　vormarxistischen
Z.26.　sowie	Z. 4.　wie
Z.33/34.　mußte …… zurückgelegt werden.	Z.10/11.　war …… zurückzulegen.
S.38, Z. 4.　*fertigen*	Z.16.　komplettsen
Z.19.　einmal	Z.39.　einmalig
Z.30.　Weitling schrieb bereits	Z.38.　schrieb, aufbauend auf Theodor Schuster, bereits
S.40, Z. 5.　Streitsuchtigkeit	S.35, Z.38.　Streitsücht
Z. 7.　behaupteten	Z.39.　behaupten
Z. 8/15.　Das eigentumslose Proletariat hat ……. Die Bourgeoisie dagegen …… den Volksmassen.	S.35, Z.40−S.36, Z. 6.　Die Bourgeoisie hat ……. Das eigentumslose Proletariat dagegen hat ……．（二文の順序を逆転）
Z.20.　etc	S.36, Z.10.　usw
S.41, Z.16.　gesetzmäßigen	Z.37.　historischen
Z.30.　Produktivkraft,	S.37, Z. 8.　Produktivkraft—
S.42, Z. 2/3.　[die] …… *Notdurft*	Z.14/15.　die …… *Notdurft*
S.45, Z.13.　„Existenzbedingungen", oder	S.39, Z.32.　„Existenzbedingungen" oder
Z.18.　den Gesellschaftsformationen.	Z.37.　verschiedenen Gesellschaftsformationen.
S.46, Z.18.　England	S.40, Z.28.　Großbritannien
Z.20.　Auf dem Kontinent	Z.38.　Auf dem europäischen Kontinent
Z.34.　im Rheinland.	S.41, Z. 1.　im Rheinland und in Sachsen.
S.47, Z.22.　Wissenschaft	Z.22.　Agrarwissenschaft
Z.27.　… ersetzt. Dieser …	Z.26/27.　（段落）

III

S.50, Z.12.　zu führenden	S.42, Z.26.　zuführenden
Z.15.　auch	S.43, Z. 1.　ebenso
S.51, Z. 2.　utopischen	Z.20.　vormarxistischen
S.53, Z. 9.　hegelschen	S.45, Z. 5.　Hegelschen
Z.15.　Schon	Z.11.　Bereits
Z.16/18.　Marx etwa …… darin bereits wenigstens ……	Z.12/14.　Marx schon etwa …… darin wenigstens ……
S.54, Z.11/12.	Z.39−S.46, Z. 9.　（第6点目を追加）
Z.23/24.　von Theorie und Programm des Bundes;	S.46, Z.19/20.　der Theorie des Bundes der Gerechten,

	Z.30. jedoch waren bekanntlich		Z.25. waren aber
S.55,	Z.21. Monopolstellung	S.47,	Z.7/8. bedeutende Stellung
	Z.36—S.56. Z.1. utopischen Sozialismus und Kommunismus führen.		Z.19/20. Sozialismus und Kommunismus des 18. und 19. Jahrhunderts führen.
S.56,	Z.18. bereits		Z.34. （削除）
	Z.31. Schon beim	S.48,	Z.5. Gleich zu
S.57,	Z.13. Dies		Z.20. Das
	Z.16. ⋯werden. Zu⋯		Z.22/23. （段落）
	Z.17. sie ⋯⋯ England.		Z.23/24. Marx und Engels ⋯⋯ Manchester.
	Z.18. Dabei trafen sie sich auch⋯⋯mit den Londoner Leitern des Bundes		Z.24/25. Auf der Rückreise trafen sie sich in London auch ⋯⋯ mit den Leitern des Bundes
	Z.22. weiter gehende		Z.28. weitergehende
	Z.24. dieser		Z.30. der
	Z.27/28. auf das Marx und Engels ein Jahr vorher orientiert hatten,		Z.32/33. von Marx und Engels schon ein Jahr vorher angeregt,
S.58,	Z.1. Diese	S.49,	Z.1. Die
S.60,	Z.15. Der vorlaute Publizist	S.50,	Z.31. （削除）
S.62,	Z.13. Gesellschaftsformation und ⋯	S.52,	Z.9/10. Gesellschaftsformation in seinen wesentlichen Grundzügen (als Terminus erscheint er erstmals 1852 in Marx' 〉 18. Brumaire des Louis Bonaparte〈) und
S.63,	Z.13. sozialistische	S.53,	Z.1. proletarische
	Z.28. Die utopischen Sozialisten und Cabet		Z.12/13. Die vormarxistischen Sozialisten und der Reformkommunist Cabet
S.64,	Z.6. bei der kommunistischen	S.53,	Z.25. bei der proletarischen
S.65,	Z.18-20. zu bringen und dann, ⋯⋯ Probleme.	S.54,	Z.25-27. miteinander zu bringen und ⋯ ⋯ Probleme
S.68,	Z.1. Kommunisten	S.56,	Z.22. Sozialisten
	Z.34/35. viel von Fourier und anderen utopischen Sozialisten übernahm und	S.57,	Z.9. （削除）
S.69,	Z.2. breiter entgegen.		Z.11. solcher entgegen, die (以下13行追加)
S.71,	Z.4. ⋯ kam, steckte	S.59,	Z.5/6. （挿入）⋯ kam, um ihn und Engels zum Eintritt in den Bund der Gerechten aufzufordern,

IV

S.74,	Z.9. Lenin ergänzend	S.60,	Z.24. er deutlich
	Z.15/16. Soviel ⋯ Ausweg.	S.61,	Z.1. （削除）
	Z.17. aber		Z.2. jedoch

第7章　M.フント著『『共産党宣言』はいかに成立したか』に寄せて　203

Z.18. Was also tun?	Z.2-19. （削除．代わりに2段落強 [17行] 挿入）
Z.19. Es kam hinzu, daß zwar ein Kreis … interessierter Bundesmitglieder die Mängel … hatte,	Z.20. Ein Teil der theoretisch interessierten Bundesmitglieder hatte zwar die Mängel …,
S.76, Z.28. Stellung. Aber…	S.63, Z.9. （4行挿入．段落）
S.79, Z.6. zum Beispiel Lassalle	S.65, Z.4. zum Beispiel 15 jahre später Ferdinand Lassalle
Z.24. der	Z.19. dieser
Z.27/28. der bürgerlich-demokratischen Opposition	Z.21/22. der allgemeinen Oppósitionsbewegung
S.80, Z.24-26. 1. 2. 3.	S.66, Z.9-11. 1) 2) 3)
S.83, Z.23.	S.68, Z.19. （2行挿入）Am 》Elend der Philosophie《 … ablesen.
Z.27. utopischen	Z.24. vormarxistischen
Z.31-34. sei erstens …… worden, zweitens habe …… tun;	Z.27-29. erstens …… worden war, zweitens, daß …… tun habe;
Z.32. utopischen	Z.28. （削除）
S.86, Z.11. Haupt.	S.70, Z.21. （10行挿入）
Z.36. des Kongresses Engels	S.71, Z.13/14. Kongresses Wilhelm Wolff und vor allem Engels （挿入）
S.87, Z.11. dabei waren es,	Z.23. dazu waren,
S.91, Z.34. utopischer	S.74, Z.23. früherer
S.92, Z.1. utopischen	Z.26. französischen
Z.19. utopischen Kommunismus	S.75, Z.1. Arbeiterkommunismus
S.95, Z.5. Klassenteilung	S.76, Z.40-S.77, Z.1. Klassenspaltung
Z.27. machen einen Einfluß	S.77, Z.19. können auf den Einfluß
Z.28. möglich,	Z.20. zurückzuführen sein,
V	
S.97, Z.5/6. Es kam nun zwischen dem I. und dem II. Kongress	S.79, Z.5. Zwischen dem I. und dem II. kam es nun
S.99, Z.7-10. …, die vom Amsterdamer Bundesmitglied Christian Gödecke …… Erster Teil",	S.80, Z.20. （削除）
Z.10. Per Görtrek	Z.21. Pär Götrek
S.101, Z.13-15. den Entwurf nach … „gottvoll verbessern" konnte.	S.82, Z.3/4. nach …„einen gottvoll verbesserten" Entwurf einbringen konnte.
Z.16-23. Der Ende … Johann Dohl. Er sammelte … rief. In … Rolle.	Z.5-14. Der im August … （以下，Johann Dohl の活動について訂正．Jacob Brüning の活動追加等）
Z.23-26. Gödeckes Broschüre … beimaß. Über … berichtete	Z.14-18. …; Anfang März 1848 …. Diese …, so daß （Gödecke にかんする削除にともなう訂正）
S.102, Z.7. … gewannen.	Z.32-37. （同上の趣旨で6行挿入）

S.103, Z.16-18. Es erwies … hatten.	S.83, Z.34-37. Es zeigte … Bindes. (ハンブルク班へのワイトリングの影響力の評価変更)
S.104, Z.7. im Rundschreiben	S.84, Z.17. in der Ansprache
Z.23. … haben.	Z.31-35. (5行挿入)
S.106, Z.21. Malergesellen	S.86, Z.13. Maler
S.109, Z.4. diese	S.88, Z.8. dieselben
Z.26. Wir alle wissen, wie uns … in unübersehbarer	Z.26-27. Wir vergessen nicht, daß … in großer
S.110, Z.13. des utopischen Kommunismus	S.89, Z.6. der kommunistischen Lehren
S.113, Z.14. den Beschluß … Cabet"	Z.37/38. eine Argumentation … Cabets
S.115, Z.13. utopische Systeme,	S.92, Z.15. irgendwelche 〉Systeme〈
S.116, Z.12. Not	S.93, Z.5. not
Z.30/31. es so nicht ging.	Z.21. Heß ein falschen Weg eingeschlagen hatte.
S.117, Z.24. Hier	S.94, Z.7. Es
S.118, Z.9-11. er als …… entwachsen waren	Z.24-26. er — zu kurzschlüßig — als … bereits entwachsen wären
S.120, Z.4. …, die vom … Programm	S.95, Z.40. die Erkenntnis, daß für den neuen Inhalt eine ganz neue Form (おそらく誤植の訂正)
S.122, Z.17/18. Selbstverständlich hat Marx dabei nicht … gesprochen; Historiker	S.97, Z.32/33. Marx hat dabei wohl nicht … gesprochen. Einige Historiker
S.125, Z.25. und	S.98, Z.28. (削除)
Z.27. … Form. Die …	Z.29/30. (段落)
S.126, Z.5-28. Marx nach … hat. Auch …… wurde der dritte in	S.100, Z.1-26. (マルクス「1847年12月のノートブック」における『宣言』第Ⅲ章の草案についての評価変更)
Z.36. … nicht auf.	S.100, Z.32-S.101, Z.18. (同上の理由からする挿入. 28行分 [一文と二段落])
S.127, Z.1-3. über den in gewisser Hinsicht unvollkommenen Charakter dieses Abschnitts im „Kommunistischen Manifest" im klaren.	S.101, Z.19-21. darüber im klaren, daß dieser Abschnitt im 〉Kommunistischen Manifest〈 am meisten der Ergänzung und Aktualisierung bedurfte.
S.128, Z.26. Die Geburtsurkunde	S.102, Z.30/31. (挿入) Ende Januar 1848 brach Marx weitere Überlegungen ab und schickte das Manuskript nach London.
Z.27. Karl	Z.33. (削除)
Z.33. mehrerer Länder	Z.37. (削除)
Z.34. bereits	Z.38. schon
S.131, Z.30-32. 1848 … eine schwedische ….	S.104, Z.25/26. Ende 1848 … eine von Götrek hergestellte schwedische … 〉Kommunismens Röst〈).
S.132, Z.8. auf drei Kontinenten	Z.36. (削除)

第 2 部
『共産党宣言』出版史・影響史の研究から

第8章　共産主義者同盟再組織の試み
―― マルクスのロンドン亡命（1849年8月）から
「三月のよびかけ」（1850年3月）直前まで ――

はじめに

　本章では，共産主義者同盟の再建過程を便宜的に 1849 年中と 1850 年 3 月までと二つに分け，前者では，指導機関たる中央指導部の再構成，各基礎組織からロンドン中央指導部への連絡の漸次的回復，機関誌紙とともに当時の同盟の意思形成にとって重要であった特使の派遣が中央指導部によって決定されるそれぞれの過程を追跡し，後者の時期では，1849 年末頃より開始された中央指導部の各地方班にたいする新たな指導とそれにたいする各班の対応を跡付けることを課題としている。[1]

　本来であれば時期的には 1850 年の「六月のよびかけ」までを対象とし，また最低限つぎの三つの論点を必要とする。第一に，『新ライン新聞。政治経済評論』の発行準備についてのマルクスの活動や各同盟員の協力の状況ならびにその意義，第二に，ドイツ人政治亡命者の救援活動での委員会の設立とそこでの小ブルジョア民主主義者との闘争およびその意義，第三に，共産主義者同盟それ自体の再組織を中央指導部の活動や各地の同盟班ならびに労働者協会等の活動によって跡付けその意義を把握すること，以上である。というのも，『新ライン新聞。政治経済評論』は"同盟の機関誌"であって，同盟の思想的な脈管系統の確保を意味し，最重要の課題であったからであり，また，亡命者救援委員会の設立は各亡命活動家の生活の確保であって，同盟ならびに各協会の運動主体の保持といえるからである。

---

(1)　以下では，もっぱら *Der Bund der Kommunisten. Dokumente und Materialien*. Bd. 2・1849-1851, Berlin 1982 の本文諸史料を利用した素材の提示がなされる。本書を，以下では *BdK*, Bd. 2 と略記し，Dokument ... としてそれぞれの史料番号ならびにページを脚注に添えることとする。

第8章 共産主義者同盟再組織の試み　207

しかしながら，本章ではこれらはじめの二つの論点には触れず，第三の論点の，それも跡付けのみを行い，さらに時期も「三月のよびかけ」直前までに限定することにしたい。それは，筆者のここでの目的が，とりあえずは『共産党宣言』「23ページ本」のアンドレアス1Dないしはクチンスキー Druck X の1850年夏，ロンドンにおける新たな発行，および「30ページ本」の1850年末から1851年始の間のケルンにおける新たな発行というそれぞれのあり得る可能性の基盤を，1848/49年革命退潮後の共産主義者同盟の再建という事態のなかに探ってみようとするところにあるからである。

I　1849年

まず，ロンドン亡命直後の亡命者たちの雰囲気を伝えるものとして，ゼバスティアーン・ザイラーのロンドン共産主義労働者教育協会における演説を見てみよう。次のような箇所が注目される。

> 「彼ら（大陸からの政治亡命者）の（協会へ加入しての）出席は，最近のフランスからの凶報と併せて，今や社会＝民主主義共和国がもうダメになったような証拠を提供していると思われるかもしれない。決してそうではない！
> むしろ反動の思い上がりは，それと比べればこれまでのすべての革命が稚戯でしかないような反撃を引き起こすであろう。プロレタリアートは二月革命以降打倒されるたびごとに繰り返しますます強力に立ち直った。[……] プロレタリアートは真の階級闘争に成長するまでは敗北によって自らを鍛えるということである」。

1　中央指導部の再建

1848年革命の退潮・敗退期，共産主義者同盟中央指導部の再建は困難をきわめた。『史料集』の註解によれば次のようである。

> 「同盟の再組織はマルクスの指導のもと行われた中央指導部の新たな構

---

(2)　詳細は第3章においてすでに論じたところである。
(3)　*BdK*, Bd. 2, Dokument 391, S. 32. なお，引用文中，（　）内の補足および［……］による省略は引用者による。以下，同じ。

成で始まった。1885年にエンゲルスが書いているとおり,「1849年の秋には以前の中央指導部と各大会とのたいていの構成員が再びロンドンに集まった」。[……] 再組織された中央指導部に所属したのは,ハインリヒ・バウアー,ゲオルク・エッカリウス,フリードリヒ・エンゲルス,ザロモン・フレンケル,アルベルト・レーマン,カール・マルクス,カール・プフェンダー,コンラート・シュラム,アウグスト・ヴィリヒであった。

彼らのほとんどがすでにかつての中央指導部に属していた。バウアー,エッカリウス,フレンケル,レーマンおよびプフェンダーは,1848年末にヨーゼフ・モルの協力で新たに形成された中央指導部の構成員の過半であった。[……] 新たな構成員としてシュラムおよびヴィリヒが現れる。

バウアー,エッカリウス,フレンケルおよびレーマンは1849年中頃にすでにロンドンにいたが,他の構成員は順次ロンドンに到着した[4]。

中央指導部メンバーのロンドン到着は,プフェンダーがおそらくドイツ国憲法戦役参加直後,マルクスは1849年8月26日,シュラムは9月中,ヴィリヒは10月初め,エンゲルスは11月10日頃,シャッパーは1850年7月初め,ヴィルヘルム・ヴォルフは革命敗退後スイスに滞在し,1851年初頭に到着したとみられる。モルはムルク河畔の戦闘で戦死していた。したがって,「中央指導部の新たな形成の過程は1849年末まで延びた[5]」と言えよう。無論,同盟全体の再組織には至らず,ドイツ,フランス,ベルギーの若干の班と連絡がとれたのみであった[6]。

2 同盟各基礎組織の状況

他方,同盟の各基礎組織は当時どのような状況に置かれていたのであろうか。以下,『史料集』第2巻第Ⅴ章「序文」で言及されている資料を中心に,各都市ごとに概観してみよう。

(1) ケルン

まず,革命のさなかにはマルクスらが『新ライン新聞』を発行していた地,

---

(4) *BdK*, Bd. 2, S. 510, Anm. 296.
(5) *BdK*, Bd. 2, S. 15.
(6) М. И. Михайлов, История Союза Коммунистов, Москва 1968, стр. 303.

ケルンである⁽⁷⁾。

　①『ヴェストドイッチェ・ツァイトゥング』の10月15日号に掲載された「労働者教育協会の創立についての報知，1849年10月14日」⁽⁸⁾のなかでは，ケルンにおける教育協会創立の目的を「現実的な学問ならびに一般教養の領域での授業を労働者に提供することにある」とし，そのため「労働者読書協会が教育協会に改組された」ということが伝えられている。

　②次に注目されるのは，「共産主義者同盟ケルン班（F．レスナー）からハインリヒ・バウアー宛の書簡，1849年11月5日」⁽⁹⁾である。そこでは，同盟の存否・同盟の再組織についての問い合わせ，ならびに，ケルンでの活動の様子が，次のように報告されている。

　　「われわれは諸君に，同［盟］がなお存続しているか否かをたずねたい。また，それが新たに組織されているのか否かをも。良ければできるだけ早くわれわれに返事をくれ。そうすれば，われわれはどういう立場にあり，何をすべきであり，また，何をすべきでないかが分かる。われわれはなお定期的に集まり，今の時期にふさわしく思われるような活動を行っている。

　　さらに，われわれは毎週10〜12人の小集会をもち，そこで最も有望な会員をわれわれに加入させ，またそこで力のかぎり活動している。

　　またもし同［盟］が再びしかるべく発動するならば，われわれはわれわれにふさわしい人々と知り合っている。

　　ちなみに，われわれは，諸君が新たな組織をすでに完成したか，作っているところだと思う。そうすれば，われわれは近いうちに満足な説明が得られるだろう。

　　いまなお同［盟］としてもちこたえているのは，まだシャッパーの時期に迎え入れられた人々でその数7名である。できればすぐに返事をくれたまえ」。

---

(7)　革命退潮後の1849年末から1850年6月頃までにかけての共産主義者同盟ケルン班の活動については，いわゆる中央指導部との活動方針の"相違"に関わる諸問題があるが，この論点については，その研究史の一部を本章第Ⅲ節において概観する。
(8)　*BdK*, Bd. 2, Dokument 398, S. 41.
(9)　*BdK*, Bd. 2, Dokument 404, S. 45-47.

(2) ハンブルク

「テーオドール・ハーゲンからマルクスへの手紙，1849年11月20日」[10]からは，マルクスらが新たに発行することとなった『新ライン新聞。政治経済評論』の創刊への協力のあったことが窺われる。ハンブルクでの印刷所と出版社の確保とである。

(3) シュトゥットガルト

ロイトリンゲンで9月23日に開催されたヴュルテンベルク諸労働者協会の半年ごとの総会で政治から離れることが決定された。その点で，『フォルクスヴェール』がこの総会を非難するという事態が生じた。シュトゥットガルト労働者協会の会長であり，この総会の代議員であったビルクは，この非難に対して，「シュトゥットガルト労働者教育協会の声明，1849年10月半ば」[11]において，次のように反論した。

　「労働者協会は，ただ単に政治という分野を追求しなければならないばかりではなく，その<u>主要な課題</u>は，構成員が科学的かつ社会的な講義によって，ならびに労働者になんといってもかかわっている仕事上の事柄の議論によって，まずもって教養を得ることにある。[……] 一にも<u>教養</u>，二にも<u>教養</u>が労働者協会の主要事であることが分かろう。しかしながら，そのさい「教養」という問題のなかで政治的教養が最上位にあることを考慮に入れるならば，われわれが政治と断絶したなどと責任を追求するものはいないであろう」。

革命退潮後の労働者協会の運動方針との関わりでも興味深いものである。

(4) ブリュッセル

①各地から，労働者協会組織の次元で，活動の再開を求める声がロンドンに集まってきつつあったが，以下に示す「ブリュッセル・ドイツ人労働者協会からロンドン共産主義労働者教育協会宛の書簡，1849年10月24日」[12]はその典

---

(10) *BdK*, Bd. 2, Dokument 408, S. 52/53.
(11) *BdK*, Bd. 2, Dokument 399, S. 41/42.
(12) *BdK*, Bd. 2, Dokument 401, S. 43.

型であろう。

　「労働階級の日々抑圧されている状態は，いくつかの都市で，労働階級の状態を研究し，同時に彼らを救済することのできる手段を論究することを目的とした協会を蘇生させた。しかしこの目的を可能なかぎり速やかに果たして，より強力に大規模に影響を及ぼすことのできるために，必要かつまた有用なのは，これらの協会が相互に直接的なつながりをもつことである。

　すでに2年ほど前に，ブリュッセルのドイツ人労働者協会の当時の副会長マルクス氏は，諸君ら兄弟たちと，毎月のつながりをもつという提案を行った。

　その直後に勃発した二〔月〕革命，それによって当地の労働者協会はしばしのあいだ中断させられるのだが，それがまたこの企てをはじめることをも妨げた。本年5月にモルがドイツ中をまわったその旅からの帰途われわれの毎週の会議に参加したさい，諸君と前述のような通信を取り結ぶことをわれわれに再度うながした。そこでそのあと間もなくロンドンへ旅立った当地の協会員ペーターゼンに，〔われわれは〕最初の手紙を持たせてやった。だからわれわれにとって不可解なのは，当地に諸君の返事が届いていないことである。したがって，われわれとのつながりを可能なかぎり早急にもち，諸君の見解とわれわれのとの交換を行うことを諸君に再度うながすのは，われわれの義務でありかつまたわれわれ共同の利害に〔とって〕必要なことだと考える」。

②各地での活動再開にさいしては種々の困難，困惑等のあったであろうことが窺われるのは，「カール・ブリントからマルクスへの手紙，1849年11月1/4日」[13]からである。ブリントはこう記す。

　「私をここに引きとどめている事柄の込み入った事情は，あまりに根本的であるため，君に手紙でそれを明らかにするのを断らなければならない。だからさしあたりは私がここに滞在しているという<u>事実</u>で満足したまえ。そしてわれわれが再び二人だけで会ったときにはじめて<u>批判</u>を行いたまえ。悪口にたいしてはなんらかの政治的な秘儀を講じたまえ。つまり，例えば

---

(13) *BdK*, Bd. 2, Dokument 403, S. 44/45.

私が「これ以上語ることのできないある政治的な問題のなかに引き続き」いるのだ，とか」。
さらに，彼はこうも記している。
「ロンドンの労働者協会の浄化のことを手短かに聞いた」。
このような事情は各地の組織のみならず，共産主義者同盟の中央指導部の置かれたロンドンにおいても生じていたことが分かる。

(5) ミュンヘン

ロンドンとの連絡すらも断たれた状況のなかで，同盟の活動が継続され，今，新たな連絡の求められる時期になったことが，以下の「フランツ・シュペングラーからリヒャルト・ガングロフ（在ライプツィヒ）への手紙，1849年11月21日」[14]によって明らかとなる。
「私が仕立て工に与えていたロンドンにたいする約束を果たすことが今や不可能となったので，私の仕事（同盟ミュンヘン班のこと），これは今うまくいっているのだが，についてそちらに伝えるために，もっと確かな手紙を書き送ることのできるロンドンの二人の個人の住所を知らせてくれるようお願いする」。

(6) フランクフルト・アム・マイン

①特に『新ライン新聞。政治経済評論』の創刊準備にかんして，印刷所や書店の世話などヨーゼフ・ワイデマイアーらの協力のあったことが，その手紙[15]から窺われる。

②また，「ワイデマイアーからマルクスへの手紙，1850年1月2日」[16]に見られる「もしシュラムがブルーンへの返事をまだ送っていなかったならば，シュラム経由でそれ（『評論』への記事の締切）を言ってくれるだけでよい」という章句からは，ワイデマイアーが『評論』への寄稿をも予定していたことが分かる。

---

(14) *BdK*, Bd. 2, Dokument 409, S. 53.
(15) 「ワイデマイアーからマルクスへの手紙，1849年8月28日」（*BdK*, Bd. 2, Dokument 389, S. 28-30）。
(16) *BdK*, Bd. 2, Dokument 418, S. 66/67.

(7) ラ・ショー＝ド＝フォン

「共産主義者同盟ジュネーヴ班 (H. M.) からラ・ショー＝ド＝フォン班への書簡，1850年1月19日」[17]からは，ジュネーヴ班がシュトルーヴェやジーゲルらの動きに同調し，ラ・ショー＝ド＝フォン班へもそれを勧めた手紙を先に送っているであろうことが窺われる。この書簡は，そのようなジュネーヴ班の手紙にたいして，ラ・ショー＝ド＝フォン班が分派の形成にあたるのではないかと懸念した通信にたいするジュネーヴ班の改めての返信であって，次のように記されている。

> 「諸君の手紙を私は今日受け取り，それにより諸君がわれわれを今なお理解していないことを知った。分派を形成するなどというのはまったくもってわれわれの見解ではない。それに，われわれは事をいわばあまりに性急にはじめるのではなくて，諸君がクロイトラーからも聞き知ったことすべてを入念に考えたのだ。われわれが出発点としている前提は，現在の時期はながながと制度を云々することは許されないということであり，また，あらゆる革命的勢力の統一を達成するためにはあらゆる極端なことを［われわれが］ぬぐいさらなければならないということである。というのも，こうしたことなしにはわれわれは決して何［事］をも達成しえないからである」。

但し，シュトルーヴェ，ジーゲル，ヴィリヒについては一定の信頼をおいているような文言があり，一部留保したうえでの返信のようである。また，次のようにロンドンの中央指導部との通信の復活が今や課題となっていることがはっきりと記されている。

> 「諸君がいま金のことを考えてくれず，古い事柄にこだわっているようなのは残念だ。諸君が自らロンドンに手紙を出して，すべての事柄が本当であると納得されるのが最善だと思う」。

3 特使の派遣

(1) K. シュラム合衆国派遣の企て

中央指導部の再結成がなされ年が明けて，その活動は同盟の再建へ向けて

---
(17) *BdK*, Bd. 2, Dokument 422, S. 71/72.

活発となってくる。その現れの一つがコンラート・シュラムを北アメリカへ特使として派遣することであった。

①「マルクスからフライリヒラートへの手紙，1850年1月11日」[18]にはこうある。

「われわれの『評論』のためにも，[……] さらにわれわれの宣伝活動のためにも，われわれには金が要る。金が手にはいるのはアメリカだけだ。そこではいますべての半革命家── たとえばプファルツで不名誉にもこっそりと逃げ出し，彼自身決して軍人ではないことを証明したアンネケ──は黄金のりんごをもいでいる。／だからわれわれはC. シュラムをすぐ特使としてアメリカに送ることを決めた。われわれがやろうと思っているような行程の旅行には少なくとも150ターレル必要だ。できるだけ短期間に君にそのための寄付金を集めていただきたいし，また同時に，『新ライン新聞』支配人［……］C. シュラムのための推薦状を至急送ってもらいたいのだ。／［……］当地のチャーティストとフランスの亡命者もまたわれわれの特使に委任をあたえるだろう。／これは同盟の問題なのだ。／……君は推薦状でドイツにおける『新ライン新聞』の地位とその革命的意義についてはっきりとのべることが必要だ」。

②これに対する返事は「フライリヒラートからマルクス，エンゲルスおよびシュラムへの手紙，1850年1月26日」[19]であって，次のような興味深いものである。

「私の前に返事をすべき指令部からの四通の手紙がある。一通はシュラムからの，一通は君［マルクス］からの，あとの二通はエンゲルスからのだ」。

「「募金につぐ募金」を私は力のかぎり行っているよ，親愛なマルクス！［……］しかしながら，率直に言ってこれは困難で割りに合わない仕事だった。われわれ，党，プロレタリアには金がない（特に私は最近あまりの無一文であったため，郵便配達夫にさえ気後れするほどなのだ）。したがって，ブルジョア民主主義者たちを軟化させることが重要だった。しかし，

---

(18) *BdK*, Bd. 2, Dokument 420, S. 68/69. 訳文は岡崎次郎（『マルクス＝エンゲルス全集』大月書店，1971年，第27巻，443/444ページ），適宜変更。
(19) *BdK*, Bd. 2, Dokument 424, S. 74-76.

彼らが，とりわけここケルンでは下種どものために存在していることは，君にとってもまだ昨年来の生々しい思い出としてあるに違いない。私が彼らの強情な乳から<u>一滴ずつ</u>絞り出したすべては，今までで<u>35ターレル16グロッシェン</u>になっているが，このうち35ターレルを同封したのが分かるだろう。16グロッシェンの余りはこの手紙の書留料にあてる。まだいくらか雫が出ればすぐに君に送ろう。

　アメリカについての君の計画は正しいと思われるが，しかし，<u>ブルジョアにとっては怪しげに響く</u>。君がこのことを書き送ったユングはこう言っていた。つまり，君のためなら彼はできることをなんでも喜んでする。しかし，このような「怪しげなもの」はだめだ，と。彼が君になお個人的に寄付を送るかどうかわからないが，私には何もくれなかった。いずれにせよ，私は募金の本来の目的を果たす心構えでいる。―― 私はすべて総じて「評論のため」募金を要請する以外のことはできなかった。［……］

　シュラムのための推薦状を今日もまだやり残している。つまり，ニュー・ヨーカー・シュネルポスティローンのアイヒタールが死んで以降，私にはこうした事柄を<u>うまく頼める人間が実際合衆国に一人もいないのだ</u>」。

　「ハレルヤ，たった今，なお数滴流れてきた！　私の全送金は今や銀行手形で<u>40ターレル・プロイセン・クローネだ</u>」。

このような募金が各地で熱心になされたにもかかわらず，シュラムの合衆国派遣は結局，資金難で実現しなかった。

(2) H. バウアーの大陸派遣

1849年中に決定されていたようであるが，年内には実現せずに翌年になってから「三月のよびかけ」持参特使という形で実現したのがハインリヒ・バウアーの大陸派遣である。

　①それを物語るものとして「ブリントからマルクスへの手紙，1849年12月27/29日」[20]がある。

　　「君の今度の――日付のない――手紙を，23日に受け取った。君が投函したという私宛のパリからの手紙は，私には<u>届かなかった</u>」。

---

(20) *BdK*, Bd. 2, Dokument 414, S. 61-63.

「バ［ウアー］の派遣を可能なかぎり急いでくれ」。

②バウアーが持参した「三月のよびかけ」[21]はあまりにも著名であるが、この時期の同盟の再建という点では次の箇所が注目されよう。

「再組織は、特使の手でおこなうほかはない。現在、新しい革命が迫っており、したがって、労働者は、1848年のように、ブルジョアジーに利用され、ひきまわされるようなことをまたもやくりかえしたくないなら、できるだけ組織的に、できるだけ一致して、できるだけ独自的に行動しなければならないのであるが、こういう瞬間にこそ、特使を送り出すことがきわめて重要である、と中央指導部は考えている」。

1849年のうちにこのようにしてロンドンの同盟中央指導部と大陸あるいは北アメリカ各地との連絡が復活され、とりわけ特使の派遣という形で、同盟組織の再建を目指す基礎が築かれていく。

II　1850年初頭

1849年末から1850年初頭にかけて中央指導部は、その構成員名義の手紙で各都市の同盟の以前の指導者たちに対して同盟班の再建を提案し、『共産党宣言』に基づいて班活動を指導するよう勧めたようである。以下、本節で紹介する手紙の多くはロンドンからの通信に対する返信とみなしうるであろう。なお、『史料集』の編者らは次のように述べている。

「同盟の漸次的再組織は文書のなかには不十分な反映しか見出せない。まさにここで同盟文書類の喪失が非常な損失であることが明らかとなる。中央指導部の構成員たちがラ・ショー＝ド＝フォンの組織に宛てた1850年1月末から2月初めにかけての書簡（以下に示す3.①,②）のような詳細な文書は例外である。しかしながら文書414および423によって、中央指導部が1849年末から1850年初めにかけて、失われていた結びつきを再び取り結び始めたことが確認される。同様に、ペーター・レーザーの証言の中でのケルンの共産主義者たちに宛てたマルクスの手紙に関する発言

---

(21)　*BdK*, Bd. 2, Dokument 448, S. 136-145. 前掲『全集』第7巻、1961年、250ページ、村田陽一訳。

は［……］ロンドンの中央指導部の新たな活動を示唆している。さらに，1849 年 10 月末から 11 月初めにかけての若干の手紙—文書 401, 403 および 404 —には，すでにさまざまの地方で，各班から中央指導部との結びつきが求められていたことについての多少とも明瞭な兆候がある[22]」。

1　フランクルト・アム・マイン

（1）フランクフルト・アム・マインでの様子を，「ヨーゼフ・ワイデマイアーからマルクスへの手紙，1850 年 1 月 16 日付[23]」に即して，以下，見てみよう。
①まず，資金調達についてであるが，次のようである。
　「直接金を集めることができぬかと手を打ってみた。それは不可能だった。［……］いずれにせよ君は多くを当てにしてはならない。というのは，そうした事柄を当地で頼むことのできる人々はいまいましいほどにわずかであり，彼らも亡命者および経由する者たちの救援でいつも実際甚だしくわずらわされているからである」。
②労働者の組織化の状況は困難をきわめたようである。
　「労働者の組織化は不調である。［……］私が復活させた労働者協会は小さくて，靴工と仕立て工のみから成っている。他の職種の連中はまだ同職組合の肥溜めのなかにどっぷりと漬かっている。それ以外の領域には一つの組織さえもまったくといってよいほど存在しない。逆に，今なお続いている政治的迫害が最悪の組織解体を招いていて，再びつながりをもつのは困難であるように思われる」。
③『評論』の宣伝・普及はそれに比して順調であった。
　「月刊誌の宣伝は最高の進み具合だ。［……］私には 100 部送ってくれ。なお追加注文を出せると思うが，さしあたりはこれだけにとどめておく。いずれにせよ私は諸君にそれほど出費をさせないようにしよう」。
（2）ドイツ人労働者親睦会ライプツィヒ大会（1850 年 2 月 20 〜 26 日）への動きが見出される。
　「オッフェンバッハでのフランクフルト（マイン）地区労働者親睦会の第 1 回

---

(22)　*BdK*, Bd. 2, Anm. 296, S. 511.
(23)　*BdK*, Bd. 2, Dokument 421, S. 69/70.

大会議事録，1850年2月10日」[24]からは，ライプツィヒでの労働者大会への派遣代議員選出その他の決定がなされたことが分かる。

このとき選出されたアントーン・メンケルによる全国大会でのオッフェンバッハの労働者協会の活動についての報告も，協会の再建をはっきりと意識したものであるだけにまことに興味深いものである[25]。

ほかにも，各地区で選出された代議員への委任状などの資料からは，大会への各地の準備状況が順次整ってきていることが窺われる[26]。

2 パリ

(1) パリの状況を，「ヘルマン・エーヴェルベックからマルクスへの手紙，1850年1月25日」[27]に即して見れば，以下のようである。

①まず，エーヴェルベックの同盟からの退会の申し出とその理由がこの時期の特徴を示しているであろう。

>　「私はこれらの仕事（最近のドイツ哲学——フォイエルバッハ，ダウマー等——についてのフランス語の著作）と二三の雑誌への執筆で甚だしくわずらわされているので，同［盟］の仕事にたずさわることができないし，しばらく，数ヵ月間は不可能であろう。［……］仮に私に時間があったとしても，再びそうした闘争にたずさわることはできないであろう。私はそれを以前は喜んでしたが，今はできないし，好まないし，また，するつもりもない。［……］私の協力を考慮に入れないでほしいということをあらかじめ述べておく」。

②その背景にあるのはつぎのようなエーヴェルベックの情勢評価と運動方針である。

>　「同盟員の数がここでは，私が参加していた時でも極端に少なかった。それが今甚だしく増えているとは思えない」。

---

(24) *BdK*, Bd. 2, Dokument 429, S. 85/86.
(25) *BdK*, Bd. 2, Dokument 438, S. 99. その冒頭では，「これらの協会（フランクフルト・アム・マイン，ハーナウ，ダルムシュタットおよびオッフェンバッハにおける各労働者協会）の創立，発展——一部のものは終焉——および修復は，要するに三つの画期として把握されるのであって，それらは，即ち，革命，反動および再建である」とある。
(26) *BdK*, Bd. 2, Dokumente 431, 432 u 433, S. 93-96.
(27) *BdK*, Bd. 2, Dokument 423, S. 72-74.

また，

> 「[……] 公然の協会について考えるべきだ。そして秘密の協会に関しては，率直に言えば，私にはその正当な理由が分からない」。

さらに，

> 「当地の地区では分裂が生じている。本来，生じるに相違なかったのだ。その始まりはすでに1849年6月以前に起こっていた。[……] ロンドンから誰かが派遣されてくるのでない限りは，何かが生じうるというような可能性はないと私には思われる [……]」。

③エーヴェルベックの重視する文献普及とは次のようなものである。

> 「[……] 今は同盟の指導部（あるいは決議）によってよりも出版によってより多く成し遂げられるべきだと私には思われる。[……] 私は，労働者たちはドイツにおいて，フランスにおいてと同様，今や同［盟］なしで非常にうまくやりくりできるし，将来の活動のために鍛錬する用意もできていると思う。つまり，書籍，仮綴じ本および新聞は欠かせない。私は，次の革命の翌朝には，労働者たちは同［盟］を無視して，また同［盟］なしに，同じ規模，同じ方法，同じ場所で団結するだろうことを確信している」。

公然の文献普及でもケルンとは逆で，その内容にはずいぶんと落差があるように見うけられる。ケルンの人々からすれば，このようなエーヴェルベックの考えは一種のご都合主義と非難されたかもしれない。

(2) したがって，エーヴェルベックが以上のように評した情勢等は，一方で，別様に評価されるものであった。それを，「エルンスト・ドロンケからエンゲルスへの手紙，1850年2月21日」[28] に即して見てみよう。

①まず，情勢評価についてである。ドロンケはこう述べる。

> 「ヨーロッパの革命がイギリスのブルジョアジーの転覆なしには「コップのなかの嵐」にとどまるだけだというのは明らかである。しかしまた私は，この転覆は決してイギリスそのものにおける革命的主導性によってではなくて，ヨーロッパの戦争によってのみ成し遂げられると思う。つまり，私は，4月10日に1,100人の兵士を恐れて逃げ出したロンドンのプロレタリアートには大きな期待は抱いていないからだ。とはいえ，こちらでは春までに大

---

(28) *BdK*, Bd. 2, Dokument 439, S. 100-102.

変にすばらしいことが準備されている。それについて，手紙であまり長くならないのならば，君にかなりのことを知らせることができるのだが」。

イギリスに関してはマルクスの周知の評価を踏襲しているものと思われるが，総じてリアルな評価となっている。

②さらに，パリでのブランキ主義者の復活についてこう語っている。

「さらに，「純粋無政府主義者」プルードンのような従来の「社会＝民主主義的」おしゃべり屋や体系いじりの愚物どもは完全に死に絶えたが，他方，労働者たちのあいだではブランキの信奉者たちが滅法多くなっている」。

フランスにおける同盟の活動の難しさを述べているものと思われる。

③先に見たエーヴェルベックについての評価はどうであろうか。ドロンケは次のように手厳しい。

「エーヴェルベックおよびその他のドイツ人たちについての君の質問に私は正確には答えられない。というのは，私はこういう下種どもとはなんらの接触もないからだ」。

3　ラ・ショー＝ド＝フォン

(1) ラ・ショー＝ド＝フォン班は，先に見たようにジュネーヴ班からの連絡を受けて，ロンドンと直接連絡をとったものと思われる（1月6日付，H. バウアー宛手紙）。その結果得られた返信である「ロンドンの共産主義者同盟中央指導部からラ・ショー＝ド＝フォン班への書簡，1850年1月28日」[29]を最初に見てみよう。

①まず，シュトルーヴェ，ジーゲルらへの批判がはっきりと記され，先の留保を解消させようとしていることに注目したい。

「同盟は，ジーゲルおよびシュトルーヴェとはなんのつながりもないし，またこのようないかさま師どもおよびまぬけたちとはどのような関わりをも

---

(29)　*BdK*, Bd. 2, Dokument 425, S. 76/78. 本書簡の初出は『史料集』においても指示されているとおり，Rolf Dlubek：Ein unbekanntes Dokument über den Kamp.des Bundes der Kommunisten für die selbständige Organisation des Proletariats nach der Revolution von 1848/49. In：*Beiträge zur Geschichte der deutschen Arbeiterbewegung*, 1962/H. 1, S. 87-101 においてであって，そこでは本書簡の意義とともに，それを理解する前提となるスイスの当時の労働運動の概説も含まれている。

つこともありえない。兄弟ヴィリヒは，どうして彼がジュネーヴ地区でシュトルーヴェおよびジーゲルと共同して煽動を行ったとみなされたりしたのか大変驚いていた。ヴィリヒはこうした人々とはなんらの関係もないし，彼は規約をなんら逸脱していない［……］」。

②したがって，ジュネーヴ班の偏向の処理が問題となってくる。それについてはこう記されている。

「ジュネーヴの人々から彼らのシュトルーヴェとのつながりのすべてを聞くように努めて，その上で諸君は彼らに対して中央指導部に代って上述の奴等とのあらゆるつながりを直ちに解消するよう要請しなければならない。ジュネーヴの人々がそうしようとしない場合には，最良かつ信頼すべき同盟員たちで新しい班をつくり，ひょっとするといるかもしれないシュトルーヴェ主義者を除名してくれ。おそらくジュネーヴ班では事態はそれほどのところまではいっていないだろう。いずれにせよ，諸君は直ちに地区を構成し，スイスの指導を当分のあいだ引き受けてくれ」。

ジュネーヴ班が偏向したままであった場合には，当面とはいえラ・ショー＝ド＝フォン班がそのまま地区の重責を担うことになるというのである。

③さらに，具体化してきた特使の大陸派遣の知らせとそれに伴う要請が記されている。同盟の再建が本格化してきている証左とみなされよう。

「一ヵ月のうちにはおそらく特使がこちらから出発して，諸君を訪問し，事態を最終的に整えるであろう。特使のために資金を工面したり，彼の滞在のさいの準備をしたりすることに諸君の力の及ぶかぎり努めてくれ。当地の地区はこの目的のために構成員ごとに2シリング6ペンスないしはfl.1.30Rh.の寄付金を課した。諸君も可能なかぎり折にふれて特使を使ってスイスになお存続している諸班や個々の構成員と連絡をとり，つながりをできるだけ再び取り結んでくれ。というのも，それによって特使の仕事はかなりの程度軽減されるからだ」。

「特使は，かなりの旅程をこなしうるだけの金が集まるやいなや，この目的のために大陸へ渡る」。

④また，次に見られるような革命情勢についての中央指導部の評価も注目すべきである。すでに1850年の初頭において慎重な評価がなされているわけである。

「われわれは，ミュラーが考えているようにすぐには革命を期待していな

い。フランスでは事態はなるほど長くはもはやもちえないであろうが，しかし今のところフランスおよびドイツにおいては商業および工業が非常に良好であり，多くの労働者はまだ当面の仕事によって少なくともその仕事が続いている限りは，肝心の事柄の遂行が妨げられている。ちなみに，良好な営業もまもなく終わってしまうだろう。こちらでは商業恐慌が近づきつつあるが，これは以前のすべてのものに比して最悪であって，こちらでは農村でも労働者を革命に駆り立てるであろう」。

(2) この通信には，再建されたロンドンの中央指導部のメンバーの一人である「アウグスト・ヴィリヒからラ・ショー゠ド゠フォン班への手紙」[30]が添えられていた。

① そこには，上記の (1) と同趣旨のシュトルーヴェ，ジーゲルらと無関係であることを確言する章句が見られるとともに，ヴィリヒの社会観・革命観が記されている。後者は，後の同盟の分裂に至る予兆を示すものとして検討することもできる資料であるように思われるが，詳論は先の (1) および後続の④の各文書の検討とも併せて他日を期したい。

② それよりもここで注目すべきは，追伸中にある次のようなヴィリヒの当面の課題認識であろう。

　　「現在行うことのできる唯一の事柄は，全労働者間での，静かで目立たない意思の疎通であり，これによって全労働者は今度は二度と分裂し［たり］，われわれに何物をももたらさないような政治の犠牲にされたりすることがなくなるのである」。

③ また，マルクスらの『新ライン新聞。政治経済評論』について，次のように明確に同盟の機関誌という評価が，この時点ではヴィリヒによってもなされていることは興味深い。

　　「評論『新ライン新聞』はわれわれの機関誌だ。確かに私はその詳しい内容を見知ってはいないが，しかし，編集者の顔ぶれは以前の『［新］ライン新聞』と同じであって，その内容は保証する」。

④ なお，この手紙にはさらに「ヴィリヒから同盟員E（在スイス）への手紙」[31]

---

(30) *BdK*, Bd. 2, Dokument 426, S. 78-82.
(31) *BdK*, Bd. 2, Dokument 427, S. 83.

が添えられており,「諸君はジュネーヴを地[区]委[員会]にするなど非常に愚かなことをした」という一句が見出される。

　(3) そのほかに注目すべき活動として,スイスでもムルテンで労働者協会大会 (1850 年 2 月 20 日) の開催が企てられ,これに対する準備のなされていたことが,「ムルテンの会議への派遣委員のためのラ・ショー＝ド＝フォンのドイツ人労働者協会の指令書」[32]から分かる。

　また,この大会は官憲の弾圧を被ることとなったのだが,これに抗議して,「ムルテンでの逮捕に反対するラ・ショー＝ド＝フォン労働者協会の声明,1850 年 2 月 24 日」[33]が出されている。

4　ビーレフェルト

　特使をアメリカに派遣することは各班にあまねく知らされ,そのための資金が募られていた。「ルードルフ・レンペルからコンラート・シュラムへの手紙,1850 年 2 月 3 日付」[34]からはその様子がはっきりと見てとれる。

　　「フランクフルト・アム・マインのワイデマイアー氏から要請を受けたので,われわれはあなたに代理人の北アメリカ行きの旅費へのわれわれの寄付として銀行手形で 10 ターレルを同封してお届けする！　われわれは党からしばしば要請を受け,すでにスイスの亡命者たちにかなり多くを送ったので,われわれの寄付金額はそう大したものとはいえないかもしれない」。

　　「マルクスの月刊評論には当地で 14 人の予約購読者がいるのだが[……]」。

　したがって,ここからは『新ライン新聞。政治経済評論』の定期購読者も確保されていたことが分かる。

III　ケルン班の活動について

　ここでケルン班の活動を独自に取り上げることはできないので,これまでの

---

(32)　*BdK*, Bd. 2, Dokument 434, S. 95/96.
(33)　*BdK*, Bd. 2, Dokument 440, S. 103/104.
(34)　*BdK*, Bd. 2, Dokument 428, S. 84.

研究の概観だけを示すことにしよう。

1　問題の所在

まず，問題の所在を示すためにD．マクレランにつこう。

その『マルクス伝』は「執筆に悪意も好意もまじえることなく，読者に適正なバランスをもったマルクス像を提供すること」を意図し，「同情的批判の立場から書いている」と著者自身が述べていることで著名な伝記である。が，本書の中で最も読み応えのあるのはマルクスのロンドン亡命直後を扱った第5章であることはおそらく誰しも異存のないところであろう。

その「I．ロンドンの最初の一年」では，マルクスの家庭の経済的な困窮，亡命者救援委員会の活動の描写に続いて，共産主義者同盟の再建の過程が描かれている。そのための主要な素材の一つとして用いられているのは，マルクスならびにロンドンの中央指導部とケルン班との応接である。その評価の大要は次のとおりである。

> 「ロンドンとケルン班との間には依然として不一致があった [……]。後者はいつもみずからの組織を宣伝団体を越えるものではないと考えていて[……](35)」。

とはいえ，このようなマクレランの評価は，本書が1973年の刊行であったため，すべてW．ブルーメンベルク，S．ナアマン，W．シーダーの1960年代の資料紹介ならびに研究に依拠することを余儀なくされてのものである。

前節までその収録史料を見てきた『共産主義者同盟。文書および資料』第2巻は，1982年に刊行されたものであるから，その第Ｖ章の「まえがき」では，マクレランとは異なって，この問題について極めて慎重な物言いがなされている。即ち，

> 「ケルン指導地区と同盟中央指導部との関連についての多くの文書の喪失が，研究上なお完全な一致の存在しない一連の問題を提出している」。

そして，この箇所への注392の末尾ではロキチャンスキー，カンデリおよび

---

(35)　McLellan, David : *Karl Marx. His Life and Thought*, London 1973, p.235（D．マクレラン著，杉原四郎，重田晃一，松岡保，細見英訳『マルクス伝』ミネルヴァ書房，1976年，232ページ。訳文は適宜変更）．

フェルダーのこの問題にかんする1970年代の研究が紹介されているのである。
　ここでは，さしあたり，これらの研究を概観しておくことに止めたい。というのも，本章は，冒頭で述べたような，限定された目的設定のもとにあるからである。また，さらに，これら1970年代の諸研究はわが国においてもこれまで看過されていたきらいがあるだけに，その概観だけでもなんらかの意味があるものと思われるからである。

2　ロキチャンスキーの見解とカンデリによるその批判

(1) ロキチャンスキーの見解

　ロキチャンスキーの研究は，共産主義者同盟ケルン班の指導的活動家たちとマルクスとの1850年1月から9月にかけての往復書簡について，伝承されていないマルクスのこの時期の手紙の内容を，伝承されているこの時期のケルンからの手紙中に見いだされる逸文等の考察によって復元し，共産主義者同盟の再組織過程における両者の関係にかんする問題を提起したもので，非常に有意義かつ示唆に富むものである。そのうち，当面の問題で関連するのは，以下の諸点である。
　マルクスの「1860年2月29日付フェルディナント・フライリヒラート宛の手紙」には次のような章句がある。
　　「君もご存じのケルンからの手紙（1849～50年）のことを思い出して欲しい。それらの手紙のなかでは僕に対して直接にこう非難していたものだ。つまり，僕が（僕は当時まったく十分な諸根拠からそうしたまでのことであって，決して我が身をおもんぱかってのことではない）同盟のアジテーションをあまりにも眠り込ませすぎている，と」。
　ロキチャンスキーは，このことを1850年中のマルクスならびに中央指導部とケルン班との関係の紛糾の実際上の原因とみている。
　ロンドンの中央指導部は1850年の春から夏にかけて『新ライン新聞。政治経済評論』の創刊・普及の作業ならびに社会＝民主主義亡命者救援委員会

---

(36) Я. Г. Рокитянский, Переписка Маркса с ведущими деятелями Кёльнской общины Союза Коммунистов (январь-сентябрь 1850 г.). в：Институт Марксизма-Ленинизма при ЦК КПСС Научно-Информацион-ный Бюллетень Сектора Произведений К.Маркса и Ф. Энгельса, № 20, Москва 1971, стр. 38-56.

の資金不足に関連して甚だ困難な状況にあった。このため，ロキチャンスキーによれば，マルクスは，同盟のすべての注意，資金，力を，まずもってなすべき課題の解決，この二つの仕事と非合法の組織活動に集中する必要がある，また「この時期にドイツでの同盟による広範かつ公然のプロパガンダ活動を不適当な展開と考えていた」とみる。さらに，ロキチャンスキーは，「マルクスは明らかに，ロンドン中央指導部の困難な状況のみならず，ドイツ自体における反動の跳梁をも考慮していたのであって，こうした際には公然たる共産主義的プロパガンダは逮捕の原因となり同盟の将来にとっての脅威となるのであった」とさえ捉えている。

(2) カンデリによる批判

ロキチャンスキーのこのような見解に対して，翌年，同誌にカンデリによる批判が掲載される[37]。

カンデリは，労働運動史の初期の歴史の文書史料の分析は非常に複雑難解であり，研究者に甚だしい配慮を要求するとして，そのような二つの例をあげる。第一は，1848年3月のパリでの共産主義者同盟の新たな中央指導部の形成時期についてであり，3月6日（あるいは7日朝）説を展開する。

第二の例が前号ロキチャンスキー論文の批判であって，カンデリ論文の主要部分である。

1850年のマルクスおよび中央指導部とケルン班との関係について，両者の紛糾の糸口をロキチャンスキーのようにマルクスのプロパガンダ抑制に見，これを戦術面での相違にまで拡大して把握するのに対する批判であり，おおむね説得的な評価であるように思われる。カンデリは，「三月のよびかけ」持参特使バウアーの活動，1850年後半のケルンでの宣伝パンフレット作成へのマルクスの同意等々の事例をあげ，その間接の論拠としている。

そして，むしろロキチャンスキーの言うような戦術をマルクスが採ったのはカンデリによれば，民主主義の最左派として活動した1848年の革命期であると

---

(37) Е. П. Кандель, Внимание к источнику. в:Институт Марксизма-Ленинизма при ЦК КПСС Научно-Информационный Бюллетень Сектора Произведений К.Маркса и Ф. Энгельса, № 21, Москва 1972, стр. 43-65.

第8章　共産主義者同盟再組織の試み　227

する。またレーザー陳述での1850年初頭のマルクスによるケルン班新設の依頼は，レスナー在席班の存在等から甚だ疑問であり，また同じ地方班の活動の拡大強化要請もレスナーの1849年11月5日のバウアー宛手紙だけに対する固有の対応ではないかと推定している。

　さらに，1860年のマルクスのフライリヒラート宛手紙に見えるケルンからの手紙類をロキチャンスキーは1850年6～7月のダニエルス，ビュルガースのマルクス宛手紙と関連させているが，これらは他の同盟文書ともどもおそらくヤコービによってアメリカにもたらされ家屋火災のため焼失した蓋然性を強調している。ちなみに，これらの手紙の内容についてカンデリは「中央指導部のケルンからロンドンへの移転がケルンの人々のみるところではやはり是認しえないとの非難が含まれていた可能性がある」と見ている。

3　フェルダーの見解

　フェルダー論文[38]は，先に見た1860年のマルクスのフライリヒラート宛手紙のなかに見える章句を「考察の出発点」・「一つの指針」としながら，マルクスの言う「まったく十分な根拠」の内実を，同盟の再建過程とマルクスの理論的発展過程とを追跡し，解明した「先駆的」貢献であって，著者の遺作である。同盟の再建過程の研究という面でこの業績を越えることは，新史料の発見でもないかぎり極めて困難であると言えよう。

　この論文のなかで，フェルダーは，1849年末～1850年のマルクスおよびロンドン中央指導部とケルン班との関係についての研究に対しても重要な寄与を行っている。その一つは，ケルンにたいするシャッパーの諸影響を丹念に追跡していることである。これは，後の同盟の分裂を考慮すれば当然立てられなければならない着眼点だったのだが，それまで果たされてこなかった作業である。即ち，フェルダーはレーザー陳述を巧みに利用しながら，釈放後2月下旬

---

(38)　Förder, Herwig: Zu einigen Fragen der Reorganisation des Bundes der Kommunisten nach der Revolution von 1848/49. In: *Beiträge zur Marx-Engels-Forschung*, H. 4, S. 23-67（ヘルヴィッヒ・フェルダー［拙訳］「1848/49年革命後の共産主義者同盟の再組織の若干の問題について」（上）：若手マルクス・エンゲルス研究者の会『マルクス・エンゲルス・マルクス主義研究』第2号，1988年1月，81～103ページ，（中）：同誌，第3号，同年4月，49～59ページ，（下）：同誌，第4号，同年7月，19～35ページ）。

のシャッパーのケルン訪問が「ケルンの［分派的な］組織上の試みにさいして有力な役割を果たした」こと，また，「シャッパーがロンドンへの途次6月21日頃ケルンに滞在し，この折にケルン地区委員会と同盟の問題を協議したのはまちがいない［……］。シャッパーの後の態度からすれば確実に推論できるのは，ケルンを全ドイツの指導地区にするという彼の構想をこのときもまた主張した」ことを論証しているのである。

第9章　共産主義者同盟活動期の普及史から

『共産党宣言』の刊行125周年が記念された1973年以来，四半世紀を越えた20世紀中にも，『共産主義者同盟。文書および資料』全3巻や新たな『マルクス／エンゲルス全集』(新『メガ』)[1][2]の刊行などによって，少なくない新史料が公表され，『宣言』の普及史・影響史研究においてはかなりの進展が見られた。本章では，それらのうち1850年前後の共産主義者同盟の活動期に関係する諸成果に限定して紹介し，併せて最初の英訳について，さらにわが国での『宣言』の別称の問題に論及して，第10章ならびに第11章への導入ともしたい。

I　1848年革命前後の二つの外国語訳

『共産党宣言』を直ちに「英語，フランス語，イタリア語，フラマン語およびデンマーク語で公刊する」ことは共産主義者同盟の第二回大会ですでに決められていた。だが，この大会確認の実行は困難を極めた。出版直後，二月革命が勃発し，一連の騒乱が続いたからである。加えて，『宣言』では「まったく新しい内容が扱われているため，当時まだすべての言語にそれに適合する概念が存在していなかった」という事情もあずかっていた[3]。

エンゲルスは4月に英訳を開始し，「半分以上は仕上げ」[4]たが，未完成に終わ

---

(1) *Der Bund der Kommunisten. Dokumente und Materialien*, 3Bde, Berlin 1970-1984 の第1・2巻の概要については，黒滝正昭・服部文男「『共産主義者同盟　文書および資料』の意義について」『季刊　科学と思想』第51号，新日本出版社，1984年1月を参照。

(2) *Marx/Engels Gesamtausgabe*（*MEGA*），Berlin 1975- .

(3) 続く段落ともほぼ Hundt, Martin: *Wie das 》Manifest《 entstand*, 2. überarbeitete und erweiterte Auflage, Berlin, 1985, S. 104（訳文は，マルティン・フント［拙訳］『『共産党宣言』はいかに成立したか』［改訂増補再版，ベルリン，1985年］，八朔社，2002年）による。

(4) *MEW*, Bd.27, S.126.

った。フランス語，イタリア語，スペイン語への翻訳には，1848年から1850年にかけて，パリでエーヴェルベック，パヤ，モレル，ドロンケその他の同盟員が従事したが，印刷するまでには至らなかった。マルクスとエンゲルスも後に言及した，ある「フランス語訳は，1848年の六月反乱の少し前に，パリで出版された」[5] ようであるが，「行方知れずとなっている」。「フラマン語訳の試みはまったく知られていない」。デンマーク語とポーランド語の翻訳は1848年にロンドンで印刷されたが，「これまでのところ一冊も発見されていない」。したがって，現在まで伝えられている各国語訳のうちで最初に発行された翻訳は，今のところスウェーデン語版であるということになる[6]。

1 スウェーデン語版についての研究の進展

ストックホルムの共産主義者たちは，共産主義者同盟の綱領討議にあげて参加し，『共産党宣言』を手に入れるや，その翻訳を直ちに決定したようである[7]。『共産党宣言』のスウェーデン語版は，『共産主義者の声（Kommunismens Röst）』と題して発行されたが，すでに1848年の12月には，同盟員であり書籍商を営んでいたペル・イョートレク（Pär Götrek）の，ストックホルムの旧市街にある書店で販売されていた。また，翌年の春には多くの手工業職人が『宣言』の入った包みをもってストックホルムから全国各地へ赴いた。このスウェーデン語訳について，これまでは販売の事情などから，イョートレクが翻訳と出版をも取り計らったものと受け取られていた。

しかし，この間のエリク・ガンビ（Erik Gamby）の研究によって，共産主義者同盟のストックホルム・グループの指導的メンバーであった裁縫職人のスヴェ

---

(5) エンゲルス「1888年英語版への序文」（*MEW*, Bd.4, S. 578）。
(6) なお，『共産党宣言』の各版・各翻訳に関する普及状況については，Andréas, Bert: *Le Manifeste Communiste de Marx et Engels. Histoire et Bibliographie 1848-1918*, Milano 1963 が詳細であり，以下，適宜参照する。
(7) Reinert, Jochen: „Mit größter Ehrlichkeit und außerordentlichem Talent". Wie in Schweden die erste Übersetzung des Manifests entstand und öffentlich wirkte. In: *Neues Deutschland*, 3./ 4. März 1984, S. 13. 以下，従来の見解も含めて本項はもっぱらこの記事による。Andréas, *ibid.*, p.19-22 をも参照。なお，2012年6月に中国でオークションに出品される予定だとするスウェーデン語版の扉の写真を掲載した情報（http://news.searchina.ne.jp.disp.cgi?y=2012&d=0608&f=national_0608_042.shtml&pt=large）を得たが，確認していない。

ン・トレゴーオード (Sven Trädgårdh) とカール・ルドルフ・レーヴステード (Carl Rudolf Löwstädt) の二人の仕事であった可能性が高まってきた。「レーヴステードは，ストックホルムの同盟班が設立したスウェーデン人労働者たちの小さなサークルに属していた。彼は，その仕事仲間で，ストックホルムの手工業者たちの間で広範な啓蒙活動を推し進めていたスヴェン・トレゴーオードと密接に協力して活動した。それゆえガンビによれば「トレゴーオードがさまざまな機会に行った演説の記録からは，彼は目的意識的な政治的エキスパートと特徴づけられるし，また彼は，どの地区においても労働者の代弁者として大評判をとっていた」。最新の情報によれば，スヴェン・トレゴーオード── 彼は，ドイツ語を独学でものにし，ドイツ語の書籍のコレクションをもっていた── は，ストックホルムの『宣言』の翻訳と出版にさいして責任ある立場にあった」というのである。

さらに，ガンビはこの翻訳がどのような反響を及ぼしたのかについても新たな知見をもたらした。まず，ストックホルムで発行されていた進歩的新聞『日曜新聞 (Söndagsbladet)』第 14 号 (1849 年 1 月 21 日付) 他，二つの新聞の「広告」欄に，次のような短信が掲載された。「共産主義者たち，即ち，労働者たちの，貧民たちのスポークスマンたちが，彼らのパトロン，即ち，金持ちたち，財産家たちについての彼らの考えを述べたこの小冊子には，ある党派によって表明された，歴史的かつ政治的な点で注目すべき宣言が含まれている」。

これらの短信に触発されて，ストックホルムの『国民新聞 (Folkbladet)』の編集者・経営者であり馬商人のエーケブラード＝グスタフスソーン (K. J. Ekeblad-Gustafsson) は，第 4 号 (1849 年 1 月 28 日付) 3 面および第 5 号 (2 月 4 日付) 2 面で次のように論難した。『宣言』は「「共産主義という誤った教義」を普及している」，「われわれは，一連の論文のなかで，共産主義は誰も実現することのできない夢想でしかないことを証明するであろう」，と。が，「そのような連載論説は決して生まれ出なかった」ようである。

保守的な新聞『時 (Tiden)』1849 年 5 月 19 日付の第 1 面に，『宣言』の「真摯な最初の書評」とみなすことのできる論説が掲載されていることを見出したのも，ガンビの新たな成果である。その論説「スウェーデンにおける共産主

---

(8) Andréas, *ibid*., p.22 をも参照。

義」は、当時、同紙の編集長であったパルムブラード (F. W. Palmblad) 教授によって書かれたものとみなされ、『宣言』に対する次のような評価が記されている。「われわれの前にあるこの著作は、ある徹底性でもって、とりわけ非凡な才能でもって、同時に認めなければならないことだが、最大の公正さともども、勝利の合法則性とその勝利の好ましい結果とについての最も完全な確信でもって、書かれている」また、その著者は「その精神的な武器の取り扱いにおいて「偉大なる名手」である」、と。そして、この論説では、『宣言』の首尾一貫した革命的メッセージについて、著者の階級に警告が発せられているという。さらに、書評の末尾でパルムブラードは、『宣言』を小ブルジョア急進主義の諸潮流の決まり文句と対比して、次のように結論づけているという。即ち、「……急進主義者たちの綱領は破壊でしかない。それに対して、共産主義者たちは、建築家とみなされるし、多くの提供すべきものを持っている。それゆえ、勝利は彼らのものであろう。このことは私には明白なことと思われる」、と。

2 『レッド・リパブリカン』に連載された最初の英訳へのエンゲルスの関与

(1) 最初の英訳の概要

『共産党宣言』の最初の英訳は、チャーティスト運動の指導者の一人ジョージ・ジュリアン・ハーニーが編集していた労働者向け週刊紙『レッド・リパブリカン (The Red Republican)』に、4 号にわたって連載された[9]。1848 年革命の退潮も明らかとなっていた 1850 年の 11 月のことであった。毎回「ドイツの共産主義」という欄が設けられ、「ドイツ共産党の宣言 (Manifesto of the German Communist Party)」という題目で掲載された。

連載初回は同紙冒頭を飾り、題目の下に「(1848 年 2 月発行)」と、発行時期が付け加えられ、さらに本文に先立って次のような一文が置かれていた（以下ではこれを〈まえがき〉と呼ぶ）。

「これまでドイツの共産主義者のすべての党派によって採択された以下の宣言は、同志チャールズ・マークスおよびフレデリック・エンゲルスによって、1848 年 1 月にドイツ語で作成された。それは、直ちにロンドンにお

---

(9) 掲載号と日付は、第 21 号から第 24 号 (1850 年 11 月 9 日付, 16 日付, 23 日付, 30 日付) まで。原文は $MEGA^2$, Abt. I, Bd.10, S. 605-628 に収録され、参看が容易になった。

第9章　共産主義者同盟活動期の普及史から　　233

いてドイツ語で印刷され，二月革命の勃発する数日前に発行された。あの大事件に連なる騒乱のため，当時，宣言を文明化されたヨーロッパのすべての言葉に翻訳するという企ては続行することができなくなった。宣言の異なる二つのフランス語訳が草稿の形で存在するが，しかしフランスの現在の圧制的な法律のもとでは，それらのいずれの出版も実現不可能である。イギリスの読者は，この重要な文書の，以下の優れた翻訳によって，ドイツの革命家たちの最も先進的な党派の諸計画および諸原則を判断することができるであろう」。[10]

　編集者のハーニーが執筆したものである。[11]これまで，この〈まえがき〉の内容はマルクスとエンゲルスが同意したものとみなされていた。内容的に両者にしか知り得ないものがあると考えられたこと，また，後のマルクスの手紙での言及による。[12]

　翻訳は23ページ本によると思われる。[13]が，そこにあった誤植3点は訂正されている。訳文そのものはおおむね原文に忠実であるが，多少の相違が生じて

────────

(10)　*The Red Republican*, 9. November, 1850, p.1/I.
(11)　「1852年3月5日付ヨーゼフ・ワイデマイアー宛マルクスの手紙」参照（*MEW*, Bd.28, S.503）。この手紙において，マルクスはハーニーの書いたものとはっきりと述べている。なお，サヴィルは，根拠を示さずにこの〈まえがき〉の筆者をエンゲルスの可能性もありうるとしている（John Saville, Introduction., *Facsimile of Red Republican*, New York (The Merlin Press) 1966, p.xi/II, footnote 56）。ちなみに，〈まえがき〉を書いたのが訳者本人でないことは，「以下の優れた翻訳」とは言わないであろうことからも従来から推測されていたところである。
(12)　マルクスは，「1851年10月16日付ヨーゼフ・ワイデマイアー宛の手紙」のなかで，ワイデマイアーと同様にアメリカに移住したドイツ系カトリック司祭のコッホに頼まれて，彼に「『宣言』（ドイツ語）20部とその英訳一通とを，ハーニーのまえがき──英語──と一緒に仮綴じ本にしてくれという依頼つきで」（*MEW*, Bd.27, S. 582）送ったことを述べている。ここで言う英語の「ハーニーのまえがき」は『ザ・レッド・リパブリカン』のものであろうから，もしマルクスがこの〈まえがき〉に同意していない場合，このようにそのままの形で仮綴じ本に再掲載を依頼することは考えられない，というのである。
(13)　その根拠は，23ページ本と30ページ本とを区別する際の指標として服部文男が指摘した三つの箇所［服部「『共産党宣言』の誕生」『マルクス探索』新日本出版社，1999年，111/112ページ［初出は『経済』第29号，新日本出版社，1998年2月］）のうち最初の二つがいずれも23ページ本に一致しているからである。また第三の点は両者と異なる独自のものとなっているが，23ページ本の誤植を適切に訂正しているためであり，マクファーレンの原文理解の浅くないことを示していると見てよい。

ドイツ語原文と比べて一見して明らかなのは，段落の切り方が大きく異なっていることである。原文の多くの段落がひとまとめにされ，段落数が著しく減っている。[15]

　『宣言』は問答体がもとになって起草されたためか，短い段落が数多く連ねられているという特徴がある。

　『レッド・リパブリカン』紙は1ページ3欄からなり，1行あたりに収録される語数もそれほど多くなく，段落分けが多少増えてもそれほど紙幅が増すとは思われない割り付けであるにもかかわらず，『宣言』ドイツ語原文のこの特徴は再現されていない。[16]

　第二の大きな相違点は，いくつかの部分が削除されていることである。『宣言』の国際的性格が語られ，各国語への翻訳の企てが記されている前文の最後の段落と，第Ⅳ章「種々の反政府党にたいする共産主義者の立場」の表題ならびに最初の7つの段落と，である。

　第三は，最終回掲載分（第Ⅲ章と第Ⅳ章に相当）に「訳者注記」が脚注形式で三つ，いずれも第Ⅲ章「社会主義的および共産主義的文献」のそれぞれの箇所に，以下のように加えられていることである。

　一つ目は，第1節「反動的社会主義」のb項「小ブルジョア的（Kleinbürger-lich）社会主義」の表題が，英訳で「ショッポクラート（Shopocrat）社会主義」と訳されたことに関してである。

　　「この言葉は原語では<u>クラインビュルガー</u>（*Kleinburger*[ママ]）である。それは『小ブルジョア』あるいは『市民』を意味する。この階級は，小農園主であ

---

(14)　原テクストとの対照は，cf. Andréas, *ibid.*, p.26 et p.340/341.
(15)　双方の段落の対応関係は次章に掲げた「表1．23ページ本と『レッド・リパブリカン』英訳の段落対応表」の通りである。両者の，さらには1888年版との比較対照には，著者自身の改定訳も付記された Hal Draper, *The Adventures of the Communist Manifesto*, Alameda 1994, Part Ⅱ: Parallel Texts, pp.110-191も便宜である。
(16)　逆に，原文ではひと続きの段落であったものが，二つの段落に分けられた所が三ヵ所ある。第Ⅰ章第4段落，第Ⅱ章第9段落および第18段落である（「表1」を参照）。この段落切りの相違が掲載媒体の相違から生じた単なる技術的なものにすぎないのか，あるいはそれ以外のなんらかの理由があるのか，今のところ詳らかではないが，結果だけを見れば，問答体の母斑を脱した構成の一つの試みと見ることもできよう。

れ小工場主であれ小売店主（retail shopkeepers）であれ，一般に小資本家からなる。これらのうちで最後のものがイギリスにおけるこの階級の支配的な要素を形成しているので，私は，そのドイツ語を表現するためにショッポクラートという言葉を選んだ」⁽¹⁷⁾。

二つ目は，同節 c 項「ドイツ社会主義または真正社会主義」の段落へのもので，「真正」という言葉に関してである。

「もし読者がこの節を注意深く研究されたあとで，この名称に同意されない場合，それは決して『宣言』の筆者たちの咎ではない」⁽¹⁸⁾。

三つ目は，第 3 節「批判的・ユートピア的社会主義および共産主義」の最後の段落にこうある。

「これらの章句は二月革命以前に書かれたのであって，これらの例は当時の諸党派の状態に関するものである，ということが忘れられてはならない」⁽¹⁹⁾。

これら三つの脚注の新たな付加が，マクファーレンないしはハーニーによって独自になされたものか，あるいはマルクスおよびエンゲルスの側からの指示であったのかが問題となる。

この翻訳を担当したのはヘレン・マクファーレンであることが知られている。チャーティスト運動の賛同者であって，女性解放運動を主張し，「ヨーロッパのいくつかの言語をとてもよく使いこなす教養ある女性」であり，マルクスによれ

---

(17) *Red Republican*, p.189/Ⅱ, Translator's Note. ヘレン・マクファーレンの筆名であるとされるハワード・モートン名義の『レッド・リパブリカン』1850 年 10 月 12 日付所載論説「民主・社会共和国」中に "England, - this shopkeeping country of middleclass" (Howard Morton, The Democratic and Social Republic, *Red Republican*, p.131/Ⅱ) という表現が見られるのであって，少なくとも同紙の寄稿者および読者においては共通の認識であったことが分かる。D. ブラックは，1830 年代以来，チャーティストのサークルで用いられていた言葉であると述べている (David Black, *Helen Macfarlane*, Lanham 2004, p.94)。ちなみに，SOED によれば，shopocrat noun & adjective (a member) of the shopocracy M19. とあり，shopocracy を見ると，shopocracy / ʃɒˈpɒkrəsi/ noun. Now rare. M19. [ORIGIN from shop noun + -o- + -cracy.] Shopkeepers as a class aspiring to social importance; a wealthy or influential body of shopkeepers. となっている。したがって，もっと広く，19 世紀半ばのイギリスにおいて一般的な語であったと見てよいようである。

(18) *Red Republican*, p.189/Ⅲ, Note of the Translator.

(19) *Ibid*., p.190/Ⅲ, Note of the Translator.

ば，ハーニーの『レッド・リパブリカン』に対する「唯一の実際に見識をもった協力者」であった。この間，同紙上には『宣言』の諸原理の要約を含む諸論説が掲載された。それらを執筆したハワード・モートンとは彼女の筆名であろうとの仮説も提起されている。[20]

(2) クーニナらの従来説

翻訳作成の経緯については，ショイエンの仮説をもとに[21]翻訳作業はすでに1849年のうちに開始されていたものとされていた。[22]

また，マクファーレンとマルクスおよびエンゲルスとの関係については，なんらかの判断を下し得るような資料が欠けている。それにもかかわらず，これまで，この英訳には彼らの助力，とりわけエンゲルスの助力があったとされていたのである。

その状況証拠はマクファーレンの側では，すでに見たように，彼女が当時，マンチェスターとほど遠からぬバーンリー（Burnley）に住んでいたことである。エンゲルスは1850年11月にマンチェスターへ転居したが，その後は，彼女が自らエンゲルスを訪れる余地が生じる。また，彼女は，エンゲルスが『共産党宣言』の研究のためにマンチェスターで組織した小さなチャーティストのグループの若干のメンバーと，結びつきをもっていたともみなされている。さらに，後のマルクスの手紙などから，ロンドンの共産主義者同盟中央指導部がドイツ語で発表したすべての資料を，マルクスから直接に受け取っていた非常にわずかなイギリス人のグループに入っていたとも推測されている。

他方，エンゲルスの側では，彼が1848年の春にバルメンで自ら『宣言』を英訳しようと試みたことと関わっている。[23] 革命の展開は翻訳の完成のみならず，

---

(20) マクファーレンについての最新の調査結果は次章第I節参照。
(21) アンドレアスもクーニナも A. R. Schoyen: *The Chartist Challenge. A Portrait of George Julian Harney*, London/Melbourne/Toronto 1958 での所説に依拠している。
(22) 以下，従来の見解は，В. Э. Кунина: Об участии Энгельса в подготовке первого английского перевода "Манифеста Коммунистической партии". // Институт Марксизма-Ленинизма при ЦК КПСС Научно-Информационный Бюллетень Сектора Произведений К. Маркса и Ф. Энгельса, № 18, Москва 1970, стр. 47-53 に依る。
(23) エンゲルスは1848年4月25日にマルクスに宛てて次のように書いた。「僕は英訳に取り掛かっている。それは，僕が考えていたよりも難しい。だが，半分以上はもうできて

その草稿の保持をも許さなかったであろう。そのため，1850年には，彼自身よく知っていた翻訳者に対して，かつての翻訳に際しての経験を伝えるなどの援助を申し出ざるをえなかったはずだ，というのである。

　このような助力の物証となっていたのは，すでに見た「訳者注記」の二つ目と三つ目およびハーニーによる〈まえがき〉である。「訳者注記」の二つ目のような言い回しは，訳者ではなしに，著者たちに由来するものであろう，また，三つ目の「訳者注記」で加えられるような，新しい政治勢力の配置の変化については，訳者が独断で記せるような内容ではないし，そもそもそのような注記の必要性自体，著者たち自身の口から出たのでなければならない，さらに，〈まえがき〉に見られる，異なる二つのフランス語訳が草稿の形で存在するという情報は，マルクスないしはエンゲルスから直接に得たものである，というのである。そして，1850年時点では，マルクスはまだそれほど英語に習熟していなかったことを勘案すれば，「訳者注記」の内容も含め，それらはすべてエンゲルスから得られた助力の一部と見なければならない，というのである。

　それゆえ，これまでは，『宣言』英語版の翻訳について，その「テクストの準備においても，その出版の準備においても，エンゲルスは少なくとも専任の親切な助言者であった」とされていたのである。新『メガ』の編集者たちもこの従来説を踏襲し，それを一層正確にしようとする方向で解説がなされていた[24]。

（3）シュテークリによる従来説批判

　だが，この間，このような従来説とは異なる見解が，シュテークリによって提出された。それは，『レッド・リパブリカン』での英訳の公表という出来事は，もっぱら1850年9月の共産主義者同盟の分裂によって生じたと見る立場からのものである。即ち，公表の目的は，分離派からの非難の的となっていた『宣言』が，以前には分離派メンバー自身も支持していたこと，そしてそれを起草したのは同盟中央指導部多数派のマルクスとエンゲルスであったことを明らかにするところに置かれていた，というのである[25]。その他の諸点もここから以下のように解釈

いる。間もなく全部でき上がるだろう」 *MEW*, Bd.27, S.126.
(24)　Vgl. *MEGA*², I /10, S.1119/1120.
(25)　この点について詳しくは，拙稿「恐慌と革命」服部文男・佐藤金三郎編『資本論体系　第1巻　資本論体系の成立』（有斐閣，2000年）のうち「B　正確な情勢分析への

されることになる(26)。

　まず,マクファーレンが翻訳に着手した時期に関わっては,『新ライン新聞。政治経済評論』第5・6合冊号への『宣言』第Ⅲ章の再掲載の決定とほぼ前後して,エンゲルスが彼女に翻訳を依頼したと推測する。ここから訳文の出来映えも自ずと拙速であるとみなされることになる。また,マクファーレンが,同盟中央指導部によってドイツ語で発表された資料すべてを,マルクスから直接に渡されていたとまでは,後のマルクスの手紙のみをもって推測することはできないとされる。

　「訳者注記」についても異なった解釈がなされる。二つ目の注記は「語調」にすぎず,著者の意向を示す確証とはならないし,三つ目は,優れたジャーナリストであった訳者にとって,そのような情勢の変化はことさらマルクス,エンゲルスから伝えられずとも,自身で把握できたであろうと見るのである。また,従来説では注目されることのない一つ目の「注記」で述べられる用語変更は,マクファーレンの「勝手な判断」にほかならないとみなされるのである。

　ハーニーの〈まえがき〉については,そもそもマルクスとエンゲルスはその内容に事前の同意は与えていなかったものと想定して,次のような解釈が対置される(27)。その内容は無論マルクスとエンゲルスから得られたものではない。その

努力と共産主義者同盟の分裂」の項目（70〜73ページ）および拙稿「J.G.エッカリウス「ロンドンにおける仕立て業」とマルクス」『経済』第246号, 新日本出版社, 1984年10月, 223〜227ページを参照。シュティークリは『宣言』の英訳掲載にのみ着目しているが, 両拙稿で記した通り, エッカリウス論文と同趣旨の論文の掲載や, エンゲルスの農民戦争の英訳掲載の模索もこの文脈の中にあるのを忘れてはならない。

(26)　А. Э. Штекли: Левеллеры, исчезнувшие из текста. // Утопии и Социализм, Москва 1993, стр. 198-223（初出はА. Э. Штекли: Энгельс и английский перевод《Коммунистического Манифеста》(1850). // История Социалистических Учений 1987, Москва 1987, стр. 3-24)

(27)　これと関連して,〈まえがき〉の最初の一文中, The following Manifesto, which has since been adopted by all fractions of German Communists のクーニナによる訳文「すでにドイツの共産主義者たちの組織すべてによって承認された以下の『宣言』は」が, シュテークリによって問題とされている。彼によれば, このような訳文では, 過去ではなく現在の状況を, それも明るい調子で語ることになり,「章句の意味がぼかされ」た, ニュアンスを伝えぬ誤訳とされる。シュテークリは次の点に〈まえがき〉の意義を見ようとしているようである。即ち, まず同盟の分裂という大状況を念頭に置いたうえで, 現在分離派によって非難されている『宣言』も過去には彼らも含めて賛同・採択されたことを明らかにし, 彼らの非難の是非を読者自身が決するためにも翻訳が発表され

程度のものであればハーニーには二人以外に多くの情報源となる人々がいた。もしエンゲルス自身が関わっていたのならば，彼が認定して1888年に発行された英訳に自ら寄せた「序文」で，フランス語訳が1848年革命中に発行されたことを述べているが，これに反してハーニーはなぜ〈まえがき〉において，仏訳は発行されていないと述べなければならないのか。ハーニーはその事実を知らずにいたし，知らされもしなかったからだ，というのである。ハーニーはチャーティスト運動の指導者としてイギリスのみならずアメリカにおいても大きな権威をもっていた。マルクスとエンゲルスは1850年9月〜11月当時，ハーニーの〈まえがき〉に多少の不正確さがあるにせよ，ともかくも彼の〈まえがき〉を伴う翻訳の掲載をこそ実現しなければならないきわめて重大な状況に置かれていた，というのである。

　マクファーレンの翻訳そのものについても，テンサイ（Runkelrübe）および火酒（Schnaps）の訳語がイギリス風に肉屋の肉（butcher's meat）および穀物（corn）と変更された点に異議が唱えられている。また，マクファーレンの英訳では，第Ⅲ章第3節「批判的・ユートピア的社会主義および共産主義」の冒頭段落，「われわれはここでは，すべての近代の大革命においてプロレタリアートの諸要求を表明した文献（バブーフらの諸著作）については述べない」[28]という章句が，誤った理解に基づいて翻訳されているとする。英訳はこうである。「われわれはここでは，すべての，近代の大革命において，プロレタリアートの諸要求を表明した文献，例えばレヴェラーズのパンフレットやバブーフらの諸著作については述べない」。ドイツ語本文と異なり，例示に「レヴェラーズのパンフレット」が付け加えられている。だが，マルクスとエンゲルスがここで「近代」と言う場合，それは「バブーフの陰謀から1848年までの半世紀」であって，「レヴェラーズのパンフレットからまる二世紀を経る」ものではありえない[29]。また，1850年当時，エンゲルスはレヴェラーズに高い評価を与えており，それをバブーフと一緒にしてしまっては，レヴェラーズが「反動的」ということにならないか。したがって，レヴェラーズのパンフレットの追加はマクファーレンの「勝手な判断」なの

　　る，という点である。
(28)　*MEW*, Bd.4, S.489.
(29)　シュテークリはむしろ日本語で言うところの「現代」という理解に立っているのであろう。

ではないか，ととらえるのである[30]。

　従来説へのこのような異論には種々の誤解も混入しているように思われる。が，いずれにせよ，『レッド・リパブリカン』紙掲載の英訳について，いっそうの検討が必要となっていることは争えないところである[31]。

II　23ページ本の異版と30ページ本

　『共産党宣言』の「初版」についての研究が，ヴォルフガング・マイザー[32]とト

---

(30) シュテークリが1850年当時エンゲルスはレヴェラーズについて高い評価を与えているというのは次のような事情によるものであろう。即ち，「エンゲルスは，50年4月5日の友愛民主主義者協会主催のロベスピエール生誕記念祝賀会において，イギリス人は17世紀のイギリス革命におけるレヴェラーズの革命的伝統に生きよと演説し……チャーティストの革命的奮起を促した」（古賀秀男「十時間労働法問題」『現代の理論』No.144, 現代の理論社, 1976年1月, 120ページ）。しかし，古賀氏も述べるように，このようなレヴェラーズへの高い評価はマルクスおよびエンゲルスの情勢評価の変化以前のものであるという点に注意が必要であろう。そして，レヴェラーズについてのエンゲルスの本来の評価に関しては，後の文献ではあるが，彼の『ユートピアから科学への社会主義の発展』（また，その源泉である『反デューリング論』の該当箇所）に注目すべきである。そのⅠ，第4段落では，エンゲルス自身がバブーフと並べて「イギリス大革命におけるレヴェラーズ」を禁欲的な共産主義に含めている。1850年の時点でも本来はそのような評価であったとするならば，英訳への「レヴェラーズのパンフレット」の追加は，エンゲルスの考え方に沿うものであって，必ずしもマクファーレンの「勝手な判断」とばかりは言えなくなるであろう。

(31) アンドレアスが，未検討のままとなっていると指摘していた，『宣言』のエンゲルスによる英訳を出版する意図が認められるというアムステルダム社会史国際研究所所蔵のハーニーのエンゲルス宛の手紙類（Andréas, *ibid.*, p.26, note 3）について同研究所で探索したが該当するものを見出すことはできなかった。アンドレアスの錯誤の可能性がある。詳しくは次章第Ⅱ節を参照。

(32) Meiser, Wolfgang：Das „Manifest der Kommunistischen Partei" vom Februar 1848. Neue Forschungsergebnisse zur Druckgeschichte und Überlieferung. In：*Marx-Engels-Jahrbuch*, 13, Berlin 1991, S. 117-129（ヴォルフガング・マイザー［拙訳］「1848年2月の『共産党宣言』——印刷の経緯と伝承についての新たな研究成果——」『マルクス・エンゲルス・マルクス主義研究』第37号, 八朔社, 2002年2月, 3〜15ページ。本論文を, 以下ではマイザー『年報』論文とよび, Meiser 1991と略記する）; Meiser, Wolfgang：Das *Manifest der Kommunistischen Partei* vom Februar 1848：Zur Entstehung und Überlieferung der ersten Ausgaben. In：*MEGA-Studien*, 1996/1, S. 66-107（ヴォルフガング・マイザー［拙訳］「1848年2月の『共産党宣言』—— 初版の成立と伝承について——」『マルクス・エンゲルス・マルクス主義研究』第41号, 八朔社, 2003年12月, 3〜46ページ。本論文を, 以下ではマイザー『研究』論文とよび, Meiser 1996と略記する）.

ーマス・クチンスキー⁽³³⁾によって著しい進展を見たことは,第 1 部において確認した通りである。本節では,直接「初版」に関わる論点でなかったために先に紹介を留保した問題,即ち 1850 年と 1851 年に,それぞれ別個になされた可能性の指摘されている再版の試みについて,主としてマイザーの二論文に依って概観する。

1 1850 年夏のロンドンでの再刷の可能性

1850 年 3 月 10 日のフランスにおける選挙結果などにより,革命情勢の再高揚への期待が生まれるなか,ロンドンで再建された共産主義者同盟中央指導部ではマルクスとエンゲルスが中心となり,全同盟員へ宛てた「三月のよびかけ」が起草される。『共産党宣言』における同盟の運動についての考え方や革命構想が,1848 年革命後,同盟内であらためて明瞭に提示されたのであった。これ以降,組織の再建ともあいまって,『宣言』への需要が増大する⁽³⁴⁾。これらに応えるかのように,『ニュー・ヨーカー・シュターツ・ツァイトゥング』の 1850 年 8 月 24 日付の紙面には「1848 年 2 月に発行され,<u>いま再びロンドンの「労働者教育協会」の印刷所で印刷されている</u>社会＝民主党の宣言〔……〕」という「まえがき」の付いた『共産党宣言』の要約版が掲載される(下線は引用者)。

そこに見出される誤植から,この要約版は 23 ページ本に基づくものであることが分かるという。そこから,この印刷が実際に行われたとするならば,「まえがき」で言及された版本が現在残されている 23 ページ本のいずれかのタイプであるという可能性も生じうる。それを吟味して,マイザーは二つの可能性を挙げる。まず,一方は,「1848 年の初刷でつくられた紙型が 1850 年まで保存されて,印刷に〔……〕利用されたという」あり得ないとは言えない想定の場合であって,時期的には最近伝承された異版である「分離線なしの特徴的なタイトルページをもつその二つの版本〔……〕が,この変更されなかった再版の系統なのかもしれない」と見る。他方は,オリジナルが失われていて「ファクシミリとしてのみ伝承されており,アンドレアスが 1 D と呼んだあの刷り」がこの再刷に

---

(33) Kuczynski, Thomas : Editionsbericht. In : *Das Kommunistische Manifest, Schriften aus dem Karl-Marx-Haus Trier*, Nr. 49, Trier 1995 (本書を以下では Kuczynski 1995 と略記する).

(34) *BdK*, Bd.2, S. 151, S. 191, S. 194, S. 217, S. 229, S. 232 usw.

相当する可能性があると推測する。

　だが，この再版が実際に1850年にロンドンでなされたにしても，この版本はほとんどドイツへは届かなかったようである。この時期以降にも例えばケルンからは，「あちこちからわれわれのところに『共産党宣言』の手当てがつかないかどうかの問い合わせが来る。しかし，われわれはまったく余部をもたないのであって，再版を印刷させる好機であると信ずる」と記した手紙が届いているからである。が，8月の再版をもってこうした要望に応えることはもはや不可能となっていたであろう。というのは，9月の同盟ロンドン地区の分裂によって，教育協会を脱退したマルクスやエンゲルスら中央指導部多数派は，協会から新たな部数を得る方途を失っていたものと思われるからである。

2　1850年末〜51年始頃のケルンにおける新版

　大陸での『宣言』への需要が満たされなかったことから，新版についてケルンの同盟員ペーター・レーザーの提案があり，マルクスに異議のなかったところから，ケルン中央指導部での新版発行の決定がなされるという流れで，ケルンのベッカーの印刷所において30ページ本の新版が印刷された，とマイザーは推測している。その推測の論証は以下のようである。

　まず，同盟員たちの通信に見出される『宣言』への需要の急変をとらえる。一例を挙げれば，アブラハム・ヤコービの1851年2月の手紙であり，「『宣言』は今日ではもはやそう稀なものではなく」，「ケルンの人々を介して〔……〕大量のものが私の意のままになる」ことが述べられている。それらの検討から，「新版の製作は1850年12月15日と1851年1月31日との間の時期に画される」ことが結論づけられる。

　次になされるのは，30ページ本の存在を示す確たる証拠のある日付が1851年5月10日であることを確認したうえで，「ドイツにおける30ページ本の発行の蓋然性の高い時期と，新版のそれとが一致するのみならず，表題，発行年，発行地およびその他の外見も一致するのであって，その結果，両者は同一であると

---

(35)　*BdK*, Bd.2, S. 265.
(36)　以上は，もっぱらMeiser 1996, S. 100-102に依る。
(37)　以下，Meiser 1996, S. 103-107.

の仮定を根拠づける」ことである。例えば次のような警察側のスパイの報告書である。「指導部は，1部9グロッシェンで入手できる仮綴じ本何冊かが到着したことを伝えている。書記はその仮綴じ本から朗読した。それは，緑の表紙の付いている，『共産党宣言』と題され，発行年1848年，発行地ロンドンを記したあるよびかけである。とはいえ，しかしながら，その本はようやく近頃，それもロンドンではなくて，ドイツで印刷されたように思われるということが，指摘されよう。ただなんとなくそのようなことがそれについて想像されるのである」。また，新版の刊記のみ記録されて残されている資料には，30ページ本のと同じ記載のあることも示される。

　この仮定を補強するために，さらに，ワイデマイアーによって1852年1月にニュー・ヨークの『レヴォルツィオーン』誌に抜粋された『宣言』が30ページ本に基づくものであったこと，同年，鉄道労働者ヘルマン・ブロイッヒのところで押収され，現在まで伝承されている版本が30ページ本であることが示される。また，ケルンのベッカーの印刷所でヤーコプ・クルトゥーが利用した活字の特徴が30ページ本の活字のそれと一致することや，30ページ本に部分的に用いられた薄い用紙がこの印刷所で使用されていたことなども示される。⁽³⁸⁾

　以上，1850年夏のロンドンでの再刷についてはいまだ可能性の域にとどまっているのに対して，1850年末〜51年始頃のケルンにおける新版については，それが30ページ本であるのか否かについての検討が焦点となっている。マイザーにならえば，この新版は「1851年春に，多くはベッカーのところで印刷されたり，彼によって発行された他の諸著作と一緒に，全ドイツに——だがまたドイツを越えても——普及された。装われた刊行要目（Druckvermerk）は，他のベッカーの印刷物や後の『宣言』のいくつかの刊本と同様に，所与の政治的諸事情

---

(38)　マイザーの『年報』論文では，出版の便宜についての想定や，30ページ本の普及史の検討による傍証も見出される（Meiser 1991, S. 123/124；拙訳13〜14ページ）。即ち，1848年2月の初版発行時，ロンドンの「まったく同じ印刷所でわずか数週のあいだに仮綴じ本の初刷〔23ページ本〕，新聞〔『ドイツ語ロンドン新聞』〕での再録，またそれと並行してなお第2の仮綴じ本〔30ページ本〕の印刷がなされた，と仮定することはまったくもってありそうもない」。さらに，「1851年までに現れた新聞におけるすべての再録や知られている翻訳すべては初刷〔23ページ本〕に則っている」が，他方，「1851年以前における30ページ本の出版を証明する史料は，少なくともこれまでのところはまだ提出されていない」。

においてカムフラージュに役立った」のである。

このような，ケルンの新たな中央指導部のもとでの旺盛な宣伝活動は「史上最初の共産主義者裁判」とされるケルン共産党裁判の前史の一部として，なお正確に把握されなければならないであろう。

Ⅲ 『共産党宣言』からの引用を含む諸資料

マルクス，エンゲルスや共産主義者同盟員たちが『共産党宣言』から引用を行っている諸資料も見過ごせない。それによって『宣言』の理解が深まることがあるからである。本節では，いわゆる"労働者階級の独裁（Diktatur des Proletariats）"に関連する資料2点を見よう。

1 『新ドイツ新聞』掲載のマルクス「声明」における オットー・リューニング批判

マルクス自身が引用を行った資料がある。その意義については『マルクス・エンゲルス著作集』の編集作業段階ですでに明らかにされているのであるが，その重要性に鑑み重複を厭わず紹介したい。

（1）オットー・リューニングによる『新ライン新聞。政治経済評論』の書評

『新ライン新聞。政治経済評論』は"同盟の機関誌"，同盟の思想的な脈管系統であって，その安定的な発行は最重要の課題であった。マルクスは，フランクフルト・アム・マインで発行されていた『新ドイツ新聞』に『評論』の紹介的な書評が掲載されることを期待し，同紙の編集者で同盟員であったヨーゼフ・ワイデマイアーを介して，その夫人ルイーゼの兄でありまた同僚でもあったオットー・リューニングにその執筆を依頼した。

その書評は同紙1850年6月22,23,25,26日付の四つの号（第148～151号）に無署名で掲載された。『評論』第1冊～第4冊所収論説の内容に詳細に立ち入るものであったが，論調には当時のリューニングの小ブルジョア民主主義者としての見地が色濃く反映していた。とりわけマルクスが「1848～1849年」（後に補足を伴い『フランスにおける階級闘争』として知られる）のなかで初めて用いた"労働者階級の独裁"について，連載第1回のなかで次のように言及され

ていた。

　「だが階級支配はつねに不道徳で非理性的状態にあり、また、たとえわれわれが、労働者階級の支配のほうが、ユンカーたちや取引所狼たちの階級の支配よりも、前者は社会の有用な構成員を含み、後者は不必要な構成員を含むために、百倍も道徳的でありまた理性的であると考えているにしても、それにもかかわらず、われわれは「小ブルジョア民主主義者たち」と一緒にされてしまう危険を冒してでも、現代の革命運動の目的と目標を、ある階級の支配を他の階級の支配へ移すことに見出すのではなくて、階級的相違の根絶に見出すことができる」。[39]

　リューニングの言及は、労働者階級の政治支配を求めること、労働者階級の独裁を樹立しようとすることを非難している。労働者階級の政治支配は、新たな階級的相違をまねく、それはあらゆる階級的相違を根絶するという共産主義者たちの目的に背く、というのである。これはマルクスにとって、自身の主張を曲解し歪めたものと考えられた。

(2)　マルクスの「声明」

　マルクスとエンゲルスは当初、『評論』の続刊で反論するつもりでいた。しかし、その発行が遅れることになったため、「声明」と題されて以下の章句を含むリューニング宛の手紙という体裁をとった記事が『新ドイツ新聞』7月4日付（第158号）に掲載された。

　「本年6月22日付貴紙学芸欄においてあなたは、私が労働者階級の支配および独裁 (die Herrschaft und die Diktatur der Arbeiterklassen) を主張するのを非難されました。他方であなたは私に階級的相違そのものの廃止を唱えられます。このご指摘は私には理解しかねます。／『共産党宣言』（1848年の二月革命前に公刊された）の16ページにはこうあるのをあなたは大変よくご承知でした。「プロレタリアートが、ブルジョアジーに対する闘争において、必然的に自らを階級に結合し、革命によって自らを支配階級とし、そして支配階級として強力的に旧い生産諸関係を廃止するときには、プロレタリアートは、この生産諸関係とともに、階級対立の、諸階級そ

---

(39)　*MEGA*², I/10, S. 952.

のものの存在諸条件を，したがってまた階級としてのプロレタリアート自身の支配を廃止する！」と。／あなたは，私が『哲学の貧困』のなかでプルードンに対して1848年2月以前に同一の見解を主張したのを，ご存知です」。⁽⁴⁰⁾

(3) 小　括

この「声明」の内容上の意義についてはすでに次のように明らかにされている。

「マルクスのリューニング宛の手紙が大変興味深いのは，とりわけ，プロレタリアートの独裁という考え方をすでに1847年に『哲学の貧困』において，また『共産党宣言』において公表していたという事実を，マルクスが確認しているからである⁽⁴¹⁾。さらにこの手紙が証明するのは，これらの著作において，プロレタリアートの独裁は諸階級を廃止するに至る過渡局面としてのみ考察されるので，マルクス主義の主要な思想としてのプロレタリアートの独裁という思想はそもそも階級を廃止するという使命に対置されるのではなくて，この使命と有機的に結び付けられている⁽⁴²⁾，ということである」⁽⁴³⁾。

---

(40)　*Ibid*., S.354; *MEW*, Bd.7, S.323.

(41)　したがって，レーニンが『国家と革命』のなかで，マルクスとエンゲルスの諸著作から「プロレタリアート独裁」の規定を引き出してくるさい，この言葉がまだ用いられていない『貧困』と『宣言』の二著作にも言及している点は，彼の慧眼を示している（『国家と革命』「第2章　国家と革命 1848～1851年の経験」「1　革命の前夜」参照）。

(42)　このことに関しては，「1852年3月5日付ヨーゼフ・ワイデマイアー宛マルクスの手紙」の周知の次の章句が参照されるべきである。「ところで僕について言えば，近代社会における諸階級の存在を発見したのも，諸階級相互間の闘争を発見したのも，別に僕の功績ではない。ブルジョア歴史家たちが僕よりずっと前に，この階級闘争の歴史的発展を叙述したし，ブルジョア経済学者たちは諸階級の解剖学を叙述していた。僕が新たにおこなったことは，①諸階級の存在は生産の特定の歴史的発展諸段階とのみ結び付いているということ，②階級闘争は必然的にプロレタリアート独裁に導くということ，③この独裁そのものは，一切の階級の廃絶への，階級のない社会への過渡期をなすにすぎない，ということを証明したことだ」（*MEW*, Bd.28, S. 507/508）。詳しくは本書第13章参照。

(43)　M. I. Michailow : Der Kampf von Karl Marx und Friedrich Engels für die proletarische Partei 1849-1852. In : *Aus der Geschichte des Kampfes von Marx und Engels für die proletarische Partei. Eine Sammlung von Arbeiten*. Berlin 1961, S.137/138（Ｍ．Ｉ．ミハイロフ［拙訳］「カール・マルクスとフリードリヒ・エンゲ

さらにここで確認したいのは，以上のような内容的意義のみならず，マルクスによる『宣言』からの引用の仕方である。自らの手になる連続論説「1848～1849年」における「労働者階級の支配および独裁」の意味をリューニングに説くために，別の文書である『宣言』の内容明瞭な箇所を新たに引用している。マルクスの「16ページ」という参照指示は23ページ本でのページ付である。彼が使用していた版本が23ページ本であることが分かる。さらに，マルクスがこのような形で引用していること，またその論旨の運びは，あたかもリューニングがすでに『宣言』の起草者がマルクス自身であることを知っていたことを前提にしているかのようである。なるほどこのような引用の仕方は一般的な参照ともとり得るものの，少なくともこのような書き振りは読者に『宣言』の起草者がマルクスなのではないかと思わせる結果となろう。また，マルクスが『宣言』に続けて，さらに自著である『哲学の貧困』をも同様の筆法で引用している点は，こうした推論を一層補強する形となる。

つまり，このような引用の仕方によって，マルクス自身が『宣言』の起草者であるという事実が，この「声明」において半ば公然となったと言えよう[44]。また，逆に，ここからはリューニングらマルクスの友人・知人の間では『宣言』の起草者がマルクスその人であることが周知されていたことが分かるわけである。

2　J. ワイデマイアーの『体操新聞』論説

ところで，ワイデマイアーは翌年アメリカ移住を決意し，9月末ニュー・ヨークへ向かい，11月7日に到着する。彼は新聞・雑誌の編集・企画のかたわら，社会主義体操協会の機関誌として，ちょうど当地で半月ごとに発行され始めた『体操新聞 (Turn-Zeitung)』へ寄稿する。「プロレタリアートの独裁」と題するこの論説は，末尾に「ニュー・ヨーク，1851年12月」という執筆地と日付ならびに「J. ワイデマイアー」の署名をともない，1852年1月1日付の第3号に掲載された。

ワイデマイアーはこの記事において，産業の発展と階級および階級闘争との

ルスによるプロレタリアの党のための闘争　1848～1852年（中）」マルクス・エンゲルス研究者の会『マルクス・エンゲルス・マルクス主義研究』第18号，八朔社，1993年9月，79ページ）．

(44)　Cf. Andréas, *ibid.*, p.25.

関係に焦点を当てて，以下の内容について書いている。ブルジョア革命によるブルジョアジーの勝利，大工業によるブルジョアジーとプロレタリアートの二大階級の形成，小ブルジョア層・小所有者階級の没落とその思想，資本の集中，産業の発展とプロレタリアートの運動および思想との関係，労働者の都市への集中と過剰人口，労働者の受救貧民化，国家的所有と社会的所有，プロレタリアートの独裁。いずれも『共産党宣言』で論じられた諸要点が圧縮して紹介されており，論点によっては自ら敷衍したものも見受けられる。

『宣言』からの引用は二つある。一つは，受救貧民の存在をもって，ブルジョアジーの支配能力の欠如を論定する第Ⅰ章の終わりから二つ目の段落全体である。ワイデマイアーは現代の産業が，資本の集中のみならず，人口の都市への集中とその増加をもたらし，さらに機械化によって「今日の社会がそのための雇用をもはやもたず，またそれゆえに面倒をもはやみない人口部分」である過剰人口が形成されることを指摘する。ついで，過剰人口の日々の増加から，「今日の社会が置かれている戦争状態は，現存の諸関係すべての転覆がなされ，ひと握りの少数者の利害のための大衆の搾取が終わりにされるまでは，永続的な状態となる」と述べて，第一の引用につなげる。

それに続いて，ブルジョアジーの支配からプロレタリアートの支配への移行の必然性が説かれ，さらにこう述べられる。

　「プロレタリアートの支配は，なんら破壊的な粗野の支配と共通なものをもたない。というのは，むしろプロレタリアートは，ブルジョアジーの発展によって自分自身の繁栄が規定されているために，ブルジョアジーの全遺産を相続することのできる唯一の階級だからである。プロレタリアートは支配権を行使する最後の階級である。というのは，あらゆる階級的特権の廃棄によって，すでに今，歴史的運動の理論的理解にまで到達したその他の階級の教養分子すべてがその階級へと吸収されているように，その他のすべての階級も解消されるからである。総じて，プロレタリアートの支配によってどの政治的支配もその終焉を迎えるが，それは階級闘争がその基礎だからである。

　『階級および階級対立をもつ古い社会の代わりに，各人の自由な発展が，

第9章　共産主義者同盟活動期の普及史から　　249

万人の自由な発展のための条件である連合体が現れる」(45)。

　革命が勝利のうちに遂行されるならば，革命はその頂点に一つの集中された権力，即ち，独裁を必要とする。クロムウェルの独裁は，イギリスのブルジョアジーの優位を基礎づけるために必要であったし，パリ・コミューンと公安委員会によってはじめて，封建領主の反抗をフランスの大地の上で打ち砕くことに成功した。諸大都市における集中されたプロレタリアートの独裁なしには，ブルジョア的反動は終わらせられないであろう(46)」。

このワイデマイアーの論説，とりわけプロレタリアートの独裁に関する箇所をどのように評価するかで，相反する二つの見解が見出される。

　この論説を収録した『史料集』第3巻の解説では，「彼の立論の大部分も，独自の扱いでとはいえ，『宣言』から転用(47)したものであると述べつつも，普及と影響の面では「アメリカのドイツ語新聞におけるマルクス主義の宣伝の最良の例の一つ(48)」ととらえ，内容面でも次のように比較的高い評価がなされている。即ち，「経済と階級構造の諸問題における分離派の甚だしい理論的弱さとは異なって，ワイデマイアーは，工場プロレタリアートの決定的役割を示し，プロレタリアート独裁の極めてヒューマニスティックな特徴を強調した。『宣言』にはまだ存在しなかったこの概念の使用は，『評論』のフランスにおける階級闘争に関するマルクスの論説に含まれていたマルクス主義のいっそうの発展を，ワイデマイアーが完全に理解していたことを実証する(49)」と。

　それに対して，ハル・ドレイパーは次の2点から，おおむね低い評価を与えているように思われる(50)。

　第一は，ワイデマイアーが論説において『宣言』から引用符を付けて直接に引用を行っているものの，そこになんら注記を施さず，引用文献の書名も著者も知ることができないままにしたことである。それが，とくにマルクスらの名を伏せる必要からでないことは，ちょうど同じ号に掲載された，新たに彼の発行する

---

(45)　*MEW*, Bd.4, S.482.
(46)　*BdK*, Bd.3, S. 129.
(47)　*Ibid*., S. 427.
(48)　*Ibid*., S. 13.
(49)　*Ibid*., S. 427.
(50)　以下はいずれも Hal Draper:*Karl Marx's Theory of Revolution*, vol. 3. The 'Dictatorship of the proletariat', New York 1986, pp.245/246 から。

『レヴォルツィオーン (Die Revolution)』誌の広告において, マルクスらの協力を得る旨が明示されていることから明らかだという。

第二は, マルクスの独裁概念に対するワイデマイアーの誤解ととらえうる章句を論説最終段落中に二箇所指摘していることである。まず, 段落末の一文のうち「諸大都市における集中されたプロレタリアートの独裁」という章句に着目して, これではブランキ主義者に典型的な《爾余の国内へのパリの独裁》という古い定式に歪曲されている, と見る。また, 段落最初の一文中の章句「革命の頂点に〔……〕集中された権力, 即ち, 独裁」から判断すれば, ワイデマイアーの場合には「プロレタリアートを支配する『集中された権力』という見通し」になってしまっており, それではマルクスが「プロレタリアートの独裁」概念を語るさいに繰り返し強調したはずの,「階級」による独裁という枢要点が, 把握され損なってしまう, と見ている。

また, ドレイパーは, この論説が直接にプロレタリアートの独裁を論じた内容を欠くにもかかわらず,「プロレタリアートの独裁」という表題をもつことについて, 先のリューニング批判の経緯がワイデマイアーの意識に残っていたからではないかとも推測している。

以上の諸点をも含め, この論説は,「1852年3月5日付ヨーゼフ・ワイデマイアー宛マルクスの手紙」において, 先〔注(42)〕に掲げた重要な命題が記されるに至る前史の一部をなすものであるだけに, ワイデマイアーのカール・ハインツェンとの論戦の推移の検討とともに, 今後の立ち入った検討に委ねられなければならない。

Ⅳ 『共産党宣言』の二つの表題について

『共産党宣言』のドイツ語の表題は Manifest der Kommunistischen Partei であり, 文字どおり「共産主義の党の宣言」あるいは「共産主義者の党の宣言」という意味である。だが, 周知のように Das Kommunistische Manifest という, 略称ないしは通称と言ってよいと思われる別称がある。文字どおりの意味は「共産主義の宣言」あるいは「共産主義者の宣言」である。

この二つの呼称は『宣言』起草以前からすでに並存しているが, 別称を用い

る場合にはいろいろな事情があったように思われるのである(51)。ここではそれらを検討したい。

別称の用例の多くの目的は、欧文脈で同一語の重複を嫌うための文字どおり言い換えという修辞上の場合を除けば、略称としてであろう。が、略称の場合、「宣言 (das Manifest)」とのみ記される場合が多い。もちろん別称も使用されはするものの、他方で、本来の表題の短縮である「党宣言 (Manifest der Partei)」の使用も混在しており、これらの使用例それぞれになんらか特別の意味を見出すことは、以下に示す諸用例を除けば、困難である(52)。したがって、別称は一般に、本来の表題と並存、混在し、通称、略称として用いられていたと考えることができる。

ただ、別称の用例のうち、単に略称とのみ見ることのできないものの第一は、綱領討議から起草にかけての時期の用例である。そのさいの強調は、当初の問答体であった諸草案に対して、宣言形式にするというところに置かれている(53)。なお、ちなみに、単に「共産主義者同盟の宣言」という表題にとどまらず、「共産主義者の党の宣言」という党に強調を置く表題となったのは、この間の討議の過程で、マルクスおよびエンゲルスが共産主義通信委員会創設以来追求していた、科学的社会主義と労働運動の前衛部隊との融合のための組織的活動が盛り込まれたからである。

その第二は、別称が用いられる場合の多くをなすと思われるのだが、警察当

---

(51) 呼称のみならず『共産党宣言』の諸問題を正確に理解するためには『宣言』起草当時の諸般の事情を把握することが必要である。当初、新日本出版社同文庫版、後、同社科学的社会主義の古典選書に付された服部文男の「解説」は簡潔にして的確であり、参照されるべきである。また、服部『マルクス主義の発展』(青木書店、1985 年 5 月) に収録された諸論考も『宣言』理解に不可欠である。本書以降の服部の『宣言』関係論考は、服部『マルクス探索』(新日本出版社、1999 年) に収録されているが、その他に、①「『共産党宣言』を学ぶ」『季刊 労働者教育』第 61 号 (学習の友社、1987 年 8 月)、②「『共産党宣言』の精神を学ぶ 刊行 140 周年にあたり」『学生新聞』1988 年 1 月 9 日号がある。いずれも重要な論点が示されているが、例えば、『マルクス探索』に収録された「『共産党宣言』と現代」(初出は『季刊 科学と思想』第 69 号、新日本出版社、1988 年 7 月、175 ～ 186 ページ) における「受救貧民」の問題の指摘、プロレタリアートにとっての「祖国」および「国民性」についての解明は重要である。
(52) それにもかかわらず、万一別称の使用になんらかの特別な意味を見出そうなどとする場合には、必ず個別事例ごとの論証が必要となるであろう。
(53) 「1847 年 11 月 23・24 日付マルクス宛エンゲルスの手紙」での用例。

局の郵便検閲に対して党組織を防衛するために「党（Partei）」の字を伏せるという理由からの使用である。また，別称をさらに縮めた「k 宣言（k Manifest)」，「共宣言（Komm Manifest)」という表記も見出されるが，このような場合，もとより単なる略称ではなく，党のみならず，「共産主義的（kommunistisch)」という字をも伏せるねらいがあったように思われる。このような事情は一世紀半を越える隔たりのある今日では看過されやすいだけに，とりわけ留意される必要がある。

　第三は，別称が実際に後の版本の表題として用いられた場合である。このような用例は 1872 年のドイツ語版からである。この再版は版とみなさないむきもあるかなり特殊な版本なのであって，この特殊事情を述べなければならない。[54]

　大前提として，わが国で戦前，レーニンの『国家と革命』とともに『共産党宣言』が国禁の書であって，発行しようものなら，治安維持法違反に問われ，極刑の死刑を覚悟しなければならなかったのとほぼ同じ事態が，当時のドイツに存在していたことを知らなければならない。『宣言』を出版したならば大逆罪に問われるのは確実だったのである。それにもかかわらず，なぜ発行できたのか？

　当時，マルクス，エンゲルスの思想の影響をうけたドイツの労働者たちは，社会民主労働党に結集していた。1872 年という年記からも分かる通り，その前年までにはドイツ＝フランス（普仏）戦争が戦われていた。1870 年 9 月に同党のブラウンシュヴァイク委員会は，スダンの会戦以後は侵略戦争の性格をもつに至ったこの戦争の続行に反対する闘争をよびかけるため，戦争についての『社会民主労働党委員会の宣言　全ドイツの労働者へ！』をリーフレットで発表し，機関誌『フォルクスシュタート』紙上にも掲載する。リーフレットの普及部数は一万部にのぼった。当局は宣言発表の 4 日後にブラウンシュヴァイク委員会の主だったメンバーを逮捕，要塞に拘留する。また，社会民主労働党は議会にアウグスト・ベーベルやヴィルヘルム・リープクネヒトら数名の議員を擁していたが，彼らは議場の演壇で反戦平和を求めて政府批判の演説を行い，政府提出の戦時公債発行による戦争継続のための追加支出案に否決の動議を提出し，追加支出案の採決にさいしては反対投票を行った。

　このような社会民主労働党の活動がフランスに対する征服戦争の遂行にとっ

---

(54)　以下の論点については第 11 章において詳述する。

て危険であるとみたプロイセン政府は，ブラウンシュヴァイク委員会の逮捕に際して得られた通信をもとに，大逆罪をでっち上げ，同年 12 月，ベーベル，リープクネヒトおよびアードルフ・ヘプナーを逮捕し，裁判にかける。「ライプツィヒ大逆罪裁判」として著名で，各国から多くの報道関係者が傍聴に集まった。『共産党宣言』は大逆罪を立証する証拠書類としてむしろ検察側から全文が提出され，その指示に基づいて審理に際してすべて読み上げられた。そのため，当時，出版したならば確実に大逆罪にとわれる文献であった『共産党宣言』が審理記録に掲載する形でまったく合法的に出版することが可能となったのである。リープクネヒトらは裁判報告書『ライプツィヒ大逆罪裁判』を分冊形式で発行し（330 ページ写真 1），『宣言』をその第 3 分冊に収録する。「その裁判報告書は，社会主義諸文献の豊富な武器庫としてアイゼナッハ派の人々の重要な宣伝文書の一つとなったのであって，60 年代にはドイツで多くて数百部しか普及されていなかった宣言を，今や数千部規模で入手可能にした」[55]。そのような普及には分冊の出るつど，何回か『フォルクスシュタート』紙上に掲載された広告もあずかって力あったことであろう。

それと同時に，この第 3 分冊の組版を用いて，『宣言』の部分に両著者マルクス，エンゲルスの新たな「序言」を付して著者認定本の体裁をとったものが，本文の棒ゲラへのエンゲルスの校正をも得て，新たな大逆罪裁判の危険を冒すのを避けるためになんらの表だった広告もなしに党内向けにのみただ非常にわずかの部数で，発行される。このいわば別刷りこそがいうところの『宣言』1872 年ドイツ語版であって，非常に特異な版本なのである[56]。そのタイトルページ（扉）ではじめて別称が表題となった。これは審理にさいして被告や裁判長が，その当時までにすでに通称となっていた別称で呼んでいたことを反映しているものと思われる。が，いわゆるハーフタイトル（内題）は無論，本来の表題のままである。被告らの側で別称を用いたことにあえて意味を見出すとすれば，共産

---

(55) Rolf Dlubek / Editha Nagl / Inge Werchan: Ein unversiegbarer Kraftquell der Arbeiterklasse. Zur Wirkungsgeschichte des Kommunistischen Manifests in der deutschen Arbeiterbewegung. In: *Beiträge zur Geschichte der Arbeiterbewegung.* Zum 125. Jahrestag des Kommunistischen Manifests und der Revolution von 1848, 15. Jg. 1973, H. 2, S.216/217.

(56) フランツ・メーリングでさえこの別刷り本を知らなかったことについては，Kuczynski 1995, S. 201, Anm. 435 参照。

主義者同盟は過去のすでに解散された政党であり，彼らのドイツ社会民主労働党とは異なる組織であることを示すために「党（Partei）」という言葉をはずした可能性は考慮に入れておいてよかろう。

第10章 『共産党宣言』最初の英訳

はじめに

　本章でもっぱら検討の対象とするのは，1850年11月にチャーティスト左派のジョージ・ジュリアン・ハーニーの編集する週刊紙『レッド・リパブリカン (The Red Republican)』に掲載された『共産党宣言』最初の英訳である。その〈まえがき〉[(1)]において，『宣言』の起草者がカール・マルクスおよびフリードリヒ・エンゲルスであることが，その英語読みで「チャールズ・マークスおよびフレデリック・エンゲルス」と明らかにされた。この英訳については，英訳者であるヘレン・マクファーレン (Helen Macfarlane) の伝記的事実が従来ほとんど不明であったこと，英訳掲載の折の〈まえがき〉における起草者名の公表と『新ライン新聞。政治経済評論』第5・6号合冊での『宣言』第Ⅲ章の部分再録時の編集者脚注における著者名公表との先後関係についての議論，『レッド・リパブリカン』のマクファーレン訳へのマルクスおよびエンゲルスの協力の度合い，マクファーレン訳の影響はどのようなものであったのか等，種々の問題があった[(2)]。

---

(1) 『共産党宣言』英訳本文に先立って紹介の一文が置かれていた。本章ではこれを〈まえがき〉と呼ぶ。

(2) 種々の問題についてはそれぞれ下記諸文献を参照されたい。マクファーレンの伝記的事実が従来ほとんど不明であったことについては，水田洋「『共産党宣言』の英訳者」『知の商人』1985年，筑摩書房，113〜116ページ（初出は筑摩書房刊《第二版 経済学全集 32》の小谷義次著『現代福祉国家論』1977年に付された「第二版 経済学全集月報」No. 17。本月報の参看に際しては，天野光則千葉商科大学名誉教授のご厚意に与った。記して謝意を表する）。著者名公表との先後関係については，黒滝正昭「服部文男氏による新訳『共産党宣言』について」『私の社会思想史』成文社，2009年，367ページ，注 (10)（初出は『季刊 科学と思想』第74号，新日本出版社，1989年10月，257〜259ページ，注 (4)）——特に，アンドレアスの見解 (Bert Andréas, *Le Manifeste Communiste de Marx et Engels. Histoire et Bibliographie 1848-1918*, Milano 1963, p.25) を参照している行論——。なお，『新ライン新聞。政治経済評論』を以下では『評論』と

本章はこれらの諸問題について若干の考察を加えようとするものである。

I　英訳者ヘレン・マクファーレンについて

1　マクファーレンに関する一次資料

『共産党宣言』のヘレン・マクファーレンによる最初の英訳が『レッド・リパブリカン』に，その最終号まで4回連載で公表されたのは1850年11月のことであった。1848年革命の退潮も明らかとなっていた時期である。[3]

しかしながら，その訳者の名がヘレン・マクファーレンであると初めて公表されたのは，『共産党宣言』1872年ドイツ語版の，おそらくエンゲルスによって執筆された「序言」においてであった。[4]

従来，「だが，訳者のヘリン・マクファーリン[Helen Macfarlane]については，ほとんどなにもわかっていない」状況であった。[5]

「わかってい」たことは，1850年のヘレン・マクファーレン執筆による『デモクラティック・レヴュー(The Democratic Review)』の3回連載論説1点と，[6] そのほぼ80年後の1929年に公刊されたマルクスおよびその妻イェニーのそれぞれの手紙とから引き出される事柄だけであった。

のみ略記することがある。英訳へのマルクスおよびエンゲルスの協力のいかんについては，拙稿「J.G.エッカリウス「ロンドンにおける仕立て業」とマルクス」〈マルクス・エンゲルス研究の新段階〉17（監修・服部文男）『経済』第246号，新日本出版社，1984年10月，223～227ページおよび本書第9章第I節第2項「『レッド・リパブリカン』に連載された最初の英訳へのエンゲルスの関与」を参照。
(3)　この時期のマルクスおよびエンゲルスの活動およびその背景については，拙稿「恐慌と革命——1849/50年のマルクス・エンゲルスの活動と経済学研究——」服部文男・佐藤金三郎編『資本論体系 第1巻 資本論体系の成立』有斐閣，2000年12月，67～81ページを参照。
(4)　『共産党宣言』1872年ドイツ語版の「序言」がエンゲルスの執筆である根拠等については，本書第11章を参照。
(5)　水田，前掲書，113ページを参照。なお，[ ]内は橋本。
(6)　Helen Macfarlane, Democracy. Remarks on the Times, apropos on certain passages in №1 of Thomas Carlyle's "Latter-Day Pamphlets.", *The Democratic Review*, April, 1850, pp.422-425; May, 1850, pp.449-453; June, 1850, pp.11-20.

(1) ヘレン・マクファーレン執筆の論説1点

まず、名義においてマクファーレン執筆の唯一の論説（3回連載）からは、彼女が、チャーティスト運動の賛同者であって、女性解放運動を主張していることが分かる。また、彼女がヘーゲルの自由概念等、ドイツ観念論哲学についての素養を有しており、したがって、「ヨーロッパのいくつかの言語をとてもよく使いこなす教養ある女性」であるということにもなる。さらに、寄稿論説の叙述を文字通り信用するならば、彼女がウィーン革命を実見したことが分かる。[7]

(2) 1850年12月19日付エンゲルス宛イェニー・マルクスの手紙

次に、マルクス夫妻のそれぞれの手紙の関係個所である。
まず、マルクス夫人の手紙。

> 「カールに頼まれて『新ライン新聞』を6部あなたにお送りします。いくぶん具合のよくなったハーニーは、あなたに1部をヘレン・マクファーレンに送ってもらいたいといっています。」[8]

この手紙の上に引用した箇所からは、その後、マクファーレンとマルクスおよびエンゲルスとの関係がどのようなものであり、どの程度のものであったのか、つまり、共産主義者同盟の決定事項などが定期的に伝えられていたのか、また、英

---

(7) ウィーン革命を実見したであろうことを窺わせる記述は、Macfarlane, *ibid.*, *The Democratic Review*, April, 1850, p.424；ヘーゲル哲学を中心とするドイツ観念論哲学の素養を示す記述は、Macfarlane, *ibid.*, May, 1850, p.450；ヘーゲル全集を参照する脚注は、Macfarlane, *ibid.*, June, 1850, p.12. ただ、当時のイギリスにおいては1846年にジョージ・エリオットによるシュトラウスの『イエス伝』の英訳が出版されて評判をとったことはよく知られたことであって、ヘーゲル哲学を扱ったその最終章はことに著名であった（Kirk Willis, The Introduction and Critical Reception of Hegelian Thought in Britain 1830-1900, *Victorian Studies*, Autumn 1988, pp.85-111, p.94）。したがって、後に見るデイヴィッド・ブラックのようにマクファーレンを英語界におけるヘーゲルの最初の翻訳者であり解説者であったと位置付ける（David Black, *Helen Macfarlane. A Feminist, Revolutionary Journalist and Philosopher in Mid-Nineteenth Century England*, Lanham, Maryland, USA 2004, p.72）のは、当時のイギリスにおけるヘーゲルおよびその哲学の受容を正確に把握した評価とはいえないであろう。

(8) 「[1850年] 12月19日付エンゲルス宛イェニー・マルクスの手紙」$MEGA^2$, Ⅲ/3, S. 705, 707；*MEW*, Bd. 27, S. 612. 初出は $MEGA^1$, Ⅲ/1: Der Briefwechsel zwischen Marx und Engels 1844-1853, Berlin 1929, S. 123/124.

訳を作成する際にどの程度の協力があったのかといった問題が生じてくることになった。

(3) 1851年2月23日付エンゲルス宛カール・マルクスの手紙
夫人の手紙のほぼ二ヵ月後に書かれたマルクスの手紙は次のよう。

「彼〔ジョージ・ジュリアン・ハーニー〕は二重の精神をもっている。フリードリヒ・エンゲルスが彼に吹きこんだものと、彼に固有のものとだ。前者は彼にとって拘束服のようなものだ。後者は自然のままの彼自身だ。だが、もう一つ第三の精神、家の守り神が加わる。そして、それは彼の大切な女房だ。彼女はランドルフやルイ・ブランのようなしゃれ者が大好きだ。彼女は僕を、たとえば彼女の「見張りの必要な財産」にとって危険になるおそれのある軽薄者だと言ってきらっている。……どんなにハーニーがこの守り神にとりつかれているかということ、またどんなに彼女が自分の陰謀において小スコットランド人的に抜け目がないかということについては、次のようなことから君にも推察できるだろう。君もおぼえているだろうが、彼女はおおみそかの晩にマクファーレンを僕の妻の面前で侮辱した。その後彼女は僕の妻に笑いながら話した、ハーニーはあの晩はとうとうマクファーレンに会わなかった、と。そのあとで彼女はハーニーに語った、自分がマクファーレンとの交際をことわったのは、仲間全体が、ことにまたマルクスの妻が、あの二股の男まさり (gespaltner Dragoner) のことをあきれもし笑いもしたからだ、と。ところが、ハーニーは頓馬で臆病で、マクファーレンが受けた侮辱になんの仕返しもしてやろうとせず、こういう不名誉きわまるやり方で、彼の小雑誌 (seine spoutsblättchen) への、実際に見識をもっていた、唯一の寄稿者 (Mitarbeiter) と交わりを絶ったのだ。彼の新聞 (seine Blättchen) における稀にみる才能をもつ人物 (Rara avis) と。」[9]

───────
(9) 「1851年2月23日付エンゲルス宛マルクスの手紙」$MEGA^2$, Ⅲ/4, S. 44-48; MEW, Bd. 27, S. 195/196. この手紙の初出はHrsg. v. A. Bebel / Ed. Bernstein, *Der Briefwechsel zwischen Friedrich Engels und Karl Marx 1844 bis 1883*, Bd. 1, Stuttgarrt 1919, S. 144-146 であるが、当該引用箇所は編者ベルンシュタインの手によって伏せられ、公表されなかった。当該箇所も含めて完全に収録されたのはその10年後の$MEGA^1$, Ⅲ/1, Berlin 1929, S. 150-155 においてであった。訳文は『マルクス・エンゲルス全集』第27巻 (大月書店) 所収の村田陽一訳にならったが、一部変更してある。

第10章 『共産党宣言』最初の英訳   259

マルクスの手紙の上掲引用箇所からは，マクファーレンとハーニーとの関係が途切れたこと，また，その原因が上に引用した1850年末の新年宴会における出来事であったとの見方などが生まれてくる。

　以上，マルクス夫妻の二通の手紙からは，ヘレン・マクファーレンがハーニーの『レッド・リパブリカン』に対する「稀にみる才能をもつ」「実際に見識をもっていた，唯一の寄稿者」であるとマルクスが判断していたことを知り得るのであった。

2　マクファーレンの伝記的事実についての従来の研究と調査結果

(1) ショイエンおよびその後のチャーティスト研究における成果

　ショイエンによるハーニーの伝記が1958年に刊行されたこと[10]，および，それを承けてチャーティズム研究者たちが行った諸研究について，水田氏は次のように述べる。

　　「100年余りたって，1950年代末から60年代前半にかけて，ようやくいくらかの光が，マクファーリンに投げかけられるようになった。まずハーニーの研究者であるショーエン[Schoyen]が，『民主評論[The Democratic Review]』『赤い共和派[The Red Republican]』『人民の友[The Friend of the People]』をつうじて寄稿したハワード・モートン[Howard Morton]が，マクファーリンの筆名ではないかといい，サヴィル，アンドレアス，アブラムスキーなどが，この推定を支持した。」[11]

　ショイエンの推測の基礎となっているマクファーレンの論説における諸叙述は先に見た通りであるが，ハワード・モートンをその筆名とする推測の根拠は，1850年中を通じて，『デモクラティック・レヴュー』，『レッド・リパブリカン』および『フレンド・オブ・ザ・ピープル』各誌紙上に掲載されたハワード・モートンの諸論説には，『宣言』の諸原理の要約が含まれていたこと，モートンとマクファーレンのイニシャルがH. M.で双方同一であること，「1850年におけ

　　特に，Rara avis（珍しい鳥）については，マクファーレンの能力について述べているものと解釈した。
(10)　A. R. Schoyen, *The Chartist Challenge. A Portrait of George Julian Harney*, London 1958. モートンがマクファーレンの筆名ではないかとするショイエンによる推定については同書のpp.202-204を参照。
(11)　水田，前掲書，113/114ページ（[　]内は橋本による）。

るチャーティズム」において，モートンが「数年の不在の後，最近この国に戻ってきた私は」[12]と記している点は，1848 年時点にウィーンに滞在してその革命を実見したマクファーレンの経験と重なること等があった[13]。

(2)『ハーニー・ペイパーズ』(1969 年) 収録のハーニーの手紙

続いて 1969 年には，アムステルダムの社会史国際研究所に所蔵されていたハーニーの書簡およびハーニー宛の書簡が F. G. ブラックおよび R. M. ブラックにより『ハーニー・ペイパーズ』としてまとめられた[14]。そこには次の「1850年 12 月 16 日付エンゲルス宛ジョージ・ジュリアン・ハーニーの手紙」等いくつかの手紙が初めて収録され，公にされた。

1) 1850 年 12 月 29 日付マルクス宛ジョージ・ジュリアン・ハーニーの手紙

紹介する順序が次の手紙の日付と相前後するが，まず，ハーニーがマルクスにフラターナル・デモクラート (兄弟愛民主主義協会) 主催の上記新年宴会への招待券を同封して届ける手紙が収録されている。同封されたのはマルクス夫妻の分としてダブル券 1 枚，エンゲルスおよびシュラムの分としてシングル券 2 枚であることが分かる。また，手紙では招待した皆に明日の晩に会えると書かれているので，ハーニーの誤記でない限りは，新年宴会が，すでに見た 1851 年 2 月 23 日付エンゲルス宛マルクスの手紙にある「おおみそか」とは厳密に 31 日ではなくて，その前日の <u>30 日の晩</u>だったという可能性も生じてくる[15]。

2) 1850 年 12 月 16 日付エンゲルス宛ジョージ・ジュリアン・ハーニーの手紙

「『レッド・リパ [ブリカン]』および『フレンド・オブ・ザ・ピープル』の数号を同封してお届けする。／マクファーレン嬢の宛先は，「バーンリー，ブリッジエンド，<u>ヘレン・マクファーレン</u>」だ。「ヘレン」をお忘れなく[16]。」

当時，病中であったハーニーが，おそらくはそれまで自ら行っていたバーンリー (Burnley) に住むマクファーレン宛の『レッド・リパブリカン』および『フレンド・オブ・ザ・ピープル』の郵送を，近隣のマンチェスターに住むエンゲルス宛

---

(12) *The Red Republican*, p.2／Ⅲ.
(13) 後掲のリスト, Bibliography of Helen Macfarlane (Howard Morton) を参照。
(14) Frank Gees Black ／ Renee Métivier Black ed., *The Harney Papers*, Assen 1969.
(15) *Ibid.*, p.261.
(16) *Ibid.*, pp.259／260. なお，／は段落で，橋本による。

で送る分にまとめ,マクファーレンへの代送を依頼するために,彼女の宛先をエンゲルスに伝えているのである。

ここ記されたヘレンの住所を手掛かりとして,バーンリーの調査を行う可能性が開かれていた。

(3) デイヴィッド・ブラック『ヘレン・マクファーレン』(2004 年)における
調査結果

この調査を実際に行い,「ほとんどなにもわかっていない」状況に打開の糸口を与えたのが,「マルクス主義的人道主義的雑誌『ホッブゴブリン(Hobgoblin)』の編集者デイヴィッド・ブラック」(17)が 2004 年に公刊した著作『ヘレン・マクファーレン。イギリス 19 世紀半ばの女性解放論者,革命的ジャーナリストにして哲学者』(18)であった。

同書を評した K. フレットはこう述べる。

「デイヴ・ブラックの新著は,あいにく,1850 年代初頭以降にヘレン・マクファーレンに何が起こったのかを提示することはできなかったが,しかしながら,ブラックは 1840 年代および 1850 年代初頭における彼女の生活について一連の新たな事実と詳細を明らかにした。」(19)

この「一連の新たな事実と詳細」とは,もっぱら次の 2 点についての調査結果とみてよい。即ち,第一に,1851 年の国勢調査記録,および第二に,スコットランド国立文書館に所蔵されている誕生・洗礼名に関するスコットランド教会記録,これらについての調査結果である。

先のハーニーの手紙がエンゲルスに知らせているヘレンの住所を手掛かりとして,バーンリーの該当地区の直近の時期である 1851 年の国勢調査記録が調べられた。1851 年のこの地区の国勢調査は 3 月 30 日夜に行われた。その記録から,当時ブリッジエンド№ 3 に居住していたのは,ウィリアム・T. マクファ

---

(17) Allan Armstrong, A Reveiw, *Emancipation & Liberation*, Issue 010, Summer 2005.
(18) David Black, *Helen Macfarlane. A Feminist, Revolutionary Journalist and Philosopher in Mid-Nineteenth Century England*, Lanham, Maryland, USA 2004.
(19) Keith Flett, Review:A famous footnote. David Black, Helen Macfarlane. A Feminist, Revolutionary Jour[ママ]nalist and Philosopher in Mid-Nineteenth Century England (Lexington Books, 2005), *London Socialist Historians Group "Newsletter"*, №. 24, Summer 2005.

ーレン，更紗捺染業，33歳；その妹アグネス，14歳，無職，であることが明らかとなった．また，両人ともスコットランド生まれであることが記録されており，当家には家政婦エリザベス・トムプソン，22歳がいたことも記載されているとのことである．[20] 遺憾ながらヘレンが同居してはいなかったわけだが，ブラックはここから種々の推定を行っている．

また，これによりスコットランド生まれということが判明したからであろう，スコットランド国立文書館に所蔵されている誕生・洗礼名に関するスコットランド教会記録についての調査がなされ，その結果が報告された．

「ウィリアム」，「ヘレン」，「アグネス」各マクファーレンの記載は適切な年齢（ヘレンについてはブラックの推定）差に応じた時間間隔で登録されてあるものの，遺憾ながら，父の名前，誕生の場所についての共通性がないため，3人のきょうだいの関係や誕生の場所をこの記録から解明することはできなかったのである．[21]

したがって，フレットも述べるように，「ブラックはヘレン・マクファーレンのこれまで不分明であった生涯についていくつかの興味深い新たな詳細事を提供したのであって，ここにさらなる調査のための基礎が置かれたのであれば幸いである」[22] という評価となったわけである．

3　ブラック，ヨウマンおよびスペンサーによる最新の調査結果（2012年）

果たして，実際に「さらなる調査」がなされ，かなりの事実が明らかになった．これは当初別々に調査を進めていたブラックとBBCスコットランドのプロデューサーであるルイーズ・ヨウマン（Louise Yeoman）がその後共同で調査を進め，さらに南アフリカの歴史家シーラ・スペンサー（Shelagh Spencer）の協力を得て達成された成果であるという．その結論を記せば次のようである．[23]

---

(20)　D. Black, *ibid.*, p.43.
(21)　*Ibid.*, pp.44/45.
(22)　Flett, *ibid.*
(23)　2012年11月26日（月曜日），BBCラジオ・スコットランドの番組『ウィメン・ウィズ・ア・パスト』の第1集第3話（Women with a Past −Helen McFarlane−, Series 1- Episode 3）として14時5分［日本時間同日23時5分］から28分間，ヘレン・マクファーレンが取り上げられ，放送された．本章ではそれを前日に伝えたBBCスコットランドのプロデューサーであるルイーズ・ヨウマンによるニュース「ヘレン・マクファーレン：カール・

（1）マクファーレンの幼少期と家業の破産

　ヘレン・マクファーレンは 1818 年 9 月 25 日にスコットランドのペーズリー（Paisley）近郊のバーヘッド（Barrhead）のクロスミル（Crossmill）で生まれた。父はジョージ・マクファーレン（1760 年生）、母はヘレン・ステンハウス（1772 年生）。マクファーレン家はキャンプシー（Campsie）とクロスミルに更紗捺染工場をもつ工場主で、ストライキを抑えるために竜騎兵を導入することも辞さない裕福な家庭であった。いわばヘレンはグラスゴーのロイヤル・クレセントのファッショナブルなタウンハウスの世界と臭気芬々とするも生き生きとした捺染工場の世界という二つの世界の中で暮らしていたことになるという。ヘレンがドイツ語を習得することになったのは、一家が捺染を当時世界のトップクラスの技術をもっていたギーセンのドイツ人科学者たちのもとで学んだためであるという。

　ところが、工場主の父が亡くなった半月後、1842 年のセント・アンドリューズ・デイ（11 月 30 日）に家業が破産し、兄弟姉妹とも相続権を放棄せざるを得なくなる。そのため、ヘレンはガヴァネスとして、ウィーンに赴き、そこで 1848 年革命を実見することになったのであろうと推測されている。また、これとともに、ショイエン以来、彼女の筆名と推定されるハワード・モートンも生まれたとされる[24]。

　この後、1850 年中のチャーティスト各誌紙でのヘレンの活躍はよく知られたところである。

（2）南アフリカへの移住

　では、マルクスが先の手紙でエンゲルスに書いた 1850 年おおみそか夕の新年宴会の出来事以降、杳として知れなくなった彼女の消息はどのようなものだっ

　　マルクスが賞賛した急進主義女性解放論者（Helen McFarlane—the radical feminist admired by Karl Marx）」［http://www.bbc.co.uk/news/uk-scotland-20475989］に基づいて紹介している。その後、2013 年 4 月 18 日付でウィキペディア［http://en.wikipedia.org/wiki/Helen_Macfarlane］にこの新たな調査結果を踏まえた事実が盛り込まれたようである。本文の紹介中の下線部は年次等明確になるためその記載から採ったもの。
(24)　ハワード・モートンがヘレン・マクファーレンの筆名であるというショイエン以来の推定についてのより立ち入った検討は、やはり妥当であろうとする立場から、本章で後論し、補強している。

たのであろうか。南アフリカの歴史家シーラ・スペンサーの協力を得て、ブラックとヨウマンは次のことを明らかにした。

ヘレンは、1848年革命の亡命者であるF. プルースト（Proust）[25]と愛し合い、1852年に結婚し、翌1853年女児に恵まれる。コンスエラ・ポーリン・ローランド・プルーストと名づけられた。この名前は、当時よく読まれたジョルジュ・サンドの小説『コンスエロ』の主人公である歌姫の名であり、また当時の急進主義的フランス人女性解放論者の政治犯ポーリヌ・ロランの名であって、この二人の名にちなむものであったという。したがって、そのような名付けを行った親は女性解放論者であることを公言するような名であるとのことである[26]。

1853年、ヘレンたちは成功を夢見て南アフリカのナタール（Natal）に向け移民しようとする。しかし、患っていた彼女の夫フランシスは移民船がイギリスの領海を離れぬうちに船から跳び降りて亡くなってしまう。悩ましい航海の後、ヘレンは8ヵ月になっていたコンスエラとともに南アフリカに到着するが、その数日後にはコンスエラにも先立たれてしまう。

(3) 帰国とその後

ヘレンはイギリスへ戻る。彼女はその後どうなったのか。1854年にヘレンは英国国教会の教区司祭ジョン・ウィルキンソン・エドワーズと出会い、1856年結婚し、ハーバートとウォルターという名の二人の男の子をもうける。が、1860年3月29日にまだ幼い二人を残しわずか41歳で亡くなってしまう。その墓——ヘレン・エドワーズ、当教区の司祭ジョン・ウィルキンソン・エドワーズ師の妻の——は、ナントウィッチ（Nantwich）のバディリー（Baddiley）のチェシャ

---

(25) ファーストネームについて、上記URLにおいてはフランシス（Francis）であるが、番組宣伝のURL [http://www.bbc.co.uk/programmes/b01nzltg] においてはフレデリック [Frederick] とされている。なお、前記のウィキペディアではフランシス。

(26) 筆者は、この女児の名のうちコンスエラ・ポーリンの部分については、『フレンド・オブ・ザ・ピープル』にもその英語抄訳が連載されていたジョルジュ・サンドの『コンスエロ』にちなむものではないかと推測する。というのは、コンスエラはもちろんのことながら、それに続くポーリンという名もサンドがヒロインのコンスエロを作り上げる際のモデルとした当時の人気オペラ歌手ポーリーヌ・ガルシア＝ヴィアルドの名を踏まえているものと考えるからである。このことから『コンスエロ』の抄訳掲載には、論説を寄稿しなくなっていたマクファーレンがなんらかの形で関係していた可能性をも見ておく必要があるかもしれない。

― (Cheshire) 教区にあるという。

　ヘレンが聖職者と結婚したということから，では，彼女は革命を放棄したのかという問題が生じてくる。ブラックとヨウマンらはこう推測している。

　すでに言われており(27)，近年ではブラックの著作の第7章「キリスト教と社会主義」において詳論されたように彼女の共産主義観にはキリスト教的色彩が濃厚に存在する。つまり，彼女の共産主義は当時ドイツからやってきたばかりの急進主義的キリスト教に染め上げられていたのではないかというのである。イエスは革命の「最初の殉教者」であった，働く人々に説教した「ガリラヤのプロレタリア」であったと把握していたからである。彼女の革命的著作は『聖書』にどっぷり浸かっていたという。というのは，万人は人種，階級および性において平等だが，それは神が万人に住まうからであるといった見方だからである。あなたの仲間である人間を利益のために利用することがまったく不道徳でないというならば，それは神を冒涜するものである，というのである。ヘレンの妖怪は革命の偉大なる日を必然的に招くマルクス主義の歴史および階級闘争の精神であったが，それは，彼女の夫の聖なる精神および偉大なる日，即ちイエスの再来への夫の信仰ときわめて近い類縁者なのであった。もしヘレンが外向きの急進主義を引っ込めて，その結果チェシャー・ハントの猟犬たちを驚かせることがなくなったにしても，正義を目指す彼女の急進主義的欲求は決して消え去ることはなかったのではなかろうか，というのである。

4　小　括

　最近の調査結果を紹介したが，さしあたり以上の新たな調査を前提すると，従来説に種々の再考の余地が生じてくるのは言うまでもない。とはいえ，これら最新の調査結果については，それらに基づく推定・推測を行う前に，やはり通常の手順を踏んだ学術的追試が必要とされるところである。

---

(27)　ユッタ・シュヴァルツコプフによれば，このような指摘はジョン・サヴィルが1968年に『クリスチャン・ソーシャリスト (The Cristian Socialist)』に掲載した論文においてすでになされているとのことである (Jutta Schwarzkopf, review, *Victorian Studies*, Volume 48, Number 3, Spring 2006, p.528) が，遺憾ながら未見である。

II いずれも存在しないハーニーの手紙とアンドレアス論文

1 ハーニーの手紙についてのデ・ヨングの情報

ベルト・アンドレアスはその『宣言』の書誌 21 番にこう書いていた。

「ヘレン・マクファーレンはエンゲルスがマンチェスターに住んでいた時におそらくマンチェスターに住んでいた。……1850 年 12 月 19 日付でマルクス夫人がエンゲルスに宛てた手紙から, 次のことが明らかになる。即ち, エンゲルスがマクファーレンの翻訳に関係したということが。1848 年にすでにバルメンでエンゲルスは『宣言』の英語への翻訳を企図した。(1848年 4 月 25 日付マルクス宛エンゲルスの手紙を参照) われわれは社会史国際研究所の F. デ・ヨング博士から <u>1848 年のエンゲルスの翻訳を公刊するというハーニーの意図を立証するエンゲルスに宛てたハーニーの手紙について</u>耳にしている。この文通そのものは, これまで利用できなかった。……」[28]

ここ (特に, 下線部) から, 筆者はかつて,「『レッド・リパブリカン』紙掲載の英訳について, いっそうの検討が必要となっていることは争えないところである」とまとめ, 次のように注を付した。

「アンドレアスがすでに指摘しているものの, 未検討のままとなっている資料——『宣言』のエンゲルスによる英訳を出版する意図が認められるというアムステルダム社会史国際研究所所蔵のハーニーのエンゲルス宛の手紙類の検討などもそれに含まれるであろう。」[29]

1998 年 3 月から翌年 1 月まで筆者は社会史国際研究所で在外研究をする機会に恵まれ, このハーニーのエンゲルス宛の手紙を同研究所のアルヒーフおよびコレクション類の中に探し求めたが報われることはなかった。そして, おそら

---

(28) Andréas, *ibid.*, p.26, footnote3. なお, 下線部は橋本。また, アンドレアスの言うように「次のことが明らかになる」わけでは決してない。むしろ別の解釈が妥当であり, それについては後論する。また,「1848 年 4 月 25 日付マルクス宛エンゲルスの手紙」の該当章句は後の脚注を参照。

(29) 本書第 9 章の初出稿である「『共産党宣言』普及史研究の諸成果」『経済』第 29 号, 新日本出版社, 1998 年 2 月, 139 ページ, 注 (23) を。

くそのような手紙はないのではないかと疑念を抱くに至った。そのため，上記引用における中間総括を見直して，科研費成果報告書等においては次のように訂正した。

「アンドレアスが，未検討のままとなっていると指摘した，『宣言』のエンゲルスによる英訳を出版する意図が認められるというアムステルダム社会史国際研究所所蔵のハーニーのエンゲルス宛の手紙類……について同研究所で探索したが遺憾ながら該当するものを見出すことはできなかった。」[30]

したがって，そのような手紙が本当にアムステルダム社会史国際研究所に存在するのだろうかという謎だけが残ることになった。

2 アンドレアス著「ヘレン・マクファーレン」論文

また，アンドレアスは先の脚注に先立って，書誌18番への脚注3にも，フェルトリネリ研究所の紀要に掲載した自身のヘレン・マクファーレンに関する論文をcf. ANDREAS, BERT Helen Macfarlane dans Annali, Anno V, Milano 1962と参照指示していた。

『レッド・リパブリカン』のリプリントの序文をジョン・サヴィルが書いているが，サヴィルもまた『宣言』の英訳者ヘレン・マクファーレンに言及している箇所で，このアンドレアス論文を参照指示する脚注を付している[31]。

そのため筆者は，このアンドレアスのヘレン・マクファーレンについての論文を捜し回った。ところが，結局どこにもそれを求めることができなかった。Annali, Anno Vだけでなく，その前後，さらにはその他の年次をかなり広く調べてみたが，そこに当該論文を見出すことはできなかったのである。サヴィルは何を見たのであろうかとも考えた。

そのため，先の疑問とはまた別に，謎はもう一つ増えて，幻のアンドレアスによるヘレン・マクファーレン論文というのを抱え込むことになっていたわけである。

---

(30) 平成15年度～平成18年度科学研究費補助金（基盤研究（C）(2)）成果報告書「『共産党宣言』初版の出版史・影響史についての研究」，2007年5月，249ページ。

(31) John Saville, Introduction., *Facsimile of Red Republican*, New York (The Merlin Press) 1966, p.xii／Ⅱ, footnote 61.

3 いずれも存在しないハーニーの手紙とアンドレアス論文

　2011年9月にアムステルダム社会史国際研究所を再訪する機会に恵まれ，これらの点を再検討することにより，筆者は一応これらの謎に次のような結論を与えた。

　まず，ハーニーの手紙だが，研究所のデ・ヨングの言っていた手紙はなんらかの錯誤であって，存在しないということである。というのも，もし実在するのであれば，その手紙は先に紹介したF. G.ブラック／R. M.ブラックが編集し1969年に公刊された『ハーニー・ペイパーズ』に収録されないはずはないからである。ところが，本書中にはそのような趣旨を含む手紙は収録されていない。見出されるのは『評論』第5・6合冊号に掲載された「ドイツ農民戦争」の英訳をハーニーがエンゲルスに打診した文言のある手紙[32]である。デ・ヨングはおそらくこの手紙を『宣言』の翻訳の話と取り違えたものと考えるのが自然である。

　次に，アンドレアス著「ヘレン・マクファーレン」論文についてであるが，この論文は実際には書かれなかったものと思われる。というのは，アンドレアスの年譜および書誌にも当たってみたが，そこにこの論文は記載されていないからである[33]。アンドレアスは，デ・ヨングから得た情報を基にこの論文を書く予定でおり，先取りしてその『宣言』書誌に注記していたものの，実際に研究所でハーニーの手紙を解読するに及んで，それがすでに旧メガに収録済みの手紙[34]であって，マクファーレンについての情報を記したものではないことが分かり，論文執筆は断念したが，『宣言』書誌への注記を削除するのには間に合わなかったのではなかろうか。

---

(32) *The Harney Papers*, p.259.
(33) Jacques Grandjonc, Une vie d'exilé. Bert Andréas 1914–1984. Repères chronologiques et activité scientifique, *Schriften aus dem Karl-Marx-Haus, Beiheft*, Trier 1987, p.44/45, p.72/73. アンドレアスの自用本はトリーアのカール・マルクス・ハウスの「ベルト・アンドレアス遺文庫」に保存されている。これを参看すれば，そこではこの論文が抹消されている可能性がある。最終的にはその確認が必要である。
(34) Harney an F. Engels, 9. Dezember 1850, *MEGA*¹, Ⅲ/3, S. 694.

Ⅲ 『共産党宣言』起草者名の公表の先後関係について

1 問題の意味——黒滝正昭氏の問題提起

　黒滝氏は水田氏の『宣言』邦訳への解説について種々の疑問を出される中で，起草者名の公表の先後関係について，アンドレアスに依拠して次のように述べた。

　　「まずマルクスが『宣言』の著者であることを初めて公けに認めたのは，すでに1850年6月, Neue Deutsche Zeitung 編集者に宛てた「声明」（同紙7月4日号に掲載）においてであること (ibid., pp.24-25.) が明らかにされている [……]。その後マルクス，エンゲルスが共に『宣言』の著者であることが「外国人に対して初めて」紹介された (ibid., p.26) のが，[……] The Red Republican, No. 21, Vol. I, November 9, 1850 紙上のヘレン・マクファーレンによる『宣言』の最初の英訳によせた G. J. ハーニーの序（ただし序そのものは無記名）においてである。さらにほぼ同時期の Neue Rheinische Zeitung. Politisch-ökonomische Revue, V./Ⅵ. Heft, Mai bis October 1850 〔アンドレーアスでは『マルクス年譜』にしたがって50年11月に出版されたとされている (p.27)〕誌上の『宣言』第Ⅲ章のみのドイツ語原文での転載への編集部脚注の中で「マルクスとエンゲルスは，ドイツ語で初めて，自分たちが『宣言』の著者であることを明らかにした」(ibid., p.27)」[35]

このような経緯があるために，多少立ち入ってこの先後関係を確認しておく必要があるわけである。

　黒滝氏も紹介している1850年11月の『レッド・リパブリカン (The Red Republican)』掲載の英訳に先立って1850年7月に『新ドイツ新聞 (Neue Deut-

---

(35) 黒滝，前掲書，367ページ，注(10)のうち，特に，アンドレアスの見解 (Andréas, Bert: *Le Manifeste Communiste de Marx et Engels. Histoire et Bibliographie 1848-1918*, Milano 1963, p.25) を参照している行論（引用中 ibid. は本書を指す。また，〔　〕は黒滝氏による）。なお，下線は黒滝氏の原文のもの，[……]は引用者（橋本）による省略を示す。また，引用中で「序」とあるのは，本章では〈まえがき〉と呼んでいる。

sche Zeitung)』に掲載されたマルクスの「声明」については,すでに前章第Ⅲ節第1項において詳論したところである。その掲載の経緯を確認したが,この「声明」における『宣言』からの一部引用とマルクスによるその引用の仕方からみて,この「声明」こそが,マルクスが『宣言』の起草者であることを自ら公にした最初の文献資料であると位置付けることができるとの結論が得られたのであった。[36]

2 『レッド・リパブリカン』第20号の予告記事

なお,これまで紹介されることがなかったように思われるが,予告記事があった。『宣言』が連載される直前の号に掲載された次のような予告である。

「予告。／『レッド・リパブリカン』の第21号〔次号〕から,これまでは英語で出版されたことがまったくなかった,名高い『ドイツ共産主義者の宣言』の翻訳を開始する。」[37]

この予告記事を勘案すれば,『レッド・リパブリカン』においてはすでに10月までには翻訳掲載が決定されており,11月に入ってすぐにこのような連載の予告がなされたもののようである。とはいえ,英訳題目がまだ確定していなかったのか,ここでの題目と実際の題目「ドイツ共産党の宣言(MANIFESTO OF THE GERMAN COMMUNIST PARTY)」とでは,特に「党(PARTY)」の有無という点で相違がある。しかし,いずれにも「ドイツ」という語が入っており,後論するが,「大陸の諸社会主義」の紹介という体裁をとるという含みが

---

(36) この「声明」については,Hal Draper, *The Adventures of the Communist Manifesto*, Alameda 1994, pp.27/28 をも参照されたい。なお,拙稿「『新ドイツ新聞』掲載のマルクス「声明」―『共産党宣言』の起草者名の普及史(1)―」マルクス・エンゲルス研究者の会『2009年次第25回例会報告要旨集』2010年2月,16/17ページをも参照。

(37) NOTICE, *The Red Republican*, No. 20.—Vol. I, Saturday, November 2, 1850, p.157/I.〔 〕内は橋本による。原文は次のよう。
   NOTICE.
   In No 21 of the Red Republican will be commenced a translation of the celebrated
   MANIFESTO
   OF THE GERMAN COMMUNISTS,
   never before published in the English language.

当初からあったことが窺われる。

3 『レッド・リパブリカン』と『評論』との先後関係

　マルクスおよびエンゲルスが『共産党宣言』の起草者であるという事実が誌紙上で初めて明らかにされたのは、『レッド・リパブリカン』1850年11月9日［土曜日］付に掲載された『共産党宣言』最初の英訳の折である。しかしながら、本項においてこの点に関わる事実について若干の整理を行うのは黒滝氏が問題提起しているように、次のような種々の事情が錯綜しているからである。例えば、従来、同年に発行された『新ライン新聞。政治経済評論』第5・6合冊号が最初であるとの見解もあったからである。起草者名の公表初出誌紙について異なる見解が生じていたのはゆえなしとしない。『評論』は月刊誌の体裁をとっていたから、実際にはその発行が遅れるのが常態であったにもかかわらず、第1号が1850年の1月から発行されたものと考えれば、第5・6合冊号はその年の半ばからそう遅くない時期に発行されたものとみるのももっともであろう。また、従来、黒滝氏も書いているように『マルクス年譜』の11月29日という記載が典拠であった。しかし、その根拠として挙示されている「1850年12月1日付アイゼン書店（ケルン）宛シューベルトの手紙」には、その日付時点で第5・6合冊号がすでに発行されていることを伝えるのみであって、その正確な発行時期について記しているわけではなかった。(38) つまり、11月の発行であることは分かっていたにしても、一般には、その確たる日付が不明であったという事情があるように思われる。

　その他にも、各論者が起草者名の初出とする際にその基準を明示していなかったことがある。『宣言』は原文がドイツ語であるから、イギリスにおける英訳公表時に起草者名が明示されたところで、意義を見出しがたいとみることもあろう。一方、原ドイツ語で公表されたにしても、第Ⅲ章のみの「社会主義的および共産主義的文献」という題目での部分的公表は『宣言』全体の公表でないとみる場合もあろう。また、最初の英訳は、ほぼ全文の翻訳ではあるが、全ての部分を訳出したものではなく、一部省略されていた。さらに、『レッド・リパブリカ

---

(38) Hrsg. v. Koszyk, Kurt/Obermann, Karl, *Zeitgenossen von Marx und Engels. Ausgewählte Briefe 1844-1852*, Assen/Amsterdam 1975, S.368.

ン』の場合,〈まえがき〉において起草者がその英語読みで明らかにされているのに対して,『評論』では編集者の脚注という形で,両著者名と題目とがドイツ語で明示されている。言語,対象とする読者,再録が全文か一部か,誰がどのような形式で公表しているのか等,種々の事情への考慮が十分ではなかった。

(1) 『新ライン新聞。政治経済評論』第5・6合冊号

　その事実関係を確認しよう。まず,『新ライン新聞。政治経済評論』はマルクスの編集する月刊誌であった。使用言語はドイツ語である。その第5・6合冊号の100〜110ページに『宣言』の第Ⅲ章の部分だけが再録された。もちろん原語のドイツ語である。それがマルクスおよびエンゲルスによって起草されたことは編集者による脚注部分において次のように紹介された。もちろん編集者がマルクスであることは,本合冊号においてもその扉に明示されている。

　　「われわれはここにカール・マルクスおよびフリードリヒ・エンゲルスによって起草され,二月革命の前に出版された『共産党宣言』の一部分を掲載する。編集者注記(39)」

　そして,最も問題となるその発行日である。新『メガ』では,『マルクス年譜』と同様,1850年11月29日と確定されている(40)が,その根拠は立ち入っては明らかにされていないように思われる。

---

(39) *Neue Rheinische Zeitung. Politisch-ökonomische Revue*, H. 5/6, S. 100. なお,その原文は, Wir geben hier einen Auszug aus dem von Karl Marx und Friedrich Engels abgefaßten „M a n i f e s t d e r k o m m u n i s t i s c h e n P a r t e i" publicirt v o r der Februarrevolution. A. d. R.

(40) 「エンゲルスの著述「ドイツ農民戦争」は1850年夏に執筆された。「評論。1850年5月から10月まで」は1850年11月1日に書き終えられた。この頃,第5・6合冊号の最後の諸原稿がハンブルクに送られた。合冊号は1850年11月29日に発行された。発行部数については何も知られていない。／この合冊号には,エンゲルスの「ドイツ農民戦争」の他,『共産党宣言』の第Ⅲ章(そのなかでマルクスおよびエンゲルスは自分たちが著者であることを初めて——ハーニーの『レッド・リパブリカン』における『宣言』の英訳のなかでと同時に——公に表明した),エッカリウスの論文「ロンドンにおける仕立業。大資本と小資本との闘争」(これにはマルクスおよびエンゲルスが「注記」を付している),そして最後に「評論。1850年5月から10月まで」が収録されている」(Martin Hundt, Zur Geschichte der „Neuen Rheinischen Zeitung. Politisch-ökonomische Revue", *Marx-Engels-Jahrbuch*, Bd. 1, Berlin 1978, S. 275. 下線は橋本)。

(2)『レッド・リパブリカン』連載

　対して,『レッド・リパブリカン』は既述の通り,チャーティスト運動の指導者の一人ジョージ・ジュリアン・ハーニーが編集していた労働者向け週刊紙である。使用言語は英語である。『宣言』は英語に翻訳されて,ほぼ全文[41]が4回にわたって連載された。毎回「ドイツの共産主義(German Communism.)」という欄が設けられ,「ドイツ共産党の宣言(MANIFESTO OF THE GERMAN COMMUNIST PARTY)」という題目での掲載である。連載初回は同紙冒頭を飾り,題目の下に「(1848年2月発行)」として『宣言』オリジナルの発行年月が付け加えられ,さらに本文に先立って紹介の一文が置かれていた。先述のように,本章では便宜のため〈まえがき〉と呼んでいる一文である。

　また,全4回のそれぞれの発行日と掲載部分は次のようである。[42]

　第1回:第1巻第21号(1850年11月9日[土曜日]付)。〈まえがき〉(ハーニーによる執筆者等『宣言』の紹介),『宣言』〔前文〕[43]の部分(最終第6段落を除く)および第Ⅰ章の前半部分(第29段落まで)。

　第2回:第1巻第22号(11月16日付)。第Ⅰ章の後半部分(第30段落から第Ⅰ章の最終第54段落)。

　第3回:第1巻第23号(11月23日付)。第Ⅱ章のすべて。

　第4回:第1巻第24号(11月30日付,最終号)。第Ⅲ章のすべて,および第Ⅳ章の(最初の7つの段落を除く)すべて。

---

(41)　原文は $MEGA^2$, I/10, S. 605-628 に収録され,参看が容易になった。その後,ドレイパーの著作の第二部において,またD.ブラックの著作の付録2においても,マクファーレンの英訳が再録された。とはいえ,前者においては段落番号の番号付が1888年英語版を底本とした1872年ドイツ語版にならったためか,第Ⅲ章第1節c項の第11(163)段落と第12(164)段落とがひとまとめにされて第(163)段落とされてしまう等で,23ページ本等との相違が生じている。また,後者においては,後に詳論するが,その冒頭部になんらかの錯誤に基づく重大な脱落がある。

(42)　詳しくは次ページの「表1　23ページ本と『レッド・リパブリカン』英訳の段落対応表」参照。ちなみに,『評論』第5・6合冊号に収録されたエッカリウスの論文とほぼ同一内容の「ロンドンの仕立て労働者たち」が掲載されたのは『レッド・リパブリカン』11月16日と23日の第22号と第23号とであるが,それらと前号ならびに後続号(9日付21号,30日付24号)とに掲載されている。

(43)　本書では『共産党宣言』の第Ⅰ章に先立つ部分を〔前文〕と呼んでいる。

表1　23ページ本と『レッド・リパブリカン』英訳の段落対応表

（凡例）
　以下の表では各行とも左側のローマ数字小文字が『レッド・リパブリカン』英訳の段落番号であり，右側の数字が23ページ本（1848年ドイツ語初版）の各章・節・項ごとの段落番号である。
　第I章以降に付した（　）内の番号は〔前文〕からの通し番号である。**太字**は主な相違箇所を示す。
　1872年ドイツ語版および1888年の英訳では段落に多少の相違がある。それら諸版との対照の便宜のため，Draper, *ibid*., 1994 に付されている両版の段落番号を〔　〕内に併記した。

GERMAN COMMUNISM.

MANIFEST OF THE GERMAN
　COMMUNIST PARTY.
(Published in February, 1848.)

〈まえがき〉

i	なし
ii	なし

〔前文〕

i	1, 2, 3, 4, 5
削除	6

CHAPTER I.
BOURGEOIS AND PROLETARIANS.

i	1 (7), 2 (8)
ii	3 (9), **4-1 (10-1)**
iii	**4-2 (10-2)**, 5 (11), 6 (12), 7 (13), 8 (14)
iv	9 (15), 10 (16)
v	11 (17), 12 (18)
vi	13 (19), 14 (20), 15 (21), 16 (22), 17 (23)
vii	18 (24)
viii	19 (25), 20 (26), 21 (27)
ix	22 (28), 23 (29), 24 (30)
x	25 (31), 26 (32), 27 (33), 28 (34), 29 (35)

To be continued.

GERMAN COMMUNISM.

MANIFEST OF THE GERMAN
　COMMUNIST PARTY.

CHAPTER I.
BOURGEOIS AND PROLETARIANS.
(Continued from No. 21).

xi	30 (36), 31 (37)
xii	32 (38), 33 (39), 34 (40)
xiii	35 (41)
xiv	36 (42), 37 (43), 38 (44), 39 (45)
xv	40 (46), 41 (47), 42 (48), 43 (49), 44 (50)
xvi	45 (51), 46 (52)
xvii	47 (53)
xviii	48 (54), 49 (55), 50 (56)
xix	51 (57)
xx	52 (58), 53 (59), 54 (60)

GERMAN COMMUNISM.

MANIFEST OF THE GERMAN
　COMMUNIST PARTY.

CHAPTER II.
PROLETARIANS AND COMMUNISTS.
(Continued from No. 22)

i	1 (61), 2 (62), 3 (63), 4 (64), 5 (65), 6 (66), 7 (67)
ii	8 (68), **9-1 (69-1)**

第 10 章　『共産党宣言』最初の英訳　275

ⅲ	9-2 (**69-2**), 10 (70), 11 (71), 12 (72), 13 (73), 14 (74)	ⅰ	1 (136), 2 (137), 3 (138), 4 (139)
ⅳ	15 (75), 16 (76), 17 (77), **18-1 (78-1)**	ⅱ	5 (140), 6 (141), 7 (142), 8 (143), 9 (144), 10 (145)
ⅴ	**18-2 (78-2)**, 19 (79), 20 (80), 21 (81), 22 (82), 23 (83), 24 (84), 25 (85), 26 (86), 27 (87), 28 (88), 29 (89), 30 (90)		*b*.―SHOPOCRAT SOCIALISM.
		ⅰ	1 (146), 2 (147), 3 (148), 4 (149), 5 (150), 6 (151), 7 (152)
ⅵ	31 (91), 32 (92), 33 (93), 34 (94), 35 (95)		*c*.―GERMAN OR "TRUE" SOCIALISM.
ⅶ	36 (96), 37 (97)		
ⅷ	38 (98), 39 (99), 40 (100), 41 (101), 42 (102), 43 (103), 44 (104), 45 (105), 46 (106), 47 (107), 48 (108), 49 (109), 50 (110), 51 (111)	ⅰ	1 (153), 2 (154), 3 (155), 4 (156), 5 (157), 6 (158), 7 (159), 8 (160), 9 (161), 10 (162), 11 (163), 12 (164 [163]), 13 (165 [164]), 14 (166 [165]), 15 (167 [166]), 16 (168 [167]), 17 (169 [168]), 18 (170 [169])
ⅸ	52 (112), 53 (113), 54 (114)		Ⅱ.― CONSERVATIVE, OR BOURGEOIS SOCIALISM.
ⅹ	55 (115), 56 (116), 57 (117)		
ⅺ	58 (118), 59 (119), 60 (120), 61 (121), 62 (122), 63 (123), 64 (124), 65 (125), 66 (126), 67 (127)	ⅰ	1 (171 [170]), 2 (172 [171]), 3 (173 [172]), 4 (174 [173]), 5 (175 [174]), 6 (176 [175]), 7 (177 [176]), 8 (178 [177])
ⅻ	68 (128), 69 (129), 70 (130), 71 (131), 72 (132), 73 (133)		Ⅲ.―CRITICAL-UTOPIAN SOCIALISM & COMMUNISM.
		ⅰ	1 (179 [178]), 2 (180 [179])
ⅹⅲ	74 (134), 75 (135)		
GERMAN COMMUNISM.		ⅱ	3 (181[180]), 4 (182[181]), 5 (183[182]), 6 (184[183]), 7 (185[184]), 8 (186[185]), 9 (187[186]), 10 (188[187]), 11 (189[188]), 12 (190[189]), 13 (191[190]), 14 (192[191])
MANIFEST OF THE GERMAN COMMUNIST PARTY. (Continued from №. 23)		(Ⅳ)	章立てされず、最後の標語とも第Ⅲ章に繰り込み
CHAPTER Ⅲ. SOCIALIST AND COMMUNIST LITERATURE.		削除	1 (193 [192]), 2 (194 [193]), 3 (195 [194]), 4 (196 [195]), 5 (197 [196]), 6 (198 [197]), 7 (199 [198])
Ⅰ.―REACTIONARY SOCIALISM.		ⅲ	8 (200 [199]), 9 (201 [200]), 10 (202 [201]), 11 (203 [202]), **12 (204 [203])**
a.―FEUDAL SOCIALISM.			

Ⅳ　マクファーレン訳の特徴

1　ハーニーによる〈まえがき〉および本文の段落数の減少について

　本文に先立つ〈まえがき〉は次のように書かれていた。

　　「これまでドイツの共産主義者のすべての党派によって採択された以下

の宣言は, 同志チャールズ・マークスおよびフレデリック・エンゲルスによって, 1848年1月にドイツ語で作成された。それは, 直ちにロンドンにおいてドイツ語で印刷され, 二月革命の勃発する数日前に発行された。あの大事件に連なる騒乱のため, 当時, 宣言を文明化されたヨーロッパのすべての言葉に翻訳するという企ては続行することができなくなった。宣言の異なる二つのフランス語訳が草稿の形で存在するが, しかしフランスの現在の圧制的な法律のもとでは, それらのいずれの出版も実現不可能である。イギリスの読者は, この重要な文書の, 以下の優れた翻訳によって, ドイツの革命家たちの最も先進的な党派の諸計画および諸原則を判断することができるであろう」[44]。

　下線部 (原文はイタリック) の通り,『宣言』の起草者の名が英語読みではあるが, 初めて公表されたのであった。

　この〈まえがき〉は編集者のハーニーが執筆したこと, これまで, この内容はマルクスとエンゲルスが同意したものとみなされていたことは前章の第Ⅰ節第2項で述べた通りである。〈まえがき〉の内容については, ハーニーに対して起草・出版の経緯やフランス語訳の状況についてマルクスおよびエンゲルスから特別の情報提供がなされたのかどうか等が問題となる。

　英訳本文がドイツ語原文と比べて段落の切り方が大きく異なっており, 原文の多くの段落がひとまとめにされ, 段落数が著しく減っていることについても, すでに前章の第Ⅰ節第2項で述べた通りであるが, このような段落の切り方がマルクスおよびエンゲルスの要請であったか否かも問題となる。

2　本文の特徴

　マクファーレンによる英訳の特徴については, 浜林氏が言及すべき諸点をすでに的確に描いている[45]。また, 氏が述べるように, 細かな点を挙げれば際限がない。それゆえここでは, 補足的にいくつかのものに限って述べることとする。

---

(44)　*The Red Republican*, 9. November, 1850, p.1/Ⅰ.
(45)　浜林正夫「共産党宣言の最初の英語訳」『パブと労働組合』新日本出版社, 2002年, 150～154ページ。

第 10 章　『共産党宣言』最初の英訳　277

(1) 〔前文〕冒頭文「一つの妖怪がヨーロッパを歩き回っている」について

マクファーレンの英訳で最も言及されることの多いのは『宣言』の冒頭文である。行論の便宜から続く一文も掲げる。

原独文は,

　　Ein Gespenst geht um in Europa — das Gespenst des Kommunismus. Alle Mächte des alten Europa haben sich zu einer heiligen Hetzjagd gegen dies Gespenst verbündet, der Papst und der Czar, Metternich und Guizot, französische Radikale und deutsche Polizisten.

マクファーレンの英訳は,

　　A frightful hobgoblin stalks throughout Europe. We are haunted by a ghost, the ghost of Communism. All the Powers of the Past have joined in a holy crusade to lay this ghost to rest, — the Pope and the Czar, Metternich and Guizot, French Radicals and German police agents.

1888 年のサミュエル・ムーアによるエンゲルス校閲訳は,

　　A spectre is haunting Europe — the spectre of Communism. All the Powers of old Europe have entered into a holy alliance to exorcise this spectre; Pope and Czar, Metternich and Guizot, French Radicals and German police-spies.

　三者を比較してみると,マクファーレン訳の特徴は以下の諸点にある。1) 冒頭文をエムダッシュの前後で二つの文に分けて訳出したこと, 2) その前半部を移した一文では Gespenst に frightful hobgoblin を充てたこと, 3) 後半部に当たる一文は,直訳することなく意訳し,そこでの Gespenst には ghost の語を充て,動詞 haunt で受け,受動形にしていること, —— 以上である。

　3) のうち,エムダッシュの後半部で Gespenst に,前半部と同じ hobgoblin を充てずに, ghost を充てたのは同一語の重複を嫌う欧文の一般的特徴であろう。主語・動詞の対応についていえば,一般的な対応は, ghost ならば haunt, spectre ならば stalk であろう[46]から,この対応を乱している 1888 年のエンゲル

―――――――――――

(46)　Terrell Carver, Re-translating the Manifesto: New Histories, New Ideas, *The Communist Manifesto. New Interpretations*, Edited by Mark Cowling, Chapter 2, New York 1998, pp.55/56.

ス校閲ムーア訳よりも優れていよう。

　また，マクファーレンが haunt を受動形で，意訳しているのは，彼女の書き癖ないしは文体上の好みということがあろう。マクファーレンは『デモクラティック・レヴュー』に3回連載で執筆したカーライル批判論説「民主主義論」の第3回目においてこう書いている。

　　「われわれは旧い死んだ諸国家および諸文化という幽霊どもにつきまとわれている……（We are haunted by the ghosts of old dead nations and cultures, ……）」[47]。

すでにこのような表現が彼女のものとしてあったのである。ここで彼女は，ghost および haunt という語を用いて，現実の発展を押し留める反動的・保守的機能を表現しているが，すでにこのような表現があってみれば，現状を変革しようとする機能を果たすべき共産主義を含意する語としての Gespenst を英訳する場合，その機能は正反対ではあるが，同じ受動態の言い回しを使ったのではないかと思われるのである。

　2）の点，Gespenst の独特の英訳は一般には不評のようである。とはいえ，『宣言』の冒頭段落は，続く二番目の一文にも見られる通り，第5段落と呼応して，Gespenst, umgehen, heilige Hetzjagd gegen dies Gespenst といった用語の組み合わせによる「共産主義の妖怪というおとぎ話」の隠喩として書かれている。適切な用語選択であったかどうかはともかくも[48]，この隠喩を英文においても生かそうとした彼女の試みの一端が frightful hobgoblin という語に現れていると見なければならない。

　なお，この点については，翻訳の適切さという観点からだけではなく，1848

---

(47) Helen Macfarlane, Democracy. Remarks on the Times, Apropos of Certain Passages in No.1, of Thomas Carlyle's "Latter-Day Pamphlets.", *The Democratic Review*, Vol. Ⅱ, No.1, June, 1850, p.12.
(48) 「私の翻訳は，1888年の英語版以来初めて本当に新たに一行一行やり直された翻訳である。1960年代以来この方なされた多くの新たな版本には翻訳に差異があるにせよ，（それ自体変化を経てきた）ドイツ語の諸テキストに目を通し，その思想を現代の読者のために練り直した真剣な試みであると筆者がみなせるようなものはない」（Carver, *ibid.*, p.51）と述べるカーヴァーはこう評している。「最初の英訳はヘレン・マクファーレンによってなされ，1850年11月後半に『レッド・リパブリカン』に掲載され，復刻（London, Merlin Press, 1966）された。この訳文は awful な最初の一文，'A Frightful hobgoblin stalks throughout Europe' でもっぱら有名である。」（*ibid.*, p.62, note 2.）。

年革命の敗退が次第にはっきりとしてきて,反動が最高度に強まっている 1850 年において,『宣言』刊行時の「旧ヨーロッパのすべての権力が,この妖怪を狩りたてるという神聖な仕事のために,同盟を結んでいる」という生々しい現実がより一層強く実感されて,We are haunted by the ghosts of old dead nations and cultures とすでに表現していたマクファーレンと,それから 40 年を経た後にそうした事情はかなり薄らいだ段階で英訳に従事したサミュエル・ムーアとの落差という見地からも考慮されるべきではなかろうか。[49]

(2) 本文冒頭文「これまでのすべての社会の歴史は階級闘争の歴史である」について

1) マクファーレン訳の限度

原独文は,

Die Geschichte aller bisherigen Gesellschaft ist die Geschichte von Klassenkämpfen.

マクファーレンの英訳は,

Hitherto the history of Society has been the history of the battles between the classes composing it.

1888 年のサミュエル・ムーアによるエンゲルス校閲訳は,

The history of all hitherto existing society is the history of class struggles.

原独文は,sein 動詞を繋辞として現在時制で用いて,A=B という命題の形式で書かれている。主語部分には形容詞 all による修飾がある。ムーア訳はこれらを踏襲するとともに,述部の Klassenkampf をも逐語的に class struggle で置き換えて,原文に忠実な訳である。

一方,マクファーレン訳は,主語部分では形容詞 all を用いずに,現在完了形を利用して現在に至るまでの事実の継続として表現している。

原独文,ムーア訳とも,客観的な既定の命題の提示といった印象を受けるのに対して,マクファーレン訳からは書き手の現時点における生々しい経験を語っているような印象を受ける。述語部分でも Klassenkämpfen に the battles

---

(49) D. Black, *ibid.*, p.94.

between the classes composing it と, composing it を補足して訳しているのもそれに対応しているように思われる。

　両英訳とも「これまでのすべての社会の歴史は階級闘争の歴史である」という階級闘争史観を端的に表現する一文の意味は伝えているが, マクファーレン訳の場合は, それが証明された既定の命題であり, 以下では新たな別の事柄を展開し解明してゆくというよりも, これから証明することになる事実の提示のようにも受け取れる。次の段落からの一続きも, 原独文とムーア訳では, 提示した規定の命題の単なる例示であるのに対して, マクファーレン訳はその例証となる。

　実のところ, 『宣言』においては, 冒頭で提示した階級闘争史観の正しさはとりわけフランスの王政復古期の歴史家たちの諸業績によって証明済みのことであり, 第Ⅰ章の内容の展開の大前提としてその冒頭に置かれている。第Ⅰ章で新たに証明されていることは, まず前半ではブルジョアジーがこの階級闘争をどのように闘ったのか, そして勝利したのか, また, 後段ではプロレタリアートがどのように戦い勝利していくことになるのかを, フランス王政復古期の歴史家たちのようにいわば政治史の次元で語るのではなく, その基礎にあるいわば経済史の次元での事柄を, とりわけグスタフ・フォン・ギューリヒ(Gustav von Gülich)の諸業績に学びながら, 解き明かし証明しようとしたのである。『宣言』第Ⅰ章の新しさはまさにここにあり, 唯物論的歴史観の一端をなす見地である。

　このような『宣言』第Ⅰ章理解からすれば, その冒頭文の英訳はやはりドイツ語原文に忠実なムーア訳のように, A=B という命題の形式で移されるのが自然である。マクファーレンは, 『宣言』第Ⅰ章が上記のようなものとして書かれていることについての認識をまだ欠いており, 現在完了時制の書き手の実感を記すような行文になったものと思われる。マルクスおよびエンゲルスが 1845 年に手稿『ドイツ・イデオロギー』において端緒的に確立し, それを初めて近代史に適用して 1848 年に起草された『宣言』の突出した新たな見地は, そのまだ 2 年

---

(50)　この論点については, さしあたり本書第 13 章を参照。
(51)　渋谷 正「マルクスのギューリヒ抜粋をめぐって」鹿児島大学経済学会『経済論集』第 33 号, 1990 年 12 月, 1～27 ページ (後に『新 MEGA と『ドイツ・イデオロギー』の現代的探究――廣松版からオンライン版へ』八朔社, 2015 年に収録) ならびに同氏「マルクスのギューリヒ抜粋をめぐって」服部文男・佐藤金三郎編『資本論体系 第 1 巻 資本論体系の成立』有斐閣, 2000 年を参照。

第10章　『共産党宣言』最初の英訳　281

後にあっては，優れたジャーナリストであったマクファーレンをもってしても十分に捉えきることができなかった一証左であると言ってよかろう。

2）D. ブラックの錯誤

　なお，ここで D. ブラックの錯誤を指摘しておきたい。D. ブラックの著書の付録 B はマクファーレン英訳の再録である。しかしながら，そこには，1）『宣言』第Ⅰ章の見出しが欠けており，2）今見た冒頭文も欠けている。[52] そして，該当箇所に注2を付して，「章題目「ブルジョアとプロレタリアたち」が欠けており，また第一段落の冒頭にある文章「これまでのすべての社会の歴史は，階級闘争の歴史である」も欠けている……」と記している。また，彼が『宣言』マクファーレン英訳の特徴を「第一に」と以下数え上げている本文の行論中にもこうある。[53]

　　「第三に，最初の章の表題「ブルジョアとプロレタリア」が欠けており，また本章の最初の文章「これまでのすべての社会の歴史は，階級闘争の歴史である」も欠けている。これは驚くべき脱落である。というのは，われわれがすでに見たように，マクファーレンはこの見地に大きな意義を置いていたからである……。」[54]

そもそもブラックも参照しているショイエンの著書の 207 ページの対ページとなる口絵写真に『レッド・リパブリカン』の英訳の最初のページが掲載されているが，ブラックが欠けているとする上記の2点が，そこにはっきりと見て取れる。また，同じくブラックが読み，その著書でたびたび参照を求めているドレイパーの著書の付録におけるマクファーレンによる英訳の再録にもこの二つは欠けることなく掲載されている。そしてなにより，ブラック自身がその著作8ページの叙述でこのマクファーレン英訳から第Ⅰ章冒頭の章句を引用してさえいるのである。

　ブラックはなぜこうしたことに気づかなかったのか謎であるが，おそらく，付録作成の際の脱落から，それを自身の誤りではなく，『宣言』英訳自体がそうであると思い込み，すでに本文では初め正確な記述をしていたにもかかわらず，急遽英訳の特徴の一つとして挙げることになったのではなかろうか。本文の行文

---

(52)　D. Black, *ibid.*, p.138.
(53)　*Ibid.*, p.170.
(54)　*Ibid.*, p.92.

中には「第二に」という字が見えないので，なんらかの原稿の調整等での錯誤があり，このような結果となったことが窺われるのである。

(3) いくつかの訳語の特徴について
1)「党」の意味に相当する訳語

284/285 ページ「表 2『共産党宣言』各版における「党」の意味の諸［訳］語」[55]を参照されたい。この「表 2」のうち No. 4, 5/6, 7, 8, 20 に見られる通り，Partei はもっぱら party と英訳されている。No. 9 は section が充てられているが，これは直前の段落において既に party が用いられており，語の重複を避けるためであると見るべきである。上記のいずれにおいても party は政治的党派（政党）として正確に把握されている。したがって，当時のイギリスにおいても，このような文脈における party は政党として明瞭に理解されていたことが分かる。

No. 20 で demokratische Partei が revolutionary party と英訳されているのが目につく。マクファーレンおよび 1850 年時点でのチャーティスト，特にレッド・リパブリカンの人々の demokratic 理解が窺われる。とはいえ，もしエンゲルスの助言があったとするならば，9 月 15 日の同盟の分裂以降であるだけになおさら手直しが入ったことであろう。

2)「搾取」の訳語は using up

すでに浜林氏が述べている事柄である[56]。286/287 ページの「表 3『共産党宣言』各版における「搾取」等の意味の諸［訳］語」を参照されたい。見られるように，『宣言』中には「搾取」と邦訳されてよい語が 20 ヵ所ほどある。これらのうち資本主義社会におけるブルジョアによる経済的搾取を述べたのは 10 ヵ所ほどである。そのうちのほとんどがマクファーレンによって use up か using up あるいは using-up と英訳されており，ほんのわずかの箇所でだけ exploitation が用いられている。

---

(55) 「表 2」～「表 4」において，邦訳を示した列にあるのは服部文男訳『共産党宣言／共産主義の諸原理』新日本出版社〔科学的社会主義の古典選集〕1989 年の訳文であり，Draper とある列に示した段落番号は Draper, ibid., Part Ⅱ: Parallel Texts, pp.110-191 にある段落番号である。
(56) 浜林，前掲書，146 ページおよび 151 ページ。そこで氏はすでに「搾取」をマクファーレンがもっぱら "using up" と英訳していることを指摘されている。

一般に経済的搾取を英語で表現する場合には，当時 sweating system（苦汗労働制度）を用いる場合が多かったし，時期的には少し先立つがリカード派社会主義者たちの場合は extract などが用いられている。したがって，use up を用いるこのような英訳はマクファーレン訳の特徴と言ってよい。[57]

3）「交易」の訳語

288/289ページの「表4『共産党宣言』各版における「交易」と邦訳できる諸[訳]語」を参照されたい。ここから見てとれるマクファーレン訳の特徴は次の3点である。

まず，「表4」のNo. 8, [9,] 12, 15, 16 に見られる通り，Produktionsmittel と対になる Verkehrsmittel の Verkehr の部分はもっぱら traffic と訳出されている。マクファーレンは生産と対になる流通をイメージしているようであり，より広義の感のあるムーア訳の語 exchange と比べれば確かに信用制度等捉え損ねるものも出てきはするものの，当時，大陸では本格的な産業革命が開始される中で，比較的正確な把握をしているのではなかろうか。それが直接に現れているのが「表4」中のNo. 7 の Kommunikation を極めて具体的に the means of locomotion と訳している箇所である。

次に，生産，交易および所有の三つの諸関係のひとまとまりを，最後の所有諸関係に集約させて理解し，conditions of property とのみ訳しているNo. 11 である。後の『経済学批判』「序言」中の"唯物論的歴史観の定式"にあるような「既存の生産諸関係」の法律的表現が所有（諸関係）であるという含みをマクファーレンがすでに理解していたからというよりも，むしろ先に第Ⅰ章冒頭文の訳出について述べた通り，唯物論的歴史観への十分な理解が彼女に欠けていたことを示すもののように思われる。三つの諸関係を所有諸関係にのみ集約して訳出してしまうと，結果として訳文に三つの諸関係の関連についての含みが出てこないうらみが残るからである。

さらに，「表4」中 No. 5 の Tauschwerth に market value を充てたことである。当時すでにイギリス古典経済学においては exchange value という語は

---

(57) マクファーレンおよびモートンの諸論説では各所で use up が用いられている。いくつかの箇所を繁瑣を避けるために掲載誌紙とページ数/欄数のみ記す。*The Democratic Review*, Vol.Ⅰ, p.450, Vol.Ⅱ, p.11, p.48；The Red Republican, p.27/Ⅰ, p.102/Ⅲ, p.103/Ⅰ, p.163/Ⅱ．

表2 『共産党宣言』各版における「党」の意味の諸[訳]語

No.	章節項	段落番号	通し番号	Draper 邦訳	ページ	1848年初版23ページ本(原独語文)
1		2	2	野党	47	Oppositionspartei
2		2	2	野党	47	Oppositionspartei
3		5	5	党みずからの宣言	47	ein Manifest der Partei selbst
4	I	41	47	プロレタリアの階級への、したがってまた政党へのこの組織化	65	Diese Organisation der Proletarier zur Klasse, und damit zur politischen Partei
5	II	2	62	共産主義者は、他の労働者諸党に対立する特殊な党ではない。	71	Die Kommunisten sind keine besondere Partei gegenüber den andern Arbeiterparteien.
6	II	2	62		71	
7	II	5	65	他のプロレタリア的諸党	71	den übrigen proletarischen Parteien
8	II	6	66	すべての国々の労働者諸党のもっとも断固とした、絶えず推進してゆく部分	72	der entschiedenste immer weiter treibende Theil der Arbeiterparteien aller Länder
9	II	7	67	すべての他のプロレタリア的諸党	72	der aller übrigen proletarischen Parteien
10	III 1,c	18	170	169 あらゆる階級闘争を超越する非党派的なその高尚さを	98	seine unparteische Erhabenheit über alle Klassenkämpfe
11	III 3	12	190	189 反動的な党派を形成する	104	reaktionäre Sekten
12	IV	表題		種々の反政府党にたいする共産主義者の立場	106	Stellung der Kommunisten zu den verschiedenen oppositionellen Parteien
13	IV	1	193	192 すでに組織された労働者諸党にたいする共産主義者の関係、したがってイギリスにおけるチャーティストおよび北アメリカにおける農業改革者とのその関係	106	das Verhältniß der Kommunisten zu den bereits konstituirten Arbeiterparteien [......], also ihr Verhältniß zu den Chartisten in England und den agrarischen Reformern in Nordamerika
14	IV	2	194	193 社会的民主主義の党	106	die socialistisch-demokratische Partei
15	IV	3	195	194 この党が	107	diese Partei
16	IV	4	196	195 ～する党を	107	die Partei, welche [......]
17	IV	4	196	195 ～同じ党を	107	eine selbe Partei, welche [......]
18	IV	5	197	196 共産主義者の党	107	die kommunistische Partei
19	IV	6	198	197 それは(=共産主義者の党)	107	Sie (die kommunistische Partei)
20	IV	10	202	201 すべての国々の民主主義的諸党の	109	der demokratischen Parteien aller Länder

第10章 『共産党宣言』最初の英訳　285

S.	1850年マクファーレン英訳	p./c.	1888年エンゲルス校閲ムーア英訳	p.
[3]	the opposition	161/I	the party in opposition	7
[3]	the opposition	161/I	the Opposition	7
[3]	a manifesto of the Communist Party	161/II	a Manifesto of the party itself	7
9	This organisation of the Proletarians into a class, and therewith into a political party	171/II	This organisation of the proletarians into a class, and conssequently into a political party	14
11	The Communists form no separate party in opposition to	181/III	The Communists do not form a separate party opposed to other working-class parties.	16
11	the other existing working-class parties.	181/III		16
11	the various sections of the Proletarian party	181/III	the other working class parties	16
11	the most advanced, the most progressive section, among the Proletarian parties of all countries	181/III	the most advanced and resolute section of the working class parties of every country	16
11	all other Proletarian sections	181/III	all the other proletarian parties	17
20	their own sublime indefference towards all class-antagonism	190/I	its supreme and impartial contemp. of all class struggles	27
22	formed reactionary sects	190/III	formed mere reactionary sects	29
22	この表題削除	(190/III)	POSITION OF THE COMMUNISTS IN RELATION TO THE VARIOUS EXISTING OPPOSITION PARTIES	30
22	この段落削除	(190/III)	the relations of the Communists to the existing working class parties, such as the Chartists in England and the Agrarian Reformers in America	30
23	この段落削除	(190/III)	the Social-Democrats	30
23	この段落削除	(190/III)	this party	30
23	この段落削除	(190/III)	the party that [……]	30
23	この段落削除	(190/III)	that party whlch [……]	30
23	この段落削除	(190/III)	they (= the communists)	30
23	この段落削除	(190/III)	they (= the communists)	30
23	the revolutionary parties	190/III	the democratic parties	31

表3 『共産党宣言』各版における「搾取」等の意味の諸 [訳] 語

No.	章節項	段落番号	通し番号	Draper	邦訳	ページ	1848年初版23ページ本(原独語文)
1	I	14	20	20	ブルジョアジーは,宗教的および政治的な諸幻想でおおい隠された**搾取**の代わりに,あらわな,恥しらずの,直接的な,あけすけな**搾取**をかかげたのである。	53	Sie hat [……] an die Stelle der mit religiösen und politischen Illusionen verhüllten **Ausbeutung** die offene, unverschämte,
2	I	14	20	20		53	direkte, dürre **Ausbeutung** gesetzt.
3	I	20	26	26	世界市場の開拓によって	55	durch die **Exploitation** des Weltmarkts
4	I	27	33	33	古い諸市場をいっそう徹底的に利用することによって	59	durch [……] die gründlichere **Ausbeutung** der alten Märkte
5	I	34	40	40	工場主による労働者の**搾取**が終わって	62	Ist die **Ausbeutung** des Arbeiters durch den Fabrikanten so weit beendigt
6	I	37	43	43	彼らを直接に**搾取**する個々のブルジョアにたいして	62	gegen den einzelnen Bourgeois, der sie direkt **ausbeutet**
7	II	13	73	73	他人による人の**搾取**にもとづいた	73	die auf der **Ausbeutung** der Einen durch die Andern beruht
8	II	18	78	78	賃労働を**搾取**する財産	74	das Eigenthum, welches die Lohnarbeit **ausbeutet**
9	II	18	78	78	これを新たに**搾取**する	74	um sie von Neuem **auszubeuten**
10	II	43	103	103	両親による子どもの**搾取**	79	die **Ausbeutung** der Kinder durch ihre Eltern
11	II	47	107	107	生産用具が共同で利用されるべき	80	die Produktions=Instrumente gemeinschaftlich **ausgebeutet** werden sollen
12	II	56	116	116	一個人の他の個人による**搾取**	82	die **Exploitation** des einen Individuums durch das andere
13	II	56	116	116	一国民の他国民による**搾取**	82	die **Exploitation** einer Nation durch die andre
14	II	66	126	126	社会の一部分の他の部分による**搾取**	83	die **Ausbeutung** des einen Theils der Gesellschaft durch den andern
15	II	73	133	133	土地所有の**収奪**	85	**Expropriation** des Grundeigenthums
16	III 1,a	1	136	136	ただ**搾取**されている労働者階級の利益のためにだけ	88	nur noch im Interesse der ex**ploitirten** Arbeiterklasse
17	III 1,a	5	140	140	封建的な人々は,彼らの**搾取**様式がブルジョア的**搾取**とはちがった姿をしていたと証明するが,彼らがまったく異なった,いまでは時代おくれとなった諸事情および諸条件のもとで**搾取**したということを忘れているだけなのである	89	Wenn die Feudalen beweisen, daß ihre Weise der **Ausbeu**tung anders gestaltet war als
18	III 1,a	5	140	140		89	die bürgerliche **Ausbeutung**, so vergessen sie nur, daß sie
19	III 1,a	5	140	140		89	unter gänzlich verschiedenen und jetzt überlebten Umständen und Bedingungen **ausbeuten**.

第10章 『共産党宣言』最初の英訳

S.	1850年マクファーレン英訳	p./c.	1888年エンゲルス校閲ムーア英訳	p.
5	the Bourgeoisie substituted shameless, direct, open **spoliation**, for the previous system of **spoliation** concealed under religious and political illusions.	162/I	for **exploitation**, veiled by religious and philosophical illusions, it [the bourgeoisie] has substituted naked, shameless, direct brutal **exploitation**.	9
5		162/I		9
5	Through their [the Bourgeoisie] command of a universal market	162/I	through its [the bourgeoisie] **exploitation** of the world-market	10
7	by [......] **using up** the old ones [markets] more thoroughly	162/III	by the more thorough **exploitation** of the old ones [markets]	12
8	When the **using-up** of the operative has been so far accomplished by the mill-owner	171/I	No sooner is the **exploitation** of the labourer by the manufacturer, so far, at an end	13
8	against the individuals of the middle-class who directly **use** them [workmen] **up**	171/I	against the individual bourgeois who directly **exploits** them [the proletariat]	13
11	on the **using up** of the many by the few	181/III	on the **exploitation** of the many by the few	17
12	a species of property which **plunders** Wages-labour	182/I	that kind of property which **exploits** wage-labour	17
12	to **use** it [a new supply of Wages-labour] **up** anew	182/I	for fresh **exploitation**	17
14	the **using up** of children by their parents	182/II	the **exploitation** of children by their parents	19
14	the instruments of production are to be **used up** in common	182/II-III	the instruments of production are to be **exploited** in common	20
14	the **using up** of one individual by another	182/III	the **exploitation** of one individual by another	20
14	the **using up** of one nation by another	182/III	the **exploitation** of one nation by another	20
15	the **using up** of one part of society by another part	183/I	the **exploitation** of one part of society by the other	21
16	The national **appropriation** of the land	183/I	**Abolition** of property in land	22
17	as advocates for the **used-up** Proletarians	189/I	in the interest of the **exploited** workingclass alone	23
17	When the Feudalists show that their mode of **exploitation** (**using up** *one class by another*) was different from the Bourgeois mode,	189/I	In pointing out that their mode of **exploitation** was different to that of the bourgeoisie, the feudalists forget that they **exploited** under circumstances and conditions that were quite different and that are now antiquated.	23
17		189/I		23
17	they forget that their mode was practicable only under circumstances and conditions which have passed away — never to return.	-		-

表4 『共産党宣言』各版における「交易」と邦訳できる諸 [訳] 語

No.	章節項	段落番号	通し番号	Draper 邦訳	ページ	1848年初版23ページ本（原独語文）
1	I	7	13	諸植民地との**交易**，**交換**手段〔貨幣〕および商品一般の増加	50	der **Austausch** mit den Kolonien, die Vermehrung der **Tausch**mittel und der Waaren überhaupt
2	I	7	13		50	
3	I	10	16	陸上**交通**	51	den Land**kommunikationen**
4	I	11	17	生産様式および**交易**様式における	51	in der Produktions=und **Verkehrs**weise
5	I	14	20	ブルジョアジーは，個人の品位を**交換**価値に解消して	53	Sie hat die persönliche Würde in den **Tausch**werth aufgelöst
6	I	20	26	諸国民相互の全面的な**交易**，全面的な依存	55	ein allseitiger **Verkehr**, eine allseitige Abhängigkeit der Nationen von einander
7	I	21	27	すべての生産用具の急速な改善により，かぎりなく容易になった**交通**によって	56	durch die rasche Verbesserung aller Produktions=Instrumente, durch die unendlich erleichterten **Kommunikationen**
8	I	25	31	生産手段および**交易**手段	57	Die Produktions=und **Verkehrs**mittel
9	I	25	31	生産手段および**交易**手段	57	Produktions=und **Verkehrs**mittel
10	I	25	31	封建社会がそのなかで生産し**交換**した諸関係	57	die Verhältnisse, worin die feudale Gesellschaft producirte und **austauschte**
11	I	27	33	ブルジョア的な生産諸関係および**交易**諸関係，ブルジョア的な所有諸関係	58	Die bürgerlichen Produktions=und **Verkehrs**=Verhältnisse, die bürgerlichen Eigenthums=Verhältnisse
12	I	27	33	これほど巨大な生産手段および**交易**手段	58	die so gewaltige Produktions=und **Verkehrs**mittel
13	I	40	46	大工業が生み出して，種々の地方の労働者たちを互いに結びつける**交通**手段の増大によって	64	durch die wachsenden **Kommunikations**mittel, die von der großen Industrie erzeugt werden und die Arbeiter der verschiedenen Lokalitäten mit einander in Verbindung setzen
14	Ⅲ 1,a	8	143	誠実，愛，名誉を，羊毛，テンサイおよび火酒に掛け値で**交換**する	90	Treue, Liebe, Ehre mit dem Schacher in Schaafswolle, Runkerrüben und Schnapp.zu **vertauschen**
15	Ⅲ 1,b	5	150	古い生産手段および**交易**手段	92	die alten Produktions=und **Verkehrs**mittel
16	Ⅲ 1,b	5	150	近代的生産手段および**交易**手段	92	die modernen Produktions=und **Verkehrs**mittel

第10章 『共産党宣言』最初の英訳　289

S.	1850年マクファーレン英訳	p./c.	1888年エンゲルス校閲ムーア英訳	p.
4	the Colonial Trade, the increase of commodities generally and of the	161/Ⅲ	trade with the colonies, the increase in the means of exchange and in commodities generally	8
4	means of exchange	161/Ⅲ		8
4	the means of communication	161/Ⅲ	communication by land	9
4	in the modes of Production and Exchange	161/Ⅲ	in the modes of production and of exchange	9
5	They changed personal dignity into market value	162/Ⅰ	It has resolved personal worth into exchange value	9
5/6	a universal intercourse, an inter-dependence, amongst nations	162/Ⅱ	we have intercourse in every direction, universal inter-dependence of nations	10
6	Through the incessant improvements in machinery and the means of locomotion	162/Ⅱ	by the rapid improvement of a instruments of production, by the immensely facilitated means of communication	10
6	these means of production and traffic	162/Ⅱ	the means of production and of exchange	11
6	these means [of production and traffic]	162/Ⅱ	these means of production and of exchange	11
6	the arrangements under which feudal society produced and exchanged	162/Ⅱ	the conditions under which feudal society produced and exchanged	11
6	(…削除…) the conditions of property	162/Ⅱ	its relations of production, of exchange and of property	11
6	such colossal means of production and traffic	162/Ⅲ	such gigantic means of production and of exchange	11
9	by the facility of communication under the modern industrial system, whereby the Proletarians belonging to the remotest locatities are placed in connection with each other	171/Ⅱ	by the improved means of communication that are created by modern industry, and that place the workers of different localities in contact with one another	14
17	to give up chivalry, true love, and honour for the traffic in wool, butcher's meat, and corn	189/Ⅱ	to barter truth, love, and honour for traffic in wool, beetroot-sugar, and potato spirit	23
18	the old modes of production and traffic	189/Ⅱ	the old means of production and of exchange	24
18	the modern means of production and traffic	189/Ⅲ	the modern means of production and of exchange	24

定着しており，単語 Tauschwerth はそのドイツ語訳なのであった。後のムーア訳のようにそれを用いていない点に，マクファーレンに経済学への素養が欠けていたことが窺われるのである。したがって，もし訳稿へのエンゲルスの細かな助言があったとするならば，彼は看過することなく exchange value への変更を指示していたことであろう。

3 追加・省略・削除された部分について

まず，第Ⅲ章に三つの脚注が追加されたが，これについては，前章において見たところであり，本章では割愛する。これら三つの脚注の新たな付加が，マクファーレンないしはハーニーによって独自になされたものか，あるいはマルクスおよびエンゲルスの側からの指示であったのかが問題となるであろう。

『レッド・リパブリカン』掲載の英訳では，前掲の「表1」に見られる通り，いくつかの部分が削除されている。『宣言』の国際的性格が語られ，ヨーロッパの主な言語への翻訳の企てが記されている〔前文〕の最後の段落と，第Ⅳ章「種々の反政府党にたいする共産主義者の立場」の表題ならびに最初の7つの段落と，である。

二月革命の退潮に起因する状況の変化に鑑みれば，当然の削除とも考えることができるが，それについては，『宣言』第Ⅲ章のみが再録された『新ライン新聞。政治経済評論』第5・6合冊号について考察し，比較してみるのが便宜である。

『評論』第5・6合冊号において第Ⅲ章だけが部分再録されたのには以下の三つの要因が考えられる。

第一は，二月・三月革命を経て1848年革命敗北による大陸における情勢の激変である。

革命の帰趨が明確になった時期での発行であり，特に革命の敗北はドイツのブルジョアジーの臆病さからくる裏切りとマルクスらは把握していただけに，ブルジョアジーをポジティヴに評価している『宣言』第Ⅰ章の前半の経済史的部分はドイツにおいては相当の変更を加えない限り再録しにくいものであったろう。実際，革命の過程で「賃労働と資本」が『新ライン新聞』に連載されるが，そのなかで資本・賃労働の対抗関係がはっきりと表明されるのもこの理由によるであろう。第Ⅳ章の部分も革命前夜のヨーロッパ各国の政治情勢分析とそれに

第10章　『共産党宣言』最初の英訳　291

基づく革命路線の提示であるから，1850年後半においてそのまま公表するのはほとんど意味がないことであろう[58]。したがって，『宣言』全4章中で1850年11月時点においても再公表に意味があるのは第Ⅰ章の後半部分，第Ⅱ章および第Ⅲ章ということになる。とはいえ，第Ⅰ章の後半部分も革命を経験して後は，あまりに当然の内容ということになる。第Ⅱ章は依然有効である。しかしながら，第Ⅰ章の後半部分の内容も含めて，第Ⅱ章の内容は，マルクスが『評論』第1号から第3号に発表した「1848～1849年」(後に『フランスにおける階級闘争』)の中で発展された形で受け継がれており，これも改めて公表すれば内容的な重複，ないしは特に労働者階級の独裁の見地の明示いかんという点では理論的後退ということになる。すると，内容面から見直すと，第Ⅲ章のみが公表可ということになる。

　第二は，技術的な理由である。確かに当時の同盟内における『宣言』に対する需要からすれば，そして直後の1850年末～1851年初にケルンにおいて30ページ本が作成されたであろうことをも勘案すれば，全文が再録されてもよかったかもしれない。しかしながら，『評論』は第5号と第6号との合冊号となった。紙幅の制約があったし，書店との契約上，1850年前半分の第6号までの発行が義務付けられていた。販売の観点からもドイツ各邦の検閲当局に制約される内容は再録を避ける必要もあったであろう。

　第三は，運動上の理由である。1850年9月15日の同盟の分裂と亡命者の革命遊びがあっただけに，これらの分派・党派とはまったく異なる理論的・思想的・実践的立場をとるものであることを『宣言』第Ⅲ章の再録によって示す一層積極的な理由があったであろう。

　このことを物語るのは，大分後の史料であるが，エンゲルスの『フランスにおける階級闘争』「序文」の一節である。マルクスの『階級闘争』がもつ特に重要な意義をもつ点（社会による生産手段の取得を，本書が初めて言明したという事情）を紹介する箇所であるが，そのことによって，「近代の労働者的社会主義が，様々な色合いをもった封建的，ブルジョア的，小ブルジョア的等々の，すべての

---

(58)　この時期の状況把握については Michael Levin, DeutschMarx : Marx, Engels, and The German Question, *Political Studies*, Vol.XXIX, №4, 1981, pp.537-554 を参照。

社会主義とはっきり区別され，そしてまたユートピア的または原生的な労働者共産主義の混沌たる財貨共有制とも，きっぱり区別される命題が公式化されている。……」と書いているところである。このようにその他の社会主義・共産主義との区別を意識して『宣言』のうち第Ⅲ章のみが公表・再版されたと言ってよい。

マルティン・フントの見解も参考になる。「ベルンシュタインが，修正主義者として現れる20年も前に（1879年の悪名高い三つ星論文のなかで）この把握の萌芽を主張していたときに，マルクスおよびエンゲルスは，「回状」等において，「われわれはこうしたたわ言すべてを1848年このかた大変よく知っている」と指摘して，ベルンシュタイン，ヘヒベルクおよびシュラムに反対した」。そして，「回状」において「マルクスおよびエンゲルスは「チューリッヒの3人の検閲官」の把握を『共産党宣言』において批判された「ドイツ的ないしは『真正』社会主義」と比較した」というのである。その箇所にはこうある。

「彼らの社会主義的な実質についていえば，これにたいしては，すでに『〔共産党〕宣言』の「ドイツ社会主義または「真正」社会主義」の章にあますところのない批判がくわえられている。階級闘争が好ましからぬ「粗野な」現象だとして排除されるところでは，社会主義の基礎としては，「真の人類愛」と「正義」にかんする空虚な美辞麗句とのほかにはなにも残らない。」

こうした『評論』における部分再録に比べると，『レッド・リパブリカン』における英訳掲載は，連載予告記事における「名高い『ドイツ共産主義者の宣言』」，ハーニーの〈まえがき〉における「ドイツの共産主義者のすべての党派によって採択された以下の『宣言』」および「ドイツの革命家たちのもっとも先進的な党派の諸計画および諸原則」といった言葉，また，掲載のつど付された「ドイ

---

(59) エンゲルス「序文」『フランスにおける階級闘争』（*MEW*, Bd. 7, S.513）.

(60) Martin Hundt, Zur Entwicklung der Parteiauffassungen von Marx und Engels in der Zeit des Bundes der Kommunisten, *Bund der Kommunisten 1836-1852*, hrsg. v. Martin Hundt, Berlin 1988, S. 308（初出は *Beiträge zur Geschichte der Arbeiterbewegung*, 23. Jahrgang 1981, H. 4, S. 512-527. 拙訳「共産主義者同盟の時期におけるマルクスおよびエンゲルスによる党把握の発展について」鹿児島大学法文学部紀要『経済学論集』第77号, 2011年10月, 133/134ページ）.

(61) *MEW*, Bd. 19, S. 164.

ツの共産主義」という欄の表題に見られるように,「大陸の諸社会主義」を紹介する一環という含みが当初からあったことが窺われる。

〔前文〕第6段落の削除は,そこで記されていた各国語への翻訳が,フランス語についてはハーニーが〈まえがき〉でその事情を述べているからというだけでなく,革命の勃発とその後の経過のために実現しなかったことによるであろう。

第Ⅳ章第1〜7段落が削除されたのは,『評論』の部分再版で述べたと同様の革命による情勢の変化という事情があったであろうし,ドイツの運動の紹介という点で国際的な見地の箇所はそぐわないと判断されたのであろう。なお,後者の点は,当時のハーニーの国際性の限界と捉えることができるかもしれない。

『レッド・リパブリカン』では,『宣言』最後の一句「万国のプロレタリア,統一せよ!」が,段落を切ろうとすれば可能な行頭の空白があるにもかかわらず,最後の段落に引き続き印刷されている。第Ⅳ章の大半が削除されたため,そのような扱いになったものと思われる。

Ⅴ　マクファーレン／モートン問題の検討

ハワード・モートンという名前がヘレン・マクファーレンの筆名である可能性を初めて示唆したのは,先に述べた通り,ショイエンであった。本節ではこの「マクファーレン／モートン問題」について簡単な検討を試みるが,その前に「ほんものの『ハワード・モートン』」問題についての検討を行っておきたい。というのは,マクファーレンと同様,これまでなんらの情報もなかったハワード・モートンについて一つの事実を確定することが可能となるからである。そしてこの事実はマクファーレン／モートン問題の解決に資するからである。

1　「ほんものの『ハワード・モートン』」問題について

1964年のマリニチェヴァによる論文が最初と思われるが,『レッド・リパブリカン』の投書欄に掲載された記事中の「ほんものの『ハワード・モートン』」という語をどのように理解すべきかという問題である。

(1) ジョージ・ジョゼフ・マントル(George Joseph Mantle)の手紙

まず,当の投書そのものを見てみよう。『レッド・リパブリカン』1850年10

月5日号の読者の投書欄に掲載されたマンチェスター在住のジョージ・ジョゼフ・マントル[62]の投書からの次のような興味深い記事である。

「G. J. マントル（マンチェスター）はこう書いている。即ち，『レッド・リパブリカン』は大々的な成功を手に入れるためには宣伝することだけが必要であると信ずるし，『レッド・リパブリカン』が自身を最もよく宣伝していると結論づけられるので，私は以下のように私の友人たちの間で10シリング6ペンスを集めた。即ち，ハワード・モートン，（ほんものの『ハワード・モートン』）5シリング，ジョン・ナイト 2シリング6ペンス，J. H. Q. 1シリング，ジョージ・J. マントル夫人 2シリング。この金額は人がたくさん集まる場所の卓上に『レッド・リパブリカン』を置くのに充ててもらいたい。だから，私はこの出版物が人々に知れ渡るようにするため，マンチェスターではその販売部数を増やしたいと思っているし，私のこの拠金がなくなってしまう前に，より多くの額が──自主的に──提供されるであろうと信じている。」[63]

(2) 「ほんものの『ハワード・モートン』」── 従来の理解

マントルの手紙からの抜粋の下線部「ほんものの『ハワード・モートン』」と書き加えられた語の理解が問題となる。従来は，『レッド・リパブリカン』に寄

---

(62) このマントルとは，マリニチェヴァ（См. Мариничева, М. П., 《Red Republican》— печатный орган революционного чартизма. 《Из истории марксизма и международного рабочего движения》. Москва, 1964, стр. 527）および新『メガ』（$MEGA^2$, Ⅲ/4, Apparat, S. 586）によれば，本節の後論で詳しく見る翌「1851年1月8日付マルクス宛のエンゲルスの手紙」において「当地にいるハーニーの友人」3名をマルクスに紹介しているうちの二番目，「小柄で果敢で短気な若者だが，その知的能力のほどは僕にはまだはっきりわからない」人物であるとされている。

(63) Notices to Correspondents, The Red Republican, №. 16.—Vol. I., Saturday, October 5, 1850, p.125/Ⅱ. 下線は橋本による。なお，原文は, G. J. MANTLE, Manchester, writes as follows — Believing that the Red Republican only wanted advertising to ensure its triumphant success, and concluding that it would best advertise itself, I have raised among my friends 10s. 6d. as follows, — Howard Morton, (the veritable "Howard Morton") 5s., John Knight 2s. 6d., J. H. Q. 1s., Mrs. George J. Mantle 2s. This sum I intend to employ in placing the Red Republican upon the tables of popular resort. Thus bringing the publication under popular notice, in Manchester I hope to increase its circulation ; and before my present funds are exhausted, I believe I shall be provided with more — Sans solicitation."

稿しているハワード・モートンとは別に本物のハワード・モートンがいることを示す証拠であると解釈されてきたように思われる。つまり,『レッド・リパブリカン』に寄稿しているハワード・モートンは筆名であり,本名は何らか別の人物であって,いわば偽のハワード・モートンであることを示す証拠であるとされてきたのである。マリニチェヴァの見方とそれを踏襲する理解である[64]。マリニチェヴァの解釈は種々に解せて分かりにくいところがあるように思われる。が,いずれにせよ,マントルが投書において,ハワード・モートンという名前を引用符で括ることによって,また「ほんものの」と付加することによって,『レッド・リパブリカン』に寄稿しているハワード・モートンとは別人のハワード・モートンがマンチェスターに在住しており,拠金してくれたことを強調している,とマリニチェヴァが理解していると読み取ってよいものである点については異論のないところであろう。

しかしながら,従来のこのような解釈は誤りであろう。というのは,ハワード・モートンが筆名であるかどうか,またそれがヘレン・マクファーレンの筆名であるかどうかという問題は別にして,「ほんものの『ハワード・モートン』」についての従来のこのマリニチェヴァのような解釈とは別の理解が成り立ち得るのを見逃しているからである。従来のような理解は,『レッド・リパブリカン』に寄稿しているハワード・モートンがヘレン・マクファーレンの筆名であるということの証拠を探し出そうとするあまり,的外れの誤った解釈をこのマントルの投書の「ほんものの『ハワード・モートン』」という部分に施していることから生じているのである。

(3) 「ほんものの『ハワード・モートン』」についての本章の理解

実際は次のような次第であったものと思われる。

---

(64) このマリニチェヴァの理解のわが国への最初の紹介は水田,前掲書,114/115ページによってなされた。そこには文献の挙示がなかった。本章では,「マリニチェヴァ論文」とは, Мариничева, М. П.,《Red Republican》— печатный орган революционного чартизма.《Из истории марксизма и международного рабочего движения》. Москва, 1964 であり,「それを紹介した『カール・マルクス記念図書館季報』の小論文」とは, [Phyliss Bell ?], International Women's Year. Helen Macfarlane, Chartist and Marxist, *Marx Memorial Library Quarterly Bulletin*, April and June 1975, pp.3-6［著者については D. ブラックの推定］であろうと推定した。

マントルの投書に問題の一句「ほんものの『ハワード・モートン』」がなかった場合,『レッド・リパブリカン』の読者はおそらく同紙にすでに7点もの記事を寄せて健筆を揮っているハワード・モートンと, なんと同姓同名の人物がたまたまマンチェスターに住んでおり, その人物からマントルが募金を得たものと読むことになるであろう。マントルはそのような『レッド・リパブリカン』読者の受け取り方が生じ得ることをあらかじめ予想しており, そのような誤解を避けるために彼はそれに先回りして, 彼が寄付を得たのはそのようなマンチェスターに別に在住する同紙寄稿者と同姓同名のハワード・モートンではなくて, まさに『レッド・リパブリカン』に寄稿しているハワード・モートンその人からお金を受け取ったのだということをはっきりと示そうとして,「ほんものの『ハワード・モートン』」と付け加えているのである。

　もっと言えば, この箇所は,『レッド・リパブリカン』に寄稿しているハワード・モートンその人 (そのモートンが筆名—— 例えばヘレン・マクファーレンの——であろうと, マクファーレンと別の, モートンが本名の人物であろうと, どちらでも構わない) がマントルの仲間にいて, 実際に寄付してくれたのだということを知らせているのである。つまり, 寄付を集めたマントルが, 自分たちマンチェスター在住のチャーティストの仲間に『レッド・リパブリカン』にたびたび寄稿しているハワード・モートンその人 (即ち,「ほんものの『ハワード・モートン』」。もしそれがマクファーレンの筆名であれば, ヘレン・マクファーレン本人) が属しているということを読者に伝え, さらに, その本人から募金さえ得たのだということを誇り, 自慢しているのである。

　このような理解が不自然なものでないことを別の方向から示そう。

　上にはマントルの投書全体を掲げたので, その趣旨は明瞭であろう。投書の内容からは, マントル自身がチャーティストの一員であり,『レッド・リパブリカン』の支援者であることが分かる。同紙の発行のためにマンチェスターで周囲の友人らから募金し, 同紙に送金しているわけである。新聞発行のために募金をするほど新聞に対して協力的な人物が, もしハワード・モートンが筆名であったとして, その新聞であえて筆名で書いているのにはなんらかの理由があるわけであるのに, その新聞が隠していることをわざわざ暴き立てて, 新聞にとって不都合な内容を記した投書を出すという, 非協力的な, というよりもむしろ自身が支援している新聞に対して反対するような行動をとったりするものであろうか。

つまり，通説の解釈に立てば，『レッド・リパブリカン』の支援者であるマントルが筆名であることを暴露する内容の手紙を書いたというおかしなことになるのである。そんなことはあり得ないであろう。

また，万一もしそのような内容の投書であったとしても，新聞にとって明かされてしまえばなんらかの差し障りが生じる可能性のあるそのような内容を，新聞編集者のハーニーが，たとえ読者からの手紙という形であっても，新聞にそのまま掲載したりするものであろうか。つまり，『レッド・リパブリカン』編集部が，事情あって本名を伏せて筆名で書いているその著者名を実は筆名であるとわざわざ明らかにするようなことを読者の投書欄であえて行うであろうか？　そんなことはあり得ないであろう。

筆者がマリニチェヴァ以来の通説の解釈に問題を感じるのは，推定のそもそも土台をなすはずの以上のような新聞の投書掲載の諸前提に対する理解を欠落させたまま，さらに推定を行っている点に疑問を抱くからである。

以上,「ほんものの『ハワード・モートン』」問題について検討を行った。些事の詮索のように見えるかもしれない。しかし，以上の検討から生じる重要な結論は，『レッド・リパブリカン』に寄稿していたハワード・モートンが当時，マンチェスターあるいはその近郊に居住していたことが事実として認定されることである。従来の解釈では何の手掛かりもなかったハワード・モートンについて，その重要な手掛かりの一つと言える居住地域が判明し確定されたのである。

2　マクファーレン／モートン問題について

(1) クーニナの見方：従来説（ハワード・モートンはヘレン・マクファーレンの筆名である）

クーニナのマクファーレン／モートン問題についての見解は次のようである。

「「ハワード・モートン」という筆名に身を隠しているのはおそらく優れた女性ジャーナリストであるヘレン・マクファーレンであって，彼女は『共産党宣言』を英語に翻訳し，1850年の4月から6月に（彼女の名前で）『デモクラティック・レヴュー』にいくつかの論説を書いた。同誌の7月号に「モートン」と署名された論説が初めて掲載され，それ以来，「マクファーレン」と署名された論説はもはや掲載されなくなる。これら「二人の」執筆者の論説の内容の分析から結論してよいのは，彼らが同一人物であるというこ

とである。「マクファーレン」と署名された論説も「モートン」と署名された論説も、チャーティスト運動ならびにその運動の前に今存在している諸課題についての彼らの考え方および精神において、きわめてマルクスおよびエンゲルスの論文を思い起こさせるものがある。マルクスはヘレン・マクファーレンの論説を非常に評価した(「1851年2月23日付エンゲルス宛マルクスの手紙」)が、それに反してモートンの名前はマルクスによってもエンゲルスによってもかつて言及されたことがない。ヘレン・マクファーレンとモートンが同一人物であるという推論をアメリカの歴史家ショイエンも行っている。」[65]

ショイエンの推定を継承し、マルクスおよびエンゲルスの言及等の点から補強している。

(2) D. ブラックの見方：1850年半ばにマクファーレンはバーンリーに転居した

この間、D. ブラックはモートンの『レッド・リパブリカン』寄稿論説について、興味深い推定を行っていた。6～7月に掲載された3点についてはもっぱら首都ロンドンでの出来事を取り扱っているのに対して、8月以降の6点7論説はマンチェスターでの出来事を取り扱っている傾向がある、というのである[66]。

前項における「ほんものの『ハワード・モートン』」問題の検討によって、モートンが遅くとも9月にはマンチェスターないしはその周辺に居住していたことが事実として認められた。

このD. ブラックの推定に従えば、彼はモートンがマクファーレンの筆名であると前提して立論しているから、モートン即ちマクファーレンが1850年の半ばまではロンドンに居住しており、7～8月頃にバーンリーに転居していたということになる。

---

(65) В. Э. Кунина, Джордж Джулиан Гарни, Маркс и Энгельс и первые пролэтарские революционеры, Москва, 1961, стр. 405-438, стр. 430, примечание 74, стр. 525 (独訳は W. Kunina, George Julian Harney, *Marx und Engels und die ersten proletarischen Revolutionäre*, Berlin 1965, S. 421-455, S. 447, Anmerkung 74, S. 549). 本章は独訳から訳出。

(66) D. Black, *ibid.*, p.43.

3 マルクスによるマクファーレン評価の観点からの吟味

本章では, 従来説を, マルクスによるマクファーレン評価の観点からさらに補強してみたい。

ハワード・モートンがヘレン・マクファーレンの筆名であるのかどうかという問題を, 先に見た 1851 年 2 月 23 日付のエンゲルス宛マルクスの手紙を基に考えてみるのである。

手紙でマルクスはマクファーレンを「彼〔ハーニー〕の小雑誌 (seine spouts-blättchen) への, 実際に見識をもっていた, 唯一の寄稿者 (Mitarbeiter)」, 「彼の新聞 (seine Blättchen) における稀にみる才能をもつ人物 (Rara avis)」と評している。ここで「小雑誌」と「新聞」とはいずれも単数である。手紙の日付からすれば, 念頭にあるのは『レッド・リパブリカン』(およびその後継紙『フレンド・オブ・ザ・ピープル』) であろう。

また, Mitarbeiter は「協力者」とも「寄稿者」とも理解できる言葉である。モートンがマクファーレンの筆名であるとして, その執筆・翻訳論説リストを作成してみれば, 次に掲げる Bibliography of Helen Macfarlane (Howard Morton) の通りである。

『デモクラティック・レヴュー』にマクファーレン名義で3回連載記事1点 (3点分), モートン名義で2点, 『レッド・リパブリカン』にマクファーレン名義は無し (『宣言』訳は訳者名が記されなかった), モートン名義で2回連載記事1点 (2点分) を含めて合計 10 点, 『フレンド・オブ・ザ・ピープル』にモートン名義で2回連載記事1点 (2点分) ということになる。

もし対象となる新聞をマルクスの手紙の日付に近い『レッド・リパブリカン』と『フレンド・オブ・ザ・ピープル』に限るならば, マクファーレン名義の寄稿は1点もないということになる。

確かに『宣言』の英訳がマクファーレンによるものであるとマルクスに知らされていたとしても, その『宣言』英訳の分4回連載1点だけをもってして, 彼の手紙にあるような高い評価となるであろうか。やはり, マルクスの手紙でのマクファーレンに対する評価は, ある程度の数の寄稿が前提となってなされているように思われる。とするならば, その内容に『宣言』からの影響が見られるモートンの記事は, 他ならぬマクファーレンが書いたものと想定するのが妥当とな

Bibliography of Helen Macfarlane (Howard Morton)

1	Helen Macfarlane	Democracy. Remarks on the Times, Apropos of Certain Passages in No. 1, of Thomas Carlyle's Latter-Day Pamphlets.
2	Helen Macfarlane	Democracy. Remarks on the Times, Apropos of Certain Passages in No. 1, of Thomas Carlyle's Latter-Day Pamphlets.
3	Helen Macfarlane	Democracy. Remarks on the Times, Apropos of Certain Passages in No. 1, of Thomas Carlyle's "Latter-Day Pamphlets."
4	Howard Morton	Intrigues of the Middle Class "Reformers."
5	Howard Morton	A Bird's Eye View of the Glorious British Constitution.
6	Howard Morton	Chartism in 1850.
7	Howard Morton	The Red Flag in 1850.
8	Howard Morton	"Fine Words (Household or Otherwise) Butter No Parsnips."
9	Howard Morton	Middleclass-Dodges and Proletarian-Gullibility in 1850. "A Penny Monument to Sir Robert Peel !"
10	Howard Morton	Democratic Organisation.
11	Howard Morton	Proceedings of the Peace-at-Any-Price Middle-class Humbugs.
12	Howard Morton	The "Morning Post" and the Woman Flogger.
13	Howard Morton	The Democratic and Social Republic.
14	Howard Morton	Labour *versus* Capital. Two Chapters on Humbug -- Chap. I
15	Howard Morton	Labour *versus* Capital. Two Chapters on Humbug -- Chap. II
16	[Helen Macfarlane]	Manifesto of the German Communist Party.
17	[Helen Macfarlane]	Manifesto of the German Communist Party.
18	[Helen Macfarlane]	Manifesto of the German Communist Party.
19	[Helen Macfarlane]	Manifesto of the German Communist Party.
20	Howard Morton	Signs of the Times. Red-Stockings *versus* Lawn-Sleeves.
21	Howard Morton	Signs of the Times. Red-Stockings *versus* Lawn-Sleeves.

るであろう。そして遅くとも新年宴会時点では,モートンという名はマクファーレンの筆名であるとマルクスおよびエンゲルスに知らされていたものと思われる。[67]

以上の推定は,モートンがマクファーレンの筆名である可能性を補強し,その可能性を一層高くするものである。

---

(67) ちなみに,マルクスの手紙でハーニーの妻がマクファーレンを「二股の男まさり (gespaltner Dragoner)」と呼んだことが分かる。この呼び方は,単に人間関係のみならず,マクファーレンが本名以外に男性のペンネームであるハワード・モートンを使って執筆寄稿していたことをも,ハーニーの妻が揶揄しているのかもしれない。

The Democratic Review,	Vol. I , No. 11, April, 1850,	pp.422-425.
The Democratic Review,	Vol. I , No. 12, May, 1850,	pp.449-453.
The Democratic Review,	Vol. II, No. 1, June, 1850,	pp.11-20.
The Democratic Review,	Vol. II, No. 2, July, 1850,	pp.45-48.
The Democratic Review,	Vol. II, No. 4, September, 1850,	pp.121-125.
The Red Republican,	No. 1. - Vol. I ., Saturday, June 22, 1850,	pp.2/III-3/II.
The Red Republican,	No. 4. - Vol. I ., Saturday, July 13, 1850,	pp.26/III-27/III.
The Red Republican,	No. 5. - Vol. I ., Saturday, July 20, 1850,	pp.34/II-35/ I .
The Red Republican,	No. 7. - Vol. I ., Saturday, August 3, 1850,	pp.51/ I -52/ I .
The Red Republican,	No. 9. - Vol. I ., Saturday, August 17, 1850,	pp.67/II-68/ I .
The Red Republican,	No. 13. - Vol. I ., Saturday, September 14, 1850,	pp.102/II-103/II.
The Red Republican,	No. 14. - Vol. I ., Saturday, September 21, 1850,	p.107/ I -107/III.
The Red Republican,	No. 17. - Vol. I ., Saturday, October 12, 1850,	pp.131/ I -132/II.
The Red Republican,	No. 20. - Vol. I ., Saturday, November 2, 1850,	pp.154/III-155/III.
The Red Republican,	No. 21. - Vol. I ., Saturday, November 9, 1850,	pp.162/III-163/II.
The Red Republican,	No. 21. - Vol. I ., Saturday, November 9, 1850,	pp.161/ I -162/III.
The Red Republican,	No. 22. - Vol. I ., Saturday, November 16, 1850,	pp.170/III-172/ I .
The Red Republican,	No. 23. - Vol. I ., Saturday, November 23, 1850,	pp.181/III-183/II.
The Red Republican,	No. 24. - Vol. I ., Saturday, November 30, 1850,	pp.189/ I -190/III.
The Friend of the People,	No. 2.] Saturday, December 21, 1850,	pp.10/III-11/II
The Friend of the People,	No. 3.] Saturday, December 28, 1850,	pp.18/ I -19/II

VI　マクファーレン訳へのエンゲルスの関与

　エンゲルスの関与に関する従来の見方とそれに対するシュテークリによる批判についてはすでに前章において見た。
　本章では，通説とは異なって，マクファーレン訳にエンゲルスはほとんど関与していなかったのではないかとする立場から推論を試みてみよう。
　従来説には種々の論点があるが，立論の便宜上，『レッド・リパブリカン』へ

の掲載直前から，時間的に遡行して見ることにする。

　第一に，エンゲルスがマンチェスターに転居した後は，マンチェスター近郊のバーンリーに住むマクファーレンへの翻訳上の助言が容易であったという見方である。

　事実を見れば，翻訳掲載の開始は11月9日からであった。その一週間前の11月2日付の号には連載予告が掲載された。遅くともこの時点までには訳稿全体が仕上がっていたものと考えるべきであろう。確かに4回連載であったから，1回ごとの訳稿が前週に仕上がったという可能性を排除することはできないが，翻訳全部が出来上がってからそれを4分したものであろう。

　エンゲルスのマンチェスター転居は11月中であった。マンチェスターにおいてエンゲルスがマクファーレンに直接助言する時間的余裕はほとんどなかったであろう。

　なるほど手紙による助言もあり得る。しかしながら，エンゲルスは12月16日付のハーニーからの手紙によって初めて，ファーストネームのヘレンを付けなければならないことを含め，彼女の宛先を知るのである。したがって，12月16日以前に，エンゲルスが手紙で助言することはできなかったと考えるのが自然である。ハーニーを介しての助言という可能性は排除できないが，翻訳に際しての助言が第三者を介してなされることはにわかには想定し難いものである。

　エンゲルスがマクファーレンの宛名を12月16日以前には知らなかったとすれば，バーンリーに転居した彼女にまだロンドンにいるエンゲルスが手紙をもって助言を与えた可能性をも排除するであろう。

　第二に，従来説では，エンゲルスはマンチェスターでチャーティストの若手のメンバーと『共産党宣言』を論じ合うための定期的な会合を組織したが，マクファーレンはこのメンバーと結び付きをもっていたとされる。確かに本章ですでに論証した通り，マントルの投書にある「ほんものの『ハワード・モートン』」がマクファーレンであるとするならば，このような結びつきがあったことは事実である。しかし，このメンバーをエンゲルスが知り，彼らに対して何らかの影響をもち始めるのは，早くとも1851年1月4日以降のことである。この日の朝にハーニーがエンゲルスに宛てて書いた手紙によってキャメロンとマントルの宛先をエン

---

(68)　*The Harney Papers*, L.261, p.258. このハーニーの手紙は「1850年12月4日」と

第 10 章　『共産党宣言』最初の英訳　303

ゲルスは初めて知ることになるからである。

　その後，彼らとの一定の面識を得て，エンゲルスは 1851 年 1 月 8 日に次のような手紙をマルクスに宛てて書くのである。

　「当地にいるハーニーの友人のうちで一人は恐ろしく気が長くて長話の尽きない退屈なスコットランド人であり，もう一人は小柄で果敢で短気な若者だが，その知的能力のほどは僕にはまだはっきりわからない。三人めの，ハーニーが僕に話したことのない，ロバートソンというのは，僕にはずばぬけていちばん分別がありそうに思われる。この連中とは，小さなクラブをつくるとか定期的な会合を組織するとかして，いっしょに『宣言』を論じ合ってみようと思っている。」(69)

　また，このマルクス宛手紙を書く前にすでにエンゲルスはこの三人のチャーティストと会っているわけだが，それはそれほど前のことではないことが，「1851 年 1 月 11 日のエンゲルス宛キャメロンの手紙」から分かる。ハーニーが，本来はキャメロンに宛てるべき『フレンド・オブ・ザ・ピープル』がいくつか入った小包をエンゲルス宛に送ってきたようであり，その旨エンゲルスがキャメロンにメモを届けたことに対する返事のようである。その内容と書き振りからは両者が多くてもまだ数回しか会っていないことが窺われる。

　その後，マントルからは 1851 年 2 月にエンゲルスに宛てて短い手紙が来ている。(70) エンゲルスが手紙の宛名のある第 4 面にインクで「マンチェスター，51 年 2 月．G. J. マントル」とメモ書きしており，(71) さらに手紙に年月日はないが「火曜

　　日付が記されていた。そのため『ハーニー・ペイパーズ』の編者らは 1850 年 12 月 4 日の位置に収録した。しかし，新『メガ』では詳論は無いものの手紙の内容から 1851 年 1 月 4 日の誤記であるとの判断を下している。ハーニーがおそらく年月が改まったのを失念し，誤って前年月のままの年月日で 1850 年 12 月 4 日付と記したというのである（$MEGA^2$, Ⅲ /4, Apparat, S.809）。手紙の日付部分には「土曜朝」と曜日も併記されており，それを手掛かりとすればやはり 1851 年 1 月 4 日付とするのは妥当であろう。1850 年 12 月 4 日は水曜日だからである。
(69)　「1851 年 1 月 8 日付マルクス宛エンゲルスの手紙」$MEGA^2$, Ⅲ /4, S.12；MEW, Bd. 27, S.164. 下線は橋本による。なお，新『メガ』によれば，この三人のうち最初の人物は J. M. キャメロンであり，三人目はおそらく W. B. ロビンソンのことと思われるとしている（$MEGA^2$, Ⅲ /4, Apparat, S.586）。
(70)　$MEGA^2$, Ⅲ /4, S.321.
(71)　Ibid., Apparat, S.839.

日正午」とあるところから，4日，11日，18日，25日のいずれかの日になる。

　これら一連の手紙からは，エンゲルスがマンチェスターに住むハーニーの知人たち——少なくともチャーティストの支援者であるとみてよいものと思われるが——と「小さなクラブをつくるとか定期的な会合を組織するとかして，いっしょに『宣言』を論じ合ってみよう」と思うようになったのは1851年になってからのことであって，それ以前に1850年中にそのような結びつきをもつということはなかったことが分かる。つまり，彼らを通じてマクファーレンに『宣言』翻訳に際しての助言を与えることはできなかったのである。

　『宣言』を論じ合う定期的な会合を組織する意図をマルクスに述べた時点ではすでに『レッド・リパブリカン』に掲載されたマクファーレンの英訳が存在しており，それあればこその企図なのである。むしろ，エンゲルスは，この英訳を読み，そこにいくつかの不備を見出していて，それら不十分な点についてこの会合において指摘し，『宣言』の意味内容を，マクファーレンも含めて彼らにより正確に理解させようとしたものと見ることさえできるのではなかろうか。

　第三に，通説では，1848年中に翻訳が開始されていたと見られている。その根拠となるのは，英訳掲載に先立つ1850年中のモートンの諸論説には『宣言』の影響と考えられる多くの箇所が見出され，その前提として，前年の1849年におけるマルクスないしエンゲルスからの『宣言』の入手と，その読了が想定されるのであろう。

　しかし，『宣言』の入手は，必ずしも直接にマルクスないしはエンゲルスからだけとは限らない。すでにロンドン・ドイツ人共産主義労働者教育協会のメンバーとなっていた『レッド・リパブリカン』の編集長ハーニーからでも可能である。[72]

---

(72)　そもそも『宣言』の表紙に記載された発行母体はこの協会である。ハーニーは当時すでにロンドン・ドイツ人共産主義労働者教育協会の会員となっていた。浜林氏はハーニーの協会加入時期を「1846年2月ごろ」とされている（同氏，前掲書，144ページ）が，「1846年2月24日」と日付確定することができる。マックス・ネットラウがロンドン・ドイツ人共産主義労働者教育協会の議事録から自身の研究のために作成した抜粋がアムステルダム社会史国際研究所に残されている。その1846年2月24日の項にはハーニー（Harney, Harni）の名が見出される。「レーマン（Lehmann）あるいはシュラムによって提案されたハーニー（Harney, Harni）の入会」と抜粋されている（Internationaal Instituut voor Sociale Geschiedenis [Amsterdam] Archiv M. Nettlau 344 Dokumente betr. CABV und Weitling 1845, Mappel, Fasz. 1.1, S.52）。したがって，この日の会議でハーニーの入会が審議され承認されたことが分かる。ちなみに，『ハーニ

また，マクファーレンが『宣言』を読んだにせよ，それが必ずしもその翻訳を前提としたものであるとは限らないのではなかろうか。

なるほど翻訳が，マクファーレンもエンゲルスも共にロンドンにいる早い時期に始められていれば，マクファーレンはロンドンにおいてエンゲルスから助言を受けることができたであろう。しかし，ロンドンでマクファーレンとエンゲルスが直接顔を合わせて助言がなされたとするならば，先に訳文の特徴として指摘した Tauschwerth を market value と訳したり，demokratische Parteien を revolutionary parties と訳したりするような誤りは，その時点で指摘され，訳文に残ることはなかったのではなかろうか。また，それだけ長期間エンゲルスと接していたならば，マクファーレンのキリスト教色はかなり払拭され，あれほどの形では残らなかったのではなかろうか。

以上，マクファーレンとエンゲルス両者がロンドンにあった時期にも，マクファーレンがマンチェスター近郊のバーンリーに転居し，エンゲルスがロンドンにまだ残っていた時期にも，そしてエンゲルスがマンチェスターに転居した後の時期にも，1850年12月までは両者の間に結び付きはなかったものと推定できるのである。

そうであるとすれば，エンゲルスがマクファーレンと直接に『宣言』の英訳についてやり取りするということはあり得ないであろう。したがって，『レッド・リパブリカン』に掲載された『宣言』最初の英訳に対してなされたエンゲルスによる助力は，たとえあったにしても，せいぜいのところハーニーとの間でわずかのものがなされたといった可能性しか残らないものと結論付けてよいのではなかろうか。

さらに，マルクスおよびエンゲルスは，早くとも1850年6月以降に『レッド・リパブリカン』に『宣言』の英訳が掲載されることになる種々の経緯の中でマクファーレンを知ったという可能性さえ引き出し得るのではなかろうか。[73]

ー・ペイパーズ』には伝承されたマルクスおよびエンゲルスとハーニーとの往復書簡が収録されている。その最初のものは伝承されていない「1846年3月5日付のエンゲルスの手紙」への30日付の返信（Black/Black eds., *ibid.*, pp.239-245）であるから，1843年の秋のエンゲルスとの出会い以降，ハーニーによる国際的な連絡組織フラターナル・デモクラートの創設を機に1845年8月頃から1846年の2〜3月頃にかけて彼らの連携がいっそう緊密になっていたものと思われる。

(73) あるいは，もう少し早く，1850年4〜6月の『デモクラティック・レヴュー』における

Ⅶ　マクファーレン訳の影響

　マクファーレン訳のイギリスにおける影響を示す史料2点がある[74]。1851年に，新聞および雑誌で『宣言』から二つの章句が引用されたのである。新聞は『タイムズ (The Times)』であり，その1851年9月2日付の社説 (leading article; editorial) において[75]。雑誌は同年同月の『クォータリー・レヴュー (The Quarterly Review)』であり，「革命文献」のタイトルをもつ項目において，『タイムズ』の社説を引用し解説する形であった[76]。

　それらはどのような文脈で引用されたのか，その引用の特徴を確認し，『宣言』最初の英訳の影響にどのような特徴が見られるかも確認しておく必要がある。しかし，それらの立ち入った検討は他日に期し，本章では，それらの検討の前提となるテキスト自体を確認し，簡単なコメントを付すに留める。というのは，アンドレアスの書誌はフランス語で書かれているから，両史料についての記載も『タイムズ』と『クォータリー・レヴュー』とが用いる英語ではない。また，その『宣言』からの引用箇所の指示も旧『メガ』収録の原独文に依っており，マクファーレンの英訳の該当箇所を直接指示するものではない。二つの新聞・雑誌を実検することがたやすく，マクファーレンの英訳をも参看すれば特に問題はない。が，しかし，いずれが欠けても要領を得ぬ感が残る。本節の目的はさしあたりこの憾みを解消するところにあるからである[77]。

　『タイムズ』で引用される背景はこうである。現在，国民の教育に関する論議が盛んになされており，激しい論争さえ生じている。しかし，実はそれを台無し

　　マクファーレン名義のカーライル批判の連載論説をきっかけとして，彼らは彼女に注目するようになったのかもしれない。
(74)　Andréas, *ibid.*, Bibliographie n° 26 et n° 27, p.29.
(75)　*The Times*, Tuesday, September 2, 1851, p.4/V.
(76)　*The Quarterly Review*, LXXXIX (September 1851), p.523.
(77)　そのため，当該引用箇所を本文においては行論の便宜から邦訳でかかげたものの，脚注において『タイムズ』の二つの引用文全体を掲げ，続けてマクファーレンの英訳から相違する箇所を示し，そのオリジナルのみならず新『メガ』の該当ページをも付すこととした。また『クォータリー・レヴュー』の再引用に『タイムズ』からの相違のある場合はそれをも付記した。なお，1888年のエンゲルス校閲の英訳［英語版『著作集』の該当ページ数を併記］・1848年の初版23ページ本の該当ページ数をも示した。

第10章 『共産党宣言』最初の英訳　307

にしてしまうような恐るべき害悪が存在している。それはとりわけ労働階級 (the working classes) の考え方に影響を与える「貧者の文献 (the Literature of the Poor)」である。それがどのようなものなのか，その内容の恐るべきことを知れば，その影響力に対処するため，国民教育に関してこれまで行われてきた論争を終わらせてしまうのではないか。それを期待して，一例を示すために，現在宣伝にこれ努められているそうした諸理論のうち，手許にあるものからいくつかを引用する，というのである。『宣言』からの二つの引用も，プルードンの『所有とは何か』からの所有とは盗みであるという周知の文言と同様，著者名を挙げずに引用されている。

この二つの引用はいずれも『宣言』第II章からである。一つ目は私的所有の廃止を述べた箇所であり，二つ目は婦人共有制に関わる箇所である。まず『宣言』から引用された章句の邦訳テキストを掲げる。

1)「諸君は，われわれが私的所有を廃棄しようとしていることに驚いている。しかし，諸君の現存の社会においては，私的所有はその成員の10分の9にとっては廃棄されている。私的所有が存在するのは，まさに，それが10分の9にとって存在しないことによってである。こうして諸君は，われわれが社会の大多数の無所有を必要条件として前提する所有を廃棄しようとしていることを，非難するのである。

一言で言えば，諸君は，われわれが諸君の所有を廃棄しようとしていると非難するのである。たしかに，われわれはそうしようと思っている(78)。」

2)「そのうえに，共産主義者のいわゆる公認の婦人共有制についてのわが

---

(78)　前掲，服部訳，76ページ。原文は以下の通り（下線は橋本による）。You reproach us, then, that we aim at the abolition of a species of <u>property (i.e., private property)</u> which involves <u>as a necessary condition</u> the absence of all property for the immense majority of society. <u>In a word</u>, you reproach us that we aim at the destruction of <u>your</u> property. <u>This</u> is precisely what we aim at. (*The Times*, Tuesday, September 2, 1851, p.4/V. 下線部はそれぞれ 1) property (i.e., private property)＜property；2) as a necessary condition＜, as a necessary condition, ；4) your＜YOUR；5) This＜That [*The Red Republican*, p.182/I；*MEGA*² I/10, S.617]. *The Quarterly Review*, LXXXIX(September 1851), p.523 [その *The Times* との相違は，3) In a word,＞In a word]. 1888, p.18；*MECW*, vol.6, p.500；1848, S.14]. なお，3) から *The Quarterly Review* が *The Times* の孫引きと分るのではなかろうか。

ブルジョアたちの高潔なおどろきほど，笑うべきものはない。共産主義者は婦人共有制を取り入れる必要はない，それはほとんどつねに存在していたのである。

わがブルジョアたちは，公認の売春制度のことはまったく問わないとしても，彼らのプロレタリアたちの妻や娘を自由にすることで満足せずに，彼らの妻を互いに誘惑しあうことを最高の楽しみとしている。」[79]

見られる通り，前者は，後の『資本論』の用語で言えば，いわゆる「商品生産の所有法則の資本主義的取得法則への転換」と呼ばれる事柄を前提にしたうえでの，資本主義的取得に対する批判である。[80]資本主義社会においては，当初，自己労働に基づくかに思われた所有権の根拠は失われている。実際には，資本を所有することは，労働者の提供する不払い労働を取得する権利となっていることを述べているのである。

『タイムズ』では，この二つの取得（所有）を混同して，『宣言』の文脈を内在的に理解せずに，ただ単に批判するために引用されている。その後も一般にマルクスによる所有批判のこの要点は十分理解されずにいる。

後者の婦人共有制についての文言は，当時のブルジョアジーの二重基準に[81]

---

(79) 服部訳，同上書，80ページ〔Weibは，古典選書版の訳語「女性」ではなく，文庫版の「婦人」としてある〕。原文は以下の通り（下線は橋本による）。We do not require to introduce community of women; it has always existed. Your middle-class gentry are not satisfied with having the wives and daughters of their wages-slaves at their disposal – not to mention the innumerable public prostitutes – but they take a particular pleasure in seducing each other's wives. Middle-class marriage is, in reality, a community of wives. (*The Times*, ibid. 下線部はそれぞれ 1) women; <women,; 2) Your middle-class<Your Middle-class; 3) their wages-slaves<their Wages-slaves; 4) their disposal<their disposal,; 5) prostitutes<prostitutes,; 6), in reality,<in reality [*The Red Republican*, p.182/Ⅲ/$MEGA^2$ I /10, S.619］ *The Quarterly Review*, ibid. ［その *The Times* との相違は，1) it has always existed.>*it has always existed*; 2) Middle-class marriage is, in reality, a community of wives.>*Middle-class marriage is, in reality, a community of wives*.］ 1888, p.20; *MECW*, ibid., p.502; 1848, ibid.)

(80) 同様に後の『資本論』の用語で言えば，「「資本家的」取得」と「「個人的」取得」との区別の問題と言ってもよい。例えば，「「資本家的」取得と「個人的」取得とは……物質的富の取得であれ，まったく別のことがらである」(*MEW*, Bd. 23, S.408, Anm. 108)と述べている箇所を参照。

(81) 19世紀イギリスのこうした側面については，さしあたり『共産主義者宣言』(太田出

対して皮肉混じりに逆ネジをくらわせている箇所である。

　私的所有廃止および上記の事情を伴う"婦人共有制"の主張に対する『タイムズ』による『宣言』の二つの箇所を引用しての反論の姿勢は，いずれも，文脈を無視し，立論を歪曲して非難するその後のやり方の典型をなすものといってよかろう。そのような立場からの批判はその後も跡を絶たないものであっただけに，『宣言』公刊の当初から，このような『宣言』の私的所有批判の論理および婦人解放論に対する典型的な反論がいち早く存在していたのはまことに興味深い。

おわりに

　『共産党宣言』は，現在，『資本論』とともにカール・マルクスの主著の一つと受け止められている。しかしながら，本来，『共産党宣言』は1848年2月に共産主義者同盟というもっぱら手工業職人・労働者を主な構成員とする秘密結社の綱領として無署名で発表された文書である。当時の同盟の規約によれば，組織の綱領としてはそもそも1848年のただ1年間だけ有効である旨，定められていた。そのような性格をもつ『宣言』が，今では広く，K.マルクスの起草した文書として，また社会科学上の一古典として知られ，読みつがれている。

　当初，無署名で発表された『共産党宣言』が，どのような経緯をたどってマルクスの起草であると一般に認知されるようになったのか。この問題は，『宣言』の起草者名の普及過程を追跡するという課題になる。

　1917年のロシア革命以降，とりわけ第二次世界大戦末頃から東西冷戦体制が成立し，1989～91年に旧東欧諸国が崩壊する以前は，『共産党宣言』の著者がマルクス，エンゲルスであることはおそらく常識に属していた。そうであるのに，『宣言』の起草者名の普及史を問うのはなぜなのかをおわりに確認しておこう。

　一般に，思想・著作を捉えるには，ただ単にその理論のみならず，それに伴う

版，1993年［後に平凡社〈平凡社ライブラリー〉，2012年］）の訳者である金塚貞文氏の邦訳になるスティーヴン・マーカス『もう一つのヴィクトリア時代　性と享楽の英国裏面史』（中央公論社，1990年［後に中公文庫，1992年］）を参照。

運動と制度の諸要因もまた重要である。『宣言』の起草者名の普及について歴史的批判的に追跡する場合,それぞれの時期に応じて,最も著しい影響を与える要因が異なっていることに留意しなければならない。

20世紀について言えば,もちろん運動を前提しはするものの,制度が最も重要な要因である。1917年のロシア革命以来のソヴィエト連邦の成立,第二次世界大戦後の東欧圏の形成,中国の「新民主主義革命」後の状況を見れば明瞭であろう。

それに対して,19世紀の60年代以降は運動の要因が大きな影響を与えている。1864年の国際労働者協会の創立,そして,この組織が一定の影響を持った1871年パリ・コミューンに至る状況である。また,それに先立つ19世紀の50年代半ばは,イギリスで開催された労働者議会にマルクスはその名誉議員として決定文書に副署を求められるなど,すでに一定の地歩を占めている。[82]

起草者名の周知という点では,それ以前の時期が,まだ詳らかになっていないと言ってよい。したがって,1848年2月の『宣言』の発行以降,特に1850年代前半についてこそ検討する必要が残るわけである。本章ではその第一年次1850年の最初の英訳を見たのである。

---

(82) Vgl. Wolfgang Meiser, Soziale Programmatik in der Arbeiterbewegung Mitte der fünfziger Jahre des 19. Jahrhunderts, *Alternativen denken. Kritisch-emanzipatorische Gesellschaftstheorien als Reflex auf die soziale Frage in der bürgerlichen Gesellschaft（vom Sozialismus vor Marx bis zur Theologie der Befreiung）*, Berlin 1991, S.72-74 [拙訳「1850年代半ばの労働運動における社会綱領」鹿児島大学経済学会『経済学論集』第74号, 2010年3月, 127～130ページ].

第11章 『共産党宣言』1872年ドイツ語版の刊行経緯

I 本章の課題と考察の糸口

1 本章の課題

マンフレート・クリームは,『共産党宣言』1872年ドイツ語版の特徴として,次の4点を挙げている。

「a）それは,初めてドイツで出版されたマルクスとエンゲルスの正式に認可した版本であり,一連の正式に認可されたドイツ語版のなかで,第二の正式に認可された版本と数えられる。

b）同時にそれは,マルクスとエンゲルスの序言をもつ最初の『宣言』の版本である。

c）マルクスとエンゲルスが,正式に認可した『宣言』の版本のなかで,彼らが執筆者であることを自ら表明するのは初めてである。

d）1872年の『宣言』は,もはやこれまで慣例であった長い表題『共産〔主義[者]の〕党宣言（Manifest der Kommunistischen Partei）』でではなく,短い表題『共産主義[者]の宣言（Das Kommunistische Manifest）』で,初めて出版された。1945年までの『宣言』の後のドイツ語のたいていの刊本はこの例にならった」(1)。

これらの特徴は,わが国でも比較的よく知られているのではなかろうか。しかしながら,それらに続けてクリームが記しているこの版本の刊行の経緯については,まだ周知のところとなってはいないように見受けられる(2)。

---

(1) Kliem, Manfred: Anmerkungen. In: Karl Marx/Friedrich Engels: *Manifest der Kommunistischen Partei*, Zusammenstellung der Texte, Nachwort und Anmerkung von Manfred Kliem, Leipzig 1976, S.138.
(2) というのも,刊行の経緯を全く閑却して,マルクスの根本思想や政党把握を論じてい

本章の課題は、『共産党宣言』1872年ドイツ語版の刊行の経緯とそれに伴う諸問題とを、ベルト・アンドレアスおよびクリームらの研究に依拠しながら、カール・マルクス、フリードリヒ・エンゲルス、ヴィルヘルム・リープクネヒト、アウグスト・ベーベルらの書簡等、現在公表されている関連資料を参看して、取りまとめておくところにある。

2 考察の糸口

(1)『宣言』再刊に際してのマルクス、エンゲルスの意向

1872年前後のマルクスとエンゲルスは、『共産党宣言』が再刊される場合、『宣言』が歴史的な文書であるため、当初の形のままで刊行するという意向をもっていた。1866年、ジークフリート・マイアーはベルリンで『宣言』の新版を彼の費用で再刊したが、この再刊に際して病中のマルクスに代わり夫人イェニーが書いたマイアー宛の手紙には、次のような章句が見出される。

> 「『宣言』につきましては、夫は、それを歴史的な文書として、最初に発行されたときとまったく同じ形で再版されることを希望しております。誤植はだれにでもわかるものなので、どんなひとでもそれを訂正できます(4)」。

このような意向はその後も1872年ドイツ語版刊行に至るまで一貫して保持されていたことが分かる。『宣言』1872年ドイツ語版への序論には次の章句が見出されるからである。

> 「『宣言』は一つの歴史的文書であって、それを改める権利は、もはやわれわれにはない(5)」。

る次のような論稿があるからである。村上隆夫「マルクスは『共産党宣言』を書き遺したか」『未来』№ 305, 1992年2月、未来社、2〜6ページおよび石塚正英「Kommunistenは Partei を超えている―『共産党宣言』と政党の廃絶―」『専修大学社会科学研究所月報』№ 356, 1993年2月、1〜21ページ（本章と同一の問題を扱っているのは14ページ最終行から16ページ6行目まで）。本章は、直接村上氏や石塚氏に対する反論を意図したものではないが、本章を一読されれば、両氏の論稿における論拠の甚だ薄弱であることが自ずと了解されよう。

(3) Andréas, Bert: *Le Manifeste Communiste de Marx et Engels. Histoire et Bibliographie 1848-1918*, Milano 1963, p.40,42.

(4) 「イェニー・マルクスからジークフリート・マイアー宛〔1866年2月はじめ〕」(*MEW*, Bd.31, S.588)。

(5) *MEW*, Bd.18, S.96. ちなみに、この原則はもちろん表題にも及ぶものと見なければな

そして，それは著者たちの意向というだけではなく，事実としてもそうなっていたことが後に明らかになるのである。

(2) 1872年前後のドイツの出版事情と本章の考察の糸口

ところで，『共産党宣言』は，マイアーによる自費出版以降，ドイツにおける社会民主主義運動の発展にもかかわらず，新版はまったく刊行されなかった[6]。当時のドイツでは，『宣言』の発行に甚だしい困難が伴ったからである。

エンゲルスは，1883年4月30日付アウグスト・ベーベル宛の手紙において，社会主義者取締法下のドイツではマルクスの著作の全集が公刊される可能性の乏しいことを述べた。彼がそのような見通しを抱いた理由の一つは，1872年前後のドイツにおける次のような状況を想起したことにある。

「［……］なにしろ，すでに社会主義者取締法以前に，『共産党宣言（das Kommunistische Manifest）』でさえドイツでは刊行できないだろう！　といつも言われていたものだ。もっとも君たちの裁判のさい読みあげられる審理文書（Aktenstück）としてなら別だが[7]」。

エンゲルスがここで念頭に浮かべているのは以下のベーベルの手紙に見られるような言葉であろう。ベーベルがフベルトゥスブルクの獄中からマルクスに宛てたある手紙では，ラサールの見方を批判する著作の執筆を依頼する文脈のなかで『宣言』への言及が次のようになされている。

「あなたがラサールの諸著作を一度批判的論考の対象にして欲しいというリープクネヒトの要望に，私はまったく同調します。そうした論考はぜひとも必要ですし，それが所要の効果を収めるためには，ほかならぬあなたがそれを公刊しなければならないでしょう。そのような批判はドイツの党に種々の方面へ向けて地ならしをすることでしょう。

私は，共産党宣言（das Kommunistische Manifest）の新しい刊行のために，リープクネヒトとすでに何度も話し合いました［Ⅱ］。しかし，私たちはその結果を考慮すれば，その危険を冒すことはできません。それは私た

らないであろう。
(6)　Andréas, *ibid*., p.62.
(7)　「1883年4月30日付アウグスト・ベーベル宛エンゲルスの手紙」，*MEW*, Bd. 36, S. 22.

ちに直ちに大逆罪裁判という厄介をしょいこませることになるでしょう [I]。確かに宣言はライプツィヒ大逆罪裁判 [III] の一冊のなかで審理文書 (Aktenstück) として印刷されましたし, それは若干の別刷 (einige Separatabzüge) も作成されました [IV]。しかしながら, それで十分ではありません。それは強力に推奨され, 公に販売されることが可能でなければなりません (aber das genügt nicht, es müßte nachdrücklich empfohlen und öffentlich verkauft werden können)。適切な序言を伴うこの著書は多くの人の目を開くでしょうし, それはラサール主義者の提案がいかに際限なく貧弱であるかを確証するでしょう。この問題を再度熟考下さい[8]」。

エンゲルスによって想起されたもののなかには, 上記引用中にⅠ～Ⅳを付した諸章句のうちⅠの章句も入っていたことであろう。即ち, 当時ドイツで『共産党宣言』を公刊することは直ちに大逆罪に問われ,「大逆罪裁判という厄介をしょいこむ」ことになったということである。

さらに, ここで注目したいのは,『宣言』1872年ドイツ語版が刊行されるに至った経緯が, 実にこのベーベルの述懐のなかにその糸口をのぞかせているということである。本章ではそれら四つの糸口を考察の手がかりとし, すでに本節で概観したⅠを除き, Ⅱ～Ⅳについて, 以下, 各節で順次確認する。

Ⅱ　リープクネヒトによる『共産党宣言』再刊の企てと「序論」執筆の構想

まず,「私は, 共産党宣言の新しい刊行のためにリープクネヒトとすでに何度も話し合いました」という上記のⅡに関してである。

1　リープクネヒトの二つの要請

上述の出版事情のもとにありながらも『共産党宣言』の再刊を企てたのは, ここでその名が挙げられている, ヴィルヘルム・リープクネヒトであった。彼によ

---

(8)　「1873年5月19日付マルクス宛ベーベルの手紙」, *August Bebel Ausgewählte Reden und Schriften*, Bd.1, Berlin 1978, S.589/590；u. Bd.6, Berlin 1983, S.393/394.

る『宣言』の新版刊行の熱心な企ては早くも 1869 年にまで遡るのであって[9],彼は 1869 年 6 月,マルクスに対してその他のいくつかの事柄と合わせて,次のように強く要請した。

「あなたは<u>『共産党宣言』(das „Kommunistische Manifest") を煽動用に改訂しなければならない</u>。「共産主義 (Kommunismus)」という言葉はまだ避けなければならない。私は敵のことは決して考慮にいれなかった。しかし,味方や,味方になろうとしている人々は,考慮に値するのです[10]」。

文中の「煽動用」という言葉から分かるのは,リープクネヒトには『宣言』を当時のドイツに対応する宣伝文書として活用する意向のあったこと,また,それに際しての彼の姿勢が「「共産主義」という言葉はまだ避けなければならない」というものであったことである。

マルクスは,このようなリープクネヒトの強い要望に対する感想を,7 月初めにエンゲルスへ宛てて次のように書き送った。

「ヴィルヘルムの内容豊富な手紙を同封する。[……] ／僕は [……]『共産党宣言』(das „Kommunistische Manifest") を書き直<u>さなければならない</u> [というのだ] [11]!」。

マルクスがリープクネヒトの手紙に対してこのような印象を抱いたのは,煽動に際してのリープクネヒトの姿勢や彼の要望の強い調子を別とすれば,先に見た通り「『宣言』は一つの歴史的文書であって,それを改める権利は,もはやわれわれにはない」という意向が譲り難い一大要因を成していたためであろう。

リープクネヒトは 1870 年 5 月にも同様の要請をマルクスに行った。

「<u>『共産党宣言』</u>(das „Kommunistische Manifest") を<u>訂正してくれれば</u>大変よいのだが。われわれは<u>すぐにも</u>新しい版が必要だ。それに君の短

---

(9) リープクネヒトが『宣言』の再刊を企てた時期について,各説は 1870 年代としているが,本文中に掲げたリープクネヒトの手紙から見れば,この企ては「69 年まで遡る」(*Das Werk von Marx und Engels in der Literatur der deutschen Sozialdemokratie (1869-1895). Bibliographie*, Berlin 1979, S.68. 以下,本書を *Das Werk von Marx und Engels* と略記)とするのが妥当であろう。

(10) 「1869 年 6 月 29 日付マルクス宛リープクネヒトの手紙」, *Die I. Internationale in Deutschland(1864-1872)*, Berlin 1964, S.362 (以下,本書を *Die I. Internationale* と略記).訳文は『全集』第 32 巻「注解」(363),657 ページを参考にした。

(11) 「1869 年 7 月 3 日付エンゲルス宛マルクスの手紙」, *MEW*, Bd.32, S.331。

い序論（eine kurze Vorrede）があれば素晴らしい[12]」。

　リープクネヒトはここでも『宣言』の「訂正」を求めている。前年6月の手紙以降この手紙までの間に，リープクネヒトに対しても，先のマイアーに対してと同様，『宣言』の変更はできないとするマルクスらの意向が伝えられていたのか否かは不明である。が，いずれにせよ，リープクネヒトはこの手紙で，そのようなマルクスらの意向に客観的には再考を促すとともに，今度はさらに「短い序論」の執筆を要請したのである。

　そのような序論の要請はこの後一年近くを経て書かれた次の手紙にも見出される。

　　「僕がそれを印刷（abdrucken）できるように，君たちが共産党宣言に短い序言（ein kurzes Vorwort zum Kommunistischen Manifest）を書くことはできないだろうか。（ついでながら僕は裁判中に共産党宣言（das Kommunistische Manifest）を僕の綱領であると言明した[13]）」。

　この手紙に対してのものと思われるマルクスの返信では，序論執筆の要請に関連して次のような認識が示されている。

　　「『共［産党］宣言』（Das „K［ommunistische］Manifest")はもちろん新しい序論なしでは書くわけにいかない。エンゲルスと僕とでそういう類のものでなにができそうか考えてみよう[14]」。

2　「序論」の必要性

(1) リープクネヒトの側

　リープクネヒトがこのように『宣言』の書き換えや「序言」の執筆を要請した事情は，時間的には相前後するが，彼が，次節で扱う裁判において行った下記の陳述から窺うことができる。

　　「検察官：［……］リープクネヒト氏は，予審において，［共産党］宣言を再

---

(12)　「1870年5月7日付マルクス宛リープクネヒトの手紙」*Die I. Internationale*, S.472.
(13)　「1871年4月初めマルクス宛リープクネヒトの手紙」, *MEW*, Bd. 33, S.745, Anm. 242. この手紙は，本注解に一部分のみ引用されているだけであり，また，そこでの日付確定もむしろ内容から推定されたもののように思われる。したがって，日付には多少の疑問が残らないではない。
(14)　「1871年4月13日付リープクネヒト宛マルクスの手紙」, *Ebenda*, S. 207.

刊する意図をもっていたと陳述した。

　リープクネヒト：それは本当である。もちろん私は『フォルクスシュタート』での再刊に賛成であったが，しかし，ところどころ書き換えられた，今日の情勢に応ずる形にして，であった。共産党宣言（Das Kommunistische Manifest）は1848年にできたものである。それ以降，世間では多くのことが変化して，宣言――ちなみに私は宣言をその全内容からすれば今日もなお是認する――のなかのいくつもの箇所が読者に理解しにくいか，あるいは容易に誤解されることもありうるのである。それ故，私は，マルクスとそれについて一致して後，証拠にある私の手紙類から判明する通り，<u>書き換えたもの</u>の再刊に，あるいはもしそれが行われるべきでないとするならば，宣言の著者であるマルクスとエンゲルスの<u>解説的な序論</u>を前提とした元のままでの再刊に，賛成を表明した」。⁽¹⁵⁾

そのような誤解の一例は，『宣言』のなかの「目前に迫った革命」という語をめぐる同じ裁判での次のような応接からも見てとれよう。

　「裁判長：被告たちは今日午前中に読み上げられた共産党宣言（das Kommunistische Manifest）について何を述べなければならないのか？　それは委員会によって諸労働者サークルのなかで普及された印刷物に属するのか？

　リープクネヒト：否。

　ベーベル：否。

　ヘプナー：否。

　弁護人フライタークⅠ．の申し出により，宣言がすでに1848年の2月に出版されたことが確認される。

　リープクネヒト：私は，［共産党］宣言のなかで「目前に迫った」革命として語られている「革命」では，宣言の公刊直後に勃発した<u>二月革命</u>が考えられているということをただ述べたいだけである」。⁽¹⁶⁾

---

(15)　*Leipziger Hochverrathsprozeß*, Leipzig 1872, S.130；*Der Hochverraths-Prozeß wider Liebknecht, Bebel, Hepner vor dem Schwurgericht zu Leipzig vom 11. bis 26. März 1872*, Berlin 1894, S.206/207. 以下，本書を *Der Hochverraths-Prozeß* と略記する。

(16)　*Ebenda*, S.120；*Ebenda*, S.195. 同趣旨の報道は，*Der Volksstaat*, No. 22, 16. März,

この間の『宣言』再刊の企てとその後の経過とについてアンドレアスは，上記の陳述その他によって，次のように推定している。

「彼［リープクネヒト］は当初のテクストはドイツにおいては，とりわけ第Ⅱ章末尾の10項目の要求および第Ⅳ章の最終段落のために，禁止されると考えた。そのため，彼はマルクス，エンゲルスと連絡をとり，彼らに「<u>今日の情勢に応ずる形にして</u>［……］<u>書き換えたものを再刊すること</u>」── 彼が『フォルクスシュタート』において公刊── を提案した。明らかに，マルクスとエンゲルスはその提案を拒否した。というのは，彼らは『宣言』を「<u>一つの歴史的文書であって，それを改める権利は，もはやわれわれにはない</u>」と考えたからである。彼らはその代わり，リープクネヒトのもう一つの提案，即ち，「<u>マルクスとエンゲルスの解説的な序論を前提とした</u>」元のままでのテクストの印刷を，受け容れた」[17]。

(2) マルクスとエンゲルスの側

マルクスとエンゲルスがこのようなリープクネヒトの提案を受け容れた理由は，『宣言』1872年ドイツ語版「序言」の行論から窺うことができる[18]。それは，「1847年から現在までのへだたりに橋をかける序文（Einleitung）」を執筆するためであったと言えよう。なるほど彼らは，「最近25年間に事情がいかにはなはだしく変わったとしても，この『宣言』のなかで展開された一般的な諸原則は，大体においてこんにちでもなお完全な正しさをたもっている」と見ていた。しかし，この「一般的な諸原則」そのものにも「個々には，あちらこちらで改善されねばなるまい」という点のあることを除いても，少なくとも以下の3点についてはなんらかの説明や補足が「序論」においてなされなければならないと考えていたように思われる。

その第一は，一般的な諸原則の「実践的な適用が，［……］歴史的に現存する諸事情に依存する」ことの確認である。なかでも，「第Ⅱ章の終わりで提案された革命的な諸方策」について，「特別の重みは決しておかれはしないのである。

　　1872, S. 3, Sp.1 にも見出される。
(17)　Andréas, *ibid*., p.62.
(18)　以下，本項での各引用は特に注記のない場合はいずれも『宣言』1872年ドイツ語版「序言」から。

この箇所は，こんにちならば多くの点でちがって書かれることであろう」と明言しておくことが必要であった。それは，パリ・コミューンの経験以降，いわゆるプロレタリアート独裁の必然性が実践的にいっそうはっきりと理解されるに至ったからである。「序論」での，「今日ではこの綱領はところどころ時代おくれになっている」という評価もそうした事情から生じている。

　第二は，「社会主義的文献の批判は1847年までしかおよんでいないので，こんにちでは不完全であ」り，これを補正する必要があったためである。エンゲルスの手紙にある次の章句も同じ趣旨を伝えている。

> 「第Ⅲ章を時代の高みに引き上げて補完するためには，最近24年間の社会主義文献の研究が必要だ」[19]。

　第三は，「種々の反政府党にたいする共産主義者の立場についての記述（第Ⅳ章）は，原則においてはこんにちでもなお正しいが，政治的情勢がまったく変わっていて，歴史的な発展はそこでかぞえあげられた大多数の党を世界から追い出したので，その実行においては，こんにちではすでに時代おくれである」ということの確認である。

　リープクネヒトの要請をきっかけとして，マルクス，エンゲルスは，以上のように理論的な問題はもとより運動面に至るまでの全般的な説明と補足とを意図して，「序論」の執筆を構想したわけである。

　だが，このような「序論」は実際には書かれることがなかった。アンドレアスはその理由を次のように推測している。

> 「1871年9月のロンドン大会の準備と開催といった［パリ・］コミューンの敗北後，インタナショナルが彼らに求めた活動の増大が，おそらくマルクスとエンゲルスにその序論の実現をはばんだ」[20]。

　しかしながら，アンドレアスが続けて記しているように「1872年3月には，「1847年から現在までのへだたりに橋をかける序文」という計画はまだ存在していた[21]。エンゲルスが，先の「1871年4月13日付リープクネヒト宛マルクスの手紙」のほぼ一年後，1872年3月に，『宣言』の新版についてフリードリヒ・

---

(19) 「1872年4月23日付リープクネヒト（在ライプツィヒ）宛エンゲルスの手紙」, *MEW*, Bd. 33, S. 451.
(20) Andréas, *ibid*., p.62.
(21) *Ibid*.

アードルフ・ゾルゲへ，次のように伝えているからである。

「暇ができしだい，マルクスと私は，序文などを付けた『宣言』の新版 (eine neue Ausgabe des „Manif [ests]" mit Einleitung etc.) を準備するでしょうが，私たちは目下のところ仕事ですっかり手がふさがっています。私は目下のところスペインとイタリアのほかに，ポルトガルとデンマークの書記もやらなければなりません。マルクスは『資本論』の第 2 版や今きているいろんな外国語訳のことでいやというほど仕事があります」[22]。

いずれにせよ，リープクネヒトによる『宣言』再刊のためのこれまでに見た努力は，直接に報われるところとはならなかった。しかるに，ドイツでの再刊を困難にしていた事情が「あまりにも思いがけなく (zu unerwartet)」[23]乗り越えられる新たな事態が生じたのである。

III　ライプツィヒ大逆罪裁判

新たな事態とは，本章で考察の糸口とした，「なるほど宣言はライプツィヒ大逆罪裁判の一冊のなかで審理文書として印刷されましたし，それは若干の別刷も作成されました」という章句に関わるものである。

あらかじめ結論から述べれば，『共産党宣言』1872 年ドイツ語版は，裁判報告書である『ライプツィヒ大逆罪裁判』[24]に，審理文書の一つとして収録された

---

(22) 「1872 年 3 月 17 日付フリードリヒ・アードルフ・ゾルゲ宛エンゲルスの手紙」, *MEW*, Bd.33, S. 432. ちなみに，エンゲルスは，この手紙を書く時点ではまだリープクネヒトから後論する裁判報告書出版の情報を得ていない。
(23) 『宣言』1872 年ドイツ語版「序言」。ただし，マルクスとエンゲルスがこの事情をどの程度知ったうえでこう書いているのかは問題となるのであって，詳しくは後論する。
(24) *Leipziger Hochverrathsprozeß. —Ausführlicher Bericht über die Verhandlungen des Schwurgerichts zu Leipzig in dem Prozeß gegen Liebknecht, Bebel und Heßner wegen Vorbereitung zum Hochverrath vom 11-26. März 1872. Mit den ungehaltenen Schlußvertheidigungsreden der Angeklagten und einer Schlußcharakteristik des ganzen Prozesses, bearbeitet von den Angeklagten.* —Erscheint in sechs bis sieben Lieferungen. —3. Lieferung. Ladenpreis 4 Sgr. Leipzig, Verlag der Expedition des „Volksstaat", Hohestraße 4. [Leipzig, Druck von Fr. Thiele], 1872.

『宣言』が，その部分のみの「別刷（Separatabdruck）」という形でようやく刊行されたものなのである。それ故，このライプツィヒ大逆罪裁判についてまず見ておかなければならない。

この裁判に至る直接のきっかけとなったのは，ブラウンシュヴァイク裁判であった。

1 ブラウンシュヴァイク裁判

『著作集』第33巻の注解には次のような記載が見出される。

> 「社会民主労働党のブラウンシュヴァイク委員会は，1870年9月5日にはリーフレットとして，1870年9月11日には『フォルクスシュタート』紙上に，戦争についての『[社会民主労働党委員会の]宣言[全ドイツの労働者へ！]』を発表した。この宣言のなかでブラウンシュヴァイク委員会は，スダンの会戦以後は侵略戦争の性格をもつに至ったドイツ＝フランス戦争の続行に反対する闘争をよびかけた」。

この宣言のリーフレットを10,000部普及した彼らの闘争は，だがプロイセン政府の次のような弾圧を直ちに惹き起こした。

> 「1870年9月9日[金曜日]，社会民主労働党のブラウンシュヴァイク委員会のメンバーであるヴィルヘルム・ブラッケ，レーオンハルト・フォン・ボンホルスト，ザームエル・シュピール，ヘルマン・アウグスト・キューン，ハインリヒ・グラレならびに印刷人ジーヴァースは戦争についての宣言を発行したかどで〔軍司令官ファルケンシュタインの命令によって〕逮捕され，鎖につながれレッツェン〔ギジツコ[東プロイセン]〕付近のボイエン要塞に送致された。／[……]／1871年3月30日にブラウンシュヴァイク委員会

---

(25) 「1872年4月23日付リープクネヒト（在ライプツィヒ）宛エンゲルスの手紙」，*MEW*, Bd. 33, S. 451. 詳しくは後論。
(26) 本章ではこれらの裁判を論ずることが課題ではないので，裁判についてはもっぱら二次的な諸資料に依拠して以下，概観する。なお，木村眞樹男『ドイツ社会民主主義の研究——その伝統は如何にして形成されたか——』九州大学出版会，1998年，「Ⅱ 成立期前半のドイツ社会民主党」「三 ライプチヒ「大逆罪裁判」」をも参照されたい。
(27) *MEW*, Bd.33, S.720, Anm.75.
(28) Seidel, Jutta : *Wilhelm Bracke*, Berlin 1986, S.83.

のメンバーたちは未決拘留から釈放された[29]」。

この逮捕は「ドイツの社会民主主義者にたいする警察の迫害カンパニアの口火を切ったプロイセン軍国主義者たちの専横行為」,「ドイツの労働運動にたいするプロイセンおよびザクセン官憲の新たな専断処置[30]」であった。

「[裁判]1871年11月23日から27日までのあいだにブラウンシュヴァイク公爵領郡裁判所でおこなわれた。起訴状では社会民主労働党の国際労働者協会総評議会にたいする関係が中心点をなしていた。裁判によって被告たちの同協会への所属を事実上罰し得るようにし,それによってドイツにおける革命的労働運動にたいする非常事態をつくり出すのがねらいであった。裁判は支配階級にとっては不首尾に終わった。ブラッケその他の党指導者たちが裁判のあいだ,協会の目標を支持する発言をしたにもかかわらず,刑期がそれぞれ違う懲役刑を言い渡した判決は1872年2月2日に控訴審で変更されざるをえなかった[31]」。

しかしながら,「この警察の活動に際して,委員会の通信すべてが警察の手に入った。これはブラウンシュヴァイク委員会のみならず,アウグスト・ベーベル,ヴィルヘルム・リープクネヒトにとっても,重大な結果を生むことになるのであった[32]」。

2 ライプツィヒ大逆罪裁判

(1) 社会民主労働党の反戦闘争とリープクネヒトらの逮捕

重大な結果とはこうである。

「アウグスト・ベーベル,ヴィルヘルム・リープクネヒト,アードルフ・ヘプナーは,1870年12月17日[土曜日],ライプツィヒで逮捕された。ブラウンシュヴァイクで押収された社会民主党委員会の資料にもとづいて,彼らは大逆罪として告発されたのである[33]」。

彼らの逮捕は,これに先立つ彼らの活動に関連していた。即ち,

「北ドイツ・ライヒ議会の[第2]特別会期が1870年11月24日[木曜

---

(29) *MEW*, Bd.33, S.720/721, Anm.79.
(30) *Ebenda*.
(31) *Ebenda*, S.745, Anm.235.
(32) Seidel, *a.a.O.*, S.84.
(33) *MEW*, Bd.33, 738, Anm.195.

第 11 章　『共産党宣言』1872 年ドイツ語版の刊行経緯　　323

日］に召集されたのち，11 月 26 日，戦争を継続するために，さらに 1 億 2 千万ターレルの支出をもとめる政府議案が提出された。アウグスト・ベーベルとヴィルヘルム・リープクネヒトを，売国奴として侮辱する排外主義的議員たち［ブラウン博士（ヴィースバーデン）等］の妨害や威嚇にもかかわらず，ベーベルは戦時公債否決の動議を提出した。ベーベルとリープクネヒトは，［アルザス＝ロレーヌ（エルザス＝ロートリンゲン）］併合の意図に反対し，しばしばフランス人民との連帯を明らかにした。「［われわれに求められている公債は併合の実施のためとされている。しかしながら］併合はわれわれに講和をもたらすのではなく，戦争をもたらし，また［併合が講和の後にも絶えざる戦争の危険を生み出すことによって，併合はドイツにおいて］軍事独裁［を強化する］［……］」とリープクネヒトは，討論のなかで宣言した。／ 1870 年 11 月 28 日の戦時公債の採決には，ベーベルとリープクネヒトのほかにも，ライヒ議会議員のエーヴァルト，フリードリヒ・ヴィルヘルム・フリッチェ，ヴィルヘルム・ハーゼンクレーヴァー，ラインホルト・ハインリヒ・シュラップス，ヨハン・バプティスト・フォン・シュヴァイツァーらが反対した。ラサール派の議員たちは，1870 年 7 月 21 日には，戦時公債に賛成投票したが，1870 年 11 月 28 日には，ベーベルやリープクネヒトの勇敢な演説の影響をうけ，また，自党員の圧力によって，戦争継続のために要求された支出に反対した。ベーベルとリープクネヒトの勇敢な一貫した行動は労働者階級の広範な層とブルジョアジーの最もしっかりした勢力の同意をえたのである」。[34]

ベーベルらの「拘留は『フォルクスシュタート』の立場や，ベーベルやリープクネヒトの演説を，フランスに対する征服戦争遂行にとって危険とみたプロイセン政府の命令にもとづいておこなわれた」[35]のであった。

この拘留に対して，「1871 年 3 月 27 日，社会民主党の議員ラインホルト・ハインリヒ・シュラップスは，進歩党の議員たちの支援を得て，ライヒ議会で，3 名の拘留者，ベーベル，リープクネヒト，ヘプナーの釈放動議を提出した。ザクセン

---

(34)　*Ebenda*, S.738, Anm.196.［　］内は Weiterhaus, Friedrich Wilhelm: *Wilhelm Liebknecht. Eine Biographie*, Gütersloh/Gießen 1976, S.134 からの補足。

(35)　*Ebenda*, S.738, Anm.195.

政府はライヒ議会での討論を回避しようとして，3月28日［金曜日］の午後に，未決拘留からの釈放を指示した[36]。

これによって，「1871年3月28日，彼らは未決拘留から釈放された[37]」。

(2) 審理での『宣言』朗読

「1872年3月11日から26日までライプツィヒ陪審裁判所で，アウグスト・ベーベル，ヴィルヘルム・リープクネヒトおよびアードルフ・ヘプナーにたいする大逆罪裁判がおこなわれた[38]」。

「彼らが，共和制論者ならびに社会主義者として，ザクセンおよびドイツ帝国における現体制を暴力的に転覆しようとしたという理由であった。「証拠」として，検察官および裁判長は，彼らが社会民主労働党を創設し，国際労働者協会に属し，マルクスと文通していたことを挙げた。被告たちにその責任が問われたのは，リープクネヒトとヘプナーが『フォルクスシュタート』の編集に，ベーベルがその発送に責任を負っていること，そして，彼らがこの新聞で革命家および国際主義者としての彼らの見解を普及させたことであった。裁判は，彼らがブルジョアジーとプロレタリアートとの間の階級闘争を現在の社会に決定的であるとみなした事実だけでも大逆罪に値するとした。［……］「起訴資料は，何通かの手紙とならんで，協会や集会，論文，小冊子におけるわれわれの宣伝活動のすべてであった」とベーベルは概括している[39]」。

この裁判は当時のジャーナリズムの大変な注目を浴びた。

「いっぱいになった法廷には，小ブルジョア民主主義新聞から生粋の保守的新聞『ノイエ・プロイスィシェ・ツァイトゥング』に至るまで数多くの新聞の通信員たちが出席していた。ほとんどの新聞が詳細に報道した。それは『ノルトドイッチェ・アルゲマイネ・ツァイトゥング』にも『フォルクスシ

---

(36) Weiterhaus, *a.a.O.*, S.135.
(37) *MEW*, Bd.33, S.738, Anm.195.
(38) *Ebenda*, S.756, Anm.300.
(39) Autorenkolektiv unter Leitung von Ursula Herrmann und Volker Emmrich: *August Bebel. Eine Biographie*, Berlin 1989, S.146（以下，本書を *August Bebel. Eine Biographie* と略記）．なお，Der Hochverraths-Prozeß, S.79-98 をも参照。

ュタート』と同様に妥当する(40)」。

　被告たちの裁判に対しての態度は,「リープクネヒトとベーベルは法廷を彼らの社会主義思想のための演壇に変えた」とも言い得るものであって,以下の二つの柱があった。

　　「ベーベルとリープクネヒトは明確な構想をもって公判にのぞんだ。彼らは,革命的な目的設定をもつ自立した政党を求める労働者階級の権利を,彼らが公衆にこの目的を公表し,その目的の正当性を指摘し,それによって社会民主労働党が一揆を画策する党であるというイメージを論破することによって,擁護しようとした。彼らは,普仏戦争と帝国創建の過剰な排外主義を,またパリ・コミューンに対する中傷キャンペーンをいま熟慮する準備のある聴衆が彼らに見出されるであろうことを信じた(41)」。

　そして,リープクネヒトは,1852年のケルン共産党裁判の折にマルクスが裁判批判の書『ケルン共産党裁判を暴く』を執筆するさい,資料収集等の作業を補助した経験のあるところから,ライプツィヒの法廷では矢面に立ち,ベーベルはそのパートナーとなる,またヘプナーは党のために無罪を確保すべく後景に退いているといった,被告間での役割分担がなされた。

　弁護人はベルンハルト・フライターク,オットー・フライターク兄弟であった。彼らとその弁護ぶり,また,裁判長の技量ならびに法廷運営については次の通りである。

　　「ベーベルとリープクネヒトは兄弟をドイツのプロイセン化に反対するザクセン人民党の信頼のおける共闘者とみた。オットー・フライタークが兄弟の側で社会民主労働党へ歩み寄った。／彼らの弁護は,裁判長,アレクサンダー・エードゥアルト・フォン・ミュッケがこの裁判にどう見ても太刀打ちできないようにするのに役立った。時折,彼は彼らの裁判戦術に対してまったくお手上げで対応した。とはいえ,被告たちやその弁護人たちはしばしば彼に法秩序違反を指摘しなければならなかった。起訴資料を読んで

---

(40)　*Ebenda*, S.146/147.
(41)　*Ebenda*, S. 146. さらに,「裁判所の意図にたいしてベーベルとリープクネヒトは敢然と立ち向かい,彼らにたいして向けられた起訴事項と対決しながら,革命的労働運動の真の目標と志を述べた。[……] ベーベルとリープクネヒトの演説は『フォルクスシュタート』で公表され,重要な宣伝手段となった」(*MEW*, Bd.33, S.756, Anm.300)。

聞かせるという彼の熱意は,『共産党宣言』,『国際労働者協会の創立のよびかけ』,社会民主労働党の綱領,およびその他の文書の公然たる朗読へと行き着き,それらは審理の公表によって広範な普及を見た[42]」。

『共産党宣言』はどのようにして朗読されたのであろうか。該当する3月13日,水曜日,第3回審理の記録にはこうある。

「これに続いて,1848年2月にロンドンで「万国のプロレタリア統一せよ!」というスローガンをもって出版され,そして1866年にジークフリート・マイアーによって新しく発行された『共産党宣言(das Kommunistische Manifest)』の朗読に移った。しかもそれは検察官の指示に基づいてその本文全体が提出された。/それは以下の通り[43]」。

裁判報告『ライプツィヒ大逆罪裁判』では,その朗読の記録として,この部分に続いて『共産党宣言』全文が掲載されている。

その判決は次のようであった。

「罪状は証明できなかったにもかかわらず,ベーベルとリープクネヒトは2年の要塞禁固(未決拘留を2ヵ月加算)に処せられ,ヘプナーは無罪となった。1872年4月6日,ライプツィヒ地方裁判所はベーベルを「皇帝侮辱」のかどであらためて裁判にかけ,彼をさらに9ヵ月の禁固に処し,ライヒ議会議員の資格を剥奪した。リープクネヒトは1872年6月15日から1874年4月15日までフベルトゥスブルク[ザクセン]でその刑に服し,ベーベルは1872年7月7日から1874年4月23日まで同じ場所で,またその後1874年5月14日までケーニヒシュタイン要塞で刑に服した。さらにそのあと禁固刑に服するため,ベーベルは1874年7月1日から1875年4月1日までツヴィカウ邦拘置所に入所していた[44]」。

この裁判の結果である長期の禁固は,リープクネヒトの生涯中最長の在獄期間であって,著名なものである[45]。

以上の裁判の概要からも明らかなように,このライプツィヒ大逆罪裁判の報告書の審理文書の一つとして初めて,大逆罪に問われるといった危険なしに

---

(42) *Ebenda*, S.147/148.
(43) *Leipziger Hochverrathsprozeß*, S. 96 ; *Der Hochverraths-Prozeß*, S.166.
(44) *MEW*, Bd.33, S.756, Anm.300.
(45) Weiterhaus, *a.a.O.*, S.290.

『宣言』をドイツで出版する,予想外の機会が訪れたのである(46)。なるほど結果論的に見れば,審理の記録であるからには,朗読された『宣言』本文がなんら改められることなしに収録されなければならなかったと言えよう。だが,実際は,リープクネヒトら当時の社会民主労働党の面々を主とする法廷闘争を経ることによって初めて,「『宣言』は一つの歴史的文書であって,それを改める権利は,もはやわれわれにはない」とする両著者の見方が,単なる意向を越えた事実認識として正確であったことが証明されたということになるであろう。

IV　裁判報告『ライプツィヒ大逆罪裁判』と『共産党宣言』部分の別刷

したがって,次に確認されるべきは,先のベーベルの手紙において「宣言はライプツィヒ大逆罪裁判の一冊のなかで審理文書として印刷されましたし,それは若干の別刷も作成されました」とあった,本章の考察の糸口Ⅳについてである。

まず,そのうちの前半部,宣言がライプツィヒ大逆罪裁判報告書の一冊のなかで審理文書の一つとして印刷された点を見よう(47)。

1　『ライプツィヒ大逆罪裁判』第3分冊

ベーベルも「一冊のなかで」と述べている通り,リープクネヒトは審理の詳細な記録である『ライプツィヒ大逆罪裁判』を,分冊形式で「1872年4月17日[頃]から」(48)刊行し始める。発行所はライプツィヒの『フォルクスシュタート』印

---

(46)　「というのは,裁判報告書のなかでの審理文書の再刊は,法律上禁止されることはありえないからである」(Andréas, *ibid*., p.62)。また,「[……]ライプツィヒ大逆罪裁判おいて,検察官の提議にもとづいて『共産党宣言』が読みあげられた。これによって被告たちは『宣言』を審理記録といっしょに1872年に公刊することが可能となった」(*MEW*, Bd. 36, S.745, Anm.34)。

(47)　以下,本節各項の諸叙述においては,煩瑣を避けるため,特に注記しない場合でもアンドレアスの前掲書 pp.61-64 の記載事項に依拠したところが多い。

(48)　Andréas, *ibid*., p.62. アンドレアスはこの日付の根拠を『フォルクスシュタート』によって示す予定でいながら,表示し損ねたものと思われる(注(50)参照)。『フォルクスシュタート』4月17日付,第31号に,「只今,発行:第1分冊[……]」と報じた広告が掲載されている(*Der Volksstaat*, No. 31, Mittwoch, 17. April, 1872, S. 4, Splt. 3)。

刷所である。『資本論』ドイツ語第2版もこの年，若干遅れて分冊形式で刊行されている。いずれも普及を容易にするためである。が，審理記録の場合にはその他に，『宣言』所収分冊ほか各分冊を宣伝のための小冊子として何千部も印刷して活用する意図があったようである。当初は全体で6～8分冊の予定であったが、1874年初めに発行された第12分冊をもって完結した。各分冊は最終分冊発売後，一巻に合本され，タイトルページには刊年が1874年と印刷されたうえで配本された。各分冊は黄色の表紙が付けられた48ページ（3印刷ボーゲン）の体裁で，価格は4ジルバーグロッシェンであった。

『宣言』の掲載された第3分冊は6月15日頃に発行され，97ページから144ページまでの48ページ分である。その構成は，97～119ページの23ページ分が第2分冊末の第3回審理の続きである『宣言』全体の朗読の再現部で占められ（写真2参照），120～139ページが第3回審理の午後の分の記録，そ

---

(49) Der Volksstaat, No. 31, Mittwoch, 17. April, 1872, S. 4, Splt. 3 等の広告記事および第2分冊表紙（写真1）を参照。

(50) 「1872年6月21日付エンゲルス宛ヘプナーの手紙」中に、「われわれの裁判の仮綴じ本のなかでわれわれは『共産［党］宣言』を完全に復刻しました」（[Dokumente] Kundel, Erich: Die „Volksstaat"-Redaktion in den Wochen vor dem Haager Kongreß. In: Beiträge zur Geschichte der Arbeiterbewegung. Zum 125. Jahrestag des Kommunistischen Manifests und der Revolution von 1848, 15. Jg. 1973, H. 2, S.300. 【資料紹介】エーリッヒ・クンデル：ハーグ大会前数週間の『フォルクスシュタート』編集　フリードリヒ・エンゲルス宛アードルフ・ヘプナー，ヴィルヘルム・リープクネヒトの未公刊の手紙」『労働運動史紀要』1973年，第2冊）とあるところから，裁判報告書第3分冊は，遅くともこの手紙の書かれた日付である6月21日までには発行されていたものと思われる。

さらに，各分冊の発行年月日は，『フォルクスシュタート』各号に掲載された広告記事を手がかりにおおよそのところを知ることができる。第1～第4分冊の各広告記事が最も早く掲載された1872年中の『フォルクスシュタート』の発行月日（号数）は次の通り。第1分冊：4月17日（No. 31），第2分冊：5月25日（No. 42），第3分冊：6月15日（No. 48），第4分冊：8月7日（No. 63）。

なお、アンドレアスは第3分冊の発行年月日の根拠として『フォルクスシュタート』の参照を求め，cf. Der Volksstaat, Leipzig, 17 juin 1872, a. IV, no. 31, p.4/IV. と記している（Cf. Andréas, ibid., p.62, note 8）。だが、ここで挙示されている発行日ならびに号・欄数には，明示する予定にしていたと思われる第1分冊の刊行時期についての挙示資料の混入があるように思われる。アンドレアスの表記法にならえば，第3分冊については，cf. Der Volksstaat, Leipzig, 15 juin 1872, a. IV, no. 48, p.4/III. と記されるべきであろう（下線部が要訂正箇所）。

して第4回審理の記録に入り，140～144ページがその証拠として同じく提出された国際労働者協会関係の文書のうち「創立のよびかけ」の前半部分となり，第4分冊に続いている。

2 『共産党宣言』1872年ドイツ語版は，裁判報告第3分冊『宣言』部分の別刷

次に，『共産党宣言』は若干の別刷も作成されたという点についてである。

『宣言』1872年ドイツ語版は，表紙のない全部で28ページからなっている[51]。その構成は，タイトルページ（表紙＝扉）（写真3を参照），空白のタイトルページ裏，3～4ページが序言，5～27ページが『宣言』本文23ページ分，最終ページがノンブルをも欠く空白ページとなっている。

タイトルページには，上部から順に，ここで初めて用いられた短い表題 Das Kommunistische Manifest. ならびに「新版」，「著者たちの序言付き」，飾り線の下にさらに発行地・発行年として「ライプツィヒ，1872年.」，最下部に「『フォルクスシュタート』印刷所」のそれぞれの記載がある。序言は「ロンドン，1872年6月24日」の日付ならびに「カール・マルクス，フリードリヒ・エンゲルス．」の署名をもつ。5ページからの『宣言』本文の記載の冒頭にあるいわゆるハーフタイトル（「内題」）には，タイトルページとは異なって，元のままの長い表題 Manifest der Kommunistischen Partei が依然として据え置かれている。また，『宣言』本文の最終ページ（27ページ）下部の余白下方には「ライプツィヒ，Fr. ティーレにより印刷」と記されている。

そして，この『宣言』1872年ドイツ語版の組版は，裁判報告書の第3分冊とまったく同じものが用いられている。それは，第3分冊と同じかなり多数の誤植その他印刷上の不備がなんら訂正されないままとなっていることから判明する[52]。

また，『宣言』1872年ドイツ語版についての広告は，裁判報告『ライプツィヒ大逆罪裁判』の各分冊とは異なり，1872年の『フォルクスシュタート』には見

---

(51) 各表紙ページ全4ページ分があればちょうど32ページ（2印刷ボーゲン）となるのであるが，しかしそうした二つ折ボーゲンはなかったようである。
(52) Andréas, *ibid.*, p.63, 64. ハーフタイトルが元のままの長い表題となる所以である。

（写真1）『ライプツィヒ大逆罪裁判』第2分冊表紙（服部文男旧蔵，現尚絅学院大学「服部文庫」蔵）

（写真2）表紙を取り去り合本された『ライプツィヒ大逆罪裁判』第2分冊最終ページと第3分冊冒頭ページ（服部文男旧蔵，現尚絅学院大学「服部文庫」蔵）

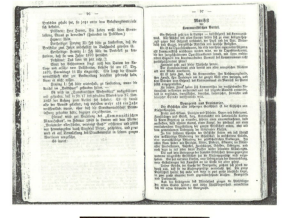

（写真3）1872年ドイツ語版タイトルページ（『研究』第43号，2004年12月，31ページ）

出されない[53]。

　これらの事実は，1873年5月19日付マルクス宛のベーベルの手紙における懸念を確証しており，まさしく「この時期に，ドイツにおいて，宣言の別刷の発行と販売が論外であったことは事実である」[54] と言えよう。これらはさらに，『宣言』1872年ドイツ語版がいかなる役割を担っていたのかをも示唆している。例えばクリームは，ベーベルの手紙を考慮し，「党の役員や宣伝活動家たち向けの限定された数の別刷のみが作成され，それは党の内部でのみ販売されて，書店には出回らなかったということが推論される得る」[55] としている。

　以上の諸事実からみて，『宣言』1872年ドイツ語版とは，『ライプツィヒ大逆罪裁判』第3分冊のなかの『宣言』部分に，両著者による「序言」の付された別刷であるということがまず明らかになるであろう。さらに，その発行部数もかなり限定されたものであったろうことが推定される。

　こうした事情から，『宣言』1872年ドイツ語版は，アンドレアスによって「一つの版を成すとはみなし難い」[56] とさえ評される。

3　『宣言』の校正と「序論」の執筆

　さて，では，『宣言』1872年ドイツ語版を独自のものたらしめている唯一の特徴とも言い得る「序言」は，どのようにして執筆されたのであろうか。

　リープクネヒトは，裁判報告書を刊行し始めた直後の1872年4月20日，刊行計画の一部をエンゲルスに伝え，次のようにその協力を求めている。

> 「われわれの裁判の小冊子にわれわれは共産党宣言 (das Komm [unistische] Man [ifest]) を掲載する。当該号はほぼ2週間後に発行される。ところで，われわれは宣言 (d [as] Manif [est]) をまったく同時に別刷りで (separat) 印刷させようと思っており，そのためには約束の序言 (das ver-

---

(53)　ただし，参看することのできなかったNo. 64-67を除く。なお，アンドレアスはこう述べている。「『フォルクスシュタート』は当時，この別刷にどのようなほのめかしも行わなかった」(Andréas, ibid., p.64)。さらに Kliem, a.a.O., S.139 をも参照。
(54)　Andréas, ibid.
(55)　Kliem, a.a.O., S.139. アンドレアスはすでに，「それら[別刷]の若干部数はおそらく党の最も重要な役員や宣伝活動家たちにのみ配布された」(Andréas, ibid.) と述べている。
(56)　Andréas, ibid.

sprochene Vorwort）が必要だ。来月の初めまでにはどうかよこしてくれ[57]」。

4月23日，エンゲルスは，「君たちの法廷出頭ご苦労さま」云々とリープクネヒトらの裁判での労をねぎらった言葉を冒頭部分に配した手紙のなかで，この協力の申し入れに対して次のように応えた。

「『宣言』の序文（eine Einleitung fürs „Manifest"）をちょっくらちょいと君たちに送るなんてこと，とてもだめだ。第Ⅲ章を時代の高みに引き上げて補完するためには，最近24年間の社会主義文献の研究が必要だ。だから，このことは後日の版のために保留せざるをえない。しかし<u>別刷</u>のための短い『<u>序言</u>』（ein kleines „Vorwort" für den <u>Separatabdruck</u>）はお送りしよう。当座はこれで間に合う[58]」。

このような事情のために，先に構想されていた「1847年から現在までのへだたりに橋をかける序文」は，この時点で見送られ，それに代えて当座の間に合わせの「<u>別刷のための短い『序言』</u>」が執筆されることとなった。

その後もリープクネヒトはエンゲルスに幾度かこの短い序言の送付を求めたものと思われる。それに対するエンゲルスの応えは，まず，1872年5月15［〜22］日付の手紙に二箇所見出される。

「『宣言』の序言（das Vorwort zum „Manifest"）はできるだけ早く書くことにする。マルクスは［『資本論』の］フランス語訳で仕事がいっぱいある。最初のところに訂正箇所が多い。おまけに［『資本論』］ドイツ語第2版の校正だ[59]」。

「『宣言』の序論（Vorrede zum „Manifest"）の件をどうすべきか，目下思案中だ。マルクスは『コンコルディア』からの引用を調査するためシティに行っている[60]」。

ところで，『宣言』本文の校正刷の方は，6月4日以前にはすでにエンゲルスのもとへ送られていたことが分かる。というのも，1872年6月4日付のエンゲ

---

(57) 「1872年4月20日付エンゲルス宛リープクネヒトの手紙」，*Das Werk von Marx und Engels*, S.62.
(58) 「1872年4月23日付リープクネヒト（在ライプツィヒ）宛エンゲルスの手紙」，*MEW*, Bd. 33, S. 451. 下線は引用者。
(59) 「1872年5月15［〜22］日付リープクネヒト（在ライプツィヒ）宛エンゲルスの手紙」，*MEW*, Bd. 33, S. 465.
(60) 同，*Ebenda*, S. 467.

ルス宛リープクネヒトの手紙には，冒頭で「10日後には刑務所にはいらなければならない」と入獄の予定が示された後，エンゲルスに対するいくつかの要請がとりまとめられているのであるが，その一つに次のようなくだりが見出されるからである。

　　「宣言の校正刷を君は受け取ったことと思う。それをすぐ<u>序論</u>とともに送り返してくれ」⁽⁶¹⁾。

この要請に応えて，エンゲルスは1872年6月5［〜6］日付の手紙でこう書く。

　　「短い序論ともども『宣言』の校正刷 (die Korrektur des „M [ani] f [estes]" nebst kurzer Vorrede) はできるだけ早く発送する。あすじゅうにそうしたいものだ」⁽⁶²⁾。

ここで二人が言及している『宣言』本文の校正刷は，エンゲルスの手紙と同時に，あるいはこの手紙にそれほど遅れることなく発送されて，6月15日頃に『宣言』の収録された裁判報告第3分冊が発行される運びになったものと思われる。ただし，アンドレアスの伝える一定数の誤植の残存⁽⁶³⁾を勘案すると，この校正刷が間に合わず用いられなかった可能性をも一応は考慮に入れておくべきであろう。

また，『宣言』1872年ドイツ語版が，その本文については裁判報告第3分冊の『宣言』部分の別刷であってみれば，その著者による校正もこの第3分冊の校正一度だけであったろうことには疑いを差しはさみ難いところである。

再び「序論」に立ち返れば，その原稿はまだ書かれてはおらず，この『宣言』本文の校正刷の返送と伴には送付されなかったようである。というのも，リープクネヒトがフベルトゥスブルクでの服役直後，6月29日付でエンゲルスに宛てた手紙の末尾において，こう注意を喚起しているからである。

　　「『宣言』への序論 (die Vorrede zum „Manifest") をお忘れなく」⁽⁶⁴⁾。

ここからは少なくとも彼がライプツィヒを離れる6月14日頃までに校正刷だ

---

(61)　「1872年6月4日付エンゲルス宛リープクネヒト（在ライプツィヒ）の手紙」
　　　Marx-Engels-Jahrbuch 4, Berlin 1981, S. 402.
(62)　「1872年6月5［〜6］日付リープクネヒト（在ライプツィヒ）宛エンゲルスの手紙」，
　　　MEW, Bd. 33, S. 483.
(63)　Andréas, *ibid.*, p.62.
(64)　「1872年6月29日付エンゲルス宛リープクネヒト（在フベルトゥスブルク）の手紙」，
　　　Die I. Internationale, S. 655.

けは返送されたものの,「序言」の原稿はまだ届けられてはいなかったのであろうことが推測される。実際,『宣言』1872 年ドイツ語版「序言」には,「1872 年 6 月 24 日」という日付が打たれているのであって,以上の経緯からすれば,この日付はやはり実際の執筆年月日である蓋然性が高いと見なければならない。

4　寄贈本についての応接

『宣言』1872 年ドイツ語版については,その刊行後にも,エンゲルスとヘプナーならびにリープクネヒトとの間で,その寄贈本に関する応接があった。発行部数を初め,1872 年ドイツ語版の諸問題と密接に関係するところがあるので,以下,その経過を確認しておくことにしたい。

エンゲルスはヘプナーに宛てた 1872 年 12 月 30 日付の手紙のなかで,自著を自費で購入しなければならなかったことについて,こう苦情を述べている。

>　「われわれがスペインや〔イタリア〕やその他に〔論説〕やパンフレット原稿を送ると,要請しなくてもきまって若干部数がわれわれのところに送られてきますし,またそれ以後の部数も望みどおりに用立てられています。そしてこれがまた一般には当りまえのことなのです。ところが『フォルクスシュタート』の取り計らいかただけは例外です。僕は自分の『農民戦争』を自費で購入しなければなりませんでした。[……] 僕は,たとえば数部の『〔共産党〕宣言』の代りに一通の請求書(Rechnung)が送られてきた,というようなだらしなさを覚悟のうえで,たくさんのものを書くつもりでいます。[……]」[65]。

翌年 2 月 12 日,エンゲルスはこれと同じ事柄を,フベルトゥスブルクの獄中に在ったリープクネヒトにも伝えた。

>　「それから,これはどうしても黙っているわけにはいかないことだが,僕たちが「党」から受ける仕打ちは,もっとたくさん党にさしあげようという気を僕たちに起こさせるようなものではないよ。僕の『農民戦争』はただの一冊も僕に送ってもらえなかった。[……] 僕が『〔共産党〕宣言』の寄贈本を僕たちとここの労働者協会の分として ―― 協会が『宣言』を 3 回も

---

(65)　「1872 年 12 月 30 日付ヘプナー(在ライプツィヒ)宛エンゲルスの手紙」, *MEW*, Bd. 33, S. 554/555.

自費で刊行したことを多として—— 頼んだときには，100 部送ってよこし，それに請求書 (Rechnung) がついて来た。この点はヘプナーに手紙を出したし，こういうがさつな扱い方はこれっきりやめるようにしてくれたまえ」[66]。
リープクネヒトはこれに次のように応えた。

「100 部の共産党宣言 (die 100 Communistischen Manifeste) に関しては，僕は君にこう助言することができるだけだ。それを支払うな！ わが党の人々は君をどうも大富豪で，公益のためには力の限り徴収しなければならないと思っている」[67]。

次節での行論との関わりで著者たちおよびロンドン労働者協会の分としての『宣言』100 部とそれに付けられていた請求書 (Rechnung) に留意しておきたい。

V 『共産党宣言』1872 年ドイツ語版に伴う諸問題

さて，『宣言』1872 年ドイツ語版は，『ライプツィヒ大逆罪裁判』第 3 分冊における『宣言』部分の別刷に，両著者による序言が付されたものであって，党内にのみ向けてもっぱら役員や宣伝活動家にだけ頒かたれたという事情が大きくあずかって，この版本には種々の問題が付随している。以下，主な問題の所在を確認し，いくつかについては多少の検討を加えよう。

1 「序言」の起草分担はエンゲルス

1872 年に裁判報告書発行との関係で『宣言』の再刊が具体化して以降，ロンドンでリープクネヒトとそれに関わる文通にあたったのは，前節第 3 項で参看した手紙類から明らかな通り，マルクスではなくて，エンゲルスであった。マルクスが『資本論』第 1 巻ドイツ語第 2 版の校正と同巻フランス語版への翻訳協力とに専心していたためである。

ここからは，少なくとも当時のマルクスとエンゲルスにあっては，マルクスは『資本論』中心の理論活動，エンゲルスはその他の活動全般，とでも分けること

---

(66) 「1873 年 2 月 12 日付リープクネヒト (在フベルトゥスブルク) 宛エンゲルスの手紙」，*MEW*, Bd. 33, S. 568.
(67) 「1873 年 2 月 27 日付エンゲルス宛リープクネヒトの手紙」，*Marx-Engels-Jahrbuch* 4, Berlin 1981, S. 414.

のできる一種の分業の存在したことが推測され得る。このような推測が許されるとすれば,『宣言』の再刊に関係するその他の種々の作業にももっぱらエンゲルスがあたったと考えるのが妥当であり,「序言」の起草分担もエンゲルスであったと考えられてよい。無論,マルクスも起草されたものに目を通し,修正を加えるといった過程を経たであろうことが想定される[68]。

2 タイトルページと「序言」の著者校正

『宣言』本文の著者校正の経過は前節第3項で見た通りであるが,「序言」の,そして特にタイトルページの著者校正がどのようになされたのかは一応問題となるであろう。というのもこの版から初めてタイトルページに短い表題『共産主義宣言(Das Kommunistische Manifest)』を伴って出版されたという点が特に注目されている[69]からである。

だが,リープクネヒト,ベーベルの入獄後,ヘプナーらによってエンゲルスないしマルクスのもとへそれらの校正刷が送られたことを示す手紙類は,現在公表されている諸資料のなかには見出すことができなかった。

3 作成時期と作成部数

『宣言』1872年ドイツ語版,即ち裁判報告第3分冊からの別刷,が作成された時期は,「序言」の日付,6月24日と,この別刷への言及の初出である「1872年12月30日付ヘプナー宛エンゲルスの手紙」とによって画される期間内である。が,それ以上の正確化を可能とする資料に欠けるため,各説が並立している。早い方から順に,6月末[70],7月[71],8～10月[72]である。だが,いずれも論拠は示されていない。

---

(68) ちなみに,エンゲルスは『共産党宣言』1888年英語版「序文」において,「1872年のドイツ語版へのわれわれの共同の序文」と書いている。

(69) 村上隆夫,前掲論稿。

(70) Andréas, *ibid.*, p.63 および *Das Werk von Marx und Engels*, S. 68. なお,クリームはアンドレアスを7・8月説と理解している(Kliem, *a.a.O.*, S.139)が,それは下記の注(73)の箇所を,むしろ7・8月説を述べたものと誤解しているためではなかろうか。

(71) Прижизненные издания и публикации Произведений К. Маркса и Ф. Энгельса, Часть I, Москва 1974, стр. 72

(72) Kliem, *a.a.O.*, S.139.

第 11 章 『共産党宣言』1872 年ドイツ語版の刊行経緯　337

　『宣言』を収めた裁判報告第 3 分冊が数千部も 6 月に刊行されていたので，同一のテクストの別刷を 7 〜 8 月に刊行することにはほとんど意味がなかった[73]とすれば，作成時期として 6 月末のみならず，こうした重複の少なくなってくる 8 〜 10 月の可能性も無視し難いように思われる。

　とはいえこのような重複の有無は別刷の作成部数に依存しよう。先に見た通りその部数は極めて限定されたものであった可能性が高く，そのような場合，重複についての配慮は無用となるからである。

　だが，別刷の作成部数についてはより大きな謎がある。

　「1873 年 5 月 19 日付マルクス宛ベーベルの手紙」では，「若干の別刷（einige Separatabzüge）も作成され」と述べられており，部数はごくわずかであったような印象を受ける。これに対して，「1873 年 2 月 12 日付リープクネヒト宛エンゲルスの手紙」からは，エンゲルスの手元に寄贈用に送られてきた分だけでも 100 部あることが分かり，そこからは全部で少なくとも数百部は作成されているように感じられる。

　アンドレアスは，作成部数についてのこの矛盾を，もし，エンゲルスに郵送された部数が「この刊本」の大部分を成すか，あるいはむしろ，初めに印刷された非常に限定された部数の追加として印刷されたのだとすれば，解決し得ると同時に，エンゲルスの苦情の原因となった「請求書（die Rechnung）」をも著者に対する送り状（facture）として説明し得るとしている[74]。

　他方，クリームは，むしろベーベルが作成部数を正確に把握していなかったと想定しているようである[75]。なるほどその時点ではベーベルは服役中であり，ライプツィヒから別刷の作成部数についてまで正確に伝えられていたとみるのに

---

(73)　Andréas, *ibid.*, p.64.
(74)　*Ibid.* さらにアンドレアスは，この推定と関連させて，『宣言』1872 年ドイツ語版が各国語訳の底本となる機会の多かった理由を説明する。それは，翻訳を希望してマルクスとエンゲルスのところへ連絡してきた外国の人々に，彼らは別刷のほぼすべてが自分たちのところにあるこの版本を送ったことによる，というものである。本章冒頭で紹介したクリームの示す諸特徴とはまったく異なった視点からの説明であって，普及史の面でまことに興味深い推測である。アンドレアスは本刊本を「一つの版を成すとはみなし難い」と判定しているために，本刊本が普及史上大いに注目されることになる理由を別個に説明しているものとも言えよう。
(75)　Kliem, *a.a.O.*, S.139.

は多少無理があるように思われる。

4 刊行可能となった事情をマルクス，エンゲルスは承知していたか否か

　従来の諸研究において見解の大きな相違が見出されるのは，『宣言』の再刊が可能となった諸事情を，マルクスとエンゲルスは承知していたのか否かという問題である。

　アンドレアスは，彼らがこのような事情を知らされていなかったものと見ている[76]。その論拠は，党内向けの若干の別刷の作成しか許されないのであれば，エンゲルスらがそのようなわずかの部数のためだけに「序言」を寄せるであろうか，というものである。それが寄せられているところから，アンドレアスは，リープクネヒトが，裁判報告書の一部に収録して刊行するのとは異なって，別個に別刷を合法的に刊行することは，当時の状況下では不可能であり，あえてそれをおこなえば弾圧をまねく可能性のあることを，マルクス，エンゲルスに知らせないままにしていた，と推定するのである。さらに，その傍証として挙げられていると思われるのが，前節第4項で見た別刷100部の送付に対するエンゲルスの手紙の書きぶりである。彼がそうした事情をまったく知らずにいたからこそ，そのような別刷の送付を求めることができたというのである。

　このようなアンドレアスの立場からすれば，1873年5月のベーベルのマルクス宛手紙での事情説明の位置付けも，1872年6月の時点でマルクスとエンゲルスが承知していたのならば，翌年5月にベーベルからあらためて説明を受けることはそもそも不要であるということになるのであろう。

　他方，アンドレアスの見解を暗に批判して，マルクスとエンゲルスは『宣言』再刊が可能となった事情のみならず，別刷本発行が不可能なことを知っていたと見るのがクリームである。その論拠は，当初予定されていた本格的な序論が断念されて，当座の間に合わせの「別刷のための短い『序言』」が執筆されたことであって，この「序言」の短さは，別刷が「党内」向けだけのものであることをエンゲルスが承知していたということで初めて了解可能であると見るのである[77]。

---

(76)　本項でのアンドレアスの見解は，アンドレアス，前掲書，pp.62-64の各所による。
(77)　Kliem, *a.a.O.*, S. 140. 確かに，1872年ドイツ語版の「序言」は『宣言』のその後の「序文」類に比して，多少短くはあるが，特に「短い」とは言えない。しかし，ここでのクリームの尺度は，1888年の英語版「序文」に置かれているのであろう。そこには『宣

クリームの立場から見れば,「序言」の末尾近くの「あまりにも思いがけなかった」という章句も,彼らが知らされていた意外な刊行経緯をこそ示唆するものであると理解することになるのであろう。

5 表題の変更について

『宣言』1872年ドイツ語版は,本章冒頭で引用したクリームの特徴づけのd)に見る通り,「これまで慣例であった長い表題『共産党宣言(Manifest der Kommunistischen Partei)』でではなく,短い表題『共産主義宣言(Das Kommunistische Manifest)』で,初めて出版された」。そして,「1945年までの『宣言』の後のドイツ語のたいていの刊本はこの例にならった」のである。このように短い表題の初発となったこの版の表題変更の経緯はどのようなものであったのだろうか。

まず,前もって確認しておかなければならないことは,クリームの言う長短二つの呼称,Manifest der Kommunistischen Partei ならびに Das Kommunistische Manifest のうち後者は,『宣言』1872年ドイツ語版刊行以前から,否すでに1848年のその起草以前からさえ存在しており,なんら特別の意味をもつ呼称ではなかったということである。さらに,短い表題 Das Kommunistische Manifest は長い表題 Manifest der Kommunistischen Partei の別称ないしは通称,略称であり,1848年の起草前後からすでに並存しており,むしろ短い表題が支配的であったということである。[78]

短い表題が支配的であるという事情はこの時点でも同様であって,それは,本章で取り上げられた諸資料のほとんどすべてにおいて短い表題 Das Kommunistische Manifest が用いられており,例外を成すのは裁判報告書97ページおよびその別刷に再録された『宣言』本文に先立つハーフタイトルのみであることからも自明であろう。

さて,先に見たマルクス,エンゲルスにおける『宣言』の再刊に際しての原則は,「『宣言』は一つの歴史的文書であって,それを改める権利は,もはやわれわ

言』各版が一般向けの正規の刊行・販売を意図したものであるのか否かを基準とする弁別がある(*Ebenda*, S. 147)。
(78) Kliem, *a.a.O.*, S. 165.

れにはない」というものであった。この原則はもちろん表題にも及ぶものと見なければならない。したがって，別刷のタイトルページの校正刷りがエンゲルスらに送られるといった経過を経たとするならば，長いほうの表題 Manifest der Kommunistischen Partei が維持されることになったはずである。

したがって，短い表題 Das Kommunistische Manifest で印刷されたということが示しているのは，そうした経過を経ずに，ライプツィヒのヘプナーらの側だけでタイトルページの校正がなされたということであろう。

では，表題がヘプナーらの側で変えられたのであるとすれば，それはなぜであろうか。あえてその理由を推測すれば，以下の諸点が挙げられよう。

まず，『宣言』部分のみとはいえ，裁判記録の別刷として発行されたものであるから，なによりもその審理における呼称を維持したということである。そして，裁判において短い表題が用いられたということの背景には，裁判長初め出廷者たちすべてが通称に従ったということがあるであろう。さらに，このように短い表題が支配的となった諸事情についてはすでに第9章第Ⅳ節において簡略に検討したところではあるが，やはり，リープクネヒトが懸念していた当時のドイツにおける『宣言』にまつわる諸種の誤解——さらにはドイツ官憲の弾圧——を避けるという事情，特にそれが1848年時点の文書であり，表題にある「共産党」は当時の共産主義者同盟を指し，現存する党，ことにドイツ社会民主労働党ではありえないことを強調するという事情があったのであろう。

この最後の事情は，もっぱらドイツにおいて短い表題がその後も長く続いたことを説明する理由ともなり得るものである。

クリームは，表題のこのような変更をエンゲルスらが事後承認したのは，この版本があくまでもドイツ社会民主党内向けのものであったからであると推定している。この推定の根拠は，その後，初めて一般向けの正規の刊行・販売となったサミュエル・ムーア訳の1888年英語版において，エンゲルスがその表題を，正式な当初の長い表題 Manifest der Kommunistischen Partei の英訳である Manifesto of the communist party とさせたことである[79]。

『共産党宣言』1872年ドイツ語版に伴うこれらの問題の解決のためには，未

---

(79) *Ebenda*, S.140, 147, 165.

公刊の書簡等，各種史料の検討が今後とも求められるであろう。

（追記）

その後参看することのできた「1872年6月21日付エンゲルス宛ヘプナーの手紙」[80]等によって，以下の事柄が新たに読み取れるのでここで補足する。

まず，脚注(50)でも補足したが，裁判報告書第3分冊は，遅くともこの手紙の書かれた6月21日までには発行されていたことの他，「1872年6月29日付エンゲルス宛ヘプナーの手紙」における「『共産［党］宣言』はあなたに100部送られるでしょう」という記述からすれば，『宣言』別刷り本のうち少なくとも100部は，当初からエンゲルスに送られる予定であったことが明らかであり，追加として印刷された可能性は排除されるであろう。また，それらがこの刊本の大部分を成すという想定も維持し難いように思われる。この送付は「1872年6月26日付ヘプナー宛エンゲルスの手紙」で要請されていた可能性もある。さらに，『宣言』別刷り本用の「序言」は，「6月26日付ヘプナー宛エンゲルスの手紙」に同封されて送付されたのであろうことが推測されるし，『宣言』別刷り本100部の送付予定の知らせが6月29日という早い時期であることから，普通ならば，それからあまり遅くならない時期に別刷り本が刊行され，この送付も果たされたという可能性を考慮しなければならない。[81]

---

(80) [Dokumente] Kundel, Erich：Die „Volksstaat" ―Redaktion in den Wochen vor dem Haager Kongreß. In：*Beiträge zur Geschichte der Arbeiterbewegung. Zum 125. Jahrestag des Kommunistischen Manifests und der Revolution von 1848*, 15. Jg. 1973, H. 2, S.300.

(81) とはいえ，蓋然性としてはかなり低いと思われるが，ここで述べられている100部の送付はエンゲルスが「1872年12月30日付ヘプナー宛手紙」で不満を述べた100部とは別である可能性も一応考慮に入れておく必要があるかもしれない。

第12章　カウフマン著『ユートピア』へのマルクスの助言

はじめに

　M. カウフマン⁽¹⁾の著作『諸ユートウピア；あるいは社会改良の諸計画。サー・トマス・モアからカール・マルクスまで』が1879年にロンドンで公刊された⁽²⁾。前年の『レジャー・アワー (The Leisure Hour)』誌連載稿がまとめられたのである。

　目次は次のようである。〔(　)内の前の数字が雑誌に掲載された際のページ数 [/の後のローマ数字は1ページに2欄あるその欄数]，それに続く数字が著作のページ数。〕

　Ⅰ．モアの『ユートピア』(pp.134/Ⅰ-136/Ⅱ; pp.1-13)
　Ⅱ．ベーコンの『ニュー・アトランティス』およびカンパネッラの『太陽の都』
　　(pp.245/Ⅱ-248/Ⅱ; pp.14-30)
　Ⅲ．モレリの『バジリアッド』とバブーフの『平等者の結社』(pp.293/Ⅱ-296/Ⅱ; pp.31-48)
　Ⅳ．サン・シモンとサン・シモン主義 (pp.349/Ⅰ-352/Ⅱ; pp.49-66)

---

(1)　モーリッツ・カウフマン (Kaufmann, Moritz [1839-1914以後]) は，『マルクス・エンゲルス著作集 (*MEW*)』第34巻の人名索引によれば，イギリスの聖職者であって，社会主義的教説に関するいくつかの書物がある。1874年に，Albert E. F. Schäffle の著作 *Kapitalismus und Socialismus* に基づいて，*Socialism : its nature, its dangers, and its remedies considered* を出版している。

(2)　*Utopias ; or, Schemes of social improvement. From Sir Thomas More to Karl Marx.* London, C. Kegan Paul & Co., Ⅰ, Paternoster Square. [Charles Dickens and Evans, Crystal Palace Press], 1879, in-16, xⅱ -267p. なお，Utopia の発音は，本来のラテン語ではウトウピア，英語読みではユートウピアと記すのが長音・アクセントともほぼ近いカタカナ表記なのであろう。が，本章の表題および以下の本文では，すでに一般化してしまっていると思われるユートピアを用い，また著作表題での複数を示す「諸」は省くこととする。

第12章　カウフマン著『ユートピア』へのマルクスの助言　　343

Ⅴ．フーリエとファランステール（pp.436/Ⅰ-440/Ⅱ; pp.67-87）
Ⅵ．ロバート・オウエンとイギリス社会主義（pp.524/Ⅰ-528/Ⅰ; pp.88-109）
Ⅶ．マルローとドイツにおける協同社会主義（pp.558/Ⅰ-560/Ⅰ; pp.110-122）
Ⅷ．カベーの『イカリア旅行記』（pp.602/Ⅰ-605/Ⅱ; pp.123-142）
Ⅸ．ルイ・ブランの『労働の組織』（pp.652/Ⅰ-655/Ⅰ; pp.143-158）
Ⅹ．プルードンの批判的社会主義（pp.681/Ⅰ-684/Ⅱ; pp.159-174）
Ⅺ．ラサールとドイツ社会主義（pp.715/Ⅰ-719/Ⅱ; pp.175-196）
Ⅻ．ラサールとドイツ社会民主党（pp.746/Ⅰ-750/Ⅱ; pp.197-223）
ⅩⅢ．カール・マルクスと最近の社会主義理論（pp.788/Ⅰ-792/Ⅱ; pp.224-241）
ⅩⅣ．カール・マルクスとインタナショナル（pp.821/Ⅱ-825/Ⅰ; pp.242-267）[3]

　見られる通り末尾のⅩⅢとⅩⅣの二つの章でマルクスが取り上げられている。他の章については，雑誌と著作とはほぼ同じ内容であるが，この最後の二つの章にのみ多少の改変が見られる。
　この著作は，マルクスがイギリス国内においてドイツ社会主義との関連の中で知られることになる事例の一つとされる[4]。とりわけ本書が興味深いのは，前年の1878年10月にこの二章分の校正刷をカウフマンがマルクスに送り，その助言を求めていることであって，本章で扱う所以である。
　マルクスは，もっぱら事実認識の誤りのみを指摘し，校正刷に訂正を施して返送した。それだけでなく，マルクスはその返信に，同年の『セキュラー・クロニクル』誌8月号に発表した彼の論文「ジョージ・ハウエル君の国際労働者協会の歴史[5]」を同封した。カウフマンが，第一インタナショナルについて述べる際に，ハウエルの論説に依拠していたためである[6]。このハウエルの叙述は

---

(3)　著作の第ⅩⅣ章の冒頭4ページ分強の242〜246ページは，雑誌連載時は第ⅩⅣ章ではなく，それに先立つ第ⅩⅢ章の末尾を成していた。
(4)　Willis, Kirk, The introduction and critical reception of Marxist thought in Britain, 1850-1900, *The Historical Journal*, 20, 2 (1977), p.428, footnote 47.
(5)　Karl Marx:Mr. George Howell's History of the International Working-Men's Association, *MEGA*² Ⅰ/25, S. 151-157 u. S. 720-731 [Apparat]. 初出は，*The Secular Chronicle, And Record of Freethought Progress*, London. vol.Ⅹ, №5, Sunday, August 4th, 1878. pp.49-51.
(6)　George Howell, The History of the International Association, *The Nineteenth*

事実誤認と歪曲のきわめて多いものであった。そのためマルクスは直ちにそれを正す論文を執筆し、上掲誌に掲載したのである。その論文をマルクスが同封したのは、カウフマンがそれを読み、自ら叙述を改めるのに資するであろうことを期待したものと思われる。

マルクスの諸著作の普及史・受容史という観点に立つと、カウフマンの著作にマルクスの助言がどのように生かされたのかを吟味してみる必要が生じる。

最初に、マルクスがカウフマンに助言した経緯をたどり、引き続いて、吟味の作業に移る。

I マルクスが助言することになった経緯

1 アンドレアスの書誌における言及

カウフマンの著作『ユートピア』への言及はすでにベルト・アンドレアスの書誌『マルクスおよびエンゲルスの共産党宣言。歴史および書誌。1848-1918年』の第118番に見出される。

> 「本書［カウフマンの著作のこと―橋本］は、著者の連載論説を著作としたものである。マルクスは、二つの章、「カール・マルクスと最近の社会主義理論」(224-241ページ) および「カール・マルクスとインタナショナル」(242-267ページ) の歴史および伝記の一部を、訂正した。(第113番の注6を参照せよ。)」[(7)]

アンドレアスが（ ）内で参照指示している第113番では、カウフマンの『レジャー・アワー』連載論説における『共産党宣言』からの引用が取り上げられている。その脚注6にはカウフマンの著作の247ページの一節が引用されている。アンドレアスが省略した箇所をも補って示せば次のようである。

> 「この修正を著者はカール・マルクス氏に負っている。氏は、著者とはまったく見ず知らずでありながら、また本書において述べられている諸見解

Century. A Monthly Review, vol. IV, July 1878, pp.19-39.

(7) Andréas, Bert: *Le Manifeste Communiste de Marx et Engels. Histoire et Bibliographie 1848-1918*, Milano 1963, p.84.

の反対者でありながら，親切にも本章および前章の伝記的部分および歴史的部分の誤りを正す労をとってくれた。」⁽⁸⁾

本章でマルクスの助言と表現しているのは，彼がこの労をとったことを指す。本節では，以下，この助言に至る経緯および助言の内容を確認する。

2　二通のカウフマン宛マルクス書簡

(1)　ペツラーの仲介

マルクスがカウフマンに助言することになるそもそものきっかけとなったのは，ペツラーが，9月23日に，カウフマンの手紙を持参してマルクスを訪問し，カウフマンの要請を仲介したことにあった⁽⁹⁾。

仲介者のペツラーについて，マルクスとエンゲルスの往復書簡で見ると，それまでに5通の手紙で言及されている。それらから見ると，1848年革命後ロンドンに亡命したドイツ人たちのなかでマルクスおよびエンゲルスとは思想的・運動的に異なる立場に立っていたが，国際労働者協会の運動のなかでマンチェスターの労働者たちと多くの繋がりをもっていたことから，マルクスおよびエンゲルスらとの連絡をとるようになった人物であることが分かる⁽¹⁰⁾。

(2)　マルクスの第一の手紙（1878年10月3日付）

このようなペツラーの介在したカウフマンからの要請に応えて，マルクスは10日後にカウフマンに宛てて手紙を書いた。この手紙は，次のような英文の草

---

(8)　Andréas, *ibid.*, №. 113, note 6, p.82; Kaufmann, *Utopias*, p.247, footnote.

(9)　「1878年9月24日付エンゲルス宛マルクスの手紙」にはこうある。「きのうは老ペツラーがある牧師の手紙を持ってここにきた。この牧師は雑誌を一つ出しており，社会主義にも手をつっこんでいて，僕からもなにか知識を得たいということだった。」(*MEW*, Bd. 34, S. 88. 訳文は大月書店版『マルクス・エンゲルス全集』第34巻所収の岡崎次郎訳。)

(10)　Andréas, *ibid.*, p.81, note 2. アンドレアスによれば，ペツラーはこの2年前には匿名で社会改革に関する著作を出版している。[Petzler, J.A.] *Social Architecture; or, Reason and Means for the Demolition and Reconstruction of the Social Edifice. By an Exile from France.* London, Samuel Tinsley, 10, Southampton Street, Strand, 1876, in-8, xix- [1] -439p (Andréas, *ibid.*, p.87, note 1; p.87/88) である。マルクスおよびエンゲルスがペツラーに言及しているのは，アンドレアスも指示している「1851年8月25日付エンゲルス宛マルクスの手紙」(*MEW*, Bd.27, S.320) が最初であり，その後，いくつかの書簡で言及されている (*Ibid.*, Bd.28, S.330; Bd.31, S.33, S.74, S.79)。

案だけが残されている。

「拝啓

ペツラー氏の話によると、貴下は拙著『資本論』と小生の生涯について論文をお書きになり、それが貴下の他の論文といっしょに印刷されるとの由。そして貴下は小生またはエンゲルスが、貴下の側に何かの間違いがあったら、それを訂正することを望んでおられるとの由。当該論文の写し(a copy of [the] said article)を拝見しないうちは、そのことがどの程度までできるか、もちろん決定いたしかねます。

コミューンの最良の歴史書はリサガレの『コミューン史』です。とはいえ、初版は売り切れで、第二版はまだ出版されていません。リサガレの宛先は、ロンドン、西区、フィッツロイ・スクウェア、フィッツロイ・ストリート、35番です。ひょっとしたら彼が自著の版本を工面できるかもしれません。

さしあたりコミューンにかんする『よびかけ』をお送りします。コミューン没落の直後に、インタナショナル総評議会にかわって、小生が書いたものです。

また——もし貴下がまだお持ちでなかったら——小生の友人エンゲルスの最近の著作『オイゲン・デューリング氏の科学の変革』を郵送いたしましょう。これはドイツ社会主義を評価するのにたいへん重要なものです。

敬具

カール・マルクス

M. カウフマン殿[11]」

マルクスのこの手紙の趣旨は「当該論文の写し」を読まないことには要請にどの程度応えられるか分からないということである[12]。その他に、資料の紹介として、リサガレの著作の推薦と、自身のコミューンにかんする『よびかけ』即ち現在では『フランスにおける内乱』と称されているマルクスの著述およびエ

---

(11) 「1878年10月3日付モーリッツ・カウフマン(在バーケンヘッド)宛マルクスの手紙(草稿 [原英文])」 *Karl Marx/Frederick Engels Collected Works*, vol.45, Moscow 1991, pp.333/334. 邦訳は大月書店版『全集』第34巻所収、川口浩 訳。

(12) この手紙にはおそらくコミューンにかんする『よびかけ』、即ち現在は『フランスにおける内乱』と称されているマルクスの著述も同封されたのであろうことが窺われる。が、手紙で触れられているエンゲルスの著作『オイゲン・デューリング氏の科学の変革』は、以下で述べるように、10月11日までにもまだ郵送されていなかったようである。

ンゲルスの新著『反デューリング論』の郵送について記されている。
　この手紙を受け取ったカウフマンからは，折り返し，彼の論説および著作の4つの校正刷が添えられた手紙が届く。

(3) マルクスの第二の手紙 (1878年10月10日付)
　カウフマンから届いた手紙に対して，マルクスの返信が書き送られる。1878年10月10日付の次の英文草案だけが残されている。
　　　「　　　　　　　　　　　1878年10月10日，ロンドン，北西区，
　　　　　　　　　　　　　　　　　　　メートランド・パーク・ロード，41番
　拝啓
　　校正刷のなかで一，二箇所の誤りを指摘するのにとどめました。もっと重要な誤記に立ち入るのには，余暇がありませんし，またそうすることは貴下の目的にそわないでしょうから。
　　校正刷b
　　「そのうちのひとりは青年ラサールであった (one of whom was the youthful Lassalle)」を抹消しました。彼は，当時最初に小生と個人的関係に入った人ではありますが，『新ライン新聞』の同僚ではけっしてありませんでした。
　　『資本論』の「ロシア語 (the Russian)」訳を追補しました。若い大学教授が小生の理論を公然と採用し弁護したのはまさにロシアにおいてだったからです。
　　校正刷d
　　「そして以前はそのメンバーのひとり (and formerly one of its members)」を抹消しました。メーリングはドイツ社会民主党のメンバーではけっしてありませんでした。事実は，御用新聞基金管理者の数回の策動をリープクネヒトに通報することによって，メンバーになろうと試みたということです。その後まもなく，ゾネマン氏（『フランクフルト新聞』の所有者）を相手どった名誉棄損訴訟のおりに，フランクフルト法廷の判決で表立って破廉恥の汚名を着せられると，彼は恐れげもなくやくざ文士という地位を容認しました。ドイツ社会民主党の生粋の敵対者中の最も保守的な者でさえ，こういう人が「社会民主党の歴史家」と呼ばれるのを知ったら，むしろび

っくりさせられるでしょう。彼がバンベルガー氏の尊敬を受けていることはもちろんです。そのバンベルガー氏たるや，1848年のドイツ革命の敗北後（彼はこの革命の期間中滔々とまくしたてるデマゴークの役割を演じていました），パリ在住の亡命者として第二帝政の財政家たちから実務的訓練を受け，メキシコ借款詐欺等への参加によって財を成し，プロイセンの戦勝後ドイツへ帰還し，ドイツの「株式・泡沫会社詐欺期」の指導的人物のひとりになった男です。たとえばオーエンの運動の資料および批判の件で話しかけてもよい相手は，絶対にロンドンのアルベルト・グラント氏ではありません（彼はバンベルガー風の男で，奇しくも同じ町——マインツ——の出身です）。

　ハウエル氏の論文（『ナインティーンス・センテュリ』所載）をどの程度まで「歴史的資料」と見なしてよろしいかは，この手紙と一緒にお送りした印刷物からお分かりになれます。

　明日エンゲルス氏の著作をお送りしましょう。」(13)

マルクスは校正刷について，ラサールとメーリングに関わる二つの抹消および『資本論』ロシア語訳の付加を勧めている。また，ハウエルを批判する「印刷物」を同封したこと，前便において送ると記していたエンゲルスの『反デューリング論』はこの時点ではまだ送られていなかったこと，が分かる。同封した「印刷物」とは，後論において詳しく見るが，マルクスが1878年に『セキュラー・クロニクル』誌8月号に発表した論説「ジョージ・ハウエル君の国際労働者協会の歴史」のことである。(14)

マルクスは校正刷としてbとdと二つに触れているだけである。アルファベットの略号から，カウフマンがマルクスに送った校正刷には，他に校正刷aと校

---

(13)　「1878年10月10日付モーリッツ・カウフマン（在バーケンヘッド）宛マルクスの手紙（草稿［原英文］）」*Collected Works*, vol.45, pp.334/335. 邦訳は同前『全集』所収，川口訳。下線は橋本による。なお，以下，本章における引用文中の下線は，特に断らない限り，橋本による。

(14)　『マルクス・エンゲルス著作集』第34巻の注記においてはこう述べられている。「マルクスがモーリッツ・カウフマンに彼の論文「ジョージ・ハウエル君の国際労働者協会の歴史」を送ったことは明らかである。この論文は，1878年に『ナインティーンス・センテュリ』誌7月号に発表された変節者ハウエルの論文「国際協会の歴史」を反駁したものである。ハウエルは国際労働者協会の歴史を歪曲した。彼の論文は国際労働者協会ならびにその設立・発展のさいのマルクスの役割にかんする虚偽の主張をその内容としていた。」（*MEW*, Bd. 34, Anm. 455. 同前『全集』川口訳）

正刷 c とがあり，校正刷は全部で a，b，c，d の 4 種があったのであろうことが推測される。おそらく校正刷 a は『レジャアー・アワー』第 1407 号のもの，校正刷 b は予定されていた著作のほぼこの連載部分に対応する第 XIII 章のもの，校正刷 c は『レジャアー・アワー』第 1409 号に収録された連載最後のもの，そして校正刷 d が著作のうち，ほぼこの連載部分に対応する第 XIV 章のものであったと見てよい。カウフマンは『レジャアー・アワー』連載稿を著作にするべくすでにその校正刷も作成していたものと思われる。マルクスは，その著作となる方の第 XIII 章の校正刷 b と第 XIV 章の校正刷 d とに訂正の助言をしたことになる。

II　マルクスの助言はどのように生かされたのか

　カウフマンの著作について，雑誌掲載論説と著作とを比較することにより，マルクスの助言がどの程度生かされたのかが分かる。本節ではこれを確認する。双方を比較する便宜のために以下ではいずれも英語原文を掲げるが，著作における変更については注記等で最小限の掲出に留めることとする。

---

(15)　そうであるとすれば，校正刷 a と校正刷 b，校正刷 c と校正刷 d それぞれの違いはもっぱら区分されている箇所が違うだけで，内容は同一のものなのであった。したがって，マルクスは雑誌の校正刷 a と c には触れることなく，著作の校正刷である b および d にのみ言及したのであろう。『レジャアー・アワー』が早くに発行されていれば，そのいわば抜刷（別刷）を送付できたのだが，いずれも 12 月発行の号であったためにまだ発行されておらず，掲載稿にもっとも近い校了となった校正刷あるいはいわゆる清刷が同封されたものであろう。
(16)　そうであるとすれば，マルクスの助言は雑誌論説には反映されておらず，助言を得て「いくらか書き直され」たのは，雑誌ではなくて，著書の方のみであったわけである。マルクスの助言は雑誌掲載稿の訂正には時間的に間に合わなかったのではなかろうか。したがって，『マルクス・エンゲルス著作集』の次の注記の下線部は改められる必要がある。「イギリスの聖職者，モーリッツ・カウフマンは，彼が計画していた社会主義の歴史にかんする著書のために彼が書いたマルクスにかんする一論文に目を通すことを，かねてからマルクスに依頼していた。マルクスはこの依頼に応じた。<u>1878 年 12 月にカウフマンの論文はいくらか書き直されて雑誌『レジャー・アワー』に掲載された</u>。マルクスが最後の二章に目を通した著書は 1879 年にロンドンで『ユートピア。または社会改良計画。サー・トマス・モアからカール・マルクスまで』という表題で発行された。」(*MEW*, Bd. 34, Anm. 172. 同前『全集』岡崎訳。)

1 マルクスの直接の訂正指示

手紙においてマルクスが誤りであると直接に指摘した部分は,カウフマンによってどのように処理されたのであろうか。

(1) ラサールの抹消

まず,ラサールを抹消した箇所を見よう。それは,1848年とそれに続く時期のマルクスの伝記的事実について叙述している部分にある。

雑誌掲載分では次のようである。

> He was expelled from Brussels during the revolutionary panic of 1848, and though invited to Paris by the Provisional Government, found it soon advisable to quit France and to return to Cologne, where, in conjunction with friends, <u>one of whom was the youthful Lassalle,</u> he founded a new *Rheinische Zeitung*, which became the organ of the Revolution.[17]

カウフマンは,マルクスの助言を承けて,著作では,friends,の後の下線部「そのうちのひとりは青年ラサールであった」という一句を削除している[18]。

(2) 『資本論』「ロシア語」訳の追補

次に,マルクスが『資本論』「ロシア語」訳を補った箇所はどのように処理されたのであろうか。

雑誌掲載分では次のようである。

> It received further expansion in Karl Marx's *magnum opus*, "Das Kapital"(Capital), a second edition of which, published in 1872, enjoys a large circulation, has been translated into <u>French</u>, and forms the text-book of Modern Socialism.[19]

「『資本論』の「ロシア語」訳を追補」したというマルクスの助言を承けて,

---

(17) *The Leisure Hour*, p.789/Ⅱ.
(18) one of whom was the youthful Lassalle, > 削除(Kaufmann, *ibid.*, p.230. 4.)
(19) *The Leisure Hour*, p.789/Ⅱ.

著作では，下線部の French とコンマとの間に and Russian の2語が挿入されているのを見ることができる[20]。

(3) メーリングについての記述の正確化

メーリングについてのマルクスの指摘はどのように扱われたのであろうか。雑誌掲載分では次のようである。

> These internal divisions weakened the party and presented it in an unfavourable light before the world at large. Marx, although by reason of his intellectual superiority the natural head of the movement, was unwilling to become its acknowledged leader, and a small number of *rois fainéants* succeeded each other, from Becker, the immediate successor of Lassalle, styling himself the "President of Humanity," downwards, until Baron von Schwezer, a really able man, at last succeeded, in 1867, to supplant the lesser lights of the association in the presidential chair. "Then," says Mehring, the historian of the Social Democracy, and formerly one of its members, "the modern Alexander (*i.e.* Lassalle), who had gone out to conquer a new world of bliss, had found at last the one most worthy to become his successor."[21]

著作では，シュヴァイツァーの綴字の誤植訂正，綴字法の多少の相違のある他は，マルクスの助言を承けて，Mehring に続く下線部 12 語が削除されている。つまり，マルクスが手紙で校正刷から抹消したと述べていた「そして以前はそのメンバーのひとり」という6語が，著作でも実際に削除された。それだけでなく，さらに，Mehring の直後の「社会民主党の歴史家」という6語も削除された[22]。これは，マルクスの手紙に記された「こういう人が『社会民主党の歴史家』と呼ばれるのを知ったら，むしろびっくりさせられるでしょう」との

---

(20) French, and forms > French and Russian, and forms (Kaufmann, *ibid.*, p.230. 12.)
(21) *The Leisure Hour,* p.791/Ⅱ.
(22) the historian of the Social Democracy, and formerly one of its members, > 削除 (Kaufmann, *ibid.*, p.243. 14.)

感想をカウフマンが尊重した結果とみてよい。[23]

　以上の3点がマルクスが直接に指示した箇所であり，それはカウフマンによってすべて受け容れられ，採用され，著作にそのまま生かされたことが分かる。
　マルクスは返信に，さらに自身の『セキュラー・クロニクル』誌8月号掲載論説「ジョージ・ハウエル君の国際労働者協会の歴史」を同封した。カウフマンはこの論説を読み，訂正を要する箇所を自ら訂正している。次にこれらの訂正箇所を項を改めて確認しよう。

2　論説「ジョージ・ハウエル君の国際労働者協会の歴史」の送付による訂正

　マルクスが同封した論説はカウフマンによってどのように利用されたのか。まず，雑誌連載最終回に先立つ回の論説最後に脚注が付されていたが，この注記が増補されている。この点から見よう。

(1) 雑誌№1407掲載稿末尾の注記の変更

1）ハウエル論説の評価の変更

　カウフマンは，雑誌の掲載稿の末尾に，ハウエル論文に言及した脚注を置いていた。その冒頭で，ハウエルの論説を「有益な論説 (a valuable article)」と紹介していた (№1407, p.792/Ⅱ, footnote)。ところが，著作のそれに対応する箇所では，「有益な (valuable)」という形容詞が削除され，ただ単に「論説 (an article)」に変更されている (p.246, footnote)。この1語の削除は，マルクスの論文によるハウエル論文の批判を尊重した態度である。

2）注記後半部への二段落の追加

　同じ脚注に著作では次の二つの段落が追加された。

　　　Karl Marx, in "The Secular Chronicle," 20th August, 1878, referring

---

(23)　ちなみに，このメーリングに関わる訂正箇所は，前の2件が校正刷bであるのに対して，マルクスの手紙に見られるように校正刷dをもとにしての助言である。この点が，これら二つの校正刷が，雑誌論説のものではなくて，著作の第ⅩⅢ章と第ⅩⅣ章の校正刷に当たるという推測の根拠になる。雑誌連載の方はこのメーリングの箇所も前の二ヵ所と同じく，№1407所収部分に含まれており，もしマルクスが雑誌の校正刷を用いた場合には，前の2件とこの箇所は同じ校正刷bに基づいて助言することになるはずだからである。

第12章　カウフマン著『ユートピア』へのマルクスの助言　　353

to this article in "The Nineteenth Century," complains that Mr. Howell does not mention him as present at the "foundation meeting" of the International, where he was chosen a member of the Provisional General Council, and soon after drew up the "inaugural address" and the general statements of the Association, first issued in London in 1864, and confirmed by the Geneva Congress of 1866.

　The author is indebted for this correction to Mr. Karl Marx, who, although a perfect stranger and an opponent to the views set forth in this volume, has been kind enough to correct the biographical and historical portions of this and the previous chapter.[24]

追加された一つ目の段落は，以下に引用する『セキュラー・クロニクル』誌掲載のマルクス論説の第二段落を基に，正確な事実を紹介したものである。即ち，

　Mr. Howell sets about his "History" by passing by the facts that, on September 28th, 1864, I was present at the foundation-meeting of the International, was there chosen a member of the provisional General Council, and soon after drew up the "Inaugural Address," and the "General Statutes" of the Association, first issued at London in 1864, then confirmed by the Geneva Congress of 1866.（ハウエル君は，1864年9月28日に私がインタナショナルの創立大会に参加し，その席上で臨時総評議会の一員に選出され，その後まもなく協会の『創立宣言』と『一般規約』——最初1864年にロンドンで公表され，ついで1866年のジュネーヴ大会によって確認されたもの——を起草したという事実をとばすことで，彼の「歴史」を始めている。）[25]

マルクスの論説の送付を受けて，カウフマンの事実認識が正確にされたことになる。

　また，追加された2つの段落のうち後のものは，アンドレアスの言及した，カウフマンがマルクスに対して表明した謝意の箇所であり，本章344/345ページに訳出しておいたところである。

---

(24)　Kaufmann, *ibid.*, p.247, footnote.
(25)　*MEGA*² I/25, S. 151（邦訳は大月書店版『全集』第19巻所収，村田陽一訳）。

(2) インタナショナル第1回大会についての叙述の正確化

インタナショナルの活動について，ハウエルの論説に基づいて「第1回大会」であると誤った事実を記載していた箇所が，マルクスの指摘によって正確にされた。

雑誌では次のよう。

<u>The first annual congress was held in 1865, and delegates from several European countries appeared on the occasion.</u>[26]

著作ではこうである。

<u>In 1865 delegates from several European countries met in London, for the purpose of conferring with the General Council on the programme of the "first Congress," which was to assemble at Geneva, in September, 1866.</u>[27]

この変更は，ハウエルの歪曲をマルクスの論説が次のように批判した箇所に従った正確化である。

<u>In the first instance, no "Congress" of the International took place in September, 1865. A few delegates from the main continental branches of the Association met at London for the sole purpose of conferring with the General Council on the Programme of the "First Congress," which was to assemble at Geneva, in September, 1866</u>．(まず第一に，1865年9月には，インタナショナルの「大会」はひらかれなかった。大陸における協会の主要な諸支部から来た少数の代議員がロンドンで会合をひらいたが，その唯一の目的は，1866年9月にジュネーヴでひらかれるはずであった「第1回大会」の議案について総評議会と協議することであった。)[28]

(3) 新たな脚注による新資料の追加

カウフマンは，著作において新たに次のような脚注を付した。

The programme is characterised by the French historian Henri

---

(26)　*The Leisure Hour*, No. 1409, p.821/Ⅱ.
(27)　Kaufmann, *ibid.*, p.246/247.
(28)　*MEGA*² Ⅰ/25, S.151（邦訳は同前，村田訳）．

第 12 章　カウフマン著『ユートピア』へのマルクスの助言　　355

Martin, in a letter to *The Siècle*, as follows:"The breadth of view and the high moral, political, and economical conceptions which have decided the choice of questions composing the programme of the International Congress of working-men, which is to assemble next year, will strike with a common sympathy all friends of progress, justice, and liberty in Europe."[29]

これはマルクスの論説が次のように紹介した章句そのままである。

　Like the other representatives of the General Council, I had to secure the acceptance by the Conference of our own <u>programme</u>, on its publication thus <u>characterized, in a letter to the Siècle, by the French historian, Henri Martin</u>:

　　"<u>The breadth of view and the high moral, political, and economical conceptions which have decide the choice of questions composing the programme of the International Congresse of Workingmen, which is to assemble next year, will strike with a common sympathy all friends of progress, justice, and liberty in Europe</u>."

（中央評議会の他の代表たちと同様に，私は，自分たちの議案を協議会に承認してもらうために努めなければならなかった。この議案が公表されたとき，フランスの歴史家アンリ・マルタンは，『シエクル』への通信のなかでそれをこう特徴づけた。

　「来年開催される予定の国際労働者大会の議案を構成する諸問題の選択の決定に現われた視野の広さと，高い道徳的，政治的および経済的な見解とは，ヨーロッパの進歩，正義，自由の友すべての共感を等しく呼ぶであろう[30]。」）

　他にもマルクスの論説に基づいて叙述を変更したり注を追加したように思われる箇所が若干存在するが，その検討はここでは割愛する。

　さらに，もう1点，252ページにおける脚注の追加がある。これについては節を改めて見る。

---

(29)　Kaufmann, *ibid.*, p.250, footnote.
(30)　*MEGA*² I/25, S.152; Henri Martin, L' Association Internationale des Travailleurs, *Le Siècle*, N°11 171, Paris 14. octobre 1865; *MEGA*² I/25, Apparat, S. 723（邦訳は同前）.

III 「ジョージ・ハウエル君の国際労働者協会の歴史」の異文

　カウフマンは252ページに新たな脚注を追加した。前節 (1) での247ページにおける引用に続くものである。マルクス論文の次の部分からの直接引用である。[31]

　　In reality, the social democratic working-men's parties organized on more or less national dimensions, in Germany, Switzerland, Denmark, Portugal, Italy, Belgium, Holland, and the United States of America, form as many international groups, no longer single sections thinly scattered through different countries and held together by an eccentric General Council, but the working masses themselves in continuous, active, direct intercourse, cemented by exchange of thought, mutual services, and common aspiration.

　　After the fall of the Paris Commune, all working class organization in France was of course temporarily broken, but is now in an incipient state of reforming. On the other hand, despite all political and social obstacles, the Slavs, chiefly in Poland, Bohemia, and Russia, participate at present in this international movement to an extent not to be foreseen by the most sanguine in 1872. Thus, instead of dying out, the International did only pass from its first period of incubation to a higher one where its already original tendencies have in part become realities. In the course of its progressive development, it will yet have to undergo many a change, before the last chapter of its history can be written. (〔ところが，ジョージ・ハウエル君は，島国の「俗物」という高尚な立場から，インタナショナルは「失敗」であったし，消えうせてしまったと，『ナインティーンス・センテュリ』の「教養ある人々」に打ち明ける。〕実際には，ドイツ，スイス，

---

(31)　「マルクスがモーリッツ・カウフマンに彼の論文『ジョージ・ハウエル君の国際労働者協会の歴史』を送ったことは明らかである」と確言できるのは，前節で見た点にもまして，カウフマンの著書にマルクスの論文からのこの直接引用があるからである。

第12章　カウフマン著『ユートピア』へのマルクスの助言　357

デンマーク，ポルトガル，イタリア，ベルギー，オランダ，そしてアメリカ合衆国に，多かれ少なかれ国民的な規模で組織されているもろもろの社会民主主義的労働者党は，それぞれがインタナショナルのグループなのであって，ただそれらはもはや，さまざまな国にまばらに散らばった個々の支部が，中心からはずれた場所に有る総評議会によって一つにまとめられているのではなくて，思想の交換，相互援助，共通の願望によってしっかりと結束を固めた，不断の，積極的な，直接の交流のうちにある労働者大衆それ自身なのである。

　パリ・コミューンが倒れたのち，フランスの労働者組織はすべて，当然に一時的に破壊されたが，いまではそれは再建の緒についている。他方，現在では，スラヴ人，主としてポーランド，ベーメンおよびロシアにおけるスラヴ人が，あらゆる政治的および社会的障害を押しきって，1872年にはどんな楽観的な人も予見しえなかった規模で国際的な運動に参加している。だから，インタナショナルは死滅したのではなく，その第一期の孵化期から，そのより高い時期，はじめはたんなる傾向であったものがすでに部分的に現実となった時期に，移行したにすぎない。インタナショナルは，その歴史の最後の一章が書けるようになるまでには，前進的発展の過程で，今後もなお多くの変化を経験しなければならないであろう。[32]）

　注目すべきは，この部分の章句が，カウフマンの著作においては，多少異なっている点である。[33]

　新『メガ』では，マルクスの自筆原稿を X^1，その雑誌掲載本文を J^1 と略記し，本文の系統を X^1—J^1 と記載している。これに倣って，カウフマンの著作『ユートピア』第XIV章の脚注に新たに収録されたマルクス論説からの直接引用部分を d^K と表示すれば，本文の系統は X^1—J^1—d^K と続くことになる。

　引用箇所について，この記号を用いて，マルクスの雑誌論説の本文とカウフマンの著作における直接引用との相違を記載すれば，次のようになる（各行頭の数字は $MEGA^2$ I/25 のページ数と行数とである。）。

157.19-20　the social democratic working-men's parties] d^K the social democratic

---

(32)　$MEGA^2$ I/25, S.157. 邦訳は同前，村田訳，150/151ページ。〔　〕内は橋本による追加引用。
(33)　Kaufmann, *ibid.*, p.252, footnote.

	working-men's parties,
157.20-22	on more or less national <u>dimensions,</u> in Germany, Switzerland, Denmark, Portugal, Italy, Belgium, Holland, and the United States of America] d^K on <u>a</u> more or less national <u>scale</u> in Germany, Switzerland, Denmark, Portugal, Italy, Belgium, Holland, <u>Hungary,</u> and the United States of America
157.23	through different countries] d^K through different countries,
157.24	the working masses themselves] d^K the working masses themselves,
157.25	cemented by exchange of thought] d^K cemented by <u>sameness of struggle,</u> exchange of thought
157.27	all working class] d^K all working-class
157.29	reforming] d^K re-forming
157.33	its <u>first</u> period of incubation] d^K its period of incubation
157.33	its <u>already</u> original] d^K its original
157.35	many a change,] d^K many a change
157.36	can be <u>written</u>] d^K can be <u>told</u>

　見られるように，新『メガ』のページおよび行で示せば157.20-22, 25, 33 などの相違は著者本人のマルクスでなければ通常は訂正し得ないような変更である。なぜこのような変更が生じたのか。マルクスがカウフマンに送った雑誌（ないしはその抜刷）にマルクスがそのような訂正を施しており，カウフマンがそれに従ったために生じたという可能性は否定し難いのではなかろうか。そのようにしてマルクスが訂正を施してカウフマンに送った雑誌『セキュラー・クロニクル』（ないしはそれに掲載されたマルクス論文の抜刷）の本文をJ^{1M}と表記するならば，本文の系統は，新『メガ』が述べるX^1—J^1だけでは終わらずに，X^1—J^1—J^{1M}—d^Kと続くことになる。もしそうであるとすれば，カウフマンの著作における直接引用はマルクスによる訂正をそのまま反映したマルクス論説の異文だということになるであろう。

IV　『共産党宣言』からの引用

　アンドレアスもすでに指摘している通り，カウフマンはその雑誌連載および著作において，『共産党宣言』の著名な最終章句「万国のプロレタリア，統一せよ！」の直前に置かれた段落から，二度にわたって英訳し引用している。本節ではこの英訳を検討する。雑誌連載も著作もほぼ同文であり，ここでの要

点は相違ではない。

(1) カウフマンによる英訳

カウフマンによる一度目の引用は次のようである。

　　In one of his manifestoes he acknowledges, "Our objects can only be attained by a <u>violent</u> subversion of the social order.⁽³⁴⁾"

二度目の引用は，段落全体にわたり，同じ原独文でも一度目とは多少英訳が異なっている。カウフマンは，マルクスの1840年代の活動を，エンゲルスの『イギリスにおける労働階級の状態』とともに紹介し，『宣言』が二人の協同によって刊行されたことを記す。その『宣言』はこう結論しているとして，以下の直接引用が置かれている。

　　"Communists discard the idea of concealing their views and intentions. They declare it openly that their objects can only be attained by means of a <u>violent</u> subversion of existing social order. Let the ruling classes tremble before the Communistic Revolution ! The Proletarians have nothing to lose in it but their chains. They may win a whole world. Proletarians of all countries unite yourselves⁽³⁵⁾ ! "

1878年以前のほぼ全文にわたる英訳は1850年にヘレン・マクファーレンが『レッド・リパブリカン』において行ったもののみであり，相当する箇所は次のようであった。

　　The Communists disdain to conceal their opinions and ends. They openly declare, that these ends can be attained only by the <u>overthrow</u>

---

(34) *The Leisure Hour*, No. 1407, 14. December 1878, p.788/II; Kaufmann, *ibid.*, p.226.

(35) Kaufmann, *ibid.*, p.229. なお，この箇所に相当する原独文，邦訳，1888年のエンゲルス校閲サミュエル・ムーアによる英訳は，それぞれ次の箇所にある。*Manifest der Kommunistischen Partei*, London 1848, S. 23; *MEW*, Bd. 4, S. 493. マルクス／エンゲルス（服部文男 訳）『共産党宣言／共産主義の原理』（新日本出版社, 1998年）109ページ。Marx, Karl/Engels, Frederick, *Manifesto of the Communist Party*, London 1888, p.31; *Karl Marx/Frederick Engels Collected Works*, vol. 6, Moscow 1976, p.519. 雑誌連載本文は次のよう。2点（語順とコンマの有無）でのみ異なる。1) The Proletarians have nothing <u>but their chains to lose in it</u>. 2) Proletarians of all countries<u>,</u> unite yourselves !（*The Leisure Hour*, p.789/ I）

of all hitherto existing social arrangements. Let the ruling classes tremble at a Communist Revolution. The Proletarians have nothing to lose in it save their chains. They will gain a World. Let the Proletarians of all countries unite!(36)

一見してまったく別の訳文であることが分かる。カウフマンの英訳は自ら訳出したものであろう。この時期にこの章句の別の英訳がなされていることがまず確認されるべきである。

(2) 英訳箇所に関わる諸問題

この箇所がそのようにしてとりわけ問題となる事情があった。この年の5月11日，ヴィルヘルムⅠ世に対する暗殺が企てられた。これを口実として，ビスマルクがいわゆる例外法または社会主義者取締法（公共に危害を及ぼす社会民主党の志向を取り締まる法律）を帝国議会に上程する。5月24日の国会では251票対57票で否決される。6月2日の二度目の暗殺の企てを口実に，6月11日にビスマルクは帝国議会を解散する。7月30日の選挙を経て，彼に従順な国会多数派が形成される。9月16日に再び討議が開始された同法案は，10月19日に議会で採択，10月21日に発効する(37)。

9月16日の討議においてプロイセン内相ボート・オイレンブルクは，当時の「ドイツ社会民主党の強力説」を証明しようと3点の引用を行った。

マルクスは直ちに「社会主義者取締法にかんする帝国議会討論の概要」を作成――結局公表はされなかったが(38)――し，それらの箇所について批判を加えた。カウフマンとの手紙のやり取りの前月のことである。その第1の引用箇所への批判にはこうある。

> 「さてオイレンブルク氏は社会民主主義の強力説（Gewaltlehren）を三つの引用文によって証明する。

---

(36) *The Red Republican*, p.190/Ⅲ; $MEGA^2$ I/10, S. 628. 著者名を隠した1869年のステップニーの抄訳も『宣言』第Ⅱ章までで，この箇所まではなされなかった（Andréas, *ibid*., p.47)。
(37) ここでの社会主義者取締法に関する事実はもっぱら*MEW*, Bd. 34, Anm. 151, 445, 446から。
(38) *MEW*, Bd. 34, Anm. 577.

第 12 章　カウフマン著『ユートピア』へのマルクスの助言　　361

　1．マルクスは資本を論じた彼の著作のなかで言っている。「<u>われわれの目的は，うんぬん。</u>」|しかし「<u>われわれの</u>」目的と言われているのは，ドイツ社会民主党の名においてではなく，<u>共産党</u>の名においてなのだ。|この箇所は，<u>1867</u> 年に出版された『<u>資本論</u>』のなかにではなく，「1847年」に出版されていた『<u>共産党宣言</u>』のなかにある[583]．したがって，「ドイツ社会民主党」が現実に形成されたときよりも 20 年前のことである。」[39]

　マルクスの批判の主旨はもっぱら，目的設定をしている主体がまるで別の団体であるという点にある。引用されているのは，1848 年の『共産党宣言』で述べられている目的であり，現在のドイツ社会民主党の目的ではない。その結党より 20 年も前に共産党の名において出された『宣言』の目的には現在のドイツ社会民主党はなんの責任もない，というのである。

　このことを前提としたうえで，確認したいのは，また別のところにある。まず，『宣言』の「この箇所」を特定する必要があるが，それについて，『著作集』同巻の注記 583 の箇所特定はこうである。

　　「ここで問題にされているのは『共産党宣言』中の次のような箇所である。「共産主義者は彼らの目的がこれまでの全社会秩序の強力的な転覆（gewaltsamer Umsturz）によってしか達成されえないことを公然と宣言する。」」

　この章句の特定は妥当であると思われる。したがって，まさにカウフマンが英訳して引用している箇所だということになる。ひと月前にオイレンブルクが持ち出した『宣言』の一節であるだけに，マルクスの記憶には強く残っていた箇所であるとみてよい。

　オイレンブルクから受けた「強力説（Gewaltlehren）」という批判との関連では，とりわけ『宣言』の文中の gewaltsamer Umsturz という言葉が問題となる。gewaltsam の語義は種々であり，邦訳ではこれまでさまざまな訳語があてられてきた。1888 年のエンゲルス校閲のサミュエル・ムーアによる英語訳では the forcible overthrow という語が用いられている。1850 年のマクファーレン

---

(39)　カール・マルクス「〔社会主義者取締法にかんする［1878 年 9 月 16 日および 17 日の］帝国議会討論の概要〕」*MEW*, Bd. 34, S. 499. 下線は，原文のもの。邦訳は川口浩訳，萩原直統一．

訳では単に the overthrow とされているだけである。それに対して，カウフマンは a violent subversion と訳している。

これまでの行論でも明らかなように，マルクスがカウフマンから送付された校正刷を点検した際に，もしこの violent subversion という英訳にマルクスが違和感を感じたとするならば，マルクスはその訂正を「助言」することも可能な状況にあったはずである。gewaltsamer Umsturz という語は，カウフマンの訳した a violent subversion では相応しくなく，例えば後の時点での訳語ではあるがエンゲルス校閲ムーア訳のように the forcible overthrow という語があてられるべきであると書き送ることもできたわけである。にもかかわらず，先の手紙においてマルクスはそうした文面を記してはいない。

確かにマルクスは手紙で「校正刷のなかで一，二箇所の誤りを指摘するのにとどめました。もっと重要な誤記に立ち入るのには，余暇がありませんし，またそうすることは貴下の目的にそわないでしょうから」と書いていた。この箇所は「もっと重要な誤記」に類する部分であったからなのであろうか。あるいはその余暇がなかったためなのであろうか。

いずれにせよ，『宣言』のこの章句において，カウフマンが独語 gewaltsam を英語 violent と訳している点をマルクスは看過したという事実が確認されるのである。[40]

こうした作業によって，1848 年革命の前夜の『共産党宣言』起草当時の諸用語の語義をより正確に知ることは非常に大事なことである。

おわりに

まず，本章において明らかとなった諸点をまとめよう。

第一に，マルクスが直接に指示したラサールとメーリングに関わる二つの抹消部および『資本論』ロシア語訳の付加は，カウフマンによってすべて受け容

---

(40) この箇所の独語 gewaltsam は，エンゲルスが校閲したローラ・ラファルグによる 1894 年の仏訳においては violent (Karl Marx - Friedrich Engels, *Manifeste du Parti Communiste*, Paris 1999, p.97)，また 1902 年のアントニオ・ラブリオーラによるイタリア語訳においては violento (Karl Marx - Friedrich Engels, *Manifesto del Partito Comunista*, Milano 1998, p.99) とされているようである。

れられ，採用され，著作にそのまま生かされた。

　第二に，送られたマルクスの論文「ジョージ・ハウエル君の国際労働者協会の歴史」はカウフマンによって利用され，インタナショナルに関わる事実を正確に叙述するのに役立った。

　第三に，カウフマンによるマルクス論文「ジョージ・ハウエル君の国際労働者協会の歴史」の最後の二段落の直接引用は，マルクス論文の異文と見得る章句である可能性が指摘された。マルクスの当初の論文と異なった表現が見出されるのであり，その異なる用語は，カウフマンが誤記したというよりは，著者のマルクス自身でなければ改変し得ないと思われるものだからである。

　第四。カウフマンの著書には『共産党宣言』からの引用があった。最後の著名なスローガンに直接先立つ一段落の英文である。この時点までに存在したほぼ全文にわたる英訳は 1850 年に『レッド・リパブリカン』に掲載されたヘレン・マクファーレンのものしかないが，その該当箇所と比べるとまったく違った英文である。おそらくカウフマン自身による翻訳である。この事実はすでにアンドレアスが指摘しているが，これをまず追試した。さらに，内容に関わるところでは，gewaltsam の英訳語に着目し，マルクス自身それを violent とすることに異議を唱えていないことが見出された。このことは，1848 年革命前夜である 1848 年 2 月時点での『共産党宣言』起草当時の状況をより正確に知る点で非常に大事な事実認識となるであろう。

　本章では，以上四つの事実認識を得た。

　次に，今後検討されるべき課題を記す。少なくとも二つあるであろう。

　本章で検討したカウフマンの著作は，前述の通り，マルクスが，ドイツ社会主義との彼の関係を通じて，どのようにしてイギリスにおいて知られるようになったかの典型的な例とされている。なぜこのような著作が書かれるようになったのか。カウフマンは序文にこう書いている。「現代社会主義の突然の発展において引き起こされる特別の関心は最近のドイツにおける発展に負っており，著者をして考えをまとめさせる気にさせた……」[41]，と。このような現代社会主義の突然の最近のドイツにおける発展は，当然にもドイツにおいて当局の抑圧を生む。イギリスでの関心の高まりは，ロンドンの同年 9 月 17 日付の『デイリ

---

(41) Kaufmann, *ibid*., p.v.

ー・ニューズ』紙や『スタンダード』紙における社会主義者取締法の帝国議会における審議の新聞報道とも密接に関連しているであろう。本章で見たカウフマンへのマルクスの助力も自らの伝記的事実および理論の紹介と普及とは，この審議において，1848 年に『宣言』を刊行した共産主義者同盟と当時のドイツ社会民主党とが混同されることを避けるのに資することを期待していたとも考えられるのである。そのような社会主義者取締法の帝国議会における審議との連関の検討が重要となる[42]。運動史的な分析視角が必要とされるであろう。

また，第二に，このような英語文献でのマルクスおよびその思想と活動の紹介の結果，次第に数を増すそれら英語文献を介して日本へ広く導入されるに至るのであり，この関係の検討が不可避となる。普及史・影響史の観点が必要とされるであろう。

とはいえ，本章の目的とするところは，カウフマンの著作へのマルクスの助言の結果を確認するところにあったのであって，上記二課題の検討は他日を期したい。

最後に，カウフマン宛のマルクスの第二の手紙で触れられ，その手紙の翌日 10 月 11 日に郵送された可能性も否定できないエンゲルスの著作『オイゲン・デューリング氏の科学の変革』(『反デューリング論』) がカウフマンの著作に利用されたのか否かの問題に触れておきたい[43]。送付されたかどうかの吟味も必要であろうが，結論から言えば，送付されたと仮定したとしても，利用はされなかったものと見られる。というのは，最も関係があると思われるユートピア社会主義の 3 名 (サン・シモン，フーリエ，オウエン) の叙述について，雑誌掲載稿と著作とを比べてみると，無論，句読点の相違や有無，大文字・小文字の相違，イタリックか否か，ハイフン・引用符の有無，数字の表記法の相違，行替えの変更といった形式的な相違は存在するものの，エンゲルスの著作の影響を受けて変更されたと思われる内容的な相違を含む箇所は存在しないからである。

---

(42) 1878 年時点の諸情勢における friedlich, unfriedlich, gestzlich, gewaltsam の関連，特に „gesetzliche" Gewalt の検討ということになろうか。
(43) 周知の通り，エンゲルスの『ユートピアから科学への社会主義の発展』は基本的には『反デューリング論』から抜粋されたものである。それがどのようになされたのかについては，服部文男『マルクス主義の形成』(青木書店，1984 年) 18 ページ，注 8 を参照されたい。

第 13 章 『共産党宣言』1900 年ロシア語版「序論」
―― 階級闘争史観の起源についてのプレハーノフの所説 ――

はじめに

　長期にわたる「平成不況」以来, ことに 21 世紀に入って以降,「格差社会」,「格差拡大」に関する話題がマスメディアをにぎわせてきました。もちろん「階層」格差であり,「階級」格差です。それらの論調のなかで気になるのは導入部の話題のなかで階級や階級闘争という言葉を, 労働者階級（プロレタリアート）を代表する社会主義者や共産主義者, 特にカール・マルクスに特有のものと論じる場合が多いことです。確かに『共産党宣言』の本文冒頭には「これまでのあらゆる社会の歴史は階級闘争の歴史である」(1)という章句がありますから, それに影響されて誤読するのでしょう。が, もちろん階級や階級闘争をキーワードにして歴史をはじめて分析・叙述したのはそうした社会主義者や共産主義者, ましてマルクスなどではなく, マルクス以前の資本家階級の思想的代弁者であった経済学者や歴史家たちでした〔補論〕。

　特に, 階級闘争を基準に歴史を叙述した最初の人々はフランスの王政復古期の若い歴史家たちでした。以下では, 多くの社会科学研究者にとっては周知の事柄なのですが, 昨今の格差拡大論と直接関係する題材でもありますので, あえてその歴史家たちについて, プレハーノフの所説(2)を簡単にとりまとめておくことに致します。

---

(1) *MEW*, Bd. 4, S. 462（邦訳『マルクス・エンゲルス全集』大月書店, 第 4 巻, 475 ページ）.
(2) ゲオールギイ・ヴァレンチーノヴィチ・プレハーノフ（Георгий Валентинович Плеханов, 1856～1918 年）は, 1898 年, 『共産党宣言』刊行 50 周年の折に『宣言』の新たなロシア語版に「序論」を書くことにした。『宣言』を批判する諸論者に対する反批判を意図してであった。このプレハーノフによる「序論」（Первые фазы учения о классовой борьбе. [Г. В. Плеханов Сочинения. т.XI, Москва изд. 2 [1923], стр. 275-326 ; Г. В. Плеханов Избранные философские произведения. т.II, Москва 1956, стр. 454-503]）の付された『共産党宣言』ロシア語新版は, 1900 年にジュネーヴで刊行された（Манифест Коммуни-

I　王政復古期とは

王政復古期とはいったいどのような時期なのか，まず確認しておきます。ナ

стической партии К. Маркса и Ф.Энгельса. Переводъ с немецкого, с предисловиемъ Г. Плеханова. Издание революционной организации《Социалъдемократъ》. Женева：Типография революционной организации《Социалъдемократъ》. 1900；cf. Andréas, Bert：*Le Manifeste Communiste de Marx et Engels. Histoire et Bibliographie 1848-1918*, Milano 1963, p.211/222)。
　この「序論」で展開された『宣言』批判者へのプレハーノフによる反批判は，内容的に二つの部分に分けられる。分量的に半ばを超える第一の部分では，エミール・ヴァンデルヴェルデ，ヴェルナー・ゾムバルト，ベネデット・クローチェ，トーマス・カーカップ等『宣言』批判者の無知を指摘している（この部分は，批判者たちの名を挙示して反批判した肝腎の箇所を削除されて『ノイエ・ツァイト』に掲載され[Plechanow, Georg：Über die Anfänge der Lehre vom Klassenkampf. In：*Die Neue Zeit*, Jg. 21, 1902-1903, Bd. 1, Nr. 9, S. 275-286；Nr. 10, S. 292-305]，その邦訳はすでに戦前に刊行されている［プレハーノフ〔山口辰六郎訳〕『階級闘争論小史』同人社書店，1928年。以下，本書からの引用は旧字体を新字体で表記し，訳文を適宜変更した]）。彼らは皆，階級闘争を基準に歴史を見る見方をとったのは『共産党宣言』が初めてであるとか，そうした見方はマルクスおよびエンゲルスに由来する，と謬説を述べていたからである。この「序論」においてプレハーノフは，すでに1895年に公刊されていた『史的一元論（К вопросу о развитии монистического взгляда на историю)』(Соч., т.Ⅶ, стр. 61-326；Ифп., т.Ⅰ, стр. 507-772）第2章「王制復古時代のフランスの歴史家」（プレハーノフ〔川内唯彦訳〕『史的一元論』岩波文庫，上巻，26～46ページ）で詳論した内容を再説した後，こう述べている。即ち，「すでに王政復古の時代に，サン・シモンとフランスのブルジョアジーを代表する多くの学者たちとが近代の諸国民の歴史的発展の主たる原動力を，階級闘争に見ていた」（山口訳35ページ；*NZ*, Nr. 9, S. 286；Соч., т.Ⅺ, стр. 291），と［サン・シモンのこうした視点については，服部文男『マルクス主義の形成』青木書店，1984年，「第二章　サン・シモンの空想的社会主義における階級分析」を参照。初出は東北大学経済学会研究年報『経済学』第43号，1957年5月］。プレハーノフに言わせれば，こうした事実を知らずにいる無知な者たちにはそもそも『宣言』を批判する資格などないというわけである。同様の趣旨は，同じく1898年に公刊された『歴史における個人の役割（К вопросу о роли личности в истории)』(木原正雄訳，岩波文庫；Соч., т.Ⅷ, стр. 271-306；Ифп. т.Ⅱ, стр. 300-334）第Ⅴ章においても展開されている。
　本章では，『共産党宣言』1900年ロシア語版へのプレハーノフによる「序論」の当該部分におけるそのような指摘をあらためて再構成して，『宣言』普及史の一齣を確認することとした（なお, Ian D. Thatcher, Past Receptions of the Communist Manifesto, *The Communist Manifesto. New Interpretations*, Edited by Mark Cowling, Chapter 3, pp.66/67 をも参照）。

ポレオンが退位した 1815 年から 1830 年に七月革命が勃発するまでの 16 年余です。

　封建制社会から資本制社会へと移行する歩みのなかで，特に政治権力の転化の画期である市民革命（ブルジョア革命）の過程には，私見では次のような 5 つの段階が見出されます⁽³⁾。第一は，民衆が蜂起して，革命の過程が始まります。これに続いて，第二に，最も極端な政治的党派が政権を掌握し，その独裁権力が成立します。次に，それが軍人によるクーデターによって覆されて，その軍人一個人による文字どおり独裁へと移行します。これが第三段階です。そして，軍人独裁が覆り，王政が復古します。第四の段階に当たります。この王政復古の時期も長続きはせず，再度の市民革命と言える状況が生まれます。これが第五の段階で，これによって長い市民革命の過程は終わりを告げ，政治権力は封建勢力から資本家階級へとすっかり移動してしまいます。これを，イギリスについて見れば，1640 年 11 月：長期議会，1648 年 12 月：プライドのパージ＝独立派独裁，1653 年：クロムウェル護国卿へ，1660 年：王政復古，1688 年：名誉革命＝地主・資本家階級の妥協，となります⁽⁴⁾。また，フランスでみれば，1789 年 7 月：バスティーユ襲撃，1793 年 5・6 月：山岳派独裁，1794 年：テルミドール反動から 1799 年：ナポレオンのブリュメールのクーデターへ，1815 年 6 月：王政復古，1830 年 7 月：七月革命からルイ・フィリップによる立憲君主制＝七月王政（金融資本家の支配）へ，となります。

　したがいまして，王政復古期は，政権そのものは王党派にあるものの大勢としてはブルジョアジーが実権を握っており，革命の成果を守り，しっかりしたものとして収穫するため，その実りを確認する時期であると言えましょう⁽⁵⁾。

---

(3) エンゲルスが『ドイツにおける革命と反革命』において市民革命を永続革命として見ている視点（邦訳『全集』第 8 巻，1 ページ [MEW, Bd. 8, S. 1]）を参考に，簡単に類型化したもの。

(4) 不十分なものであるが，さしあたり拙稿「イギリス革命と近代市民」後藤　洋・黒滝正昭・大和田寛編『社会科学の世界』（梓出版社，1992 年）11 〜 19 ページを参照。

(5) プレハーノフは『歴史における個人の役割』のなかでこう述べる。即ち，「……19 世紀の 20 年代，即ち貴族階級がブルジョアジーにすでに打ち負かされてしまってはいたが，なおもその古い特権のいくつかをとりかえそうと努めていた時代……」（木原訳 45 ページ；Соч., т.Ⅷ, стр. 288）。

II フランス王政復古期の歴史家たち

　王政復古期，特に1820年代には，若手の歴史家たちが続々と現れてきます。バラント（Amable Guillaume Prosper Brugière de Barante 1782-1866年），ギゾー（François-Pierre-Guillaume Guizot 1787-1874年），ティエリ（Jacques Nicolas Augustin Thierry 1795-1856年），ミニェ（François Auguste Marie Mignet 1796-1884年），ティエール（Louis Adolphe Thiers 1797-1877年），ミシュレ（Jules Michelet 1798-1874年），キネ（Edgar Quinet 1803-1875年）といった人々です[6]。いずれももっぱらフランス革命史等を中心としたヨーロッパ史について，多くは何巻にもわたる大著をものしています。どのような経歴をもった人々なのかを知るため，ここではギゾーとティエリだけ，その閲歴を簡単な年表で示しておきます[7]。

ギゾー
　　1787年　極めてドグマティックなカルヴィニズムの旧家に生まれる
　　1805年　パリへ
　　1812年　ソルボンヌの助教授　近代史の専任教授へ
　　　　　　王政復古期 司法省秘書官長，参事院請願官，代議政体論派
　　　　　　（le parti doctrinaire）の味方
　　1821年　ユルトラ内閣→ソルボンヌ解任→歴史研究へ→諸著作
　　1830年　七月革命　ルイ・フィリップにより内務大臣へ
　　1848年　二月革命まで閣僚として内外政治を指導→イギリス亡命
ティエリ
　　1795年　生家は古都ブロワの中流ブルジョアジーに属する
　　1811年　パリの高等師範学校に入学

---

(6)　沢崎浩平「新版へのあとがき」ギゾー〔安士正夫訳〕『ヨーロッパ文明史』みすず書房, 1987年, 319/320ページ。

(7)　ギゾーについては，主に前掲，沢崎「新版へのあとがき」により，ティエリについては，小島輝正「解説」オーギュスタン・ティエリ〔同氏訳〕『メロヴィング王朝史話（下）』岩波文庫, 1992年, 201〜206ページによる。

1813 年	卒業後，コンピエーニュの公立中学校教師。数ヵ月後，サン・シモンへの協力のために免職。その秘書として活動。
1817 年	サン・シモンのもとを離れて，ジャーナリズムへ。『ヨーロッパの検閲官（*Le Censeur Européen*）』の編集者。自由主義擁護へ
1825 年	『ノルマン人によるイングランド征服史』出版後，失明
1834 年	ギゾーの依頼で「ブルジョアジーと第三身分の起源に関する総合研究」のための史料収集と刊行作業の責任者となる

　ギゾーが政治に参画してからの経歴にたやすく見てとれるように，一貫してフランスのブルジョアジーの代弁者であったと言うことができます[8]。
　では，彼らの歴史叙述がいったいどのようなものだったのか，その一例を見てみましょう。福沢諭吉の『文明論之概略』の藍本のなかでも主たる一冊であって，私たち日本人にもなじみ深いギゾーの『ヨーロッパ文明史』には次のような章句[9]があります。

---

(8)　「ドクトリネールと呼ばれた復古王政期の自由派のイデオローグとして，ギゾーの講義は急進派の学生を鼓舞し，そのため 1822 年以降政府によって禁止されていた。復古王政末期の政治状況の変化を受けて，それが「ヨーロッパ文明史」をもって再開されたのである。［……］／［……］そうした歴史の把握はギゾーだけのものでなく，オーギュスタン・ティエリ，アドルフ・ティエール，フランソワ・ミニェ，ジュール・ミシュレなど，復古王政期に台頭した中産階級出身の歴史家たちが広く共有する観方であった」（松本礼二「解説」トクヴィル〔同氏訳〕『アメリカのデモクラシー　第二巻（下）』岩波文庫，2008 年，306/307 ページ）。

(9)　ギゾー〔安士訳〕『ヨーロッパ文明史』みすず書房，1987 年，140 ページ（Guizot, *Histoire de la civilisation en Europe*, Paris [Hachette] 1985, p.182）。なお，ティエリ，ミニェ等の叙述例はプレハーノフの上掲諸著作に数多く見出される。そのため，ここではプレハーノフが引用していない箇所を挙げた。ちなみに，ギゾーが階級闘争史観に立脚していることについては現在の我が国でも通説である。例えば，後平隆氏は次のように述べる。「歴史を進展させる原動力は階級間の闘争であるという彼の見方は当初から一貫しており」（同氏「ギゾーの文明論 (1)」『慶應義塾大学日吉紀要フランス語フランス文学』31 号，2000 年 3 月，14 ページ）。また，「ギゾーがフランスの歴史を顧みるとき，彼は徹頭徹尾階級闘争という観点に立脚している」（同氏「ギゾーの文明論 (3)」，同前紀要，44 号，2007 年 3 月，75 ページ）。これと関連して，丸山真男『「文明論之概略」を読む 下』（岩波新書，1986 年）におけるギゾーへの言及（特に 8/9 ページ；40/41 ペ

「自治体の解放の第三の大きな結果は階級闘争で，近代の歴史を埋めている闘争であります。近代ヨーロッパは社会の諸階級の闘争の産物であります。［……］他の地方においては，この闘争ははなはだ異なった結果を惹起したのでありまして，［……］例えばアジアにおいては，一つの階級が完全に勝利を占め，四姓の制度が階級の制度の後を襲い，かくして社会が固定に陥りました。ありがたいことには，かかることは少しもヨーロッパには起らなかったのであります。いかなる階級も他の諸階級を征服し得ず，服従させることもできませんでした。闘争は停滞の根源にはならないで，進歩の一原因でありました。様々の階級の相互関係，様々の階級が互いに抗争し，交互に屈服せざるを得なかった事態，様々の階級の利害と欲情との多様性，互いに他を征服しようと欲しながら極点まではいたりえなかったこと，けだしヨーロッパ文明の発展のもっとも力強い，もっとも豊饒な原理はここから生じたのでありましょう。諸階級はつねに闘争しており，互いに憎み合っており，境遇や利害や習俗の深刻な差異が相互の間に政治上の深刻な敵対を産み出しました」。

ギゾーは続いて，このような闘争がフランス革命とともに融合へと向かい，一つのフランス国民が形成されるようになったと述べていますが，この点は後論（第Ⅳ節）とも関わりますので，少し留意しておいて下さい。

Ⅲ　階級闘争史観を可能にした要因

フランス王政復古期の歴史家たちにこのような歴史観を可能にしたものはいったい何だったのでしょうか。当時の社会的ニーズ，若い歴史家たちの主体的な研究意欲，これらの背景に存在していた客観的要因としての産業革命の展開とそれに基づく機械制大工業の成立，以上3点が挙げられるべきでしょう。

ージ）は，本章で述べる階級闘争史観の創始者といった問題意識が窺えない点で，疑問なしとしない。ちなみに，ギゾーと福沢の関係について詳しくは，小沢栄一『近代日本史学史の研究　明治編』（吉川弘文館，1968年）104〜122, 154, 169〜176ページを参照。

1 市民階級の歴史描写に対する社会的ニーズ

　それまでの歴史叙述には大きく分けて二つしかありませんでした。一つは，外交や戦争，国王の交代，王族・貴族の事蹟等，国家的なもっぱら政治的出来事の記載です。もう一つは英雄史観に基づく叙述です。そのため，フランス革命以前のアンシャンレジームの状況下で，啓蒙思想が花開いたのと同様に，お芝居でもボーマルシェが民衆の多大な人気を勝ち得ます。この人気は，王侯貴族のお話や物語ではなくて，市民階級自身の生活と悩みが舞台の上で深い愛と同情とをもって演じられるのを当時の市民が見たかったところから湧き出たものなのです。一言で言うと，当時の市民階級は「自身の肖像がもちたかった」[10]ということになります。

　フランス革命後，特に王政復古期には，このように舞台に対してだけではなく，さらに歴史書に対しても同じような要求が現れたのです。市民階級は「自分自身の少年期・青年期の物語を聞くことを熱望」したのです。若い歴史家たちはこのニーズに応えて「啓蒙的でもありまた面白くもある物語において，かつてこの市民階級が経験した窮状や，より良き運命のための彼らの努力や，抑圧者との闘争における彼らの功績について語った」のです。こうして，「歴史学の中に一つの新たな方向がおこり」，それは，「歴史学の発展における一大進歩」を画することになりました[11]。

2 フランス革命の過程を法則的に説明しようとする若手歴史家たちの意欲

　歴史を学問的に捉えようとする場合，そこにどのような法則が貫かれているのか，その発見に努めなければなりません。ところで，フランス革命以前には歴史をつくり出す原動力について二つの見方がありました。一つは，啓蒙思想が出て来る前の説明の仕方です。人間の側の要因とそれを取り巻く社会環境の側の要因とに二分した上で，その説明は，歴史をつくり出す原動力が社会環境の側に，具体的には政治制度にあると考えました。ピラミッド型の身分制

---

(10) 「序論」におけるブリュンティエール『フランス演劇の諸時期』[Brunetière, Les époques du théâtre français, Paris 1896, p.287] の紹介から（山口訳11ページ；*NZ*, Nr. 9, S. 278；Соч., т. XI, стр. 281）。

(11) 「序論」山口訳10/11ページ；*NZ*, Nr. 9, S. 278；Соч., т. XI, стр. 281.

度がきっちりと固定されている封建社会が，民衆を突き動かし歴史を形づくる，と見たのです。それに対して，もう一方はその後，啓蒙思想とともに現れた考え方で，人間の側に歴史を動かす主導性があると見ました。特に啓蒙君主が起点となって，政治制度を改良し，歴史がつくり出されて行くならば，と考えたのです[12]。

ところが，フランス革命の勃発とその後の複雑な経過と結果は，どの啓蒙思想家をも当惑させるものでした。啓蒙君主の意見が歴史をつくり出す全能者であるなどと見る考え方を徹底的にまたはっきりと覆してしまったのです。人々の自覚した意志的な行為によって歴史的事件の経過が規定されていくなどとは誰にも考えられないものとなりました。そして，多くの人々は「理性」の力にすっかり幻滅を感じて，歴史の歩みに法則性を見出すことをあきらめようとしました[13]。

しかし，このような幻滅に屈せずに，なんらかの形で歴史を学術的に捉えようと努めた，若い意欲的な歴史家たちが出てきたのです。彼らは，啓蒙以前の社会環境の側に歴史の原動力を求める説明方法に戻って考え直しました。もちろん以前と同じままに封建的政治制度に原因を見るわけではありません。革命の諸事件が，抗い難い，いわば自然の力のように，盲目的ではあるが，一定不変の法則に則って作用している，何らか隠された必然性といったものの影響の下に起るのではないか，と考えを詰めていったのです。そして，政治制度自体が同じ社会環境の側の何らか別の，もっと深い原因の結果として生み出されてくるのではないか，と見たのです[14]。

ギゾーは次のように問い詰めていきました。

「著述家，学者，歴史家あるいは評論家の大多数は，社会の一定の状態，社会の文明の程度あるいは種類を，その社会の政治制度によって説明しようとつとめた。だが，社会の政治制度を知り，理解するためには，社会そのものの研究から出発するほうがもっと賢明であろう。[政治] 制

---

(12) 川内訳『史的一元論』上巻17～25ページ（Соч., т.Ⅶ, стр. 69-74）。
(13) 木原訳『歴史における個人の役割』43/44ページ（Соч., т.Ⅷ, стр. 287）および川内訳『史的一元論』上巻29ページ（Соч., т.Ⅷ, стр. 76）。
(14) 木原訳『歴史における個人の役割』44ページ（Там же, стр. 287）および川内訳『史的一元論』上巻29ページ（Там же, стр. 76）。

度は原因となるまえには結果である。つまり，社会はその［政治制度の］影響をうけて変化しはじめるまえに，それ［政治制度］をつくるからである。つまり，一国民の状態を，その政府の形態によって判断するかわりに，まずなによりも，その国民の状態を研究し，それによってその国民の政府はどのようなものでなければならないか，どのようなものでありうるかを判断しなければならないからである。／［……］／社会，社会の構成，自らの社会的地位に応ずる個々の諸個人の生活様式，諸個人の種々の諸階級の諸関係，一言でいえば，人々の市民的生態 (l'état des personnes) ——まさにこれが，いかにその国民が生活してきたかを知ろうとのぞむ歴史家や，その国民がいかに統治されてきたかを知ろうとのぞむ評論家の注意をひく第一の問題であることは，うたがう余地がない」。[15]

その因果関係を確認すれば次のようになるでしょう。

ギゾーは，まず，「社会の政治制度」即ち「政府」と「社会の一定の状態，社会の文明の程度あるいは種類」との因果を逆転させ，次に，後者即ち「社会そのもの」あるいは「一国民の状態」も，「社会の構成，自らの社会的地位に応ずる個々の諸個人の生活様式，諸個人の種々の諸階級の諸関係」，即ち「人々の市民的生態」に由来する，ということを見出しています。

このような分析の結果として，階級闘争を基準に歴史を叙述するという成果が獲得されたわけです。

以上，ご紹介したように階級闘争史観は，いわば当時の社会的ニーズと，若い歴史家たちが歴史法則を追い求める主体的意欲とによってもたらされたわけです。[16]が，しかしながら，そもそもそれらがかなえられるには社会にそのための客観的諸条件が充たされていなければなりません。

---

(15) ギゾー『フランス史評論 (*Essais sur l'histoire de France*)』第 10 版（パリ，1860 年）［初版は 1821 年か］73/74 ページ［第 13 版（1873 年）でも同じページの模様］（「序論」山口訳 21/22 ページ；*NZ*, Nr. 9, S. 282；Соч., т.XI, стр. 286 および川内訳『史的一元論』上巻 30 ページ［Соч., т.VII, стр. 76/77］から再引用）。

(16) もちろん，「ヨーロッパ史における自由と平等の進展を封建貴族に対する第三身分の階級闘争と関連させて把握し，その延長にフランス革命の到来を位置づける彼らの歴史解釈は革命の成果を取り消そうと暴走する復古王政の政治反動に抗して革命の成果を守るという自由主義の政治課題と不可分であった」（前掲，松本礼二「解説」307/308 ページ）。

3 客観的背景としての産業革命の進展と機械制大工業

1820年代はフランスの対岸,イギリスにおいて産業革命が一巡し,機械制大工業に基づく生産様式が確立した時期です。画期は1825年の史上初の周期的過剰生産恐慌がイギリスで勃発したことです。フランス自体において産業革命が展開するのは二月革命後の第二帝政の時代になりますが,20年代にもすでにイギリスから工場制度が少なからず入ってきていましたし,イギリスの実情がよく見えていました。そこでは,封建制の下では種々様々の身分によって複雑に編み上げられる社会構成が,大土地所有者,資本家,賃銀労働者という近代社会の三大階級に基づく社会に編成替えされていました。そして,「大工業が確立されて以来,すなわちすくなくとも1815年のヨーロッパの平和以来,イギリスのどんな人にも,この国では全政治闘争が二つの階級,つまり地主貴族(landed aristocracy)とブルジョアジー(middle class)との支配権の要求をめぐっておこなわれていたことが,もはやかくれもない事実」でした[17]。フランスにおいても,「ブルボン家の王位復帰とともに同様の事実が意識される」ようになりました。「王政復古時代の歴史家たち,ティエリからギゾー,ミニェ,ティエールにいたるまでいずれも,この事実を,中世以来のフランスの歴史を理解する鍵として,いたるところで述べ」たわけです。

さらに,「1830年以来は,これら二つの国では支配権をめざす第三の競争者として,労働者階級,即ちプロレタリアートがみとめられるようになった。事態はこのように単純化されてきたので,ことさらに目をつぶらないかぎりは,これら三大階級の闘争とそれらの利害の衝突とのうちに——すくなくともこれら二つの先進国においては——近代の歴史を駆りたてる力をみないわけにはいかなくなった」のです。この点と,最後に検討しなければならない問題,階級闘争史観はその後どんな風に伝承されたのか,とが密接に関係します。

---

(17) 以下,この項の引用はいずれもエンゲルス〔森宏一訳〕『フォイエルバッハ論』新日本出版社[科学的社会主義の古典選書],1998年,84/85ページ(*MEW*, Bd. 21, S. 299)から。

Ⅳ　階級闘争史観はその後どのように伝承されたのか

1　ブルジョアジーによる放棄，そして隠蔽へ

　1830年の七月革命以降，プロレタリアートが歴史の舞台に登場してきます。とはいえ，まだ資本家階級の指導に従って革命に参加するだけでした。ところが，1848年の二月革命では，自分たちの固有の利害と力とを自覚した労働者階級は，経済的利益をめぐって直接対立する階級である資本家階級に対抗する動きを明瞭に示し，自分たちの意志で初めて政治的活動を行うようになります。

　経済的支配力に加えて自己の政治権力をすでに確保したブルジョアジーにとっては，このような事態を可能な限り避ける必要が出てきます。階級闘争の激化にともなう社会的不安定をあらかじめ防止するということが彼らの新たな課題となります。ギゾーやティエリらはこの課題を，階級の存在や階級対立を隠蔽したり，階級間の宥和を図ったりする方向で解決しようとします。先にギゾーの歴史叙述をご紹介した際にご留意をお願いした点を思い出して下さるとよいでしょう。まさにこの隠蔽に当ります。ブルジョアジーが封建貴族層に対して向けていたいわば理論的武器が，今度はプロレタリアートの手に渡って，彼らによってブルジョアジーに対して向けられる事態を回避しなければならないからです。[18]

　そのような試みを示す例として，二月革命後に書かれたこれら歴史家の著作を見てみましょう。[19]1853年に出版されたティエリの著作で『第三身分の形成と進歩の歴史』というのがあります。ティエリは先ほど見ましたように，1843年以来，ギゾーの依頼により「ブルジョアジーと第三身分の起源に関する総合研究」のための史料収集と刊行作業の責任者となっておりまして，"フランスの歴

---

(18)　「序論」独訳では，もっぱら「二，市民的の物の見方の変遷 (II. die Wandlung der bürgerlichen Anschauungen.)」という節（山口訳 36〜44ページ；*NZ*, Nr. 10, S. 292-295；Соч., т.XI, стр. 293-296）で展開される内容である。

(19)　このような例もプレハーノフの「序論」では数多く提示されているので，以下ではマルクスが指摘している二つの箇所を挙げる。

史叙述における「階級闘争」の父"とマルクスも呼ぶほどの人物でありました。その彼が，この著作の序文の中で，1853年当時の若手の歴史家たちが，当時のブルジョアジーとプロレタリアートとの間に階級闘争を見て，さらにその対立そのものの起源をフランス革命勃発以前の第三身分の歴史にさかのぼって求め見出そうとしていることに腹立ちを示しています。というのは，ティエリによれば，第三身分というのは，貴族と聖職者を除いたすべての身分を含むものだったからであり，ブルジョアジーはそれらすべての代表であり，その役目を立派に果たしているからというのです。そこで彼は，こうしたことを，この著作において史料も使いながら必死に証明しようとしているというわけです。[20]

ここには，フランス革命後には資本家階級と労働者階級が同じ市民階級であった第三身分の中から対立して現われ出てきて，この両階級の闘争こそがその後の歴史発展の帰趨を決すると見るのを抑圧しようとするティエリの姿勢がはっきりと窺えます。

このような例は1850年にパリで刊行されたギゾーの著作『イギリス革命はなぜ成功したか？　イギリス革命史講演』にも見ることができます。彼はこの講演録でフランスの七月王政がイギリスの立憲君主制のように長期化しなかったのはなぜかを問い，その答えをフランス人の忌まわしい性格に求めています。先にご紹介したような歴史の原動力の丹念な分析を試みたあのギゾーが「1830年のフランスの君主制と1688年のイギリスの君主制とでは，歴史的な事情が全然違う」ということも理解せず，また「社会の諸階級の立場が全然違うということを二月革命にもとづいて理解することもせずに」，「フランス人の忌まわしい性格」という空文句を提出するだけなのです。[21]

2　プロレタリアートのイデオローグによる継承と発展

王政復古期の歴史家たちによってせっかく発見されて打ち出された階級闘争

---

(20)　「1854年7月27日付エンゲルス宛マルクスの手紙」*MEW*, Bd. 28, S. 381/382（邦訳『全集』第28巻，308/309ページ）におけるティエリの著作『第三身分の形成と進歩の歴史』1853年についてのマルクスによる批判的論評の部分。
(21)　マルクスが『新ライン新聞。政治経済評論』に寄せた「(書評) ギゾー『イギリス革命はなぜ成功したか？　イギリス革命史講演』，パリ，1850年」*MEW*, Bd. 7, S. 207（邦訳『全集』第7巻，214ページ）。

史観は、その後どうなったのでしょうか。多くの若い歴史家たちがたくさんの著作をものして、この歴史観を説いただけに、それはいわば当時の常識ともなっていました。したがって、社会主義者や共産主義者、特に労働者階級を代表する思想家や運動家によって受け継がれることになりました。ギゾーやティエリが後に懸念していた通りになったのです。そのはっきりした例証が『共産党宣言』の本文冒頭の章句と見てよいでしょう。しかし、マルクスの場合には、単に受け継いだだけではなくて、それが大前提として立論の出発点に位置づけられた上で、さらに新たな要素が付け加えられました。それらの詳細についてはマルクスとエンゲルスの思想についてご紹介する折に譲ることに致します。

〔補論〕階級闘争史観の創始者が労働者階級を代表する社会主義者や
　　　　共産主義者ではないこと

　カール・マルクスとフリードリヒ・エンゲルスの起草になる『共産党宣言』において、本文冒頭が、「これまでのすべての社会の歴史は、階級闘争の歴史である」、と始められているのは周知のところである。ここから、マルクスら共産主義者が階級闘争史観を創始したものと思われがちである。しかしながら、それはまったくの謬見である。ここではこの点を補足しておきたい。

（1）まず、マルクス本人の言葉を見よう。
1）最初は、上記の文言がその冒頭に記されている『共産党宣言』とまさしく相前後する時期に書かれた論説である。マルクスは、『ドイツ語ブリュッセル新聞』第13号（1848年2月13日付）に掲載された反駁文「『デバ・ソシアル』紙2月6日号の民主主義協会論」のなかで、次のように述べている。

　　「『デバ』紙は共産主義とは階級対立や階級闘争をめだたせることだと
　　思っているのか？　それなら共産主義でなくて、経済学、ブルジョア社会
　　が共産主義的である。
　　　われわれの知るところでは、ロバート・ピールは、現代の社会の階級対
　　立は恐ろしい危機に爆発せざるをえない、と予言した。また、ギゾー自身、
　　彼がその『［ヨーロッパ］文明史（Geschichte der Zivilisation）』に叙述し
　　たことは、ほかならぬ階級闘争の一定の諸形態であると思っていることも、

われわれの知るところだ」$^{(22)}$。

階級対立や階級闘争をめだたせることが共産主義者だとばかり思っている，ベルギーの急進主義者ならびに民主主義者の機関誌『デバ・ソシアル』に対して，もしそのように共産主義を理解するのであれば，そうしている［階級対立や階級闘争をめだたせている］のは事実からすればむしろ経済学，ブルジョア社会なのだから，経済学，ブルジョア社会のほうが，共産主義的だということにならないか，とマルクスは述べて，『デバ』紙の誤った共産主義観を批判している。

この論説の執筆時期は，その掲載時期から推すと，『共産党宣言』の起草と相前後していると思われるのであって，すでに『宣言』本文冒頭の一句がマルクスの念頭に置かれていたと見てよいのかもしれない。$^{(23)}$

2） 彼が，1852年3月5日付でヨーゼフ・ワイデマイアーに宛てた手紙にも周知の以下のような叙述がある。その文脈は，ワイデマイアーの書いたハインツェン批判へのアドヴァイスである。彼ら小ブルジョア的民主主義者が『デバ』紙とまったく同様の誤った共産主義観をもち，本章で紹介したようなブルジョア文献に精通していない点の批判を加えてはどうかと述べ，さらにこう続ける。

> 「ところで僕について言えば，近代社会における諸階級の存在を発見したのも，諸階級相互間の闘争を発見したのも，別に僕の功績ではない。ブルジョア歴史家たちが僕よりずっと前に，この階級闘争の歴史的発展を叙述したし，ブルジョア経済学者たちは諸階級の解剖学を叙述していた」$^{(24)}$。

マルクス自身が，近代社会における諸階級の存在の発見や，諸階級相互間の闘争の発見には自らのオリジナリティはなく，すでに先行者があることを語っている。

しかし，第三者の評価も必要であろう。

---

(22)　*MEW*, Bd. 4, S. 512/513（邦訳『全集』第4巻，527/528ページ）.
(23)　Vgl. Meiser, Wolfgang: Das *Manifest der Kommunistischen Partei* vom Februar 1848: Zur Entstehung und Überlieferung der ersten Ausgaben. In: *MEGA-Studien*, 1996/1, S. 81-86［拙訳「1848年2月の『共産党宣言』——初版の成立と伝承について——」『マルクス・エンゲルス・マルクス主義研究』第41号，八朔社，2003年12月，19～24ページ）.
(24)　「1852年3月5日付ワイデマイアー宛マルクスの手紙」*MEW*, Bd. 28, S. 507/508（邦訳『全集』第28巻，407ページ）.

(2) ジョン・メイナード・ケインズと並び称せられる経済学者の一人であるヨーゼフ・アロイス・シュムペーターは,「経済学史における不朽の業績」と評される『経済分析の歴史（History of Economic Analysis）』（1954年）によって経済学史家としても著名である。彼が,『共産党宣言』公刊百周年の折にアメリカ経済学会で, その会長として行った記念講演の一節にはこうある。

> 「『宣言』の本文は次のような文で始まる。即ち,『これまで存在したすべての社会の歴史は階級闘争の歴史である』。歴史学者たちにとっても, また社会学者たちないし経済学者たちにとっても, 諸社会階級はなんら発見などではなかった。── 経済学者たちにとっては, 彼らのほとんどが, とりわけイギリスの古典派は, 当時, 諸社会階級と経済的諸範疇との間の区別をまだ十分にしてはいなかったとはいえ, すでに彼らの推論において, 肉体労働者, 資本家および土地所有者という社会学的実体を用いるのが習慣であっただけに, なおさら発見などではなかった。例えば, リカードウにとっては [……]」。

『共産党宣言』本文の冒頭文章によって示される歴史観がマルクスにプライオリティのあるものではないことが明瞭に述べられている。シュムペーターがマルクスに先行する発見者たちとして示唆している「歴史学者たち [……] 社会学者たちないし経済学者たち」のうちには, 先にマルクスも「ブルジョア歴史家たち」として挙げたものと重なる「歴史学者たち」が入っている。

(3) では, この歴史学者たちとはいったいどのような人々であったのだろうか？ 再度, 先のマルクスの手紙に返れば, 次のような叙述がある。

---

(25) 塩野谷祐一「シュンペーター」経済学史学会編『経済思想史辞典』（丸善株式会社, 2000年）197ページ。
(26) Josep.A. Schumpeter, The *Communist Manifesto* in Sociology and Economics, *Journal of political economy*, vol. 57, 1949, p.206（シュムペーター〔大野忠男訳〕「共産党宣言の社会学と経済学」『今日における社会主義の可能性（改訂増補版）』創文社, 1980年, 220ページ。訳文は多少変更されている）。なお, イギリス古典経済学については, それが階級に注目してその分配（および再分配）を分析したことは, アダム・スミスの『国富論』ならびにデイヴィッド・リカードウの『経済学および課税の原理』両古典の「序」における叙述からも, よく知られたところである。

「たとえば，ティエリ，ギゾー，ジョン・ウェイド等の歴史書」[27]。
また，1854年7月27日付でエンゲルスに宛てた手紙では，こう述べられている。

「僕にたいへん興味ぶかく思われた本はティエリの『第三身分の形成と進歩の歴史』，1853年，だ。とくに興味深いのはフランスの歴史叙述における「階級闘争」の父なる彼が，［……］」[28]。

ここで挙げられている人々はイギリス人のジョン・ウェイドを除けば，ティエリもギゾーも，いずれもフランス王政復古期の歴史家たちである。

---

(27) 「1852年3月5日付ワイデマイアー宛マルクスの手紙」*MEW*, Bd. 28, S. 504（邦訳『全集』第28巻，406ページ）。
(28) 「1854年7月27日付エンゲルス宛マルクスの手紙」*MEW*, Bd. 28, S. 381（邦訳『全集』第28巻，308ページ）。

第14章 日本における『共産党宣言』の翻訳＝影響史について

　日本における『共産党宣言』の学術的研究は極めて遅れている。日本が第二次世界大戦に敗北する以前は，治安維持法制天皇制軍国主義政府によって『共産党宣言』の邦訳の出版は禁圧されていた。また，その所持は特別高等警察によって逮捕・虐待される要因となった。戦後においてもいち早く形成された「冷戦」構造のなかで，『共産党宣言』の研究はその一方の側を利するものとされた。そのため，極めて少数であったとはいえ，学術的研究を目指す研究でさえもが，周囲からさまざまな政治的偏見の目で見られた。

　1990年前後の東欧諸国における一連の政治的変動の後，日本ではようやく『共産党宣言』を学術的に検討する環境が整えられた。とはいえ，このような環境が持続的なものであるかについて，楽観はできない。

　以下では，もっぱら戦前のいくつかの日本語訳について紹介する。末尾で戦後の2005年までの諸版について簡単に概観する。[1]

I　戦前の翻訳について

1　『共産党宣言』最初の日本語訳と普及のための堺利彦による尽力

　カール・マルクスの名前は1881（明治14）年に『六合雑誌』7号に掲載された小崎弘道「近世社会党ノ原因ヲ論ス」において紹介された。日本における『共産党宣言』紹介の最初とされているのは，1891（明治24）年に刊行された石谷斎蔵『社会党瑣聞』であって，そこではマルクスの経歴が詳しく紹介され

---

[1]　本章の執筆に際しては，2005年7月末に大村泉・窪俊一両氏とともに東京および仙台においてそれぞれ行った故 杉本俊朗（2012年逝去）および故 服部文男（2007年逝去）からの聴き取りに多くを負っている。

るとともに,『宣言』の本文末尾の段落が意訳されている。学術書としては深井英五『現時之社会主義』(1893 [明治 26] 年刊) が初めて『宣言』を簡単に紹介し, 同じく本文末尾の段落が構文に即して訳出された。その後, いくつかの文献に『宣言』の内容の紹介と部分訳が現われる。[2]

　マルクスないしはエンゲルスによる著作の最初の日本語訳は『共産党宣言』の翻訳であった。アメリカ留学から帰国後, 新聞記者となり, 1922 (大正 11) 年には日本共産党の結成にも加わる最初期の著名な社会運動家である堺利彦 (枯川) と, 自由民権運動から 1901 (明治 34) 年の社会民主党の結成に参加し, 後に無政府主義者として, また「大逆事件」の犠牲者として知られる幸徳伝次郎 (秋水) による翻訳である。それは, 週刊『平民新聞』第 53 号 (1904 [明治 37] 年 11 月 13 日付) の 1～7 面に, 創刊 1 周年を記念して掲載された (写真 1)。訳文は格調高い文語文である。1888 年の英訳からの重訳である。しかし, 底本は明記されていないので, イギリス版とは限定せずに, アメリカ版である余地をも考慮しなければならない。第Ⅲ章は訳出されなかった。その内容が当時のヨーロッパの政治状況にそぐわなくなっていたことと, 原稿の締切までに時間的余裕がなかったことによる。そのため, 通常の各号が 8 ページ, 創刊号が 12 ページであるのに対して, 記念号は予定していた 12 ページに届かず, 10 ページとなった。

　この号は, 内務大臣によって『共産党宣言』の掲載が新聞紙条例第 33 条に抵触する (社会の秩序壊乱) とされ, 同条例第 23 条により発売・頒布禁止, 差押えされた。これは『平民新聞』への 3 度目の発禁命令であった。発行所にあった約 4,000 部が差し押さえられ, また, 前日に書店・販売所に渡した分, 地方発送した分約 4,000 部のほとんども差し押さえられたと見られる。編集発行人: 西川光次郎, 印刷人兼筆者: 幸徳, 筆者: 堺の 3 名は起訴されて, 東京地方裁判所においてそれぞれ罰金 80 円の有罪判決を受けた。[3]

---

(2) 　佐々木敏二「日本の初期社会主義 (2)」『経済資料研究』第 8 号, 1974 年 11 月, 24～28 ページに拠る。

(3) 　その経緯についてはこれまでも比較的よく知られたところである。堺利彦「共産党宣言日本訳の話」『労農』第 4 巻第 2 号, 1930 年 4 月, 55～58 ページ, および塩田庄兵衛「『共産党宣言』の日本語訳をめぐって」『季刊 科学と思想』第 69 号, 新日本出版社, 1988 年 7 月, 187～203 ページ等, を参照。なお, いっそう詳しくは, 玉岡敦「『共産党宣言』邦訳史―― 幸徳秋水／堺利彦訳を中心に――」経済学史学会第 75 回大会報告

第14章　日本における『共産党宣言』の翻訳＝影響史について　　383

（写真1）週刊『平民新聞』第53号，
　1904（明治37）年11月13日付，
　第2面（428ページ）

（写真2）『社会主義研究』第1号

　堺はこれに怯むことはなかった。判決理由のなかに，歴史的文書はその内容がたとえ不穏当な要素を含むにせよ，ただ歴史上の事実として，あるいは学術研究の資料として新聞・雑誌に掲載する場合には，社会秩序を乱すとは言えず，むしろ正当な行為であるとの一文があったことに着目したのである。堺は自ら『社会主義研究』を創刊する。第1号は1906（明治39）年3月に発行された。これに，彼が独自に『共産党宣言』第Ⅲ章を補い，訳文の改善を加えた全訳を秋水との共訳という形をとって掲載したのである（写真2）。まえがきには「『単に歴史上の事実』として，また『学術研究の「資料」』として，法律

───────────────

〈セッション「1910～1920年代におけるマルクス／エンゲル著作の翻訳＝普及」，2011年11月6日，京都大学経済学部（京都府），玉岡敦「『共産党宣言』邦訳史における幸徳秋水／堺利彦訳（1904，1906年）の位置」『大原社会問題研究所雑誌』No.603，2009年1月，14～26ページ，大村泉「幸徳秋水／堺利彦訳『共産党宣言』の成立・伝承と中国語訳への影響」『大原社会問題研究所雑誌』No.603，2009年1月，1～13ページ，を参照。

の認可の下に」掲載すると記されている。1872 年のドイツにおけるライプツィヒ大逆罪裁判において被告のヴィルヘルム・リープクネヒトらが『宣言』を証拠資料として法廷で全文朗読させることに成功し，裁判資料として印刷発行した文書を宣伝に利用したのと同様の機智である。

共訳者の幸徳は，国家権力によって捏造された天皇暗殺容疑で 1910 年 5 月 25 日に始まった検挙に際し，6 月 1 日逮捕され，翌 1911 年 1 月 18 日に大審院で死刑判決，24 日に執行される（大逆事件）。

堺は 1921（大正 10）年に口語訳を作成する。彼がこれを公刊することはできなかった。それが公にされるのは四半世紀を経た太平洋戦争後の 1945（昭和 20）年 12 月発行の彰考書院版においてである。しかしながら，この口語訳はすでに 1922（大正 11）年と 1923（大正 12）年と少なくとも二度秘密出版されたと伝えられている。

2　河上肇の『社会問題研究』における『共産党宣言』の抄訳・紹介と櫛田民蔵による『共産党宣言』の翻訳・研究

1921（大正 10）年に作成された堺の自筆ノートには「日本訳の序」があり，そこで彼はその口語訳が「部分的には河上肇氏及び櫛田民蔵氏の訳文をも参照し」て作成したと記している。河上肇と櫛田民蔵というこの師弟は，当時の数少ないマルクス主義の立場に立つ優れた経済学者であったが，両人ともに

---

(4)　同上，堺論文および塩田論文，参照。なお，堺については，黒岩比佐子著『パンとペン──社会主義者・堺利彦と「売文社」の闘い──』講談社，2010 年（2013 年に同文庫収録），『堺利彦獄中書簡を読む』同読む会編，菁柿堂（発売：星雲社），2011 年，をも参照。
(5)　第 11 章参照。
(6)　というのは，堺が口語訳を記したノートが大原社会問題研究所に伝承されており，この訳文を 1930（昭和 5）年 1 月に発行された早川二郎・大田黒年男訳と比較した宮島達夫氏は，多少の取捨はあるものの，後者が前者をほとんどそのまま踏襲していると確認しているからである（宮島達夫「『共産党宣言』の訳語」言語学研究会編『言語の研究』むぎ書房，1979 年，437 ページ）。なお，久保誠二郎氏より，堺の『共産主義とは何ぞや』（白楊社，1931 年）が『宣言』の実質的な翻訳であるとのご教示を得たので，章末の一覧表に 20a として付加した。詳しくは，久保誠二郎「『共産党宣言』は人々の手に渡ったか──昭和初期の事例の考察──」研究年報『経済学』第 74 巻第 3 号（大村泉教授退職記念号）（東北大学，2014 年 3 月）23〜41 ページ，を参照。

第14章　日本における『共産党宣言』の翻訳＝影響史について　　385

（写真3）河上肇『社会問題研究』
第16冊1ページ

（写真4）河上肇『社会問題研究』
第16冊表紙

『共産党宣言』全文の翻訳があるわけではない。堺が参照したのは各々の抄訳ならびに部分訳であった。

　(1) 河上は1919 (大正8) 年1月から個人雑誌『社会問題研究』を発行し始める。彼の友人である小島祐馬と櫛田の二人が，マルクス主義の中に真理性を認めた河上がその思想の存在を世間一般に啓蒙したいと意図していたところを忖度して，それに資する河上の個人誌の発行を，京都の書店 弘文堂の主人と取り決めたのである。1920 (大正9) 年6月に発行されたその第16冊 (写真3および写真4) に書いた「『共産者宣言』に見はれたる唯物史観」を初め，いくつかの号に掲載された彼の論文には『共産党宣言』からの長い引用が見出される。無論日本語であり，それらを合計すると，宮島の調査によれば，『宣言』全体で30％近く，特に第Ⅰ章はほぼ半分が訳出されたことになる。1917 (大正6) 年に出された河上の著書『貧乏物語』は当時の一大ベストセラーとなって

─────────
(7)　宮島，前掲論文，439ページ参照。

いただけに,『社会問題研究』において抄訳された『共産党宣言』の影響力は一人堺だけにとどまらなかったことは明らかである。著名な財政学者である大内兵衛は彼の当時の実感をおおよそ次のように述べている。即ち,マルクスの著作や思想について社会主義者の堺たちが言うことには科学的真実よりも政治的宣伝の方が多いのではないかという警戒感をもたざるを得なかったが,京都大学教授の河上はそのような警戒感をもたずにすむ啓蒙者としての特殊な地位を占めるようになっていた(8),と。

(2) 櫛田は『共産党宣言』の第Ⅲ章の日本語訳を公表している。

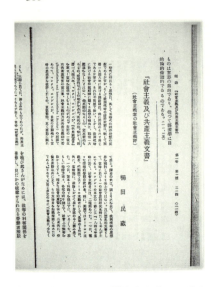

(写真5) 櫛田民蔵「『社会主義及び共産主義文書』(社会主義者の社会主義評)」東京帝国大学経済学部経済学研究会編『経済学研究』第1巻第1号,1920年1月,214ページ

「『社会主義及び共産主義文書』(社会主義者の社会主義評)」と題されて,後述する森戸事件で頒布禁止となった東京帝国大学経済学部経済学研究会編『経済学研究』の創刊号(第1巻第1号,1920[大正9]年1月)に掲載された(写真5)。櫛田はこの翻訳発表に続いて「『共産党宣言』の研究」をまとめる。大内によれば,その内容は,「はじめから終わりまで「唯物史観の公式」と『共産党宣言』の文句をつぎ合わせ,それでもってこの文書の読み方を示した」「一つの解釈」である。新設された大原社会問題研究所の「研究叢書」に収録されるはずの作品であり,同じ年の10月に提出されたものと推定されている。その直後,櫛田は,新設の研究所に備える「社会問題に関する図書」を収集するため,久留間鮫造とともに渡欧し

---

(8) 大内兵衛「あとがき」,櫛田民蔵『『共産党宣言』の研究』青木書店,1970年,230ページ参照。なお,櫛田の本書について詳しくは,玉岡敦「櫛田民蔵『『共産党宣言』の研究」と大内兵衛による「補修」」『大原社会問題研究所雑誌』No. 617, 2010年3月,38〜53ページ,を参照。

ているからである。彼の没後，1935（昭和10）年に改造社から彼の全集が刊行されるが，そこにこの「研究」が収録されることはなかった。当時の「出版の自由」の限度ではとうていその出版が許可されそうになかったからである。

櫛田による第III章の部分訳及び彼の「研究」を用意する際，彼の手許には『宣言』全体の翻訳があったものと考えてよい。1930（昭和5）年11月に長谷川早太名義の『宣言』全訳が大阪の労農書房から刊行される（写真6）。櫛田の「研究」中の『宣言』抄訳部分と対応する長谷川訳の各部分を比較した宮島によれば，両者はほとんど同じであり，長谷川名義の訳文が，全体として櫛田の手になるものであり，基本的には1920（大正9）年にできあがっていたことは，ほぼ確実とおもわれるとされている。また，長谷川訳の「はしがき」に「ドイツ原文から，特に，『宣言』初版を参照して訳出したものである」と記されている点は，櫛田による翻訳であることを示すかなり蓋然性の高い証拠である。それは，以下の2つの理由による。第一は，この時期が，当時著名な文献学者であったエルンスト・ドラーンでさえもヒルシュフェルト版を初版であると誤認していた時期だということである。第二は，櫛田は，マルクス・エンゲルス遺文庫の蔵書となっていたこの稀覯本の一冊を1921（大正10）年にSPD文書主任ヨニィ・ヒンリクセンからその献辞を付して献呈されている事実があるからである。当時日本にこの一冊しか存在していなかったヒルシュフェルト版を「初

（写真6）『共産党宣言』表紙，労農書房，1930（昭和5）年

---

(9) 大内「第一章への補遺」，櫛田，同上書，35ページ。
(10) 宮島，前掲論文，442ページ。
(11) Meiser, Wolfgang：Das *Manifest der Kommunistischen Partei* vom Februar 1848：Zur Entstehung und Überlieferung der ersten Ausgaben. In：*MEGA-Studien*, 1996/1, S. 67（ヴォルフガング・マイザー「1848年2月の『共産党宣言』──

版」とみなし,「参照して訳出した」人物を, 櫛田本人以外に想定することは極めて困難である。櫛田は, 1920年の部分訳発表と『研究』での利用の前にすでに完成して手許にあった全訳を, 渡独して翌年1920年に献呈されたヒルシュフェルト版に基づいて帰国後見直し, その上で1930年に長谷川名義で公表したのではあるまいか。

いずれにせよ, 河上および櫛田のそれぞれの抄訳・部分訳が, 堺による口語訳のみならずその後の日本語訳にどのような影響を与えたのかを見ることは今後の検討課題である。

3　商業的左翼出版社の簇生と『リャザーノフ評註版』の翻訳・普及

資本主義の発展とともに, 大正デモクラシー (1912 [大正1] 年の護憲運動〜), ロシア革命 (1917 [(大正6)] 年) 等の内外の影響下, 社会運動・労働運動が高まり, 1920年代の初めから一般ジャーナリズムに左翼化の現象が生まれる。1920 (大正9) 年に,『経済学研究』に掲載された森戸辰男「クロポトキンの社会思想の研究」は新聞紙法違反に問われた (森戸事件) が, 逆に, 出版検閲体制に対する批判的論調が高まり, ジャーナリズムにおいて社会問題・社会主義の研究が志向されるようになる。左翼の流行により購読者層も増大し, 商業的に成立するところから, 商業的左翼出版社も生まれてくる。1920年代半ばにはマルクス主義を研究する学者・知識人集団も形成され, その後に改造社版『マルクス・エンゲルス全集』を刊行するための執筆・翻訳者陣が整う。とはいえ, 1920年代後半には発禁も増加する。1928 (昭和3) 年になると, 3月15日には共産党をはじめとして民主的労働者・農民政党及び団体の活動家1,600余名が一斉に検挙される (3.15事件)。また, 大森義太郎が東京帝国大学から, 河上肇が京都帝国大学から, 向坂逸郎・石浜知行等が九州帝国大学から, それぞれ追放される。それ以後, 左翼運動は, 主に左翼知識人が文化運動の分野を中心に活動する形となる。実際の運動面での後退に対して, 思想面での左翼化がさらに進むこととなる。そのため社会問題・左翼思想の出版物は多

初版の成立と伝承について――」『マルクス・エンゲルス・マルクス主義研究』第41号, 八朔社, 2003年12月, 5ページ, 脚注5参照)。櫛田が献呈されたこのヒルシュフェルト版は, 現在, 法政大学大原社会問題研究所が所蔵する。

くの知識人の支持を得て，彼らが有力な購買層となり，刊行状況はむしろ 1929（昭和 4）年から 31（昭和 6）年にかけて発展を維持し，ようやく 1932（昭和 7）年以降下火となる。1933（昭和 8）年の出版警察体制・検閲制度の改革・拡充が致命的であった。[12]

このことは，『共産党宣言』の翻訳出版点数が 1925（大正 14）年から 1933（昭和 8）年までの 9 年間で 15 点と非常に多く出版されているのに対して，その後は敗戦以後まで皆無となることからも窺われる。これは『宣言』に限らず，社会主義・共産主義文献一般に見られる傾向である。

この 9 年間に『宣言』翻訳の出版点数が多くなったのは，なるほど梅田も指摘する通り，もっぱら商業的左翼出版社の簇生に一因があった。宮島も，「出版界における商業主義」からは「あたらしい全集や文庫にいれるためにあたらしい訳が必要とされるという事情」が生じていた，と述べているし，訳者のイデオロギーが重要な要因でないことは，内務省警保局の訳文に特別際立った特徴の無いことや，訳文の間で訳語に体系的に一貫した対立のないことから明らかにされる，と述べている[13]通りである。とはいえ，『宣言』については，出版検閲体制下で，その広範な普及をはかるという目的があったことを見逃してはならない。そのような試みはいわゆる「リャザーノフ評註版」の出版状況を追うことによって多少とも窺うことができる。

「リャザーノフ評註版」の底本は 1923（大正 12）年にモスクワのマルクス・エンゲルス研究所から出版された『共産党宣言』の学術版（写真 7）の第 2 版（1928 年，モスクワ国立出版所刊）である。ドイツ語原文と再び照合されたプレハーノフによるロシア語訳が『宣言』本文をなし，これにマルクス・エンゲルス研究所所長であったД．В．リャザーノフの序文ならびに膨大な評註が付されていた。さらに，共産主義者同盟に関するリャザーノフの概説，エンゲルスの論文「1847 年の革命運動」，エンゲルスによる「共産主義の諸原理」，「共産主義

---

(12) 以上は，梅田俊英『社会運動と出版文化』御茶の水書房，1998 年，3〜28 ページに拠る。なお，久保誠二郎「翻刻『日本マルクス主義文献』Web 版の公開によせて」『大原社会問題研究所雑誌』№ 617，2010 年 3 月，25〜37 ページ，大和田寛「1920 年代におけるマルクス主義の受容と社会科学文献」『大原社会問題研究所雑誌』№ 617，2010 年 3 月，54〜86 ページ，をも参照。

(13) 前掲，宮島論文，434 ページを参照。

（写真7）Д.В.リャザーノフ編
『共産党宣言』学術版初版扉，
モスクワ国立出版所, 1923 年

（写真8）大田黒年男・早川二郎訳『共産党宣言／リヤザノフ編評註』『マルクス主義の旗の下に』第2巻第1号［1930（昭和5）年1月号］付録表紙

者同盟規約」、「ドイツにおける共産主義者の諸要求」、1500年から1848年までの社会主義および労働運動史における主な出来事の年表等が添えられていた。それらの一部はロシア語でもはじめて公刊される資料であり、その日本語訳は『宣言』の正確な内容理解に役立つはずであった。

　日本語訳の第1版は、大田黒年男・早川二郎によって共訳され、イスクラ閣（社主：川崎吉之助）から月刊で出ていた『マルクス主義の旗の下に』第2巻第1号［1930（昭和5）年1月号］の付録として現われた（写真8）。400ページの大冊であって、表紙には表題『共産党宣言／リャザノフ編評註』とともにマルクスとエンゲルスの写真が印刷されていた。1930年に刊行された二つの英語版（ロンドン発行のイギリス版とニューヨーク発行のアメリカ版）に先立つ翻訳である。訳文は早川が1929（昭和4）年の夏から秋にかけて作成し、大田黒が訳語の統一と校閲を行った。ロシア語からの訳出はおそらくリャザーノフの評註と当時日本で原文の入手が容易でなかった付属資料類に限られ、『宣言』本文はド

第 14 章　日本における『共産党宣言』の翻訳＝影響史について　　391

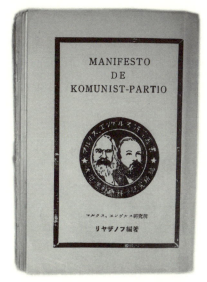 

（写真9）大田黒社会科学研究所訳『リヤザノフ編著 MANIFESTO DE KOMUNIST-PARTIO マルクス，エンゲルス研究所』表紙，大田黒研究所，1930（昭和5）年

（写真10）大浦清光訳『共産党宣言／リヤザノフ評註版』表紙，プロレタリア書房，1931（昭和6）年

イツ語原文を参照しつつ，堺による口語訳をほぼ踏襲したものと思われる。『宣言』各国語訳への序文はそれぞれ原文に当ったと記されている。この評註版は，1929（昭和4）年12月29日に発行禁止の処分を受けた。その奥付には「昭和4年12月25日印刷，昭和5年1月1日製本発行」と記載されている。したがって，禁止以前にすでに少なからぬ部数が頒布されていたようであり，今でもかなりの数の刊本が伝承されている。

　第1版の発禁処分にもかかわらず，この評註版の第2版が現れる。出版社は大田黒研究所であって，訳者の一人であった大田黒年男が自ら社主となった商業的左翼出版社である。大田黒社会科学研究所訳の単行本として，表紙上部の標題部には，エスペラント様のタイトル „MANIFESTO DE KOMUNIST-PARTIO" が掲げられ（背表紙には MANIFESTO KOMUNIST のみ；エスペラントは表紙の標題箇所だけ），もはやマルクスとエンゲルスの写真ではなく，彼らの似顔絵が印刷されている。第1版の改訂版として1930年11月に刊行

された (写真9)。

　第3版は，再度，出版社をプロレタリア書房(社主：中大路良三郎)に変えて，大浦清光訳『共産党宣言／リャザノフ評註版』として1931(昭和6)年3月に出版される(写真10)。訳者名や表紙の意匠こそ違え，訳文は第1版および第2版を借用しているものと思われる。奥付には「3月20日印刷，3月31日発行」とあるが，3月19日に発禁となった。

　第4版は，河西書店(社主：河西為三郎)に三たび出版社を変え，1932(昭和7)年1月に刊行される(写真11)。奥付では著者として大田黒研究所が記され，研究所名義の翻訳とされている。表紙に表題『共産党宣言／リャザノフ編評註』とあるのは第1版と同じであり，第2版のマルクスおよびエンゲルスの表紙絵と同じ表紙絵が用いられている。紙型と訳文は第3版と同一である。

　1920年代は発禁とされても差し押さえを逃れて，かなりの部数が市場に出回っていた。発禁号が逆に売り物になった場合すらあるという。しかし，1928(昭和3)年の3.15事件以後，発禁が増加する。それだけでなく，梅田の調査によれば，発禁命令が早くなり，差押え部数が激増した。出版社は，罰金も含めて，発禁ごとに300〜500円程度の損失を免れぬ状況に追い込まれたのである。出版社を転々として発行され続けた4種の「リャザーノフ評註版」日本語訳の軌跡はこのような当時の治安維持法制天皇制警察権力による出版弾圧への抵抗を物語っている。[14]

　発禁を被るだけでなく，第1版から第4版に至るまで伏字も次第に増加している。第1版での伏字は，序文において「君主」「王」に関る箇所と，『宣言』本文では見出しの「共産党」だけであった(写真12)。第4版では，さらに「革命」，「共産主義」，「財産」，「廃絶」と多岐にわたった(写真13)。

　この「リャザーノフ評註版」は，戦後，1946(昭和21)年9月にナウカ社から故　早川二郎訳として再刊される。この翻訳もまた，異なった印刷所から種々の版型で幾度も数多くの部数が出版されたようである。社会思想史研究者の服部文男からの聴き取りによれば，戦後版は付録を欠くものの，リャザーノフの詳しい注解は残され，そのため当時学習会で多く利用されたという。リャザーノフ評註版については，不明の部分が多く，その解明は今後の研究の課

---

(14)　梅田，前掲書，23ページ。

第 14 章　日本における『共産党宣言』の翻訳＝影響史について　　393

上（写真 11）『共産党宣言／リャザノフ編評註』表紙，河西書店，1932（昭和 7）年
右上（写真 12）『マルクス主義の旗の下に』第 1 版付録，94/95 ページ
右下（写真 13）第 4 版，河西書店版，100/101 ページ

題として残されている。

　社会問題・左翼思想の出版物の刊行は 1932（昭和 7）年以降下火となり，1933（昭和 8）年の出版警察体制・検閲制度の改革・拡充以降途絶えることとなる。このことを象徴的に示す出来事がいわゆる「焚書」事件であった。商業的左翼出版社である共生閣の社主であった藤岡淳吉は自社で過去 15 年間に出版した 200 点程の左翼書を絶版とし，手許に残っていた一万冊余の書籍を 1933（昭和 8）年 5 月に書店の街として著名な神保町で焼却したという[15]。

　1945（昭和 20）年 12 月に「解放文庫（1）」と銘打ち，堺利彦・幸徳秋水訳の

---

(15)　梅田，同上所。その後，藤岡の孫，中川右介氏による事実ではないとの反論が出ている（「ある左翼出版人の略伝」『共産党宣言　彰考書院版』アルファベータ，2008 年，119, 122；109 ページ）。

『共産党宣言』が彰考書院から発行された。訳文は堺の口語訳であり，発行者は藤岡淳吉である。(16) これが戦後最初の『共産党宣言』の翻訳出版であった。この翻訳は，戦後初というだけでなく，その後何度も増刷・改版が行われ，1952（昭和27）年3月までの8年間に公称部数が100万部を越える。戦後のリャザーノフ評註版とともに，終戦直後しばらくのあいだは大きな影響力をもった刊本である。その発行の経緯について，日本社会運動史研究者の塩田庄兵衛は，「堺利彦も1933年に病没したから，この戦後版が発行されたときには生存していなかった。彰考書院版の発行者藤岡淳吉は，生前の堺利彦のもとに出入りしていた間柄にあったときが，この戦後版の発行事情を私は知らない」と述べている。(17)

日本では1928（昭和3）～1935（昭和10）年の間に当時世界で完結したものとしては唯一のものであった『マルクス・エンゲルス全集』全36巻が改造社から刊行された。しかし，『共産党宣言』を「今日の吾国の社会情勢の下においては，如何なる形を以ても収録する事が出来なかった」と『全集』の編集者は嘆息するほかなかったのである。

II　戦後の翻訳概観

戦後60年間の『共産党宣言』の翻訳を4つの時期に分け，底本や解説に着目して概観する。

第1期は1945年から1949年までである。1946年に京都において志保田によって，また，長野においては社会科学研究会によって，二つの新訳がいずれも地方都市で出版された。印刷用紙の不足がちだった時期にそれを満たすことができたからである。しかし，前者は印刷用紙を補えずに初版・再版各5,000部の合計10,000部で終了した。そのため，先述の彰考書院版及びナウカ社の「リャザーノフ評註版」がまだ支配的である。

この時期には翻訳の底本選定という問題意識は欠けていた。志保田は旧『メガ』，第I部門第6巻を底本とした。しかし，他の刊本と比較検討して選ん

---

(16)　「焚書」事件も含め，杉本俊朗氏からの聴き取り（東京，2005年7月31日）による。
(17)　前掲，塩田論文，197/198ページ。

だというのではなく，当時もっとも信頼すべき底本として旧『メガ』に頼り，恩師である大河内一男の蔵書を利用したのであろう。服部からの聴き取り[18]によれば，旧『メガ』当該巻の日本への入荷はアードルフ・ヒットラーの政権獲得後と推定され，日本ではもっぱらマルクス研究とは無関係の学者しか入手することができなかったとのことである。社会科学研究会による翻訳の底本はHermann Duncker 編集による „Elementarbücher des Kommunismus", Bd. 1, Berlin 1924 と記されている。しかし，実際には，この刊本の翻刻版が 1946 年 5 月に九十九書房から『独語版共産主義宣言』としてまったく同一の装丁で出ており，底本にはこの翻刻版が利用された可能性が残る。

　第 2 期は 1950 年から 1958 年までである。1950 年のマルクス＝レーニン主義研究所訳（大月書店・文庫版），1951 年の大内・向坂訳（岩波文庫），1952 年の宮川実訳（青木文庫）とマルクス＝レーニン主義研究所訳（国民文庫）といった各文庫に収録される安価で手軽な翻訳が相次いで登場する。戦後改革の一段落，『宣言』刊行 100 周年，新中国の誕生，レッドパージといった内外の事件に影響されているものと思われる。この時期になってようやく底本にも関心が払われるようになる。大内・向坂，宮川実，マルクス＝レーニン主義研究所の翻訳がともに旧『メガ』を底本としている。しかし，23 ページ本と 30 ページ本との区別には関心が届かず，注解などは十分に活用されていない。例えば岩波文庫版では，『宣言』の冒頭第 5 段落目にある „Es ist hohe Zeit, dass ..." という句の Zeit の後のコンマが 23 ページ本に欠けていることを示す脚注 „Zeit Bü" を，「hohe が，初版には欠けている」と読み誤っている[19]。他方，旧『メガ』以外の底本を使った翻訳の場合，例えば，1954 年の都留による翻訳は，Bücherei des Marxismus-Leninismus, Bd. 1, Berlin (Dietz) 1953 を底本としたが，それは最新の研究が盛り込まれた刊本から訳出しようとしたものであろう。

　第 3 期は 1959 年から 1970 年前後までの時期である。1960 年の日米安全保障条約改訂反対闘争に始まり，戦後の「高度成長」の歪みが多面的に現われ，各地で公害反対運動などが起ってくる時期に当る。1959 年には塩田の新

---

(18) 服部文男氏からの聴き取り（仙台，2005 年 7 月 27 日）による。
(19) 服部文男「『共産党宣言』の誕生」『マルクス探索』新日本出版社，1999 年，111 ページを参照（初出は『経済』第 29 号，新日本出版社，1998 年 2 月）。

しい訳が出る。1960 年には，1957 年に刊行された MEW, Bd. 4 の日本語訳である『マルクス・エンゲルス全集』第 4 巻が大月書店から出版される。『宣言』部分の翻訳を担当したのは村田陽一である。したがって，この時期以降には，旧『メガ』(MEGA[1]) に加えて『著作集』(MEW) を底本とする翻訳が加わる。最新の研究の反映した注解が利用できるだけでなく，『宣言』を，その前後のマルクスおよびエンゲルスの活動ならびに著作中に位置づけて理解したうえで訳出することができる。この時期には，1966 年に，ドイツ史の研究者である林健太郎が編集し，「歴史とはなにか」を特集した一般誌『現代のエスプリ』に，1959 年の相原茂による翻訳が再録されている。

　第 4 期は 1972 年から 2005 年までである。ベトナム反戦運動の盛り上がりから 1970 年前後の大学紛争の収束した後，学術研究の回復してくる時期である。新訳の点数は減るが，底本や共産主義者同盟への研究が深まる。1972 年の水田訳（講談社文庫），1989 年の服部訳（新日本文庫）のように典拠に配慮した翻訳が出版される。この時期には，労働運動史研究にも目配りされて，底本についての学術的関心が生まれる。水田は一定の検討を加えた上でアンドレアスの 23 ページ本の復刻を利用しながら，旧『メガ』を底本としている。服部は 30 ページ本との詳しい比較検討の後に 23 ページ本を底本として採用した[20]。1993 年の金塚訳は，訳者の我流の解釈を売り物にし，各国語訳を恣意的に取捨選択して訳出しており，底本を示していない。訳者自らが学術資料ではないと述べており，学術的検討には耐えない翻訳である。1998 年の服部による新訳では，1990 年代の W. マイザーや T. クチンスキーの研究が 23 ページ本を初版であるとはっきり証明したことで，学術的裏づけをさらに得て，引き続き 23 ページ本が底本となった。

　解説に着目すれば，例えば 1952 年の国民文庫版の巻末の「解説」は『宣言』の最初の邦訳の年を間違えている。さらに，共産主義者同盟の歴史について，もっぱらエンゲルスの「共産主義者同盟の歴史によせて」に基づくだけで，当時でも利用可能であったグリューンベルグのアルヒーフ等に収録されて

---

[20] 詳しくは黒滝正昭「服部文男氏による新訳『共産党宣言』について」『私の社会思想史』成文社，2009 年（初出は『季刊 科学と思想』第 74 号，新日本出版社，1989 年 10 月）参照。

第 14 章　日本における『共産党宣言』の翻訳＝影響史について　397

いた諸資料を利用していない。このような共産主義者同盟の歴史への関心の低さは，新しい資料(21)の出版によって改められる。1972 年における水田の利用はまだ不十分であったが，1989 年に服部は十分に活用している。

　以上の検討の結果から見ると，現在の時点での最良の日本語訳は 1998 年の服部による新訳（科学的社会主義の古典選書）であると言うことができる。

　なお，この間に３つの二か国語版が出版されている。1956 年の中山による日独版，1967 年の武井による日英版，1979 年の野村による日仏版である。

　訳語の問題に触れる余地がなくなった。以下，『宣言』に出てくるドイツ語が最初の堺訳（堺訳は英語からの翻訳であるが）と最近の服部新訳とでどのように訳されているのか，12 語のみの対照を示す。詳しくは宮島に拠ることができる(22)。

　　Kommunisten（kommunistisch）「共産党員」＞「共産主義者」
　　Gespenst「怪物」＞「妖怪」
　　Bourgeois（Bourgeoisie）「紳士」＞「ブルジョア」
　　Proletarier（Proletariat）「平民」＞「プロレタリア」
　　Nation（national）「国民」＞（「民族」）＞「国民」
　　Aufhebung「禁止」＞（「廃止」「揚棄」「揚棄」「止揚」）＞「廃棄」
　　Eigentum「財産制」＞「所有」
　　Person（persönlich）「人物」＞（「個人」「個性」「人格」「人間性」「人間」）＞「自身」
　　Weib「婦人」＞「女性」
　　Assoziation「協同社会」＞「連合体」
　　Gewalt「権力」＞（「強力」「力」「暴力」）＞「権力」「強力」
　　sich vereinigen「団結する」＞「団結する」（「統一する」）

----

(21) Bert Andréas, *Le Manifeste Communiste de Marx et Engels. Histoire et Bibliographie, 1848-1918*, Milano 1963；*Gründungsdokumente des Bundes der Kommunisten*（Juni bis September 1847）, hrsg. v. Bert Andréas, Hamburg 1969 および *Der Bund der Kommunisten. Dokumente und Materialien*, Bd. 1, 1970 等。
(22) 前掲，宮島論文，491～517 ページ。いっそう詳しくは，玉岡敦「日本における『共産党宣言』の翻訳と，訳語の変遷」『マルクス・エンゲルス・マルクス主義研究』第 49 号（八朔社，2008 年 6 月）51～61 ページ，および同氏「日本語版『共産党宣言』における翻訳術語の変遷」同前誌，第 53 号（2012 年 3 月）11～23 ページ参照。

『共産党宣言』邦訳史一覧 (暫定版。表の不備、未載の翻訳等の情報をお寄せ下さい)

番	刊地	刊年	月	和暦	訳者	標題等	出版社	備考
		1888		明21	サミュエル・ムーアによる英語版			
		1898		明31	社会主義研究会成立。			
		1901		明34	社会民主党結成、直ちに禁止。			
1	＊東京	1904	11月	明37	堺 枯川[利彦]／幸徳秋水	『共産党宣言』『平民新聞』第53号(1904年11月13日)、1-7ページ	週刊『平民新聞』	英訳から。底本不詳。『宣言』第Ⅲ節を除く。発禁。
2	＊東京	1906	3月	明39	幸徳秋水／堺 利彦	『共産党宣言』『社会主義研究』第1号		
3		1908		明41	幸徳秋水／堺 利彦	『共産党宣言』	サンフランシスコ革命社	1と同じ本文か(?)。
		1910		明43	大逆事件。社会主義文献発禁。翌年1月、幸徳他11名死刑執行。			
4	＊東京	1919		大8	内務省警保局	『共産党宣言』		文語訳。英訳から。
5		東京		10月	匿名	社会主義者の社会主義評『改造』第1巻第7号		『宣言』第Ⅲ節の翻訳
6		東京	1920	1月	大9	櫛田民蔵	「社会主義及び共産主義文書。社会主義者の社会主義評」『経済学研究』第1巻第1号、214-225ページ	東京帝国大学経済学部経済学研究会編。	『宣言』第Ⅲ節の翻訳
		東京		10月	まで	櫛田民蔵	『「共産党宣言」の研究』	[青木書店　1970]	戦後、大内兵衛により編集
		京都		6月		河上 肇	「『共産者宣言』に見られた唯物史観」『社会問題研究』第16冊	弘文堂書房	
7	＊東京	1921	5月	大10	堺 利彦『共産党宣言』を口語文に翻訳する。			1922年および1923年に秘密出版。
		1922	7月	大11	日本共産党創立			
8		東京		5月	社会制度研究会	『共産党宣言。Communist Manifest』	社会制度研究会。秘密出版	
9		東京	1923	12	大12	幸徳秋水／堺 利彦	『共産党宣言』	秘密出版	
10		東京	1925	7月	大14	東天紅[=田所輝明]	共産党宣言『政党問題の一資料』		プロカルト叢書4。『宣言』第Ⅱ節の諸方策のみ。
11	＊東京		10月		[内務省警保局]	『共産党宣言』『外事警察研究資料』第13輯	司法大臣官房秘書課	口語訳。
12			1926	1月	大15	堺 利彦／幸徳秋水	『共産党宣言』	米国、羅府日本人労働協会	
13		東京	1927	5月	昭2	大西一夫	『邦訳 共産党宣言』	東京社会問題研究所	10月31日発禁。
14		東京		9月		マルクス書房編集部	セムコフスキー編『社会主義の必然』上	マルクス書房	抄訳
15		東京	1928		昭3	松本克平	『共産党宣言』		謄写版
16		東京	1930	1月	昭5	早川二郎／大田黒年男	『共産党宣言 リヤザノフ編評注』月刊『マルクス主義の旗の下に』第2巻第1号附録	イスクラ閣／マルクス主義の旗の下に社	リヤザーノフ編ロシア語版から。1929年12月25日 発行、1929年12月29日発禁。
17		東京		11月		大田黒社会科学研究所	『MANIFESTO DE KOMUNIST＝PARTIO（改訂版）』	大田黒社会科学研究所	16の改訂版。エスペラントは表紙のみ。
18	＊大阪				長谷川早太[=櫛田民蔵か]	『共産党宣言』	労農書房	
19		東京	1931	2月	昭6	矢橋三子雄	「ブルジョアジーのための墓掘人」『マルクスは斯く叫ぶ』	大衆出版社／大進堂書店	抄訳。1932年1月7日発禁。
20		東京		3月		大浦清光	『共産党宣言 リヤザノフ評注版』	プロレタリア書房	1931年3月19日発禁。
21		東京	1932	1月	昭7	大田黒研究所	『共産党宣言 リヤザノフ編評注』	河西書店	表紙はマルクス／エンゲルスの写真から絵に。1932年2月4日発禁。
22		東京		5月			『共産党宣言』	日本共産党関東地方委員会アジプロ部	
23	＊東京	1933	3月	昭8	尾崎庄太郎編	『×××宣言』月刊『プロレタリア科学』第5巻第3号附録	日本プロレタリア科学同盟	1933年4月26日発禁。
24		東京		4月			『×××宣言 訂正版』	日本プロレタリア科学同盟	1933年4月25日発行、1933年4月26日発禁。
		1945	8月	昭20	敗戦。治安維持法廃止。			
25		東京		12月		堺 利彦／幸徳秋水	『共産党宣言』	彰考書院	解放文庫No.1。発行者：藤岡淳吉；発行部数：30,000部；定価：¥1.50-。7の公刊か(?)。
26		松本	1946	5月	昭21	堺 利彦／幸徳秋水	『共産党宣言』	松本・人民社	26と同一紙型。
27		伊勢崎				堺 利彦／幸徳秋水	『共産党宣言』	伊勢崎・民論社	
28	＃東京					『独逸語版共産主義宣言』	九十九書房	"Elementarbücher des Kommunismus", Bd.1, hrsg. V. Hermann Duncker (Berlin [Vereinigung Internationaler Verlags-Anstalten] 1924), 2. Durchgesehene und vermehrte Auflage の再版。
29		金沢		6月		堺 利彦／幸徳秋水	『共産党宣言』	青共石川地方委員会	
30	＊京都		7月		志保田博彦(＝塩田庄兵衛)	『共産党宣言』	新社会社	発行者：儀我壮一郎；発行部数：5,000；定価：¥4.00-；底本：旧メガ。
31		東京		9月		早川二郎	『共産党宣言』	ナウカ社	
32	＊長野				社会科学研究会	『共産党宣言』	山川書店	
33		東京		10月		堺 利彦／幸徳秋水	『共産党宣言。決定版』	彰考書院	25の改訂
34		東京	1947	5月	昭22	早川二郎	『共産党宣言』	ナウカ社	31と同一紙型だが、奥付に「初版」と記載。

35		東京	1948	8月	昭23	堺 利彦／幸徳秋水	『共産党宣言』	彰考書院	25の改訳第4版
36		東京	1949	4月	昭24	堺 利彦／幸徳秋水	『共産党宣言』	彰考書院	25の改訳第5版
37		東京		7月		日本社会科学研究会	『共産党宣言』	新知識社	
38	*	東京	1950	2月	昭25	市村光男／沖 史郎／平沢三郎／松村一人／山田 敦／山辺健太郎	『マルクス＝エンゲルス選集』第2巻	大月書店	
39		東京		10月		マルクス＝レーニン主義研究所	『共産党宣言』	大月書店	A6版。
40		東京	1951	1月	昭26	早川二郎	『共産党宣言』	ナウカ社	31の再版か(?)。
41	*	東京		12月		大内兵衛／向坂逸郎	『共産党宣言』	岩波書店	岩波文庫、底本：旧メガ
42		東京	1952	3月	昭27	堺 利彦／幸徳秋水	『共産党宣言』	彰考書院	36以降の改訳(?)
43	*	東京		5月		宮川 実	『共産党宣言』	青木書店	青木文庫、底本：旧メガ
44	*	東京		7月		マルクス＝レーニン主義研究所	『共産党宣言／共産主義の原理』	大月書店	国民文庫、底本：旧メガ
45		東京		12月		マルクス＝レーニン主義研究所	『共産党宣言／共産主義の原理他一篇』	国民文庫社	
46		東京	1953	2月	昭28	マルクス＝レーニン主義研究所	『マルクス＝エンゲルス2巻選集』第1巻	大月書店	
47	*	東京	1954	5月	昭29	都留大治郎	『マルクス』	河出書房	世界大思想全集。社会／宗教／科学思想編12、底本：Bücherei des Marxismus-Leninismus, Bd. 1, Berlin (Dietz) 1953
48		東京	1955	5月	昭30	マルクス＝レーニン主義研究所	『マルクス＝エンゲルス選集』第1冊	大月書店[新書版]	
49	*	東京	1956	1月	昭31	中山 久	『詳解独和 共産党宣言』	大学書林	独和対訳。
50		東京		2月		堺 利彦／幸徳秋水	『共産党宣言』	彰考書院	43以降の改版(?)
51		東京	1958	3月	昭33	堺 枯川(利彦)／幸徳秋水	『共産党宣言』	創元社	A5版での1の再版。
52	*	東京	1959	6月	昭34	相原 茂	『マルクス＝エンゲルス選集』第5巻	新潮社	
53	*	東京		12月		塩田庄兵衛	『共産党宣言』	角川書店	角川文庫。30の改訂新版。底本：Berlin[Dietz]1958。
54	*	東京	1960	11月	昭35	村田陽一	『マルクス＝エンゲルス全集』第4巻	大月書店	MEWの翻訳。
55		東京	1962	2月	昭37	宮川 実	『世界教養全集』第15巻	平凡社	
56		東京		3月		マルクス＝レーニン主義研究所	『マルクス＝エンゲルス選集』第1冊	大月書店	48(新書版)のB6での再版。
57		東京		8月		都留大治郎	『世界思想教養全集』第11巻	河出書房新社	47の改訳か(?)。
58		東京		11月		堺 枯川(利彦)／幸徳秋水	『共産党宣言』	明治文献	明治社会主義資料別冊4.1の再版。
59		東京	1963	3月	昭38	堺 利彦／幸徳秋水	『共産党宣言』	明治文献	明治社会主義資料補遺。2の再版。
60		東京	1964	12月	昭39	宮川 実	『共産党宣言／共産主義の原理.附 共産主義同盟への中央委員会の1850年3月の呼びかけ』	青木書店	青木文庫
61		東京	1965	3月	昭40	マルクス＝レーニン主義研究所	『マルクス＝エンゲルス選集』第1巻	大月書店	
62		東京		6月		都留大治郎	『世界の思想』第11巻	河出書房新社	57の改訳か(?)。
63	*	東京		7月		マルクス＝レーニン主義原典刊行会	『共産党宣言。付 共産主義の原理』	青木書店	マルクス＝レーニン主義原典選
64		東京	1966		昭41	相原 茂	『現代のエスプリ』第11号	至文堂	
65		東京	1967	6月	昭42	武井武夫	『共産党宣言 英和対訳』	日本青年書館	英和対訳
66		東京				都留大治郎	『世界の大思想』第II部第2巻	河出書房新社	62の再版か(?)。
67		東京	1968	9月	昭43	堺 枯川(利彦)／幸徳秋水	『幸徳秋水全集』第5巻	明治文献	1の再版
68		東京				幸徳秋水／堺 利彦	『幸徳秋水全集』第5巻	明治文献	2の再版
69	*	東京				モスクワ・プログレス出版社	『マルクス＝エンゲルス選集』第1巻	モスクワ・プログレス出版社	
70		東京	1971	2月	昭46	大内兵衛／向坂逸郎	『共産党宣言』	岩波書店、岩波文庫	改訳
71		東京				モスクワ・プログレス出版社	『共産党宣言』	モスクワ・プログレス出版社	
72	*	東京	1972	11月	昭47	水田 洋	『共産党宣言／共産主義の諸原理』	講談社、講談社文庫	
73		東京	1973	1月	昭48	藤井満洲男	『共産党宣言』	東方書店	
74		東京		11月		選集翻訳委員会	『マルクス＝エンゲルス8巻選集』第2巻	大月書店	
75		東京	1974	5月	昭49	武井武夫	『共産党宣言』	あゆみ出版	英和対訳
76		青森	1979		昭54	野村亨	『共産党宣言』	成田書店	仏和対訳
77		東京	1982	8月	昭57	片岡啓治	『マルクス主義革命論史』	紀伊國屋書店	『宣言』第I／II節の翻訳
78		東京	1983		昭58	村田陽一	『大月センチュリーズ』	大月書店	
79		東京	1989	1月	平1	服部文男	『共産党宣言／共産主義の諸原理』	新日本出版社	新日本文庫
80		東京	1993	10月	平5	塚貞文	『共産主義者宣言』	太田書店	
81		東京	1997	3月	平9	新訳刊行委員会	『新訳 共産党宣言』	現代文化研究所	
82	*	東京	1998	11月	平10	服部文男	『共産党宣言／共産主義の諸原理』	新日本出版社	科学的社会主義の古典選書
20a		東京	1931	6月	昭6	堺 利彦	『共産主義とは何ぞや』	白揚社	久保誠二郎氏からのご教示による
83		東京	2002	7月	平14	永江良一・暫定訳	『共産党宣言』	http://page.freett.com/rionag/marx/mcp.html	英訳から。2002年7月20日公開：プロジェクト杉田玄白正式参加作品

84	東京	2006	3月	平 18	今井伸英（大内兵衛／向坂逸郎訳）	『私たちの"共産党宣言"―『宣言』の全文を解説』	本の泉社	今井伸英の解説：訳文は岩波文庫改訳
85	東京	2008	11月	平 20	幸徳秋水／堺利彦	『共産党宣言 彰考書院版』	アルファベータ	彰考書院版の復刊
86	東京		12月		水田洋	『共産党宣言・共産主義の諸原理』	講談社	講談社学術文庫の再刊
87	東京	2009	3月	平 21	三島憲一・鈴木直	『コミュニスト宣言』	筑摩書房	『マルクス・コレクション』II
88	東京		7月		村田陽一	『共産党宣言』	大月書店	マルクス・フォー・ビギナー〈1〉：浜林正夫の解説付
89	東京	2010	2〜10月	平 22	服部文男	『読んでみよう『共産党宣言』』	日本共産党中央委員会	『月刊 学習』、訳文は科学的社会主義の古典選集
90	東京		7月		的場昭弘	『新訳 共産党宣言』	作品社	
91	東京	2012	7月	平 24	金塚貞文	『共産主義者宣言』	平凡社，平凡社ライブラリー	80 太田出版版の再刊
92	東京		8月		北口裕康	『高校生でも読める『共産党宣言』』	株式会社パルコ エンタテインメント事業部（PARCO 出版）	1888 年英語版からの平易な言葉での意訳

＊ここに参考資料として掲げた「『共産党宣言』邦訳史一覧」は、専門家会議で配布された橋本報告の資料末尾の年表「『共産党宣言』の日本語訳」［下記参考書誌 3 点に依拠し、さらに増補したもの］の邦訳である。表中の＊は注目すべき訳、＃は外国語版。
(1) 天野敬太郎「『共産党宣言』・『資本論』邦訳の解説と目録」1962年。(2) 大島清「日本語版『共産党宣言』書誌」櫛田民蔵『『共産党宣言』の研究』青木書店、1970年、246−258ページ。(3)「マルクス／エンゲルス著作邦訳史集成」大村泉・宮川彰編『新メガ第 II 部（『資本論』および準備労作）』関連内外研究文献・マルクス／エンゲルス著作邦訳史集成』八朔社、1999年、第 4 章、357−424ページ。
＊以上の他に、フォミチョフ氏より、1）刊地不詳、1918年刊本；2）1926年刊の 2 の再版；3）ナウカ1947年フランス語版；4）1948年に 2 度刊行されたエスペラント版 2 点の計 5 点がRGASPI蔵との報を得ているが未確認である。

あとがき

　〈書物の受容史〉という手法が社会史や思想史の分野において近年定着してきた。古典としてよく知られている有名な諸著作を取り上げて，その古典のもつ意味を理解しようとする。その場合，従来は主にその本文の内容に着目し，それを解釈してきた。それに対して，〈書物が受容される歴史を追う〉ことによって，古典の意味を，本文の解釈とはまた別の切り口から探り出してみようとする試みである。『『共産党宣言』普及史序説』と題する本書も，広い意味でこの〈書物の受容史〉に含まれよう。

　勤務先で2014年度前期に，社会思想史の講義を本書と同じ内容で行ったところ，受講生にとっておおむね好評だったようなのは大変意外であった。例えば，「本の内容ではなく，本がどのように受容されていったのかという歴史の見方が非常に新鮮でした」，「『共産党宣言』という本があるのは高校で習って知っていたけど，背景や翻訳版ができた流れまでは習っていなかったので，講義を受けて知ることができて良かったと思いましたし，面白いなと思いました」，「本一冊だけでここまで色々知れることは面白かった」，「『共産党宣言』の内容以外の部分に今まで触れたことがなかったため，非常に新鮮な講義だった」，「書物にはこういう見方，考え方もあるのかという良い経験ができた」，「1冊の本を出版することに多くの人が関わり，普及されていったのだと分かりました」といった感想である。同時に，講義の予習復習時などに読める「何か文献を示して欲しかった」という趣旨の要望もあった。これに応えようと急ぎ取りまとめたことが本書出版の直接のきっかけとなったわけであり，15回も拙い講義に付き合ってくださった学生の皆さんあってのことで大変有難いことである。

　本書を構成する章の多くは，1998年3月から翌1999年1月にかけて10ヵ月間にわたりアムステルダム社会史国際研究所に文部省在学研究員として滞在する機会に恵まれたことが発端となり，その後，2003年度から2006年度および2009年度から2012年度といずれも4年間にわたる科学研究費補助金の交付を得て成ったものである。科研費を得られたのは大変幸運なことであった。この間，前者の科学研究費助成事業の研究成果報告書に所要の加除を施し，学位論文として提出，2007年10月に東北大学から博士（経済学）が授与された。

いまだ不十分な内容ではあるが，本書の第1部によって，『共産党宣言』初版23ページ本についてのわが国の研究は，その国際的な水準を理解できるところにまでなんとかようやく辿り着くこととなったのではなかろうか。また，わが国の『宣言』の普及史研究も，その概説は大村泉・窪俊一両氏との共著論文で果されたとはいえ，その立ち入った研究は，『宣言』最初の英訳，そして多くの刊本の底本となった1872年ドイツ語版についての考察等，本書の第2部によって，ようやく緒に就くこととなったのではなかろうか。したがって，本書は『宣言』普及史研究のあくまでも序説でしかない。もとより筆者も今後とも微力を尽くすつもりではあるものの，同学の，とりわけ若い研究者の方々が序説の誤りを補正してくださると伴に，続く本論部分を書き継いでいってくださるならば，これにまさる喜びはない。

本書に収録した諸論文の初出等は次の通りである。執筆の機会を与えてくださった初出各誌の関係の方々には，厚く御礼申し上げる。いずれもその後判明した当初の誤りを改め，可能な限り最新の成果を盛り込もうと努め，種々の加除を施した。

第1部

第1章　『共産党宣言』初版の確定
　　福島大学経済学会『商学論集』第75巻第2号（2007年3月），3～20ページ。
第2章　『共産党宣言』初刷の確定――23ページ本の種々の刷――
　　鹿児島大学経済学会『経済学論集』第62号（2004年12月），73～103ページ。
第3章　『共産党宣言』23ページ本の表紙・各ページの複製について
　　マルクス・エンゲルス研究者の会『マルクス・エンゲルス・マルクス主義研究』第42号（八朔社，2004年6月），21～42ページ。
第4章　Ⅰ　アムステルダム大学図書館蔵『共産党宣言』23ページ本
　　マルクス・エンゲルス研究者の会『マルクス・エンゲルス・マルクス主義研究』第37号（八朔社，2002年2月），85～86ページ。
　　　　　　Ⅱ　慶應義塾大学三田メディアセンター貴重書室蔵『共産党宣言』
　　　　　23ページ本所見
　　マルクス・エンゲルス研究者の会『マルクス・エンゲルス・マルクス主義研究』第43号（八朔社，2004年12月），108～112ページ。

第5章 『共産党宣言』はいつどこで印刷されたのか
　　『経済』第82号（新日本出版社，2002年7月），110〜129ページ。
第6章 『共産党宣言』の『ドイツ語ロンドン新聞』再録の背景
　マルクス・エンゲルス研究者の会『マルクス・エンゲルス・マルクス主義研究』第49号（八朔社，2008年6月），67〜82ページ〔学術研究会「グローバル化時代の経済格差問題—— 日中比較構造分析——」（首都大学東京）における誌上報告。日本外務省・日中研究交流支援事業（平成19年度委託研究）『グローバル化時代の経済格差問題に関する日中共同研究・論文要旨』（2008年1月），111〜120ページに若干の補訂を加えたもの〕。
第7章 M.フント『「共産党宣言」成立史』（改訂増補再版，1985年）に寄せて
　鹿児島大学法文学部紀要『経済学論集』第28号（1988年3月），23〜60ページ。

第2部

第8章 共産主義者同盟の再建—— マルクスのロンドン亡命（1849年8月）から「三月のよびかけ」（1850年3月）直前まで——
　マルクス・エンゲルス研究者の会『マルクス・エンゲルス・マルクス主義研究』第42号（八朔社，2004年6月），3〜20ページ〔このうちIおよびIIは，『社会思想史研究会』第17回（1986年8月18〜19日，仙台「茂庭荘」）における拙報告資料に，また，IIIは，『東北社会思想史アルヒーフ』第80号，1987年4月，1/2ページにおけるケルン班の活動に関する拙稿に，それぞれ若干の加除を加えて成ったもの〕。
第9章 『共産党宣言』普及史研究の諸成果
　　『経済』第29号（新日本出版社，1998年2月），122〜141ページ。
第10章 『共産党宣言』最初の英訳をめぐる諸問題
　鹿児島大学法文学部紀要『経済学論集』第81号（2013年10月）69〜113ページ〔第9章のIの2と重複する部分は概ね削除してある〕。
第11章 『共産党宣言』1872年ドイツ語版の刊行経緯
　鹿児島大学経済学会『経済学論集』第39号（1993年11月），57〜76ページ。
第12章 カウフマン著『ユートピア』へのマルクスの助言
　鹿児島大学法文学部紀要『経済学論集』第78号（2012年3月），29〜44ページ。

第13章　階級闘争史観の起源——フランス復古王政期の歴史家についてのプレハーノフの所説——

マルクス・エンゲルス研究者の会『マルクス・エンゲルス・マルクス主義研究』第50号・故服部文男教授追悼号（1）（八朔社，2009年1月），111〜122ページ〔本文は本来，社会思想史講義案の一部であった。故服部文男教授追悼号2冊のうち先行して発行された上記の号に寄稿する際，「はじめに」に加筆し，注のすべてと補論とを加えた〕。

第14章　日本における『共産党宣言』の翻訳＝影響史について

マルクス・エンゲルス研究者の会『マルクス・エンゲルス・マルクス主義研究』第47号（八朔社，2006年10月），47〜58ページ〔『新メガ国際コロキウム（"Die historisch-kritische Edition von Marx' ‚Kapital' in deutsch-japanisch-russischer Forschungskooperation"）』（2005年11月21日〜24日「同志社びわこリトリートセンター」）における専門家会議の報告予稿（Naoki Hashimoto: Die japanischen Übersetzungen des „Manifests der Kommunistischen Partei" und ihre Wirkungsgeschichte. In: Discussion Paper on Political Economy, No. 35, Ed. by Prof. Dr. Izumi Omura, Graduate School of Economics and Management, Tohoku University, November 2005, S. 1-14, Tafel: S. 1-5）の素稿となった同 Discussion Paper, No. 46, p.1-9 に，その後の調査等をもとに若干の補正を加えたもの〕。

　これまで種々様々な支援と協力を惜しまれなかった師友，同学の諸兄姉，勤務先の同僚・職員・学生の皆さんそして家族には，衷心より謝意を表する次第である。

　最後に，一昨々年夏に病臥していた折，ご多忙の中，鹿児島に見舞ってくださり，またこのたびは先の拙訳に続いて無理な願いを叶えてくださった八朔社の片倉和夫氏に改めて深甚の感謝を捧げたい。

2016年 立春

著者 識

〔著者略歴〕

橋本　直樹（はしもと　なおき）

1953年　福島県相馬市に生まれる
1976年　福島大学経済学部卒業
1985年　東北大学大学院経済学研究科博士課程退学
　　　　鹿児島大学法文学部講師，助教授を経て
現　在　鹿児島大学法文学部教授（社会思想史，経済原論，
　　　　社会運動史担当）
　　　　博士（経済学）［東北大学，2007年］

主要著作

マルティン・フント著（橋本直樹訳）『『共産党宣言』はいかに成立したか』（八朔社，2002年）

カール・マルクス，フリードリヒ・エンゲルス著（服部文男［監訳］，渋谷正・橋本直樹訳）『［新訳］ドイツ・イデオロギー』（新日本出版社，1996年）

「史的唯物論の形成と基本概念」後藤洋・黒滝正昭・大和田寛編『社会科学の世界』（梓出版社，1992年）

「「1852年6月24日付マルクス宛ラサールの手紙」の一章句をめぐって」服部文男・大野節夫・大村泉編『マルクス主義の生成と発展』（梓出版社，1989年）

「経済学の批判と疎外＝物神性論」［編集顧問］小林昇・富塚良三・渡辺源次郎，［編集委員］相沢与一・市川佳宏・下平尾勲・中川弘・真木実彦・吉原泰助・米田康彦『講座・資本論の研究』第1巻，中川弘編『資本論の形成』（青木書店，1981年）第Ⅳ章　他多数

『共産党宣言』普及史序説

2016年6月25日　第1刷発行

　　　著　者　　　橋本直樹
　　　発行者　　　片倉和夫
　　　発行所　　　株式会社　八朔社（はっさくしゃ）
　　　　　　　　東京都新宿区神楽坂2-19　銀鈴会館内
　　　　　　　　電話03-3235-1553　Fax03-3235-5910
　　　　　　　　E-mail: hassaku-sha@nifty.com

ⓒ橋本直樹，2016　　　組版：鈴木まり　印刷／製本：藤原印刷
ISBN 978-4-86014-080-9

——— 八朔社 ———

谷野勝明著
再生産・蓄積論草稿の研究 …… 五五〇〇円

寺田隆至著
経済循環と「サービス経済」の理論
批判的国民所得論の展開 …… 五五〇〇円

宮川　彰著
再生産論の基礎構造
理論発展史的接近 …… 六〇〇〇円

譚暁軍著
現代中国における第3次産業の研究
サービス業および軍需産業の理論的考察 …… 四〇〇〇円

大村泉・渋谷正・窪俊一編著
新MEGAと『ドイツ・イデオロギー』の現代的探究
廣松版からオンライン版へ …… 三五〇〇円

涌井秀行著
ポスト冷戦世界の構造と動態 …… 三二〇〇円

定価は本体価格です

――― 八朔社 ―――

程恩富・胡楽明編著／岡部守・薛宇峰監修
経済学方法論 上・下巻 　　　　　　　　　　　　各四二〇〇円
（上巻）中国マルクス主義経済学の視点
（下巻）中国マルクス主義経済学の外延的拡大

中田常男著
金融資本論と恐慌・産業循環 　　　　　　　　　　六八〇〇円

頭川博著
資本と貧困 　　　　　　　　　　　　　　　　　　二八〇〇円

小林賢齊著
マルクス「信用論」の解明 　　　　　　　　　　　八〇〇〇円
その成立史的視座から

市原健志著
再生産論史研究 　　　　　　　　　　　　　　　　六〇〇〇円

鈴木春二著
再生産論の学説史的研究 　　　　　　　　　　　　四八〇〇円

定価は本体価格です

――― 叢書ベリタス ―――

J・A・シュンペーター著／金指基編訳
景気循環分析への歴史的接近
二〇〇〇円

ハンス・モドロウ著／宮川彰監訳
ドイツ、統一された祖国
旧東独首相モドロウ回想録
二二〇〇円

アンドレ・ジョリス著／斎藤絅子訳
西欧中世都市の世界
ベルギー都市ウイの栄光と衰退
二四〇〇円

マルティン・フント著／橋本直樹訳
『共産党宣言』はいかに成立したか
二六〇〇円

ペーター・ライヒェル著／小川保博・芝野由和訳
ドイツ 過去の克服
ナチ独裁に対する一九四五年以降の政治的・法的取り組み
二八〇〇円

マルク・ボーネ著／ブルゴーニュ公国史研究会訳
中世末期ネーデルラントの都市社会
近代市民性の史的探求
二八〇〇円

定価は本体価格です